ポジティブ心理学，ACT，マインドフルネス
――しあわせな人生のための7つの基本――

編
トッド・B・カシュダン
ジョセフ・チャロッキ

監訳
小原圭司

訳
小原圭司，川口彰子，伊井俊貴，中神由香子，
岩谷 潤，木山信明，須賀楓介

星和書店

Mindfulness, Acceptance, and Positive Psychology
the seven foundations of well-being

Edited by
Todd B. Kashdan, PhD
and
Joseph Ciarrochi, PhD

Translated from English
by
Keiji Kobara, MD

English Edition Copyright © 2013 by Todd B., Ph.D. Kashdan, Joseph Ciarrochi
　　　Japanese translation rights arranged with NEW HARBINGER PUBLICATIONS INC.
　　　through Japan UNI Agency, Inc.
Japanese Edition Copyright © 2019 by Seiwa Shoten Publishers, Tokyo

監訳者まえがき

　本書は，ポジティブ心理学とアクセプタンス＆コミットメント・セラピー（ACT）の専門家による最先端の研究結果を集めた論文集 Mindfulness, Acceptance, and Positive Psychology — the seven foundations of well-being の全訳である。

　人はだれでも，「幸せな人生」を送りたいと思っているのではないだろうか？　しかし，「幸せな人生」の定義は人によりさまざまであろう。「満足度の高い人生を送りたい」と思っている人もいるであろうし，「（多少の苦労はあっても）有意義な人生を送りたい」と思っている人もいるだろう。ざっくりとした言い方が許されるならば，前者の願いの実現を目指すのがポジティブ心理学であり，後者の願いの実現を目指すのがACTである。それぞれの学問の目指すところは似通っており，また，用いられる手法も，マインドフルネスなど，共通する部分がかなりあるが，不思議なことに，それぞれの学問はこれまでほとんど互いに参照し合うことなく，独立して発展してきた。そこで，ポジティブ心理学とACTの専門家が最新の研究成果を出し合うことで，読者により幅広い視点を提供するとともに，それぞれの学問が今後は互いに刺激し合いながら発展することはできないだろうか，という発想から生まれたのが本書である。「幸せな人生」を送りたいと願っているクライエントを抱える支援者は，本書を読むことで，目がさめるような知的興奮が得られるだけでなく，クライエントを幸せにするための，今日からすぐに使える臨床のヒントが多数得られることであろう。

　私が本書の存在を知ったのは，2014年，精神疾患の早期介入の研究のために，オーストラリアを訪れていたときであった。たまたまテレビで，Making Australia Happy という名前のドキュメンタリー番組の再放送を見

たのだが，それは，ポジティブ心理学の専門家 Anthony Grant と ACT の専門家 Russ Harris が，8週間のうちに，8人の老若男女のオーストラリア人を対象にして，その幸福度をどれだけ上げることができるかを試み，TV クルーがそれを密着して追いかける，という刺激的な内容であった。ポジティブ心理学と ACT の組み合わせの持つ威力に感銘を受けた私は，さっそく翌日，地元の本屋にポジティブ心理学と ACT についての本を探しに出かけ，そこで目に飛び込んできたのが本書であった。めくってみると，第1章の共著者は，なんと，Making Australia Happy に出演していた Russ Harris であった。すぐにその場で買い求めて読み進めるうちに，どうしても，翻訳をして，本書の内容を日本でも広く知ってもらいたい気持ちが強くなっていった。毎年国連が発表する世界の幸福度ランキング（「世界幸福度報告書」）で，日本はいつも50位以下，先進国（G7）の中では最下位という悲惨な状況が，少しでも改善されるのではないかと考えたからである。そこで，星和書店の石澤社長に相談したところ快諾をいただき，翻訳を行うことになった。非常に大部の本であるため，翻訳のかなりの部分を日本若手精神科医の会（JYPO）の先生方にご協力をいただくことにした。但し，訳語の統一も含めて，訳の最終的な責任はすべて監訳者の私にある。日本の読者にできるかぎり早くお届けしたかったが，できるだけ正確でわかりやすい訳になるように全力を尽くしたため，思いの外時間がかかってしまった。しかし，本書の内容は2019年現在においても最先端の内容であることは自信を持ってお伝えできる。最後に，翻訳を行うにあたっては，編集担当の桜岡さおり氏には大変お世話になった。あつくお礼を申し上げたい。

小原圭司

目次

監訳者まえがき　iii

第 *1* 章　持続的幸福の基盤 ………………………………………………… 1
　　　　　ジョセフ・チャロッキ,トッド・B・カシュダン,ラス・ハリス

第 *2* 章　マインドフルネスは気づきを拡張し,注意と感情の相互作用から
　　　　　意味を形成する ………………………………………………… 34
　　　　　エリック・L・ガーランド,バーバラ・L・フレドリクソン

第 *3* 章　愛と人間としての条件 …………………………………………… 73
　　　　　ロビン・D・ウォルサー

第 *4* 章　セルフ・コンパッションとACT ………………………………… 87
　　　　　クリスティーン・ネフ,デニス・ターチ

第 *5* 章　視点取得 …………………………………………………………… 119
　　　　　イアン・スチュアート,ルイーズ・マクヒュー

第 *6* 章　コミットされた行為 ……………………………………………… 143
　　　　　ランス・M・マクラッケン

第 *7* 章　ポジティブな介入:過去,現在,未来 …………………………… 158
　　　　　アカシア・C・パークス,ロバート・ビスワス=ディーナー

第 *8* 章　人々をよりポジティブで理性的にすること：
　　　　 ポジティブ心理学的介入のマイナス面 …………………………… 186
　　　　　　　　　マレード・フーディ，イボンヌ・バーンズ＝ホームズ，
　　　　　　　　　　　　　　　　　　　ダーモット・バーンズ＝ホームズ

第 *9* 章　マイクロカルチャー：文脈的ポジティブ心理学による介入 …………… 219
　　　　　　　　　ロバート・ビスワス＝ディーナー，ナジェジダ・リュブチック

第 *10* 章　罪悪感を受容し恥を捨て去る：
　　　　　 ハイリスクで様々なニーズをもつ個人の道徳感情に働きかけるための
　　　　　 ポジティブ心理学的アプローチ ……………………………………… 242
　　　　　　　　　エリザベス・マロフ，ケルスティン・ヨーマン，ローラ・ハーティ，
　　　　　　　　　　　　　　　カレン・シェーファー，ジューン・P・タングニー

第 *11* 章　価値に沿い目的に導かれた行為を増やすために
　　　　　 意味の科学を用いること ……………………………………………… 271
　　　　　　　　　マイケル・F・スティーガー，ケリー・シーライン，
　　　　　　　　　　　　　　　レスリー・メリマン，トッド・B・カシュダン

第 *12* 章　天分を育てる：
　　　　　 心理学の根本的目的に対処するために関係フレーム理論を用いる …… 305
　　　　　　　　　ブライアン・ローチ，サラ・キャシディ，イアン・スチュワート

第 *13* 章　本物の会話 …………………………………………………………………… 339
　　　　　　　　　スティーブン・C・ヘイズ

文献　361
索引　413

第1章

持続的幸福の基盤

ジョセフ・チャロッキ（オーストラリア，ウーロンゴン大学）
トッド・B・カシュダン（アメリカ，ジョージ・メイソン大学）
ラス・ハリス（オーストラリア，メルボルン，個人開業）

　人間は，ルソーの『エミール』にあるように生まれつき善良で思いやりがある（Rousseau, 1783/1979）のだろうか，それとも，ホッブスの『リヴァイアサン』にあるように，卑劣で残酷（Hobbs, 1651/2009）なのだろうか？　この疑問は哲学者たちを何世紀にもわたり悩ませてきた。人類の歴史を振り返ってみると，単純な答えなどないことがわかる。人類の過去には愛と優しさにあふれた偉大な行いもあれば，強烈な憎悪や残酷さもあった。ルネッサンスもあれば，暗黒時代もあった。人類はペニシリンも発明したが，毒ガスも発明した。教会や大伽藍や病院も作ったが，原子爆弾や強制収容所も作った。平等と思いやりを追求するために一生を捧げた人（例えばマーチン・ルーサー・キング）もいれば，それと同程度の熱意を持って差別と残酷さの追求に一生を捧げた人（例えばアドルフ・ヒトラー）もいた。つまり，人類は，どんなことでもできてしまうのである。
　というわけで，「人類は本来善か悪か」などと問うのはやめて，「人類の最もよい側面が発揮されるような社会を創造することは可能だろうか？」と問うことにしよう。この疑問に，「可能だ」と答えているのが，ポジティブ心理学とアクセプタンス＆コミットメント・セラピー（acceptance & commitment therapy: ACT〔アクト〕）である。ポジティブ心理学もACTも，人間のも

つ強み（strength）に焦点を当て，人間の持続的幸福（flourishing）を促進することを目的としている。両者とも，ゴール設定，心理的な強み，マインドフルネス，最も重要なことの明確化（価値と人生の意味）などの領域において，しばしば同様の手法を用いている。両者とも，個人のレベル，人間関係のレベル，組織や文化のレベルにおいて，ポジティブな変化を引き起こすことをめざしている。両者とも，この15年間に，爆発的に研究が進展している。そして両者とも，臨床の分野，社会学の分野，教育の分野，ビジネスの分野などを含む幅広い層の人々を惹きつけている。

　しかし，こういった類似点があるにもかかわらず，ACTとポジティブ心理学は，これまでほとんど互いに研究成果を参考にすることがなかった。本書において，我々は，ACTとポジティブ心理学とは関連があり，もしも両者を統一すれば，人間としての条件，人間のありようが，より速く，より深く，より持続的に良くなるだろうと主張したい。この本に収められている各章は，どのようにしたらこの統合をなしとげることができるかを明らかにするものである。この目的のために，セラピスト，コーチ，コンサルタントなどの実践家が行っていることを力づけ，変化させるための，具体的な方法に焦点を当てることにする。

アクセプタンス＆コミットメント・セラピーとは何か？

　アクセプタンス＆コミットメント・セラピー（ACT）は，ユニークで創造的な，行動変容を促す手法であり，大部分の西洋的心理療法とは基本原則が異なっている。ACTはマインドフルネスを基盤とした価値志向型の行動療法であり，仏教と多くの類似点があるが，宗教的なところは全くない。ACTは現代的で科学的な手法であり，応用行動分析の原則にしっかりと基づいた文脈的行動療法である。そして，今までに，60以上のランダム化比較試験（RCT）が行われ，いずれもその効果が実証されている。

ACTという名前は，その中核となるメッセージに由来している。つまり，自らがコントロールできないことを受け入れ（アクセプタンス），自らの人生を改善し豊かにする行為に強い意志を持って関わること（コミットメント）である。ACTの目的は，一言で言うと，豊かで，充実して，意味のある生活を送る可能性を最大限まで高めることにある。ACTは，このことを次のようにして達成する。

（a）マインドフルネスのスキルを教え，苦痛を伴う思考や気持ちを効果的に扱えるようにし，その思考や気持ちが与える影響を減らす
（b）最も大切な価値を明らかにする手助けをし，そこで得られた知識を使って，自分が関わると決めた行為，つまりコミットされた行為（committed action）ができるように導き，激励し，動機づける

マインドフルネスは，今や西洋的な心理学の分野における「ホットトピック」で，その誕生以来，年を追うごとに，さまざまなことに対する強力な介入法であるとみなされるようになってきている。それは仕事のストレスから，うつ，情動知能（いわゆるEQ）の高め方，仕事のパフォーマンスを上げることまで，本当に多岐にわたっている。マインドフルネスとは，要するに，率直さと，好奇心と，柔軟性を持って，注意を向けていくことである。マインドフルな状態にあると，やっかいな思考や気持ちがあっても，行動するうえで，それがほとんど影響を持たなくなる。だから，マインドフルネスは，悪化の極にある精神疾患から，運動選手やビジネスマンのパフォーマンスを上げることに至るまでの，さまざまなことに役に立つ可能性があるのだ。

ACTは，マインドフルネスのスキルを次の3つのカテゴリーに分けて説明している。

1．脱フュージョン（defusion）：役に立たない思考や信念や記憶から距

離を取り，手放す
2．アクセプタンス：苦痛を伴う気持ちや衝動や感覚のためにも心の中のスペースをとっておき，その感情や衝動や感覚と戦わず，来るにまかせ，行くにまかす
3．「今，この瞬間」との接触：率直さと好奇心を持った姿勢で，「今，ここ」での体験にしっかりと関わりを持つ

　コーチングやセラピーにおいては，たいてい，マインドフルネスは主として瞑想を通して教えられている。しかし，ACTにおいては，瞑想は上に述べたようなマインドフルネスのスキルを学ぶための何百とある方法のひとつでしかない。そして，このことは悪いことではない。なぜなら，ほとんどの人は，瞑想などしたがらないものだからだ！　ACTは，マインドフルネスのスキルを学ぶための非常に広範囲にわたるツールを提供してくれる。そして，そのツールの多くは，習得するのに数分しかかからない。ACTにおいて，マインドフルネスには主として2つの目的がある。ひとつは，最も大切な価値に基づいて行為するのを妨げる心理的障壁を乗り越えること，もうひとつは，価値に基づいて行動している際に，その体験にしっかりと関わりを持つことができるように手助けをすることである。
　つまり，ACTの目指す結果は，マインドフルで，価値に導かれた行為である。ACTの用語で言えば，これは「心理的柔軟性（psychological flexibility）」と名づけられている。ACTにおいて，心理的柔軟性は，豊かで，充実して，意味のある人生を送るための基盤となる能力とみなされている。

ポジティブ心理学とは何か？

　ポジティブ心理学は，学問的なムーブメントとかパラダイムシフトというよりは，これまで無視されていたトピックに対して，注意を向け，研究資金を充てていくことといえよう（Duckworth, Steen, & Seligman, 2005）。何十年にも

わたって，心理学は苦悩や精神疾患を減らすことに力をそそいできた。それにより，さまざまな心理的問題に対する有効な治療法が開発された一方で，生きることの根本的な意味は無視されてきた。人は誰も，単に苦悩や精神疾患がない状態でいるために生きるのではない。だから，ポジティブ心理学は，単に苦悩や精神疾患がないことを目指すものではないのだ。よく生きたといえる人生には，それ以外のさまざまな要素があり，そしてその要素こそが，ポジティブ心理学における研究と実践の焦点となってきた。

　ポジティブ心理学が最初に世に出たとき，SeligmanとCsiksentmihalyi（2000）は，ポジティブ心理学がカバーする3つの領域のロードマップを示した。(1) 個人の主観のレベルにおけるポジティブ心理学の分野は，価値づけられた体験である。それは，その人の過去においては，ウェルビーイング，やすらぎ，満足感であり，未来においては希望と楽観主義であり，現在においては「フロー」（活動に熱中し，時を忘れる体験）と幸福である。(2) 個人のレベルにおけるポジティブ心理学の分野は，ポジティブな個人的特性，つまり，人を愛し，やりがいのある仕事をする能力，勇気，対人関係を上手にこなす能力，根気強さ，人を赦す能力，独創性，未来志向，スピリチュアリティ，知恵である。(3) 集団のレベルにおけるポジティブ心理学の分野は，市民としての美徳や制度であり，これは，個人によき市民としての性質（責任，慈しみの心，利他主義，礼儀正しさ，寛大さ，職業倫理）を身につけさせる原動力となる。

　ポジティブ心理学の作業仮説は，ポジティブで健康的な人生とは，単に苦悩や精神疾患があることの対極なのではない，ということである。このテーマは，2005年の *Review of General Psychology* 誌のポジティブ心理学特集特別号において，再び取り上げられることとなった。この号では，「心理学は，人を『マイナス8からゼロに』するのには効果があったが，人を『ゼロからプラス8に』するのにはあまり効果がなかった」と述べられている（Gable & Haidt, 2005, p.103）。つまり，ポジティブ心理学の主たる目的は，ポジティブな体験や，強みと美徳や，ポジティブな関係性や制度の必要性に的をし

ほって育んでいくことなのである。

　こうしてみると，ポジティブ心理学は，「苦痛や苦しみも，もちろんポジティブなものと同じように大切だ」という断り書きをつけてはいるものの，ポジティブなものにばかり焦点を当てることで，これまでの心理学とは反対方向の極端に走っているようにも見える。ほんのここ数年になってはじめて，ポジティブ心理学の研究者たちは，人間の精神の「ポジティブな」要素と「ネガティブな」要素とは，深い関係性があると力説しはじめた（Sheldon, Kashdan, & Steger, 2011b）。例えば，子どもたちに対して，思いやりを持つように教えようとするなら，ネガティブなものを無視するわけにはいかない。なぜなら，ネガティブなものは，共感や，視点取得（perspective taking）（客観的視点を持つこと）の本質の中に，しっかりと組み込まれているからである。著名なポジティブ心理学者たちは，弱みに焦点を当てさせないようにしがちであり（そんなことをしても非効率的であるし，得るものが少ないというのが理由だ）（Buckingham & Clifton, 2001），ポジティブな体験や強み（strength）や美徳（virtue）について，「あればあるほどよい」というふうに考えがちである（Peterson & Seligman, 2004）。この考え方は，最近になって，極端すぎるとして破棄された。なぜなら，強みの有効活用のためには，その場の状況に応じて，最適な強度というものがあるということが，実証されつづけているからである（例えば，Biswas-Diener, Kashdan, & Minhas, 2011; Linley, 2008）。こういうわけで，ポジティブ心理学の作業仮説は進化しつづけている。そして，このことは健全な進歩のしるしであると著者らは考えている。

　現在のポジティブ心理学のあり方においては，うわべだけの表面的なレベルでの「ポジティブな」目標は徐々に研究の焦点から外れはじめ，健康的な生活やウェルビーイングにつながるような要素であれば，それがどんなものであっても，研究の焦点が当てられるようになってきているようである。例えば，ポジティブ感情や心理的な強みが，最適な生き方につながらず，むしろ，不安や罪悪感といった感情や，ナルシシズムや喧嘩っ早さからくる行動が，最高の結果につながることだってありうるのである。よりよい生き方に

対する，このダイナミックで繊細なアプローチの方法は，ACT の作業仮説と非常に共通する部分があるといえるだろう。

2つの島の間の架け橋

　ACT とポジティブ心理学は，いずれも過去 10 年間のうちに，爆発的に研究が増加している。例えば，「positive psychology」という用語は，2000 年には，たった 7 つの科学論文にしか，キーワードとして出てこなかったが，2008 年以降，その数は，年間 100 本以上と爆発的に増加した。ACT も，同じような爆発的な研究の増加を示しており，「acceptance and commitment therapy」をキーワードとする論文は，2004 年以前は年間 10 本以下であったのが，2009 年と 2010 年には年間 40 本以上，2011 年には 80 本である（2011 年 4 月 5 日時点での Scopus Search の結果による）。少なくとも 58 本ある ACT のランダム化比較試験（RCT）に関する論文のうち，ほとんどすべてが 2008 年以降に出版されている。ここでは「positive psychology」と「acceptance and commitment therapy」だけをキーワードとして検索しているが，それではこれらの分野の影響をずいぶん過小評価していることになる。なぜかというと，他にもたくさんある関連するキーワード，例えば「mindfulness」「acceptance」「strength」「upward spiral」といったキーワードを無視しているからである。そうだとしても，この数字は，ポジティブ心理学と ACT が研究の分野として発展し，繁栄しつつあることを明確に表しているといえよう。

　このように，ポジティブ心理学と ACT という 2 つのエキサイティングな分野を統合するには，機が熟したといえるだろう。どちらも，人間の持続的幸福を推進するという同じ目的を持っているが，互いに独立して発展してきたために，洞察の方法もアプローチの方法も，互いにほとんど全く重なっていない。大いなる進歩を遂げてきた，これら 2 つの分野の専門家たちが，実際にじっくり腰を下ろして互いに対話をしたとしたら，いったい何が起こる

だろうかと，著者らは期待を持って想像せずにはいられないのである。進歩が加速されるのではないだろうか？　この本では，すべての章でこの問いがなされており，そのすべてにおいて明確な「イエス」という答えが返ってきている。

　もし，この2つの分野の専門家である我々が，腰を下ろして会話しはじめるとしたら，最初にすべきことは，共通言語を作り上げることだ。共通言語がなければ，互いに混乱し，フラストレーションが溜まる一方だろう。実際，この理由で起こった混乱は，心理学の分野のいたるところで見ることができる。心理学のあらゆる部門が，それぞれ独自の用語と構造を持った島を作り上げているように見える。ポジティブ心理学は，ほぼ世界中で普遍的に，24種類の徳性の強み（character strength）のリストが存在すると述べている。一方，ACT は，6つのコア・プロセスに焦点を当てており，パーソナリティの研究者たちは big five と呼ばれるパーソナリティの因子（dimension）に焦点を当てている。そして，情動知能（EQ）の研究者たちは，5（±2）の構成要素に焦点を当てている。第一線で活動を始めた研究者は，みんな，自分独自の新しいブランドを作ったり，自分独自の心理学用語を作ったりしているように見える。その一方で，実際にクライエントと接するセラピスト，コーチ，コンサルタントといった人たちは，専門用語の造語の海で溺れかけている。

　著者らは，この造語の洪水の中で生き抜き，効果的にその中を航海していくことができるような方法がある，と提案したい。その解決法とは，小さなひとそろいの基本的な要素（言い換えるなら基盤〔foundation〕）を見つけ出し，それを使って，幅広い範囲にわたる，大きな心理的な構造を打ち立てることができるようにするというものである。これは，単純な基本的元素から，複雑な化合物を作ることができる，というのと方法論は同じである（例えば，鉄と炭素から鋼を作ることができる，というように）。しかし，選択肢が数多くあるなかで，どうやってこのひとそろいの心理的な基盤を選べばよいのだろうか？

著者らは，ほとんどどんな種類のウェルビーイング（しあわせな人生）の要素にもなりうるような，ひとそろいの基本的な成分を選ぶことにした。その基準は，次の２つである。(1) 可能なかぎり最良の科学的な説明がなされているものであること，(2) ウェルビーイングを改善するための，認知的，行動的変化を促進するために，直接実用性があるものであること。こういうわけで，我々は脳の領域や神経の経路を基盤としては選ばなかった。なぜなら，脳の領域や神経の経路についての知識は，ウェルビーイングに関係してはいるが，ポジティブな行動変化を起こさせる直接的な方法を，セラピストやコーチやコンサルタントといった実践家に与えてくれるものではないからである。同じように，ウェルビーイングに関係はしていても，介入の結果が不明確なものは選ばなかった。「外向的」といったパーソナリティの因子が，その例である。

　ポジティブ心理学の実践家のなかには，幸福（happiness）を「ウェルビーイング」の同義語として扱っている人もいるが，実は，「幸福」はウェルビーイングを構成する多元的なマトリックスのひとつの要素にすぎない (Kashdan, Biswas-Diener, & King, 2008) ということに注目しておきたい。ウェルビーイングを構成する要素は，幸福以外にも，人生の意味と目的，愛や人とのつながり，自らが自律性を持っているという感覚，自らに能力があるという感覚，認知の面でも身体的な面でも自らが最適に機能しているという感覚などが考えられる。このようにウェルビーイングを広く定義するなら，認知行動療法的介入の対象にしばしばなるような，不安やうつなどの概念も含まれることになる。こういうわけで，我々が作成する基盤のリストは，人が健康に機能していることに関連しているのと同じように，欠点や問題を改善することにも関連していなければならない。

　この７つの基盤を，表１に示した。それぞれの基盤は，特定の介入（例えばマインドフルネスのエクササイズ）とさまざまなウェルビーイングの側面（ポジティブな情動とポジティブな意味づけの増加）との仲立ちをすると考えられている。これは心理学的な建設用ブロックのようなもので，７つの基

表1：ウェルビーイングの7つの基盤

基盤	例	介入の例
1）自己，他者，世界に対する機能的信念	障害を克服して目標を達成できると信じているか？（希望） 問題を挑戦と考えるか脅威と考えるか？（問題解決志向） 自分に社会的な価値があると考えているか？（自尊心）	・脱フュージョン：役に立たない思考の力を削ぐこと（例：思考を，行為を強制するものとしてでなく，過ぎゆく出来事として体験すること） ・信念の認知的再構成
2）マインドフルネスと気づき	自分の感情，行為，外部の刺激，思考のプロセスについて気づいているか？ どんな時でも，自分が体験しているごちゃまぜの感情に，名前をつけ，明確化することができるか？	・さまざまな領域に向けたマインドフルネスのエクササイズ ・感情を認知し識別する力を改善する
3）視点取得	他者に対して視点取得ができるか？（共感） 自己に対して視点取得できるか？（文脈としての自己）	・自分から見てどうか，他の人から見てどうか，そして実際の行動はどうだったかの間のギャップについて学ぶために，ビデオに撮って実験してみる ・視点をずらし，観察者の視点を獲得するためのエクササイズを行う
4）価値	自分が何を大切にしているか？（価値，努力） 他の人の欲望があなた自身の欲望を支配していないか？（「コントロールされた動機づけ」対「自律的な動機づけ」）	・価値の明確化 ・個人的な努力と，その背後にある動機づけを明らかにすること ・暗黙の動機づけを明らかにすること
5）体験のアクセプタンス	自分が大切に思うことに沿って生きるために，苦悩や自己懐疑といった個人的感情を進んで受け入れるつもりがあるか？（勇気）	・創造的絶望（絶望からはじめよう：コントロールが所詮うまくいかないことと付き合っていくこと） ・ウィリングネスのエクササイズ（価値に沿ったやり方で行動すること，気持ちに対して心を開いた状態でいることのエクササイズ）

表1：ウェルビーイングの7つの基盤 (つづき)

基盤	例	介入の例
6）行動のコントロール	自らのゴールと価値を促進するようなやり方で，発言と行動をコントロールできるか？（自己統御，意志力） 辛抱強く続けることができるか？（根性，気骨）そして失敗から立ち直ることができるか？（レジリエンス） 気持ちを適応的なものに改変できるか？	・行動を価値にリンクさせること ・ゴールの設定，障害を予期してそれに対して計画を立てること，ゴールを達成することから得られる利益を予期して楽しみに待つこと ・感情を変化させて行動を統制する助けになる，音楽，バイオフィードバック，気晴らしなどの方略
7）認知のスキル	どのくらい上手に問題を解き，論理的推論ができるか？（IQ） どのくらい上手に，注意を逸らし，無関係な刺激を抑制できるか？（柔軟なマインドセット）	・知的機能を改善する ・注意のトレーニング（例：注意をコントロールする，あるいは変化させるエクササイズ）

盤のうち，いくつでも選んでどんどん複雑な要素を作り上げることができる。同様に，もっと複雑な要素をこれら7つの基盤にまで分解することもできる。そして，そうすることで，どういう介入が，単独で，もしくは特定の組み合わせで，最も有用であるのか洞察することが可能となるのである。

基盤1　機能的信念

　機能的信念（functional beliefs）は，さまざまな形式の認知行動療法において中心となる概念である（Barlow, 2002; Beck, 1983; Ciarrochi & Bailey, 2008）。例えば，Beckの治療法は，中核信念と媒介信念に焦点を当てており（Beck, 1995），Youngの治療法は，スキーマに焦点を当てており（Young, 1990），Wellsの治療法は，感情や心配事についてのメタ認知的信念に焦点を当てている（Wells, 1997）。これに対し，ACTでは，特定の信念に焦点を当てるのではなく，どんなときに信念が他の情報源（思考や環境）より優位に立つの

か，どんなときに信念が「機能しなくなる（unworkable）」のか（つまり，信念に基づいて行為することが，人生を豊かで，満たされて，意味のあるものにするための役に立たなくなるのか）を，臨床家が明らかにしていくのである（Ciarrochi & Robb, 2005）。ACTは，信念の持つ力を，脱フュージョンという手法を使って，土台から掘り崩してしまう（脱フュージョンとは，文脈を変化させ，自分の信念は自分のところに来ては去っていくひとつの思考にすぎず，その信念に基づいて行為する必要はないということを体験できるようにすることである）。ポジティブ心理学は，役に立たない信念を土台から掘り崩すというよりは，希望，自尊心，ポジティブな問題解決志向といった，ポジティブで機能的な信念を促進することを目指す（Ciarrochi, Heaven, & Davies, 2007; Sheldon, Kashdan, & Steger, 2011a）。しかしながら，ポジティブ心理学の範疇に入る多くのモデルが，非機能的な信念に対して積極的に挑戦し，論破することを勧めていることも確かである。第3章と第4章では，愛とセルフ・コンパッション（自己や自己の体験のネガティブな部分を受け入れること）に関連する信念について議論する。第7，8，10章では，いかにしたら信念がうまく改変できるかという問題について議論する。

基盤2　マインドフルネス

　マインドフルネス（mindfulness）は，広義には，心を開いた受容的な態度で，「今，この瞬間」に起こっていることに意識的に気づいていることを意味する（Bishop et al., 2004; Williams, 2008）。意識的に気づいているとは，「今，ここ」で起こっていることに意図的に注意を集中させることである。起こっていることを「判断する」のでなく，「やさしく観察する」ことであるともいえる。「心を開いた受容的な態度」とは，人の注意が，好奇心にあふれ，自分の体験から逸れることなく，しっかり向き合っていることである。例えば，たとえ我々の思考や気持ちが苦痛に満ち，対処困難なものであったとしても，マインドフルな状態にあれば，それを回避したり取り除こうとしたり

するのでなく，受容的かつ好奇心にあふれた態度でいることができる（Hayes, Luoma, Bond, Masuda, & Lillis, 2006）。環境への気づきというものは，本来，向かう方向が定まっているものではない。好奇心によって，人は，注意の向く方向が定まり，新奇性，挑戦，不確実さといったものを楽しみながら，自らの環境を探求するように動機づけられるのである（Silvia & Kashdan, 2009）。というわけで，現在の瞬間への気づきができる人，つまり，マインドフルネスの訓練を受けた人は，自らの個人的な信念に反するような体験に対しても，心を開いた状態でいられるとしても不思議ではない（Niemiec et al., 2010）。

　ポジティブ心理学の実践家の多くは，マインドフルネスを，健康に関連する他のスキルを促進する土台としてとらえている。マインドフルネスは，他の健康に関連するスキルが，与えられた状況のもとで，より役に立つ手助けをしてくれる。例えば，マインドフルネスのスキルがあれば，ネガティブな気分を改善したり，ポジティブな気分を増したり，自己，世界，未来についてのポジティブな評価を増大させたりすることがより容易になるのである。

　ACTにおいて，マインドフルネスは，ポジティブ心理学においてと同様に，健康的な生き方のための他のスキルを促進し，そういったスキルの能率を向上させるために用いられる。しかしながら，ACTにおいては，マインドフルネスは，直接，人の気分を変えようとする目的で用いられることはない。むしろ，マインドフルネスは，最も大切な価値に沿った行為を促進し，パフォーマンスを上げ，今取りかかっている作業への関わりを増進し，人生の今という瞬間を，それが喜ばしい瞬間であっても苦痛を伴う瞬間であっても，しっかり味わうために用いられる（ACTがポジティブな気分をターゲットにすることを避ける理由は，以下の，体験のアクセプタンスの議論において明らかになる）。第2章で，この領域を詳細に扱うことにする。

基盤3　視点取得

　心理学の多くの領域で，視点取得（perspective taking）について研究が

なされており，「心理学的心性 (psychological mindedness)」「内省機能 (reflective functioning)」「共感 (empathy)」「心の理論 (theory of mind)」といった名前がつけられている (Eisenberg, 2003; Eisenberg, Murphy, & Shepard, 1997)。しかしながら，ポジティブ心理学においては，研究者も実践家も，視点取得については，最小限の注意しか払ってこなかった。彼らは，視点取得に対しては，一般的に，徳性の強みの下位分類としての，「社会的知能」と「大局観」が合わさったものと位置づけてきた (Peterson & Seligman, 2004)。これに対して，ACT に関連する介入や研究においては，視点取得と共感について，重点的に焦点が当てられている (Ciarrochi, Hayes, & Bailey, 2012; Hayes, Strosahl, & Wilson, 1999)。そして，特に，観察者としての視点を育てることに関しては，専門用語で，「文脈としての自己 (self-as-context)」と名づけられている。これは，あらゆる体験に気づくことが可能な視点のことで，自分自身の絶え間ない体験に注意を払っているけれども，それにとらわれることのないような視点を指している。第5章と第8章で，この領域について詳細に扱うこととする。第9章では，個人と集団の視点を操作するためのアプローチを提供する。

基盤4　価値

　価値 (values) は，さまざまな方法で定義することが可能であるが，一般的には，人が個人的に精力を注いでいるもの，高く評価するもの，擁護し守ろうとするものを，言葉で表現したものとされている。こういった大切な理想を認識し，それを重要と考えていることと，こういった理想に沿って行動することとの間には，大きな違いがある（例：行動のコントロールのセクションを参照）。多くの研究者が，価値とは，自己意識の中心となるもので，思考と行動を導く基準として作用すると考えている (Feather, 2002; Hitlin, 2003; Kristiansen & Zanna, 1994; Rohan, 2000; Schwartz & Bilsky, 1987)。ポジティブ心理学者たちは，価値とは，個人の努力やゴール設定や，人生で最も大切なものに

ついての個人の哲学であると論じている（Emmons, 1996; Schwartz & Bilsky, 1990）。何かを好ましく価値があると考えることと，実際の行動との間のへだたりは，非常に大きい場合があり，そこが介入のとても重要なポイントとなりうる。

　ACTはポジティブ心理学の論文や文献を利用はするものの，価値については独自の定義をしている。すなわち，「目的のあるアクションの中に含まれる『質』のことで，その『質』とは，何かモノのように獲得できるものではないが，絶えず変わっていくアクションの中に組み込むことができるものである」というものである（Hayes, Strosahl, & Wilson, 2011）。このように，ACTでは，価値というものを，現在進行中の行為についての望ましい普遍的な性質（あるいは，やさしい言葉で言うと，「人間として自分がどんなふうに行動したいかということについての，心の底からの欲求」）とみなしている。価値についてのこの定義は，ACTが，（感情や思考でなく）行動に焦点を当てていることと関連している。

　価値と密接に関連するような，人生の意味と目的については，莫大な量の文献や論文がある。目的（purpose）を，「中心的で，自己組織化するような人生の目標」と定義している研究者もいる（McKnight & Kashdan, 2009; Steger, 2009）。また，ポジティブ心理学とACTの原則を統合することで，この定義に肉づけをしている研究者もいる（Kashdan & McKnight, 2009）。

目的とは中心的なものである。 目的は個人のアイデンティティの支配的なテーマである。人が自分のパーソナリティをダーツ盤で説明するところを想像してみてほしい。目的はその最も中心近くに来ることだろう。

目的とは自己組織化するものである。 目的は，毎日の生活の，体系的な行動パターンに対する枠組みを提供してくれる。自己組織化が認められるのは，人々の設定するゴールにおいてであったり，ゴールに向けられる努力においてであったり，また，時間やエネルギーなどの有限な資源をどうやって割り

振るかといった，互いに競合する選択肢に直面した際の意思決定をするなかにおいてである。目的があることで，人は，自らの資源を特定の方向，特定のゴールに対して捧げるようになる。つまり，最終的なゴールとプロジェクトは，目的の副産物なのである。

目的とは決して達成されないものである。目的は人生における目標（aim）で，常に新しいターゲットに対して向けられていくものである。目的は，人が障害物や，ストレスや，過労に対して，よりレジリエンス（精神的回復力）を持てるようにしてくれる。時と場合にかかわらず常に存在しつづける人生における目標があれば，ねばり強くありつづけることができる。より大きなミッションが背景にあるとわかっていれば，長く続く困難な課題（challenge）に対しても向かっていくことが容易になる。人生における目標の方向に向かって進むことは，人生に対する満足や，静穏さや，マインドフルネスといったウェルビーイングを構成する他の要素を促進してくれる（Wilson & Murrell, 2004; Wong & Fry, 1998）。第6章と第11章で，これらの問題について，より詳細に扱う。

基盤5　体験のアクセプタンス

体験のアクセプタンス（experiential acceptance）とは，「個人的な体験」（例えば，思考，感情，記憶など，個人が体験するが，外部の観察者は直接見ることができないもの）をしっかり抱きとめ，こういった体験を回避したり，取り除いたりする努力をするのではなく，そこにそのまま在ることを受け入れることをいう。ウィリングネスは，アクセプタンスの盟友（ally）であって，対処の困難な個人的な体験の存在を受け入れることにつながり，価値づけられた行為の役に立つものである（Ciarrochi & Bailey, 2008）。体験の回避（experiential avoidance）とは，望ましくない個人的な体験を回避したり，取り除いたりしようという継続的な試みのことを指すが，それによっ

て，苦痛（pain）という完璧に正常な体験が，苦しみ（suffering）や非効果的な行為を体験することに変容してしまうのである（Ciarrochi, Kashdan, Leeson, Heaven, & Jordan, 2011; Kashdan, Barrios, Forsyth, & Steger, 2006）。このことにはふたつの主要な理由がある。まず第一に，気持ちをコントロールしたり，抑圧しようとしたりする試みは，しばしば逆にその気持ちを増大させることにつながってしまう。なぜなら，人は，不安に感じないようにと試みることで，かえって不安になるものだからである。第二に，感情と価値はしばしば同じコインの表と裏であって，そのどちらかを避けることは，もうひとつを避けることにつながってしまうからである。愛情のこもった関係を持とうとすれば，傷つく危険性や，苦痛を伴う思考や気持ちは不可避である。ポジティブ心理学は，体験の回避という問題には，マインドフルネスの助けを借りて（Brown & Ryan, 2003），あるいは効果的な感情制御法の助けを借りて（John & Gross, 2004）取り組んでいる。

　ACTは，体験のアクセプタンスということを大変に重視しているが，体験のアクセプタンスを感情制御法のひとつとはみなしていない。実際のところ，ACTは個人的な体験を直接変化させるようないかなる試みも最小限にとどめるようにしている。それは，そういった試みが，体験の回避を強化してしまう可能性があるからである（Ciarrochi & Robb, 2005）。こういうわけで，ACTの臨床家たちは，めったに，快い思考や気持ちの頻度や強度を直接的に増大させることを目指すことはない。むしろ，ACTの臨床家たちは，人々が，大切なことを**する**（すなわち，価値に基づいて行動する）一方で，楽しいものもつらいものも含めて，**あらゆる**思考や気持ちと共に**在る**ことを助けることに焦点を当てるのである。第2章，第3章，第4章と第10章では，回避とアクセプタンスの問題を扱うことになる。

基盤6　行動のコントロール

　行動のコントロール（behavioral control）とは，自分の行動を，価値と

矛盾しないやり方で統制する能力のことをいう。ポジティブ心理学においては，この要素は，「忍耐」，「自己統制」，「意志力 (will power)」と呼ばれるかもしれない。この領域における研究は，しばしば，ゴールの達成を促進するような要素を明確化することに焦点を当てており，それは例えばメンタル・コントラスティング（ゴールに関連する利益と障害について考えること）(Oettingen, Mayer, Sevincer, et al., 2009) であったり，インプリメンテーション・インテンション（ゴールに対する障害を取り扱うための代替案を確立すること）(Gollwitzer & Schaal, 1998) であったり，ゴールについてのセルフ・コンコーダンス（ゴールを心の最も奥底のニーズにマッチさせること）(Koestner, Lekes, Powers, & Chicoine, 2002; Sheldon & Houser-Marko, 2001) であったりする。

　価値づけられた目標に対して努力が注がれているとき，ACTではこのことを「コミットメント (commitment)」と呼ぶ。一般的には，価値，目的，コミットメントの間には緊密な関連があり，こういった特性をきちんと区別して考えるのは難しい。こういう困難があるものの，我々は，価値とコミットメントを区別することが実践的であると考えている。それは，自らの欲するものを知ること（価値，目的）と，自らの欲するものに基づいて行動すること（行動のコントロール）との違いをはっきりさせることになるからだ。第6章，第10章，第11章では，価値，目的，コミットメントの問題に挑戦することになる。

基盤7　認知的スキル

　認知的スキル (cognitive skill) は，論理的推論，問題解決，注意のコントロールといった，知的機能の要素のことを指す。ポジティブ心理学とACTは，両方とも，認知的スキルについては，あれば望ましいというところは一致しているものの，それ以上に勧めることはしていない。最近の研究結果によれば，認知的スキルは，以前考えられていたよりも改善可能であるということがわかってきている (Cassidy, Roche, & Hayes, 2011; Jaeggi, Buschkuehl,

Jonides, & Perrig, 2008)。認知的スキルは，ウェルビーイングにとって不可欠であり，実際，他の6つの基盤とも直接に関係している。例えば，価値を明らかにすることは，偏見を持たれているグループの認知的なパフォーマンスを向上させることが示されている (Cohen, Gracia, Apfel, & Master, 2006)。一定のレベルの認知的スキルは，視点取得ができるためにも必要である (McHugh et al., 2004)。さらに，反応の抑制に関する基本的な認知的トレーニングにより，行動のコントロールが増大する (Houben & Jansen, 2011)。第12章は，このスキルを詳細に扱う。

7つの基盤を強みにつなげる

　徳性の強みは，しばしばポジティブ心理学の中心となる要素とみなされているが (Peterson & Seligman, 2004; Seligman, 2011)，**表1**におけるいくつかの基盤の混合したものとして理解することができる。強みはしばしば価値づけの要素を持っている（例えば，「向学心」「愛し愛される能力」「公平性」「正直さ」「謙虚さ」「スピリチュアリティ」「感謝」など）。**愛し愛される能力**（capacity for love）は，おそらく，愛のある関係に価値を置くことだけでなく，視点取得ができる能力や，自分が愛されるに値すると信じる能力を含んでいる。**リーダーシップ**は，影響力を価値とみなすことだけでなく，おそらく上記7つのすべての要素を必要とする（例えば，認知的な能力，自らがコントロールできない出来事についての体験のアクセプタンス，視点取得）。**自己制御**（self-control）は，非常に幅の広い強みのひとつで，認知的スキルの要素（自制心），体験のアクセプタンス（例えば，駆りたてられるような欲望を振り払うために衝動的に行動したりしない），行動のコントロール，機能的信念（自分がゴールを達成できるという信念）を含む。**セルフ・コンパッション**は，体験のアクセプタンス（時には自分で自分を叩きのめしてしまうこともあると認めること），マインドフルネス（この種の自己批判に気がついていること），視点取得（自分自身の苦しみと，他者の苦しみが

類似していることを認識すること），価値（生きるなかで自らに優しくすることを実践すること）の組み合わせとみることができる。

　ポジティブ心理学の，他の研究領域も，7つの基盤の観点から理解することが可能である。**スピリチュアリティ**は，特に強力であるにもかかわらず，研究が進んでいない強みである（Heaven, Ciarrochi, & Leeson, 2010; Heaven & Ciarrochi, 2007）。スピリチュアリティは，一般的に言って，（1）価値（神ないし宇宙とつながっていること），（2）機能的または非機能的信念（「神が私に強みを与えてくれる」対「神は，私が非常に恥ずべき人間なので罰しようとしている」），（3）観察者としての視点（不変の，変わらない自己という感覚），そしてしばしば，（4）マインドフルネス（「今，この瞬間」と，この瞬間がもたらすものすべてに，深く関わり，味わうこと）を含んでいる。恥といったような**道徳感情**（moral emotions）も，文脈によっては，自己についての非機能的信念（私は全く価値がない人間だ）や，自己から逃れようとする役に立たない試み（体験のアクセプタンスが進んでいない）とみなすことができる。これ以上たくさんの例を挙げて読者を当惑させるのはやめよう。その代わりに，これ以上読み進める前に，数分間だけ時間をとって，他の一般的な心理学的な構成概念（construct）のいくつかについて考え，7つの基盤の観点で，その概念をどれくらい「脱構築」（deconstruct）できるか考えてみてほしい。

介入の目的の重要性

　ポジティブ心理学とACTを真に統合するためには，まず最初に，この二者に共通する目的や哲学的仮定について少し深く見てみる必要がある。ポジティブ心理学とACTが，同じような哲学的仮定を採用しているのであれば，うまく共働することも可能であろう。

　ここの時点で，読者にひとつ警告をしておきたい。我々著者らは，7つの基盤を，ちょうど地上を歩き回っている動物のように，あたかも実在するも

のであるかのように命名している。しかしながら，実際には，我々著者らは，これらの基盤を，プラグマティズムの哲学に基づいて見ているだけである。7つの基盤は，ずらりと並んださまざまな概念について，我々が当惑せずに系統立てて考えることの助けになる。7つの基盤を，脳外科医によって発見されるのを待っている脳内の実在のものであると仮定しているわけではないことに注意してほしい。

　我々のプラグマティズム的な見方は，機械論的な見方とコントラストをなすものである。我々のアプローチと対比して，Seligman（2011）による，次のような宣言について考えてみてほしい。

> 　ウェルビーイングとは構成概念（construct）であり，幸福はモノ（thing）である。
> 　「実際のモノ（real thing）」というのは直接に測定できる存在（entity）である。……ウェルビーイングを構成する要素（element）は，それ自体さまざまな種類のモノである（Seligman, 2011, p.24）。

　ウェルビーイングをこのように説明することで，Seligmanは，暗黙のうちに要素的実在主義（elemental realism）（以前は「機械論（mechanism）」として知られていた）といわれる哲学的な立場をとっている（Ciarrochi & Bailey, 2008; Hayes, Strosahl, & Wilson, 2011）。要素的実在主義という名前は，この理論が，人が現実の真の性質を知ることができ，現実を構成する要素を客観的に発見できると仮定していることから来ている。要素的実在主義者は，宇宙を，相互作用する要素からなる機械とみなしている。そのゴールは，宇宙の正確なモデルを作ることである。

　要素的実在主義者にとって重要な疑問は「そのモデルを動かしているのは，どんな要素や力なのか？」というものである。ある構成概念が成功しているかどうかは，そのモデルがどれだけうまく予言ができ，意味があり，信頼できる，因果関係を示すパターンを確立できるかにかかっている。認知心

理学の大部分は，要素的実在主義のよい例であり，ポジティブ心理学においてみられる情報処理モデルもまた同様である。もちろん，この要素的実在主義という哲学的な立場に立つことは，決して悪いことでも，時代遅れなことでも，劣ったことでもない。自分がある哲学的な世界観を持っていることを認めるということは，自分の仕事がその上に依って立っているものが，改良の余地のある仮定にすぎないと認めることと同じである。だから，ある哲学的な世界観で，ほかの哲学的な世界観を論破することはできないのである。

　ACTと，ポジティブ心理学者の一部によって採用されている世界観は，機能的文脈主義（functional contextualism）（一種のプラグマティズム）である。機能的文脈主義は，我々が決して現実や，現実を構成する要素についての真の性質を知ることはできないと想定している。我々にできることは，宇宙のある側面が，ある与えられた文脈のもとで，どのように機能するかを観測することだけである（そしてその文脈の一部は，常に人間のマインドそれ自体である）。機能的文脈主義は，「文脈における行為（act-in-context）」といわれるものに焦点を置いている。「文脈（context）」は，行為の前に存在して，その行為に影響するものすべて（先行条件：antecedents）と，行為の後に出現して，その行為が再び起こる確率を減らしたり増やしたりするものすべて（結果：consequences）を指している。「行為（act）」は，先行条件と結果の間に起こるものすべてを指している。

　機能的文脈主義において重要な質問は，「先行条件と結果をどのように操作したら，我々のゴールを最もよく達成できるだろうか？」というものである。機能的文脈主義者は，ある出来事をいくつかの「要素」（例えば先行条件と結果）に分割することは**確か**に行うが，それは，純粋にプラグマティズムに基づいた目的（言い換えれば，その分割が我々のゴールを達成するために役に立つか？ということ）から行っているのである。機能的文脈主義者は，この「分割」によって，現実の「真の性質」に関して，何かが発見されたり，明らかになったりするなどという仮定は一切しない。この「分割」は，ある特定のゴールを達成するための有益な方略であり，それ以上のもの

でもそれ以下のものでもないのだ。

　機能分析（functional analysis）のゴールは，行動を予測し，かつ行動に影響を与える方法を見つけることである。予測それ自体では十分ではない。機能分析における典型的な研究は，先行条件と結果を操作して，行動がそれによってどのように変化するかを観察するというものである。ある特定の活動は，決められたゴールを達成する役に立つようであれば，「成功した」とみなされる。応用行動分析（applied behavioral analysis: ABA）と，アクセプタンス＆コミットメント・セラピー（ACT）は，機能的文脈主義に基づいたモデルの2つの例である。

　ポジティブ心理学においては，研究者や実践家は，要素的実在主義でも機能的文脈主義でも，どちらの視点でも持つことができる。その一方で，ACTの研究者や臨床家は，機能的文脈主義の視点しか持てない。こういうわけで，ポジティブ心理学とACTの協力が実現するためには，ポジティブ心理学者に，機能的文脈主義者という帽子をいったんかぶってもらう必要がある。もちろんあとでその帽子を取って，完璧に有効な要素的実在主義者の視点に戻ってもらうことはいつでも可能である。

　もし我々が，全員，機能的文脈主義者という帽子をかぶることに同意するなら，島と島とをまたいだ対話を始めることが可能になる。その際，「我々の構成概念の目的は何か？」という質問から始めてもいいかもしれない。その答えはこうだ。「構成概念は，介入を分類し，導く助けになる。（例えば体験のアクセプタンスについての）介入に集中し，どれだけうまくその介入が働いているか（例えば，体験のアクセプタンスが改善しているか，そしてそれがウェルビーイングの増大につながっているか）をとらえる最も適切な方法を採用する助けになる」。この答えから，「我々の介入の目的は何か？」というさらに別の，より一般的な質問が引き出されることになる。この質問には少なくとも次のような2つの答えが可能であり，我々がどちらの答えを選ぶかで，介入の外観と機能が決まる：

1．介入の目的は，快い思考や気持ちが優位な心理状態を促進することである
2．介入の目的は，心理的柔軟性（すなわち，マインドフルに生き，自らの最も大切な価値に沿って効果的に行動する能力）の促進を支援することである（さらに別の定義については，Kashdan & Rottenberg, 2010 を参照のこと）

1番目の目的は，個人的な体験の形式や頻度を変化させることに重点を置いている。2番目の目的は，自らの行為を変化させることで，自己と，自己の個人的な体験との関係を，マインドフルネスとアクセプタンスに基づいた関係へと変化させることに重点を置いている。ACT は，概して後者のアプローチを採用しているが，ポジティブ心理学者のなかには，前者のアプローチをとるものも大勢いる。しかしながら，これら2つのアプローチは，互いに相容れないものではなく，多くの文脈において，互いに相補うものである。

　介入の方法は，目的，意図，究極のゴールに応じて，大いに異なってくる。例えば，マインドフルネスについて考えてみよう。マインドフルネスのエクササイズに没頭するのは，苦しい感情に対するアクセプタンスを促進するためかもしれないし（これは ACT の立場である），穏やかで，リラックスして，心地よい感情の状態を引き起こす目的からかもしれない（Cormier & Cormier, 1998）。もしあなたの目的が前者であるならば，あなたの状態はリラックスとは程遠いことだろう。例えば，あなたが，自分の恋人になる可能性のある人とマインドフルに会話するときには，不安感と真正面から向き合っていることだろう。また，重要なスピーチをするために立ち上がるときには，心臓がどきどきして，手が汗ばんでいることに自分でも気づき，そのことへのアクセプタンスを行っていることだろう。

　そして，明らかに，マインドフルネスによる介入の組み立て方は，目的や最終的なゴールによって，大いに異なってくる。もしも行動に焦点を当てる

のであれば，マインドフルネスのエクササイズは，現在の瞬間に碇をおろすという観点で組み立てられることだろう。そうすれば，自分の気持ちに左右されることがより少なくなり，差し迫ったやるべきことにしっかり集中することができるようになる。そしてこのことは，最高のパフォーマンスをあげるために本質的に重要である。しかし，もしも感情の状態を直接変化させることに焦点を当てるのであれば，マインドフルネスのエクササイズというものは，大変な一日の後で，リラックスしてくつろぐための優れた方法であるといった説明をすることになるかもしれない。さらに言えば，どんな介入であっても，目的や最終的なゴールによって，適応範囲の制限が生まれる。例えば，もしマインドフルネスを，不快な気持ちのアクセプタンスを促進することを第一の目的として用いるならば，恐怖（いかり）を引き起こすような状況であれば，公衆の面前でのスピーチであれ，戦場での敵への突撃であれ，どんな状況であっても用いることができる。その一方で，もしマインドフルネスをリラクセーションのテクニックとして用いるのであれば，本物の脅威が全くないような状況でしか役に立たない（いかなるリラクセーションのテクニックも，ひどくストレスフルな状況に直面したときの闘争－逃走反応を元に戻すことはできない）。

　我々は，ここまで，感情の状態を（例えばネガティブからポジティブへ）変化させることを目指す方略について議論してきた。こういったネガティブからポジティブへの変化の方略に加えて，ネガティブやポジティブといったこととは無縁の，ACTとポジティブ心理学の双方で用いられる方略もある。例えば，マインドフルネスは，「平静」や「集中」といった状態を増進するために用いられるかもしれない。こういった平静や集中といった状態は，本来ポジティブでもネガティブでもないが，同じ目的，つまり，柔軟で，価値と一致した行動を促進するために用いることができる。

強みは本来ポジティブなものだろうか？

　「強み」という言葉をある心理的な特性に適用すると，それだけでその特性が本来ポジティブなものに見えてしまう。なぜなら，強みや，レジリエンスや，楽天主義を欲しない人などいないからである。しかし，機能的文脈主義者の視点から言うと，本来良いものも，本来悪いものもない。むしろ，我々機能的文脈主義者は，ある特性（あるいは行動のパターン）の利点を，次の2つの質問への答えで評価している。(1) どんな価値に対して，その行動は役立っているか？ (2) ある特定の社会的な文脈で，その行動がどのように働いているか？である。例えば，人を赦すということは，これまで，人にもう一度チャンスを与えるという行動として定義されてきた (Park, Peterson, & Seligman, 2004)。この行動が役に立っているかどうかをアセスメントするために，我々はまず最初にこう尋ねなければならない。「もう一度チャンスを与えること」は，何の役に立っているのか？と。この行動が，近しい関係において，親密さを増すという意図があるものと仮定しよう。次の質問は，その行動がどのように働いているか？である。支持的で愛情にあふれた関係においては，人を赦すという行動は非常にうまく働くかもしれない。しかし，虐待的な関係においては，虐待をしている人に何度チャンスを与えても，うまくいかないことだろう。

　実際のところ，最近の研究でもこの見方は裏づけられている。McNultyとFincham (2011) は，人を赦すこと，楽天的な期待をすること，ポジティブな思考，親切さといった「ポジティブ」なプロセスが，ウェルビーイングの度合いが高いことに関係することもあれば，**文脈によっては**，ウェルビーイングの度合いが低いことにも関係しうることもあると示した。具体的に言うと，縦断的な研究において，こうした「ポジティブ」なプロセスは，健全な結婚生活では，夫婦間の関係についての，よりよいウェルビーイングをもたらすが，トラブルの多い関係においては，ウェルビーイングの悪化をもた

らすことがわかった。別の研究において、BakerとMcNulty (2011) は、セルフ・コンパッションが、少なくとも男性においては、他者との関係に対して、役に立つ場合もあれば、有害な場合もあると示した。すなわち、セルフ・コンパッションの度合いが高い男性は、良心的で、進んで対人的な過ちを直し、進んで建設的な問題解決法に取り組む場合には、他者とより良い関係を持つことができる。反対に、セルフ・コンパッションの度合いが高い男性は、自らの過ちを直そうというつもりがない場合（良心の度合いが低い場合）、他者との関係が悪化するのである。

ポジティブ幻想*（自己評価が甘いものになりがちなこと）が、良いことか悪いことかについては、これまでたくさんの議論がなされてきた。ポジティブ幻想が、精神的な健康にとって本質的に大切なものだとする論文 (Taylor & Brown, 1988) もあれば、ポジティブ幻想が他者との関係にとって有害なものにもなりうることを示唆する論文 (Norem, 2002)、職場での貢献度、学業成績、身体的な健康や寿命にとって有害なものにもなりうることを示唆する論文 (Dunning, Heath, & Suls, 2004) もある。ポジティブ幻想が、文脈によって役に立つ場合もそうでない場合もあると仮定し、ポジティブ幻想と文脈の関係を研究する段階に進めば、この議論の発展的解消をすることができるかもしれない。FredricksonとLosada (2005) は、この問題に気づいており、「適切なネガティブさ（appropriate negativity）」の重要性や、ネガティブ感情に対してポジティブ感情の割合が高くなりすぎる場合もありうることについて論じている。

大いなる疑問

本書のゴールは、人間としての条件、人間のありようを改善するための、

＊訳者注：本文中では、optimistic illusions という用語が使われているが、これはほとんど使われておらず、一般的には positive illusions という用語が用いられるため、あえて後者の訳語であるポジティブ幻想と訳している。

より完全で統合されたアプローチを確立することである。ポジティブ心理学とACTの統合を促進するために，我々は，この本に原稿を寄せてくれた寄稿者に対して，多くの質問を提示した。以下にその質問を記載する。その答えについては，どうか読者自身で，この本を好奇心と探求心を持って読み進めることで見つけていってほしい。

体験のコントロールは，どういうときにうまくいくのか？　どういうときにうまくいかないのか？

我々は，体験の回避が，しばしば，破滅的な対処方略となってしまうことを知っている。ポジティブ心理学の介入のなかに，ひょっとしたら，意図しないうちに，回避という役に立たない方略を促進するものが含まれている危険はないだろうか？　感情のコントロールが，ウェルビーイングを改善するような文脈とはどんなものだろうか？（例えば，快い感情状態を追求することは，不快な感情状態を回避することと同じだろうか？）感情のコントロールがうまくいかないのはどんなときだろうか？　ここで，我々が「感情のコントロール」というとき，生体の内部の状態（思考，感情，感覚，衝動，イメージ，記憶）をコントロールすることを指しており，こういった内部の状態と同時に生じている行為をコントロールすることは指していないことに注意してほしい。人間は，行為をコントロールするために，必ずしも生体内部の状態をコントロールする必要はない。つまり，心の中では怒り狂っていても，穏やかに行動することができるし，不安であっても，積極的に行動することができるのである。

認知の再構成が，最もうまくいくとき，最もうまくいかないときはどんなときだろうか？

ACT はしばしば，認知の再構成（cognitive reconstructuring）をしよう

という直接的な試みを最小限にすることを目指す．それはひとつには，そういった試みが，役に立たない，言語によるプロセスを増加させる可能性があるからだ（例えば，未来や心配事についてあれこれと推測すること，推測すればどんなことでも解決できると信じること，体験よりもシンボルを過度に重要視することなど）。ACT は，自分の思考のあり方やその頻度を変えることなく，認知的脱フュージョンという，自らと自らの思考との関係を変えるテクニックを重要視している．例えば，我々が役に立たない思考を脱フュージョンすると，そういった思考を信じる度合いが少なくなり，そういった思考に影響される度合いも少なくなる．再構成の代わりとして脱フュージョンを用いることができるのであれば，認知再構成法によって得られるものはあるのだろうか？　認知の再構成が最も役に立つのはどんなときだろうか？　最もうまくいかないのはどんなときだろうか？

マインドフルネスによる介入法はすべて同等か？

　介入の目的や教示のやり方は重要だろうか？　例えば，マインドフルネスが，ストレスを軽減する方法として教えられるときと，（ACT で重視される）心理的柔軟性を増進させる方法として教えられるときとで，違いはあるのだろうか？

我々は自己概念を改善する必要があるのだろうか？

　ACT においては，たいていの場合，クライエントが，役に立たない自己概念を手放し，自己概念を直接改善しようとする試みに時間を費やすのを減らすような援助を行う．それでは，自己概念を変えることが役に立つような文脈はどんな場合だろうか？　逆にそれが害をなすような文脈はいつだろうか？　例えば，希望や自尊心を，具体的な行動に結びつけることなしに達成目標とすることは，役に立たないかもしれない．もしあらゆる人が，どんな

行動をするかに関わりなく，特別であるというのなら，そもそも何か行動をする必要などあるだろうか？

価値とコミットされた行為

　幸福とは，ひとつの価値なのだろうか，それとも，価値づけられた活動の副産物にすぎないのだろうか？　我々は快い感情に価値を見いだすこと（例えば，快い感情が起こりやすいような文脈，状況を作り出すこと）を強化すべきだろうか？　快い感情に対して注意を向けさせることは，人を自らの価値の方向に向けさせる方法のひとつになりうるだろうか？

ポジティブなものとネガティブなものを区別することができるだろうか？

　ネガティブなものを研究せずに，ポジティブなものを研究することはどの程度可能なのだろうか？　ポジティブなものとネガティブなものの区別は人工的なものなのだろうか？　酸素と水素からは水ができるが，その性質は酸素や水素の性質からは推測することができない。それと同じことがポジティブ感情（positive emotions）とネガティブ感情（negative emotions）についていえるだろうか？「ポジティブ」感情とか「ネガティブ」感情について語ることが，役に立たない場合というのがあるだろうか？　恐れ，悲しみ，罪悪感が，有益で人生の幅を広げるような感情であって，豊かで意味のある人生を作るうえで重要な役割を果たしているとするならば，こういった感情を「ネガティブ」と呼ぶことは適切だろうか？　「快い」感情とか「不快な」感情について語るほうが，「ポジティブ」感情とか「ネガティブ」感情について語るよりいいのではないだろうか？

この本の構成

　この本で扱われるトピックスの範囲は，ACTやポジティブ心理学の分野と同様に幅広いものになる。読者が，この混沌のなかに秩序を見いだすことを助けるために，第2章以降で議論される7つの基盤のそれぞれについて，リストを作った。表の中のチェックマークは，最も強調されている要素を示している。この表により，本書に寄稿した著名な著者らが，どんなトピックスについて，どんな角度から探求しているかについて，洞察を深めることができるだろう。

	第2章 マインドフルネスは気づきを拡張し，注意と感情の相互作用から意味を形成する	第3章 愛と人間としての条件	第4章 セルフ・コンパッションとACT	第5章 視点取得	第6章 コミットされた行為
機能的信念	✓		✓	✓	
マインドフルネスと気づき	✓	✓	✓		
視点取得			✓	✓	
価値		✓			✓
体験のアクセプタンス	✓	✓	✓		
行動のコントロール					✓
認知的スキル				✓	

第7章 ポジティブな介入	第8章 人々をよりポジティブで理性的にすること	第9章 マイクロカルチャー：文脈的ポジティブ心理学による介入	第10章 罪悪感を受容し恥を捨て去る	第11章 価値に沿い目的に導かれた行為を増やすために意味の科学を用いること	第12章 天分を育てる
✓	✓		✓	✓	
✓	✓		✓		
✓	✓	✓	✓		
✓	✓	✓	✓	✓	
			✓	✓	
✓		✓	✓	✓	
		✓			✓

第2章

マインドフルネスは気づきを拡張し，注意と感情の相互作用から意味を形成する

エリック・L・ガーランド（フロリダ州立大学）
バーバラ・L・フレドリクソン（ノースカロライナ大学チャペルヒル校）

　この章の目的は，ポジティブ感情（positive emotions）についての拡張-形成理論（broaden-and-build theory）(Fredrickson, 1998; Fredrickson, 2004)と，マインドフルネス，アクセプタンス，価値づけられた行為へのコミットメントといった「第3世代」の心理療法の鍵となる構成要素との間のつながりをはっきりさせることにある。著者らは，認知や感情に関する科学から得られた洞察力を，臨床的な介入に対して直接的な関連のある，一連の検証可能なアイデアを明らかにするために用いることにする。アクセプタンス&コミットメント・セラピー（ACT）(Hayes, Strosahl, & Wilson, 1999)は，過去10年で大きく発展したが，ACTの文献において，ポジティブ心理学的なプロセスについては，この発展と比較すると，ほとんど注意を払われてこなかった。著者らは，ポジティブな精神状態というものが，意図的に制御されるならば，人をより意味のある人生を送れるように方向づけるレジリエンス（精神的回復力）の鍵であると強く主張したい。
　この章における議論は，感情の状態というものが，全身的，創発的，自己維持的な性質を持つことについて描写するところから始めたい。次に，ポジティブ感情についての拡張-形成理論と，その前提を支える実証的な研究の

主要な部分について詳述したい。続いて，感情，注意，意味の間の相互関係について論じ，それが，ポジティブ感情に焦点を置いた介入において鍵となる3つの構成要素である，マインドフルネス，認知再評価（reappraisal），セイバリング（savoring）（物事の良い側面に着目して深く味わうこと）を議論するための背景となっていることを述べる。最後に，この臨床的なアプローチを，ACTの総合的な枠組みのなかで統合することを試みる。

感情のシステムは上昇スパイラルにも下降スパイラルにもなりうる

　現代の情動科学は，感情（emotion）というものを，主観的な気持ちの状態や，脳と身体の中の生理学的な反応や，顔や姿勢にあらわれる表情や，思考と行為のレパートリーの組み合わさったものとしてとらえている。言い換えるならば，感情とは，それを具現化するための認知的，行動的，身体的なメカニズムの間の相互的な因果関係により活性化される，創発的でダイナミックなシステムである。というわけで，感情は，それ自体の存在を最大化し，維持しようとする，自己組織化するシステム（self-organizing system）とみなすことができる。例えば，絶望という感情を例にとってみよう。喪失から生じる絶望は，反芻思考や，疲労感を伴うひきこもり行動をもたらすかもしれない。こういった絶望を構成する成分が，さらにダイナミックに相互作用して，さらなる絶望的な気持ちや，喪失に対するさらなる反芻思考や，ひきこもりと疲労感の増大をもたらすかもしれない。絶望は，その感情と一致した価値評価（すなわち，新たな体験を，損失の可能性やコントロールの欠如といった観点から解釈する傾向）により，固定化したものとなる。こうした解釈のバイアスが，自己についての永続する否定的信念を作り上げる。そしてそれが，繰り返される絶望体験と，ひきこもり行動からくる孤立と組み合わさって，狭窄的で社会的に孤立する思考–行為傾向を育む。時間が経つにつれて，このプロセスは，自己破壊的なサイクルへと，下向き

にスパイラルを描きながら落ち込み，社会的疎外と，コミットメントの断念と，自暴自棄の行為とにつながる。このことがさらに，うつの特徴である絶望，救いのなさ，重圧感に拍車をかけることになる。

著者らは，そういった，ダイナミックで，自己持続的で，ネガティブな感情のシステムのことを，**下降スパイラル**（downward spiral）と呼んでいる。これと対比して，著者らは，ポジティブ感情の自己持続的なサイクルのことを，それにより生活機能（functioning）が改善され，社会との関わりが増大すると考え，**上昇スパイラル**（upward spiral）と呼んでいる。ある時点においてポジティブ感情があれば，未来においてもポジティブ感情があることが予測されるという前向き研究により，上昇スパイラルの存在が明らかになっている。そしてこの前向き研究の結果は，ポジティブ感情によって，拡張されたものの考え方が増大するということで一部分は説明可能である（Burns et al., 2008; Fredrickson & Joiner, 2002）。逆に，拡張されたマインドセットが存在していれば，未来においても，拡張されたマインドセットが存在することが予測されることになる。このことは，拡張されたマインドセットが，ポジティブ感情を増加させるような認知的対処方略を促進させる，ということで一部分は説明可能である（Garland, Gaylord, & Fredrickson, 2011）。ポジティブ感情が，人のマインドセットを拡大させるときには，人はどんどん，快く，美しく，やりがいがあり，意味があるような出来事や出会いに注意を集中させていくので，こういった認知的な効果により，ポジティブ感情の頻度と強度が増大することになるのだろう。ポジティブ感情は，ポジティブな体験や視点（perspective）に対する気づきを増進させることで，時が経つにつれ強固なものになる。そしてそれが，未来におけるポジティブ感情の頻度が高まることにつながっていく。

上昇スパイラルと下降スパイラルは，行動への影響の仕方で区別される。下降スパイラルが，過度な自己への注目や，硬直してステレオタイプな防衛的反応（すなわち，最も大切なことから離れること）につながるのに対して，上昇スパイラルは，他者への寛容さや，自発的な今までにない探索行動

(つまり，最も大切なことへ近づくこと）につながる。というわけで，ポジティブ感情の上昇スパイラルや，拡張された思考-行動のレパートリーは，レジリエンスに対するかなめである可能性があり (Fredrickson, Tugade, Waugh, & Larkin, 2003; Tugade, Fredrickson, & Barrett, 2004)，ストレス軽減に対するかなめである可能性があり (Garland et al., 2011)，精神障害をもつ人においてしばしば観察される無気力を予防するためのかなめである可能性がある (Garland et al., 2010)。

感情のスパイラルは，他のシステムと同様に，現状を維持するように働くフィードバックのプロセスによって維持されている。そしてそれは，外部から攪乱された場合のみ，構造を変える。このことから，「外部から攪乱されたり，困難なことが起こることで，（機能不全が起こる代わりに），人の耐久力が増加したり，人が健康的に機能することが促進されることはあるのだろうか？ そして促進されるとすればどのように促進されるのだろうか？」という疑問が生じる。この章の中心となるテーマは，マインドフルネスによって，ポジティブ感情へのアクセスが促進されるかもしれない，ということ，そしてそのポジティブ感情によって，人が下降スパイラルを打破し，持続可能なポジティブさに向けて感情のバランスを動かすことができる，ということである。

ポジティブ感情についての拡張-形成理論

下降スパイラルは，ネガティブ感情が注意や認知の範囲を狭める力によって生じる (Schmitz, De Rosa, & Anderson, 2009; Talarico, LaBar, & Rubin, 2004)。そういった認知的な狭窄は，人類の祖先が危機的な環境において生き延びることを助けてくれた，進化による適応とみなされている (Frijda, 1988)。なぜなら，その認知的な狭窄があったために，トップダウン型の内省的な思考によって妨げられることなく，ボトムアップ型で，習慣的で，防衛的な行動（例えば，闘争，逃走，凍結）がすばやく実現したからである。例えば，毒ヘビ

の攻撃を避けるために必要な短い時間のあいだに，人は創造的な問題解決に携わってはいられない。そんなことをしていたら，足を毒牙にかまれてしまうからだ。逆に，ヘビの頭に狭く注意を集中させることで，後ずさりして攻撃を避けるための，すばやく，無意識な，統制のとれた筋肉の運動を展開することができる。狭く，反射的で，思考を伴わない動きをしていたときだけ，人はそういった状況を生き延びることができたのだ。

　拡張−形成理論は，これに対して補完的な立場をとっており，ポジティブ感情が，高度な連想や，普段以上に幅広い，感覚的な情報，アイデア，行動といったものを柔軟に活用できるようにすることで，個人の思考−行動のレパートリーを拡張してくれると主張している。そして，それと同様にして，拡張された認知が行動の柔軟性を生み出すとも主張している。人がより柔軟に新奇な行動を取り入れ，おなじみの行動を新しい文脈で捉えることができるようになればなるほど，レジリエンスや親和的な結びつきといった心理社会的な資源を育成することになるのだ（Cohn, Fredrickson, Brown, Mikels, & Conway, 2009; Fredrickson, Cohn, Coffey, Pek, & Finkel, 2008; Waugh & Fredrickson, 2006）。著者らの主張する，拡張された思考−行動のレパートリーという概念，言い換えるなら柔軟性という概念は，ACTでいうところの心理的柔軟性という概念に類似している。心理的柔軟性とは，「今，この瞬間」に接触し，その状況の細部（例えば，強化随伴性）に気づくことのできる能力と，心理的，身体的な苦痛があったとしても，有意義な活動をやりつづけられる能力のことである（Kashdan & Rottenberg, 2010）。

　例えば，体育の授業に出ている2人の小学校3年生，エディーとマックスを例にとろう。体育の先生が，授業で初めてティーボールをプレイさせる際に，エディーはこの新しい課題を好奇心を持って迎える。彼女がティーボール（または，それに似たもの）をプレイするのは初めてなので，あまり上手ではない。彼女はバットを構えて，ティーの上にあるボールをめがけてバットを振るが，バットは「ブン」という音とともに空振りしてしまう。級友が声を出して笑うとき，エディーは気まずく感じることなく，級友と一緒に声

を出して笑う．エディーはもう一度バットを振るが，ボールはそのままで，バットが手から離れ，数フィート離れたところに落ちる．級友はもっと大きな声で笑い，エディーもこの状況の楽しさを共有して一緒になって笑う．エディーはみんなの笑顔に，自分の笑顔で答え，ポジティブ感情の温かみを感じる．その結果，エディーは進んでもう一回挑戦することになる．3回目にバットを振る直前，エディーは自分の右肘が高く上がりすぎているのに気づく．エディーはスタンスを修正し，ボールをフィールドに力いっぱい打ち出す．級友はエディーに声援を送り，授業の後で，みんなはエディーのところに駆け寄り，ティーボールがどんなに楽しかったか，クスクス笑いながら話をする．何度か大笑いをしたあとで，エディーとみんなは友達になり，後で，全員，両親に放課後のティーボールのチームに参加させてほしいと頼むことになる．まもなく，エディーは運動のスキルを向上させ，持続的な友情を強固なものとし，それが未来におけるポジティブ感情を促進させることとなる．結局，エディーは高校まで球技を続け，大学でジャーナリズムを専攻し，スポーツレポーターになる．最終的に，エディーは全国ネットのスポーツテレビの知名度の高いポジションにつく．

　反対に，マックスは，自分がティーボールの経験がないことを気まずく感じている．マックスは，クラスのティーボールの試合で，選手に選ばれないように，体育の先生の視線を避けようとする．打席に呼び出されたとき，マックスは空振りをし，級友たちの笑っている顔に注意を集中させる．マックスは，級友たちの表情を，自分をあざけている証拠として解釈し，恥ずかしさと怒りを感じる．マックスはもう一回スイングするのを拒み，観客席に戻る．そうすることで，マックスは，新しい行動や新しい関係に関わっていくことを促進するはずの，ポジティブ感情を体験する機会を自ら奪うことになる．マックスは「自分はスポーツが苦手だ」と信じて成長し，競技大会を中心とする社会的交流の機会を避けるようになる．そしてこれが，大人になるまでずっと，マックスに限局的な生活を送らせることになる，体験の回避のパターンとなる．

ポジティブ感情は，認知を拡張し，社会的なつながりの増大につながる行動への関わりを増大させることで，人類の祖先に進化上の有利さを与えた。人類の祖先は，そういった適応的なマインドセットやスキルや資質を育んだおかげで，生存の可能性が高まったといえるだろう。ポジティブ感情は，一瞬で過ぎ去るものとはいえ，ウェルビーイングや社会的なつながりの増大につながるようなものの考え方を拡大させることで，人の生活上の機能に持続的な影響を及ぼす。

　拡張-形成理論は，幅広い範囲の，観察研究，実験研究，臨床試験による研究において，検証されてきた。ポジティブ感情が認知を拡張するという命題は，人がポジティブ感情の状態にあることで，「今，ここ」で起こっていることに注意を向ける能力が向上するという実験により，繰り返し証明されてきた。そしてそのことは，これまでに，行動の測定（Fredrickson & Branigan, 2005; Rowe, Hirsh, & Anderson, 2007），視線の追跡（Wadlinger & Isaacowitz, 2008），脳画像（Schmitz et al., 2009; Soto et al., 2009）など，さまざまな研究手法を用いて，発見されてきた。さらには，ポジティブ感情を誘導することで，人が関わる可能性のある行動の範囲が広がり（Fredrickson & Branigan, 2005），創造的な問題解決が促進される（Isen, 1987; Rowe et al., 2007）。対人関係においては，ポジティブ感情の状態にあることで，他者に対する信頼が増大し（Dunn & Schweitzer, 2005），個人どうしがつながっている感覚が増大する（Aron, Norman, Aron, McKenna, & Heyman, 2000; Waugh & Fredrickson, 2006）。こうして，ポジティブ感情は認知を拡張し，その結果，健全な社会的交流や社会的関係をうまく作り上げる能力をもたらすような，上昇スパイラルができるのである。

　数多くの前向き観察研究により，ポジティブ感情が，持続的な個人的資源を作り上げるという命題を補強するエビデンスが積み上げられてきた（Cohn & Fredrickson, 2009; Cohn et al., 2009, Gable, Gonzaga, & Strachman, 2006; Stein, Folkman, Trabasso, & Richards, 1997）。「形成」仮説に対する，より確実なエビデンスは，慈愛の瞑想（loving-kindness meditation）についてのランダム化比較試験により得られた（Fredrickson et al., 2008）。慈愛の瞑想は，ポジティブ感情を

日々体験することを増加させる目的で選ばれた介入法である。この，継時的な変化を追う研究では，ウェイティングリストに載せただけの対照群と比較して，7週間の慈愛の瞑想にランダムに割り付けられた群では，時間が経つにつれて，ポジティブ感情の増大が認められた。7週間経過後，慈愛の瞑想によってポジティブ感情を引き起こすように訓練された実験参加者において，瞑想に費やされた時間に対して生じるポジティブ感情が，300％増大するという効果が認められた。つまり，実験参加者が慈愛の瞑想の実践に時間を費やせば費やすほど，ポジティブ感情の体験が強まったのである。こうしたポジティブ感情は，実験参加者が瞑想をしない日においても継続していたことから，持続的なものといえるだろう。さらに，慈愛の瞑想によって引き起こされるポジティブ感情の上向きのシフトは，幅広い個人的資源を増加させる。その個人的資源には，人生の課題を扱う能力があるという感覚を持っていること，他者へ意味のあるやり方でつながっていると感じること，病気への抵抗力がより強まること（より強い免疫機能があること）が含まれる。そしてその結果，人生の満足度が増大し，抑うつ症状が軽減することになる(Fredrickson et al., 2008)。慈愛の瞑想を学ぶことによって生じるこういった健康に良い効果は，1年後のフォローアップの時にも持続した。そしてこのことは，特性としてのポジティブな情動に，持続的な変化が生じたというエビデンスといえる(Cohn & Fredrickson, 2010)。

　拡張−形成理論のこれら2つの命題——ポジティブ感情が気づきを拡張するということ，ポジティブ感情が個人的資源を形成するということ——は，日々の生活におけるさまざまな感情の頻度を調べてみることで，より理解が深まるかもしれない。FredricksonとLosada (2005) によれば，人の生活における感情のクオリティは，ポジティビティ比（positivity ratio）といわれる，ネガティブ感情に対するポジティブ感情の比率によって示されることが示唆されている。ヒトが最適に機能するためのポジティビティ比は，1対1を超えるが，それはポジティブ感情とネガティブ感情との間にある，次のような非対称性を考慮すれば当然のことであろう。(a) **ポジティビティオフセ**

ット (positivity offset)：これは，ヒトの体験は，元来ややポジティブな情動寄りになっているという観察結果 (Cacioppo, Gardner, & Berntson, 1999) や，実際，ヒトが普通に機能しているときにはポジティビティ比が2：1になっているという観察結果 (Schwartz et al., 2002) のことを指す。(b) **ネガティビティバイアス**（negativity bias）：これはしばしば「悪いものは良いものより強い」(Baumeister, Bratslavsky, Finkenauer & Vohs, 2001) という表現でまとめられるが，ネガティブ感情の強さを矯正するためには，ポジティブ感情はそれよりも多くないといけないということである。FredricksonとLosadaは，3：1という比率を，転換点となる比率として割り出したが，そのことはこれまで論文化されてきたこういった結果とよく一致する＊。この比率を超えると，ポジティブ感情の拡張−形成効果がウェルビーイングをもたらすのである。ネガティブ感情に対するポジティブ感情の比率が3：1を超える状態を体験している人は，持続的幸福 (flourishing) (Keyes, 2002) と呼ばれる良好なメンタルヘルスの状態，良好な心理社会的機能を呈する。この比率以下だと，そういった最適な機能を支えるだけのポジティブ感情がないために，人はKeyes（2002）のなかで衰退（languishing）と呼ばれている，感情的な苦境，社会的な孤立，達成の欠如を示すと考えられている。

　拡張−形成理論の3番目の命題は，ポジティブ感情は，ネガティブ感情の心理生理的結果を元に戻す（undo）効果がある，という主張だ。ネガティブ感情が，身体と心を，闘争とか逃走といった特定の防衛的な行為に対する準備状態にさせるのに対して，ポジティブ感情は，そういった準備状態を放棄，ないし「元に戻す」効果がある。この効果はおそらく，ポジティブ感情に伴って思考−行為のレパートリーが拡張することと関連があるのだろう。一連の実験室内での実験で，Fredricksonらは，この「元に戻す効果」をテストした。それは，まず最初に，被験者全員にネガティブ感情を体験させた後，被験者をランダムに3群に分け，それぞれポジティブ感情，ニュートラ

＊訳者注：この比は「ロサダ比（Losada ratio）」と呼ばれる。

ルな感情，ネガティブ感情を体験させる，というものだった。心拍数と血圧が持続的に測定され，その結果，ポジティブ感情が，不安や恐怖からの心臓‐血管系の回復を早めるということが示された（Fredrickson & Levenson, 1998; Fredrickson, Mancuso, Branigan, & Tugade, 2000）。こうした一連の研究により，ポジティブ感情はネガティブ感情の効果と逆向きに作用する強力な手段となりうることが示された。

　もしポジティブ感情がウェルビーイングに大きな影響を与えるのであれば，ポジティブ感情がレジリエンス（すなわち逆境に適応し，うまく対処する能力）を促進するということにもなるだろう（Folkman & Moskowitz, 2000）。レジリエンスを持つ人が逆境から回復し，心臓‐血管系の反応を元に戻し，うつ症状の発現を予防し，持続的幸福を持ち続ける能力が高いのは，ポジティブ感情の状態にある頻度が高いからということで説明できる（Fredrickson et al., 2003; Ong, Bergeman, Bisconti, & Wallace, 2006; Tugade & Fredrickson, 2004）。さらに，生物行動学的な研究によれば，レジリエンスを持つ人は，そうでない人と比べて，「今，ここ」へ注意を集中することがより多く，これから生じそうなネガティブなことについて心配することがより少なく，感情を刺激するような出来事に対して状況に合った生理的反応を示すことがより多く，効率的な回復も可能であることが示されている（Waugh, Wager, Fredrickson, Noll, & Taylor, 2008）。しかしながら，レジリエンスは，単に生まれつきのものではなく，訓練によって向上するのである（Cicchetti & Blender, 2006）。例えば，ある実験において，特性としてのレジリエンスのスコアが低い健康な成人に対して，ストレスの多い状況を，迎え撃って克服すべき挑戦として，ポジティブに再評価するように教えたところ，レジリエンスの特徴である，心臓‐血管系の回復が早まるという現象が認められた（Tugade & Fredrickson, 2004）。この研究において，人が大変なライフイベントに対してポジティブな意味を見いだすことのできる度合いは，そういった環境にあってどれだけポジティブ感情を体験できるかによって左右されていた。言い換えるなら，人はストレスの多い環境に意味を見いだすために，ポジティブ感情を自発的に使っている

のだ。それならば，精神的に問題を抱えている人において，レジリエンスを育成するために，ポジティブ感情を意図的に育むにはどうしたらよいのだろうか？ この質問に答えるには，注意，感情，そして意味自体の性質を徹底的に調べなければならない。

意味と注意−感情の相互作用

　人類は意味を作り出す動物である。根底では，人類はあらゆる無脊椎動物と同様の，接近と回避に向かう原始的な衝動を体験するし，人類の先祖である哺乳動物と同様の，喜び，満足，愛，嫌悪，怒り，恐怖といった基本的な感情を体験する（Ekman, 1971; Plutchik, 1962, 1980）のだが，体験の意味を**評価**（appraise）し，**構築**（construct）するという我々人類の能力こそが，多様で常に移り変わる気分や情動の幅を作り上げる。言い換えるなら，人類は決定的に人間らしい感情的な体験を，認知的な評価（cognitive appraisal）というプロセスを通して，こういった基本的な感情から**導き出している**のだ（Ellsworth & Scherer, 2002; Lazarus, 1991, 1999）。快楽（pleasure）の例を見てみよう。快楽は，原始的かつ普遍的な体験である（Kringelbach & Berridge, 2009）が，快楽の源はほとんど無限に異なっている。人が，スカイダイビングする，絶食する，教会の硬い木のベンチにひざまずく，ビッグマックを食べる，SM的性行為にふける，新しい数学の定理を発見する，庭で雑草を引っこ抜いたり刈り取ったりする，デスメタルのコンサートに行く，呼吸の感覚に注意を集中させるといった，多種多様の体験から快楽を得ることができるということを考えると，意味を作り出すということ，そしてその結果感情が生まれることは，相対的なものであることがわかる。さらに，ある状況において快楽を生み出すような出来事や行為が，別の状況では嫌悪をもよおすものになる可能性がある。例えば，同じ全速力で走るという行動であっても，飢えたトラから逃げるために全速力で走るという行為は，ゴールのフィニッシュラインに向かって全速力で走るという行為とは，快楽をもたらすかどう

かという点で異なっている。

　それでは，自己と世界が出合ったときに，意味と感情がどんなふうに形成されるかを決めるのは何だろうか？　日々の人間の体験は，無限に複雑な宇宙にアクセス可能ではあるが，1人の個人が1つの瞬間にアクセスできるのは限られた数のデータにすぎない。したがって，人間の情報処理は選択的であり，注意（attention）という現象を伴うものである。ここでいう注意とは，あるサブセットのデータが，ニューロンのネットワークの競合的な処理を受けて，他のサブセットのデータよりも優位に立つという現象を指している（Desimone & Duncan, 1995）。こうして，注意を向けられた刺激が，優先的に情報処理を受け，行動を決定する。注意というものは，反射的で，刺激によってつき動かされる，ボトムアップのプロセスである場合もあれば，思慮深く，戦略的で，トップダウンのプロセスである場合もある（Corbetta & Shulman, 2002）。明るさやコントラストといった基本的な刺激が，ボトムアップ的なやり方で注意を引くことがある一方で，対象の持つ顕現性（salience），目標との関連性，高次の意味といったものが，注意を導き，その対象が埋め込まれた環境的母体の中から，その対象を選び出すことにつながるという場合もある（Koivisto & Revonsuo, 2007）。

　William Jamesの名言にあるように，「私の経験とは，私が注意を向けることにしたもの」（1890）ではあるが，注意は，そもそも感情との相互作用があって存在するものである。注意を向けられた対象は感情を引き起こし，その一方で感情は，注意を調整し方向づけを行う（Anderson, Siegel, Bliss-Moreau, & Barrett, 2011; Friedman & Forster, 2011; Lang & Bradley, 2011; Lang, Bradley, & Cuthbert, 1997）。この注意-感情の相互作用は，動機づけられた目標達成を可能にするための心理的な土台となる。このように，人の心は入力-出力といったやり方で反応する，感覚的な情報の単なる受動的な受容器ではなく，むしろ，情報を**選択**し，この情報を文脈的な意味や価値の立場から**評価**する能動的な行為主体なのである。感情はこの選択と評価のプロセスから生じる。Bateson（1972）は，通常の気づきの状態では，我々がしばしば身の回りの環

境のもつ豊かで相互作用的な複雑さを捉えることができないということ，それは我々が，欲望や目標のせいで，注意を狭い範囲のデータにしか向けることができないためであると主張した。人が，体験のさまざまな要素のうち，どこにどのように注意を向けるかによって，異なった現象学的現実が作り出される。この考え方とも一致するのだが，評価という観点からの感情の説明 (appraisal accounts of emotions)（Ellsworth & Scherer, 2002; Lazarus, 1991）によれば，どんな環境であっても，その環境における感情のクオリティは，我々が注意を向けるものは何かということ，それに続いて，我々が注意を向けた対象をどのように解釈するのかによって決まるのである。

　人は，注意を向けた対象の意味を，過去の体験の記憶に沿って，概念的なカテゴリーに分類して解釈する。我々が，感覚器官から流れ込んでくる情報を整理して分類するやり方が，「現実」という我々の生きた体験を作り上げる（Keeney, 1983）。こういうわけで，体験が観察される文脈のほかには，体験に固有の意味などないのである。こうした観察からわかることは，感覚のデータや社会的なフィードバックから得られる「自己」「世界」「因果律」といった普遍的な概念が，実は文脈的な変化によって変わりうるものであるということである。

　個人が，文脈に沿って，感情的な刺激に対して意味を見いだすやり方については，関係フレーム理論（relational frame theory: RFT）（Hayes & Wilson, 1995）と呼ばれる ACT の基礎理論で説明がなされている。この理論によれば，人は言語と認知を，文脈に基づいて恣意的に出来事どうしを結びつけ，出来事の機能を変えるために用いている（Hayes, Luoma, Bond, Masuda, & Lillis, 2006）。言語と認知が，こういった出来事どうしの恣意的な関係をコード化している。というわけで，行動的な反応は，出来事それ自体から派生するのではなく，条件づけと強化の履歴により確立された恣意的な関係的規則のネットワークから派生するのである。そういった**関係フレームづけ**（relational framing）によって，我々は出来事に意味を見いだし，その出来事の感情的な重要性を評価するのである。

自らの体験に意味を見いだしたいという欲求は，人が存在するうえで中心的なものである（Frankl, 1959; Singer, 2004）。さらに，体験に意味を見いだし，感情を望ましい方向に制御する必要性があると，それが自らの信念を変化させるうえでの動機づけになる（Boden & Berenbaum, 2010）。同様にして，感情の変化は，ある状況における特定の意味の評価から発生する（Frijda, 1986）。評価というものは，個別的で，特定の出来事に適用されるものである。これに対して，信念というものは，しばしば時間や思考範囲といった制約を超え，たくさんの個別の状況に対する評価に影響を与える可能性を持つ（Boden & Berenbaum, 2010; Lazarus, 1991）。例えば，「自分は完璧でなければならない」という信念を持つ人は，テストでAプラスの成績をとれば「自分は完璧だ」という評価をし，結果として満足感に至るのに対して，Aマイナスの成績をとれば，「自分は落伍者だ」という評価をし，悲しみを生じる。このように，信念は，ちょうどそれを通して状況に対する評価をするレンズの役割をし，それに付随して感情も生じるのである。

　同様にして，感情は信念の内容と，信念を確信する度合いに影響を与える。感情を心の中で体験することが，感情を引き出すもとになった刺激に注意を集中させるためのシグナルの役目をする（Clore & Gasper, 2000）。この感情的なシグナルが，人の情報処理システムに警告を与え，信念に関連する対象や出来事の存在に対して注意を向けさせる。その後，信念や現在の感情状態と相互に一致した刺激が選択され，さらなる処理を受ける（Boden & Berenbaum, 2010）。さらに，感情は自明なものとして直接体験される（Clore & Gasper, 2000）ために，人が持っている信念を支持したり，逆に反駁したりするための証拠の役割をする（Centerbar, Schnall, Clore, & Garvin, 2008）。別の言い方をするなら，状況に対する評価や信念と一致した感情は，その評価や信念を強化し，評価や信念と矛盾する感情は，その評価や信念を弱める傾向がある。さらに，感情がポジティブかネガティブかということが，あいまいな刺激の解釈の内容に影響を与える可能性がある。例えば，実験において，悲しみを感じるように誘導された被験者は，幸せを感じるように誘導された被験

者と比べて，他者との葛藤において，自責的になる割合が多かった（Forgas, 1994）。怒りや嫌悪を生じるように誘導された被験者は，中立的な同音異義語について，否定的な解釈をする場合が多かった（例えば，同じ音を聞いても，「tents」：テントという名詞の複数形ではなく，「tense」：緊張したという意味の形容詞に聞こえる）(Barazzone & Davey, 2009; Davey, Bickerstaffe, & MacDonald, 2006）。また，もともと恐怖を感じていたり，恐怖を感じるように誘導された被験者は，状況をより危険だと解釈する傾向があった（Lerner & Keltner, 2001）。こういうわけで，感情がポジティブかネガティブかということが，人が意味を見いだすプロセスに影響を与える可能性があり，そのことは信念の内容の観点からいっても，またその信念の正しさを確信している度合いの観点からいってもそうであった。

評価と信念は感情の状態に伴って変化するが，それと同様に，解釈が変化すると，人が感じる体験は影響を受ける。例えば，がんの診断を受けた人は，最初，この出来事を破局的な大惨事と解釈し，恐怖と絶望という圧倒的な感情を感じるかもしれない。あとになって，この同じ個人が，がんの診断を受けたことを，満足のできない仕事から引退して，ずっと住みたいと思っていた都市で新しい生活を始めるきっかけになったとみなし，満足や感謝，さらには喜びという感情すら感じるかもしれない。こうした意味の変容，言い換えるなら再評価は，人生における状況の大部分があいまいなものであることで，はじめて可能となるのである。

人生はあいまいな刺激である

まさに文字通りの意味で，人生はあいまいな刺激である。心臓発作に襲われたが生き延びたということは，死の危険が差し迫っているということを示しているのだろうか？ それとも新たな生を与えられたことを示しているのだろうか？ 恋に落ちるということは，生涯にわたるつながりが約束されたということだろうか？ それとも避けられない失恋の最初の徴候なのだろう

か？　人が体験する状況の多くは複雑で，その意味は理解しがたい。だから，体験の意味を把握するためには，自己内省というプロセスが必要になるのである（Bandura, 2001）。

　自己内省を通じて，人は自らのアイデンティティや，他者との関係や，周りの環境が不確実さに満ちていることに気づく（Olivares, 2010）。生きることには，環境の不規則な変化に適応することが必然的に含まれる。そこで，自己内省のプロセスにより，生命の予測できない性質が明らかになる。未知で予測不能な性質を持つ恐ろしい刺激に由来する不確実性から，ストレスが生まれ（Monat, Averill, & Lazarus, 1972），コントロール不能という感覚が生まれる（Folkman, 1984）。不確実性に反応して，我々は体験のなかに意味を見いだし，そうすることで不確実性を減らそうとする（Olivares, 2010）。実際，一連の巧妙な実験により，コントロール不能という感覚が，あいまいな状況において，錯視や幻視のようなパターンの知覚を促進することがわかった（Whitson & Galinsky, 2008）。そうやって，人生の混沌のなかにパターンを投影することで，人は無意識にせよ意識的にせよ，コントロールできているという感覚を取り戻そうとする。意味を見いだそうとするこのプロセスにより，ストレッサーの評価やストレッサーを，自らの人生を振り返っての自伝的な語り（autobiographical narrative）のなかに，意味のあるものとして統合していく作業がなされるのである。

ストレスの評価と，固執による下降スパイラル

　対応に骨の折れる環境というものは，それ自体特にポジティブでもネガティブでもなく，それが自らのウェルビーイングにどういう関連を持っているかが評価されて，はじめてポジティブな意味やネガティブな意味を持つ。心や身体に負担になる出来事のなかには，人を傷つける可能性があるものが多い一方で，人に恩恵をもたらす可能性のある場合も多い。先に挙げた例をも

う一度用いると，走ることは確かに身体的にはストレスであるが，それによって生じる身体的変化を人が心の中でどう体験するかという部分は，自分を食べようとしている動物から走って逃げているときと，マラソンのゴールラインめがけて走っているときでは全く異なる。前者の例では，人は絶対的な脅威の下にあり，後者の例では，人はやりがいのある課題に立ち向かうことで，今にも達成感を得るところである。こういうわけで，ストレス体験は，文脈依存的といえる。つまり，人は刺激を評価しその意味を確定するために文脈を用いるのである。

LazarusとFolkmanのストレス・コーピング理論（Lazarus & Folkman, 1984）によれば，ストレスは，刺激に固有の脅威についての一次的な評価からはじまるプロセスによって生じる。この評価は，しばしば意識的に熟考することなしになされる（Bargh & Chartrand, 1999）。例えば，他者の意図についての評価は，平均して，30秒未満でなされ（Ambady & Rosenthal, 1992），脅威についての評価（例えば，ヘビ恐怖をもつ人がヘビの存在を探知すること）は，0.05秒未満でなされうる（Ohman, Carlsson, Lundqvist, & Ingvar, 2007）。こういったすばやく無意識的な評価は，生得的な反射や，非陳述記憶や，暗黙の認知操作を利用している可能性があり，これは陳述記憶や命題型の推論に依存している意図的な評価プロセスと対照的である（Ellsworth & Scherer, 2002）。

続いて，二次的な評価の認知的プロセスにより，潜在的な脅威による要求を満たすため，利用可能な個人的資源とコーピングの選択肢がどれだけあるかが判断される。もしストレッサーが対処可能と評価されれば，ポジティブな情動と自己効力感が生じる。もし利用可能な個人的資源が，脅威となる刺激によりもたらされる課題をうまく扱うには不十分であると判断されれば，この評価は拡大扁桃体から，視床下部-下垂体-副腎系や青斑核や自律神経系に至るストレス反応を活性化させる。この経路は，ストレスホルモンの神経内分泌的なカスケード反応を解き放ち，βエンドルフィンとアドレノコルチコトロピンが分泌され，それが副腎皮質からのコルチゾールの分泌につながる（Brosschot, Gerin, & Thayer, 2006）。コルチゾールは，扁桃体と海馬の間の神

経伝達を活発にすることで，脅威に関連する情報の処理と，恐怖についての記憶の定着を促進する（McEwen, 2007）。さらに，ストレスの評価は，すばやい「闘争-逃走反応（fight-or-flight response）」を活性化させる（Cannon, 1929）が，これは中枢自律神経繊維網といわれる，前頭前野，扁桃体，脳幹，交感神経系と副交感神経系，内臓，末梢からなるシステムによって仲介される（Thayer & Lane, 2009）。闘争-逃走反応が起こっている間に，中枢の自律神経系は筋肉を神経刺激し，心臓のペースメーカーである洞房結節（どうぼう）を調整し，消化管の収縮を促し，汗腺の活動を活発にし，体温の変化を調節する（Janig, 2002）。

　この防衛的な反応は，差し迫った，生命を脅かすストレッサーに適応する手段として進化してきた反応であるが，現代の文明化された社会においては，人はめったにそういった脅威には出合うことがない。人類の祖先の環境とは対照的に，今日我々は，象徴的な意味でウェルビーイングに対する差し迫った危機とみなされるような出来事からのストレスにしばしば直面する（Rosmond, 2005）。例えば，我々の身体は，身体的な脅威に対して反応するのと同じように，上司からの批判的な電子メールに反応する。急性のストレス反応は適応的な場合もあるかもしれないが，慢性のストレスは有害であり，ストレッサーについて心の中で考えることによってしばしば維持され，長引くことになる。人はしばしば，固執的な認知（perseverative cognition）と呼ばれる，ストレッサーがもはや存在しなくなっても心の中で考え続けるという不毛で非適応的なプロセスにふけってしまうものである（Brosschot et al., 2006）。固執的な認知のスタイルには，例えば破滅的思考（刺激のもたらす脅威を誇張して受け取ること）や反芻思考（はんすう）（ある出来事について，繰り返し，考えたくないのにネガティブ思考を体験してしまうこと）といったものがあるが，それは結果として，認知的なストレス評価のプロセスがネガティブ感情につながり，自律神経系が持続的に活性化されるという下降スパイラルに至ることになる。

　そして，ストレス反応を促進する，生理的システムの持続的活性化は，ア

ロスタティック負荷（allostatic load）として知られる，身体のさまざまな部位への負担をもたらす（McEwen & Wingfield, 2003）。持続するアロスタティック負荷は，脳の萎縮，ホルモンや代謝の異常，身体的精神的疾患へのかかりやすさといったことにつながる可能性がある（McEwen, 2003）。アロスタティック負荷は，拡大扁桃体におけるストレスと報酬の神経回路の調節異常をもたらし，脳の報酬系のセットポイントを変化させて，報酬に対して鈍感に，ストレス，罰，嫌悪刺激に対して敏感にさせる（Koob & Le Moal, 2001）。こういった感作の効果は，うつ病や不安障害に罹患している人において観察されるが，そういった人は，モノや人や出来事について，自らを失望させ，気を動転させ，怖がらせるものとして解釈しがちな一方で，美しく，肯定的で，快いものについては無視しがちという認知的バイアスを持っている（Garland et al., 2010; Mathews & MacLeod, 2005）。そういった情報処理のバイアスは，下降スパイラルのプロセスと，ネガティブに傾いた感情のバランスを通じて，情動不安，恐怖，自己嫌悪を維持，強化する。

ポジティブな再評価

　幸いなことに，ストレス反応は，流動的で変わりやすい。すなわち，変化する環境からの新しいデータが，脅威に対する自らの反応についての新たな情報と相まって，再評価（reappraisal）のプロセスを開始させる。この再評価のプロセスにおいて，最初のストレス評価が，フィードバックの結果として変化を受ける。例えば，最初に脅威的であると評価された刺激が，悪性のものではないと再評価されることがありうる。再評価は，ストレス反応の生理的，心理的，社会的な結果を，ダイナミックなフィードバック-フィードフォワードのメカニズムを通じて変化させる。このメカニズムは，刺激の意味を変化させ，刺激に対する行動的反応を調整する。

　再評価はレジリエンスに至る鍵のひとつかもしれない。逆境に直面すると，人はしばしば，自らが恵まれており，ストレスフルな出来事に出合うこ

とで成長すると信じるものである。こういった，ポジティブ感情に焦点を当てた対処方略は，**ポジティブな再評価**（positive reappraisal）として知られているが，ストレスフルな出来事を，悪性のものでなく，利益をもたらし，意味のあるものとして再解釈するという適応的なプロセスである（Lazarus & Folkman, 1984）。ポジティブな再評価は，「いいこと探し（benefit finding）」として概念化されることもあるが（Affleck & Tennen, 1996），苦悩の減少やメンタルヘルスの向上をもたらし（Helgeson, Reynolds, & Tomich, 2006），血圧や脈拍といったストレスに関連する生理的パラメーターに良い影響を与える（Bower, Low, Moskowitz, Sepah, & Epel, 2008; Carrico et al., 2006; Cruess et al., 2000; McGregor et al., 2004; Tugade & Fredrickson, 2004）。ポジティブな再評価は，能動的な対処方略であり（Folkman, 1997），ストレッサーと，その背景と，それが自分にどのように関連するかを熟考することでもある。さらに，ポジティブな再評価には，副交感神経系の活性化の頻度が増えるという，はっきりした生理学的特徴がみられる（Witvliet, Knoll, Hinman, & DeYoung, 2010）。そして，それによってストレッサーにもう一度立ち向かっていこうという意志が生じるのである。例えば，がんから回復した人は，自分が生き延びたことを，強みとレジリエンスがあった証拠だととらえ，自分の人生を，他の人が同じように回復するのを助けるために捧げようと決意するかもしれない。そういうわけで，ポジティブな再評価は，適応的方略であり，しばしばアプローチ志向（approach-oriented）の方略でもある。そしてこの方略により，首尾一貫感覚（sense of coherence）（Antonovsky, 1987）と呼ばれる，健康とウェルビーイングに欠かせない感覚が生まれるのである。

　ポジティブな再評価が，適応的な対処方法であり，レジリエンスに必須の要素であることを示唆する膨大な研究結果からすると，ポジティブな再評価という認知的方略を意図的に用いることで，治療的な効果が得られるのではないかと考えられる。臨床の現場で，どうやったらポジティブな再評価を最もよく促進できるかということは，まだ明らかにされていない。このことは研究があまりされていない分野であるが，それはたぶん，第2世代の認知行

動療法が実証哲学（人は真実を，五感により観察したことと，それに対する論理的推論によってのみ知ることができるという哲学的主張）や，より論理的な考え方を促進するような手法に重きを置いていたことによるのだろう。がんと診断されたことを，生きる勇気を与えてくれる神の恵みと解釈することは，明確に論理的とは言いがたいし，そして実際，そういった再評価は，標準的な認知再構成の技法で用いられる客観的な証拠とは正反対のものであるかもしれない。しかし，ACTでみられるような第3世代の認知行動療法のアプローチは，実証哲学的というよりは構成主義的で，いわゆる「真実」よりも機能的文脈主義やプラグマティズムを重視している。

　ACTに本来備わっている機能的文脈主義という視点により，我々は，信念がどのくらい真実かをはっきりさせる試みを放棄し，その代わり，信念の機能（その信念がどのくらい役に立つのかということ）に焦点を当てることになる。ポジティブな再評価は，この機能的文脈主義という視点からすると，理にかなったものである。人生におけるほとんどの状況が，個人に与える影響という観点からは，あいまいなものであるとするならば，そういった状況はネガティブにもポジティブにも評価可能である。しかしながら，ネガティブな評価はネガティブ感情を生み，習慣的でマインドレスなパターンのステレオタイプかつ防衛的な行動を引き起こす。その一方で，ポジティブな評価はポジティブ感情を生み，それが認知を拡張し，革新的，探求的，創造的な問題解決行動を通して，個人的資源を形成する。というわけで，ここで効果的な質問は，「この信念は正しいか？」ではなく，むしろ「この信念を抱いた結果は何か？」である (Ciarrochi & Bailey, 2008)。Hayesらの著書 (Hayes, Strohsahl, & Wilson, 1999) にあるように，「文脈主義において，真実かどうかの定義は，それがうまく働くかどうかである。分析が『真』とされるのは，その分析によって特定のゴールが達成されたかどうかという観点においてのみである」(p.19)。ポジティブな再評価が，上昇スパイラルのプロセスを通して，レジリエンスを強化し，思考–行動のレパートリーを拡張することで，ゴールの達成を促進するということを考慮するならば，ポジティブな再評価

は上に述べたような真実かどうかの定義を満たす。こういうわけで，ポジティブな再評価は，第3世代の認知行動療法を，拡張−形成理論から引き出された原理と組み合わせるような臨床的アプローチを考える際に，特に重要になると考えられる。第3世代の認知行動療法と，拡張−形成理論を統合させる鍵は，マインドフルネスという概念にある。

ポジティブな再評価における
マインドフルネスの役割

　この章の第一著者らは，マインドフルネスの**状態**にあると，ポジティブな再評価が起こる可能性が高まると主張している (Garland, Gaylord, & Park, 2009)。この，自然な状態は，過去や未来に関する思考にとらわれることなく，現在の一瞬一瞬の認知，感情，知覚，感覚に注意を払いつつ，判断は下さないというメタ認知的なモニタリングの状態である (Garland, 2007; Lutz, Slagter, Dunne, & Davidson, 2008)。マインドフルネスがメタ認知的であるとは，マインドフルネスが，意識の内容についてモニターする一方で，意識のプロセス自体について省察するというメタレベルの気づきを含んでいるという意味である (Nelson, Stuart, Howard, & Crowley, 1999)。マインドフルネスが自然だというのは，人によって能力や意欲の差はあるものの，それが人の心の基本的で生まれついての能力であるという意味である (Brown, Ryan, & Creswell, 2007; Goldstein, 2002)。さらに，マインドフルネスという生まれついての能力は，実践により育成することが可能である。マインドフルネスの**実践**（ある対象に繰り返し注意を払い，気を散らせる思考や感情が起こったらそれに気づいて手放すこと）を行うことにより，マインドフルネスの状態が一時的に生じ，そしてそれを繰り返すことで，日々の生活のなかで常に判断せず気づきを行っていくという，**特性**（trait）や**気質**（disposition）のレベルでのマインドフルネスが生まれる可能性がある (Chambers, Gullone, & Allen, 2009)。

　マインドフルネスというメタ認知的な状態にあると，苦痛の種になるよう

な思考や感情や感覚から一歩下がってみるという精神的操作を行って，そういった思考や感情や感覚の影響を和らげることができる。この操作は**脱中心化**（decentering）(Segal, Williams, & Teasdale, 2002) とか**再知覚化**（reperceiving）(Shapiro, Carlson, Astin, & Freedman, 2006) と呼ばれている。このような，状況に応じて柔軟に視点を切り替える，セットシフティング（set-shifting）と呼ばれる機能は，評価と再評価をつなぐ鍵であるかもしれない。そしてこのセットシフティングは，思考や感情や感覚の内容から，思考や感情や感覚を心の中で処理するプロセスへと注意をずらしていくことを意味する (Hayes & Wilson, 2003)。意識の内容から意識のプロセスへと注意をずらすことで，思考や感情にとらわれなくなり，自己や世界についての硬直し柔軟性に欠けるナラティブ以外のことに気づいていくことができるようになる (Niemic et al., 2010; Shapiro et al., 2006)。「マインドフルネスによってもたらされる再知覚化により，過去にあんなに自分と一体化していたストーリー（例えば，自分が誰かということ，好きなものや嫌いなもの，他者についての意見などについて）は，ただの『ストーリー』になる」(Shapiro et al., 2006)。再知覚化や脱中心化という認知のセットシフティングのプロセスによって，根本的な認知の柔軟性が生まれ，「以前は反射的（reflexibly）に選んだり条件づけされたりしてきたことを，熟考して（reflectively）選択することが可能になる」(Shapiro et al., 2006) につれ，認知的な評価を柔軟に選択することが促進される。最終的に，脱中心化によって，思考と思考する人の間に距離ができ，その結果，社会的に条件づけられたナラティブからも距離を取ることが可能になる。こうして新しく距離ができたことで，個人のゴールとより一致した価値を選び取ることが可能になるのである。

　マインドフルネスは，ポジティブな再評価におけるかなめである。人がある出来事の評価を，ポジティブなものとして再度解釈しなおすためには，最初のストレス評価を「手放し（letting go）」，その出来事に関連する意味づけや評価を弱めることができる，メタ認知的に見晴らしのきく場所（meta-cognitive vantage point）から眺めなければならない。マインドフル・コー

ピングモデル (Garland et al., 2009) によれば，ある出来事が自分の能力を超える脅威とみなされるときには，このストレス評価は身体のホメオスタシスのゆらぎにつながる。そして，これに対する身体からのフィードバックはしばしば感情として体験される (Friedman, 2011; James, 1890)。ストレス評価から生じるネガティブ感情の存在に気づいていれば，人は「一歩下がって（stepping back）」適応的な行動を始めることができる。「一歩下がって」とは，言い換えるならば，このストレス反応とそれに由来する感情を脱中心化し，マインドフルネスの状態になることである。こうしてマインドフルネスの状態で活動することで，注意を新しい刺激に向けていく能力が増大し (Jha, Krompinger, & Baime, 2007)，認知的柔軟性も増大する (Moore & Malinowski, 2009)。その結果，人は新しいデータにアクセスすることができ，その新しいデータでもって，環境を再評価し，その環境を意味があるとか，有益であるとさえ捉え直すことができるのである。ある状況のなかで，害がなく，目的があり，肯定的なものに注意を払うことは，ポジティブ感情を体験することにつながり，それがさらなるポジティブな再評価を促進する (Tugade & Fredrickson, 2004)。かくして，マインドフルネスによってもたらされた，メタ認知的に見晴らしのきく場所から見渡すことによって，以前には注意を向けられていなかったポジティブな対象，出来事，環境，文脈が，意識にとってアクセス可能な，再評価のための「材料 (stuff)」となる。

　マインドフルネスにより，評価を下すような言葉は一時的に棚上げしておくことができるが，人のマインドというものは，不確実さを減らし辻褄の合った人生のストーリーを作り出すナラティブに深く根ざしている (Olivares, 2010) ために，ストレッサーと出合い，そのストレッサーを自らの自伝的記憶 (autobiographical memory) と統合する際に，再び意味-言語モードになってしまうのは避けられない。人がマインドフルネスの状態からこのナラティブモードに戻るとき，熟考という意識的なプロセスや，自発的な直観に基づいた，より自動的なプロセスを通して，再評価が生じる。そうしたポジティブな再評価の結果として，希望，コンパッション，愛といったポジティ

ブ感情や，信頼，自信，平静といったアクセプタンスに基づく態度が生まれる。そしてそれが，ストレスを減少させ，次の評価に影響を与える。

　マインドフルネスというメタ認知的な状態に繰り返し意図的に身を置くことで，いずれ特性としてのマインドフルネスが身につくことになるだろう。マインドフルネスが気質として身につくと，認知のコーピングスタイルが変化し，苦境にあってもポジティブな再評価ができるようになる（図1を参照）。この章の著者らが最近実施した，成人の被験者におけるマインドフルネスに基づくストレス・疼痛マネジメントプログラム（mindfulness-based stress and pain management program）の前向き観察研究の結果は，このことを支持している。すなわち，マインドフルネス傾向が増大すれば，ポジティブな再評価が増大し，ポジティブな再評価が増大すれば，気質としてのマインドフルネスも増大していた。また，マインドフルネス傾向が増大することによるストレス減少効果は，ポジティブな再評価によって媒介されていた（Garland et al., 2011）。同様にして，マインドフルネスを用いたコミュニケーションのコースに参加した大学生と，標準的なコミュニケーションのカリキュラムを受講した大学生を比較した疑似実験的な研究によると，マインドフルネストレーニングは，マインドフルネス傾向の増大と有意な相関が認められた。また，マインドフルネス傾向の増大は，ポジティブな再評価の増大と相関していた（Huston, Garland, & Farb, 印刷中）。著者らの実験室で行った未発表のデータによると，重篤な依存症や，重篤な精神障害からの回復は，治療によるマインドフルネスやポジティブな再評価の増大と有意な相関があった。さらに，最近の研究によると，対照群と比較して，瞑想を行った群では，ストレス刺激の再評価によるネガティブ感情の減少が大きいことがわかった。このことは，注意と感情の処理に携わる頭頂−側頭部の大脳活動の低下によって科学的に証明された（Gootjes, Franken, & Van Strien, 2010）。こういったさまざまなサンプルから，一貫した所見が認められたことから，次のような根本的な心理的関係の存在が示唆される。すなわち，ポジティブな再評価とマインドフルネスは，相互に増幅しあい，苦悩を減少させて持続的幸福に

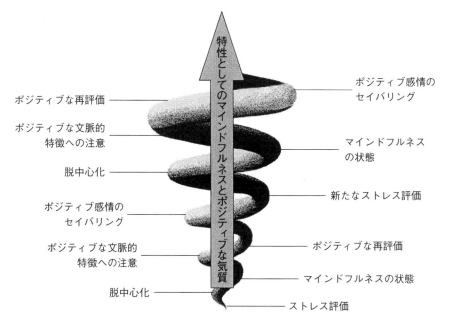

図1　マインドフル・コーピングモデル：縦断的表示

至る上昇スパイラルというダイナミクスを形成しているのである。

評価は注意とセイバリングを生じさせる

　マインドフルネスとポジティブな再評価の上昇スパイラルは，環境を，害がなく，有益で，意味があると捉え直すことでは終わらない。プロセスが進むにつれて，再評価によって生まれた新しい態度や意味に一致するように，注意のピントが合ってくる。その結果，**人が注意を向け，最終的に見るものは，新しく確立された意味的枠組みによって形作られる**。この過激な主張は，KoivistoとRevonsuo（2007）の行ったエレガントな実験の結果によって正しさが裏づけられた。この実験では，被験者は，まずディスプレイに注意を向けるように教示される。そのディスプレイに映されるのは，家具と動物

の写真が1枚ずつ，ダミーとして他のカテゴリーのものの写真が2枚である。3回目ないし4回目の試行の際に，予告なしに，ディスプレイの中心に，それまであった十字マークの代わりに，刺激語（catまたはsofa）が提示された。被験者は無作為に，動物に注意を向けるよう教示される群と家具に注意を向けるように教示される群とに割り当てられ，提示される刺激語についても，注意を向けるように教示されたカテゴリーと同じ場合もあれば違う場合もあった。被験者は自分の見たものと，「以前のテストにはなかった新しく加わったものがあれば，それも」書き出すように指示された。被験者がディスプレイの中心の刺激語に気づく確率は，注意を向けるように教示されたもののカテゴリーと刺激語のカテゴリーが同じ方が，カテゴリーが異なる場合に比べて，有意に高かった。言い換えると，人の注意のあり方と，予期しない刺激との間の意味的な関連があるかどうかが，その刺激が目に入るかどうかを決定していた。予期しない刺激であっても，人が興味を持つものと意味的に関連がある刺激であれば，目に入る確率が高く，そうでない刺激は見過ごされる確率が高かった。この発見を補うような実験が最近行われたのだが，そこでは，無表情な人間の顔だけ提示された場合に比べて，無表情な人間の顔と同時にネガティブなゴシップが同時に提示されたほうが，より気づかれやすく，また長い時間見つめられる傾向があった（Anderson et al., 2011）。このように，意味は注意の選択に影響を与え，人がある特徴や，ものや，出来事を知覚するかどうかを決定するのである。

　意味が注意の選択に有意に影響を与えるということであれば，人が環境をポジティブに再評価するときには，人は人生の，美しく肯定的で実りある側面に注意を向け，気づくことになるだろう。「今，この瞬間」に起こっている快い出来事に意図的に注意を向けることは，セイバリング（savoring）と呼ばれ（Bryant, Chadwick, & Kluwe, 2011），ポジティブ感情を増幅させるためのもっともパワフルな方法のひとつである（Quoidback, Berry, Hansenne, & Mikolajczak, 2010）。実際，ポジティブな刺激に対して選択的に注意を向けることは，ポジティブ感情を制御するための効果的な方法である（Wadlinger & Isaacowitz,

2008)。人がセイバリングを行っているときには，人は，出来事の最も知覚的にはっきりした特徴に気づくだけではなくて，より微妙な特徴に気づくことができ，そしてそのことが感覚と感情の多様性と範囲を広げることになる。しかし，セイバリングは単に快い刺激に注意を向けることではない。セイバリングはメタ認知と内省を伴い，そしてそのメタ認知と内省のもとで，人は快い刺激と，その刺激から生まれるポジティブ感情への気づきに集中することになる（Frijda & Sundararajan, 2007）。言い換えれば，セイバリングはマインドフルネスの要素を含んでいるのだ。快いモノや出来事だけでなく，モノや出来事との出合いからくる快い状態にマインドフルに気づいていくことで，人はセイバリングをより深く，またはより長く体験できるのである。

　クライエントに，快いモノや出来事（例えば，美しい夕焼けの光景とか，満足のいく食事の味など）にマインドフルに注意を集中するように教示することで，マインドフルネスのトレーニングにより，自然と生じる報酬である知覚の快楽を増大する可能性がある。そしてそれにより，慢性的なストレスに起因する，快いモノ，出来事，体験に対する感覚鈍麻に対抗することができる（Koob & Le Moal, 2001）。そういったエクササイズは，性機能不全における感覚集中訓練と同様の仕組みで，知覚的・感覚運動的体験からもたらされる快楽を増大させる（Albaugh & Kellogg-Spadt, 2002; Heiman & Meston, 1997; Masters & Johnson, 1970）。そして，そういったエクササイズは，ポジティブな注意のバイアスを作り出すことによって，感情のコントロールを促進させる（Wadlinger & Isaacowitz, 2010）。性的快楽を増大させ，性機能を向上させることを目的とした，感覚集中訓練についての対照群を置いた臨床試験において，人は体験の感覚的側面に注意を集中させることで，快感を増大させ，反応を改善することができることが示された（Heiman & Meston, 1998）。同様にして，食べることの感覚的側面に注意を集中させることで，食べ終わったあとの喜びが増大することが示された（LeBel & Dubé, 2001）。「今，この瞬間」に注意を集中させることが，タイムラグ分析において，前方視的に幸福と関連する（Killingsworth & Gilbert, 2010）ならば，ポジティブな出来事にマインドフルに注

意を集中し，セイバリングを行うことが，精神疾患における下降スパイラルから生じる快感消失（anhedonia）を打ち消す効果があるというのもありえない話ではない。この仮説を支持するものとして，最近行われた，うつの残遺症状のある成人に対するマインドフルネス認知療法のランダム化比較試験の例を挙げよう。そこでは，マインドフルネスのトレーニングが，日常生活上の快い行動からもたらされる報酬であるポジティブ感情を増大させることが示された（Geschwind, Peeters, Drukker, van Os, & Wichers, 2011）。

　さらに，セイバリングのプロセスにおいて，人が自己内省的な気づきを育むにつれて，評価は入念なものになっていく。それは，セイバリングの対象が意味するものを一時的に拡大して理解することで，より幅広い連想と意味のネットワークの広がりが誘発されるからである（Frijda & Sundararajan, 2007）。例えば，デイビッドという，60歳の男性の例を考えてみよう。彼は最近がんの診断を受けたのだが，そのがんは致死的なものである可能性があった。がんの治療を受けたあと，デイビッドは，今生き延びているという事実に注意を向けることで，「もう終わりだ——私は死んでしまう」というストレス評価をマインドフルに脱中心化し，「私は生きていて幸運だ」という再評価と，安堵と満足の感覚を持つに至るかもしれない。そうやってこの感情をセイバリングすることで，「これまでの人生はとても幸運だった」という連想がわくことだろう。そしてその結果，注意が拡張され，過去と現在における環境の，他のポジティブな特徴に（例えば愛情に満ちたパートナーとか，友達との楽しいひとときとか，仕事で成功した体験とか，意味のある活動に関わったこととか，さらには窓から見える美しい景色にすら）気づくことになる。その結果として，再評価が，深い感謝と喜びという気持ちへと成長していき，「人生のありがたさをゆっくり味わい，それを他の人と分かち合うことができるように，2度目のチャンスを与えられたのだ」という確信に至るかもしれない。こうした入念なポジティブな再評価とそれに伴う感情が，セイバリングの最中に時折出現するマインドフルネスの状態における内省と没入により中断されると，ホリスティックな意味が出現し，体験に情動

的な趣きを与えてくれる「フェルト・センス」が可能になるかもしれない（Teasdale, 1997）。このように，セイバリングの際には，快さは意味へと成長し，最終的に，ポジティブに再評価する傾向を強化する在り方へと成長する。そしてこの傾向は，新しくて，より適応的なスキーマとして定着する。このようにして，マインドフルネスは，ポジティブな再評価とセイバリングの自己強化的なサイクルを促進するのである。そしてこのサイクルは，持続可能なウェルビーイングの発展に向けて，気づきを拡張し，意味を形成する上昇スパイラルという拡大する渦巻きなのである。

臨床的実践に向けての示唆

　ここで紹介したさまざまな概念のネットワークは，臨床家にとって直接的な重要性を持っている。意味中心療法（実存分析，ロゴセラピー）の創始者であるVictor Franklによると，精神療法家の役割は，「意味のスペクトラム全体が患者にとってはっきりと意識され，目に見えるように，患者の視野を拡大することにある」という（Frankl, 1959）。このように，体験する世界を拡大するということが，認知再構成といった技法を可能にする根本的な治療のプロセスであり，また，これまではっきりしなかった第2世代と第3世代の認知行動療法のつながりを示すものであるかもしれない。

　このつながりこそが，LongmoreとWorrell（2007）の，非常に賛否両論が分かれる論文のなかで提起された疑問である「認知行動療法において，自動思考に挑戦し，適応的思考を考えつく必要があるのか？」に対する答えになるかもしれない。この論文のなかで，先行する諸論文をレビューしたあと，LongmoreとWorrellは，「認知を変化させることが，認知行動療法において臨床的なアウトカムが出ていることの原因である」ということについて，実証的なエビデンスがないと結論づけている。その根拠として，（a）認知再構成法と，行動活性化の間には治療有効性のうえで有意差がないこと，（b）行動療法に，認知的介入を追加してもほとんど効果がないこと，（c）認知の

プロセスが，認知行動療法の治療効果を成立させているということについてはほとんどエビデンスがない，という3点を挙げている。しかしながら，認知再構成法と行動実験のような技法には，共通する治療的変化のプロセスがあるのではないかと，LongmoreとWorrellは述べている。どちらの技法も，過去に抱いていた信念や評価を脱中心化し，拡張されたメタ認知的な状態になること，そして新しい評価を構築し，世界についてのより適応的なスキーマモデルを活性化させることを含んでいる。どちらの技法も，新しいやり方で行動や体験をするよう促すものとして実行されるならば，クライエントの在り方を変える力を持っているのである。

　こういうわけで，臨床家は，クライエントに**マインドフルな再評価**のトレーニングをすることによって，クライエントがより意味のあるナラティブを作り上げるための手助けとなるような，注意と感情の相互作用を十分に活かすことができるのである。

　系統的なマインドフルネスのスキルトレーニングと，**現実的な**評価というよりは**機能的な**評価を生み出すことを狙った認知再構成のスキルとを組み合わせることで，マインドフルネスの実践によりもたらされるポジティブな再評価の自然な円滑化が，さらに進められる。我々はここで，ポジティブ感情を作り出す目的で，非現実的な信念を採用することを勧めているわけではなく，むしろ，真理の追求よりも機能することに焦点を合わせているのである。臨床家は，クライエントに，まず，きっかけとなった出来事に反応して，苦悩をもたらすような思考や感情が生じているということを教え，次に，ストレス評価を脱中心化し，マインドフルな状態になるために，呼吸のマインドフルネスに専念することを教えることで，ストレス再評価を促進することができる。クライエントが，苦悩をもたらすような思考や感情から脱中心化し，マインドフルネスの状態に移行したところで，治療者は，ソクラテス式質問（Socratic questioning）を用いて，出来事についてのポジティブな再評価を生み出すことができる（例えば，「この状況に対処することで，どんなふうにあなたはより強い人になったのでしょう？」「どうした

ら，この状況から何かを学ぶことができるでしょうか？」「ここで，一見不幸に見えても結局は幸福をもたらすようなもの〔blessing in disguise〕がありますか？」）。次に，治療者は，ソクラテス式アプローチを用いて，クライエントの注意を，きっかけになった出来事の，これまで注意を払われてこなかった側面や，その出来事をとりまく文脈へと注意を向けさせることができる。機能的文脈主義，またはプラグマティズムの視点から言うと，治療者は，人生を肯定するような，意味のある，そしてクライエントにとって価値のある側面に焦点を当てることに，特に興味を持つことだろう。自明のことではあるが，これは，複数回の治療セッションのなかで，そして治療セッションをまたがっての，マインドフルな脱中心化と再評価を含んだ数多くのサイクルの反復的プロセスを，直線的に記述したものにすぎない。こうした治療セッションにおいて，クライエントは，脱中心化と再評価の間を行ったり来たりするなかで，破滅的な評価はその勢いを減らし，新しく，適応的な評価がより簡単に構成され，受け入れられ，統合されるのである。

　このプロセスを通して，より幅広い意味づけが，クライエントに「目に見える（visible）」ものになったところで，治療者はクライエントに対して，こういった特性と，その特性について考えることから生じるポジティブな精神状態をセイバリングするように指示することができる。マインドフル・コーピングのうちの，セイバリングという部分は，まるでそういったポジティブな出来事を体験するのが一生のうちで最後であるかのように，あるいは，Carlos Castenada（1968）のいう「死を常に肩に乗せた戦士」のように，熱意をもってなされる必要がある。これくらいの熱心さでセイバリングを行ってはじめて，体験の快さが最大になるのだ（Higgins, 2006）。

　例えば，先に挙げた例で，デイビッドは，化学療法と手術からなる厳しい治療の体験を，自分が「破滅する」証拠だととらえ，恐怖と絶望にさいなまれるかもしれない。セラピストであれば，デイビッドに，このストレス評価から離れて，マインドフルネスのもたらす落ち着いた状態に移行するための手段として，マインドフルな呼吸の実践をするように導くことができるだろ

う。デイビッドが心配と悲しみを手放し，マインドフルに呼吸に注意を払いはじめると，「今，この瞬間」に生きているという感覚に気づくことができるだろう。そうすることで，「自分は生きていて幸運だ」というストレス再評価をすることができ，結果的に安堵と感謝の感覚を感じることができるだろう。

　次に，セラピストは，デイビッドに対し，感謝の気持ちに注意を集中するように指示し，感謝の感覚をセイバリングし，それについて考えることで，どんな思考，感情，イメージ，記憶に気づくかに注目するように指示するだろう。結局，デイビッドは，彼のアパートの，川を見下ろす夕暮れ時の美しい景色を生き生きと思い浮かべ，深い感謝と喜びを感じるだろう。それが今度は可愛らしい孫たちと遊んだ記憶へとつながり，「孫たちと分かち合いたいものがあんなにたくさんある」という考えにつながっていくだろう。セラピストは次に，デイビッドに対し，孫たちに伝えたいと思っている実感について，また，がんの診断と治療を受けたことが，彼の人生がこの段階まで至ったことに関して，どのような役割を果たしたかについて熟考するように指示するだろう。これらの問題を熟考しているあいだに，デイビッドは，強み，決意，アクセプタンスといった感覚を体験するだろう。セラピストはデイビッドに対し，こういったポジティブ感情にマインドフルに注意を集中するよう指示し，そして，そういった感情をセイバリングしているうちに，デイビッドは，「がんに直面したことが，私をより強い人間にし，私の人生に意味をもたらしてくれた。私はそのことに感謝している」と信じるようになるだろう。治療のプロセスの最後は，デイビッドが，この新しい信念をサポートするような，価値づけられた行為にコミットメントできるよう支援することである。セラピストはデイビッドに「がんと直面してより強くなった人として，あなたの望む，意味のある人生を生き続けるために，どんなステップを踏み，どんな行為をすることができるでしょうか？」と尋ねるだろう。このマインドフルなストレス再評価のプロセス（**図２参照**）の究極のゴールは，クライエントが人生における逆境を，個人的な成長の機会，意味の源で

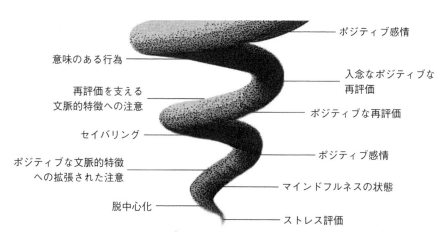

図2 マインドフルな再評価：マインドフル・コーピングモデルの拡大版

あるとリフレームすることができるように支援することである。

この章の第一著者であるGarlandは，こういった治療的プロセスを，個人開業と行政の場において，うつ，不安，嗜癖行動，ストレス関連問題に精力的に適用し，成功を収めている。しかしながら，マインドフルネスとポジティブなストレス再評価トレーニングを認知行動療法に加えることが，(a) ストレス再評価を促進するかどうか (b) 気が滅入るような思考や感情を減少させるための効果的な方法かどうか (c) ウェルビーイング，首尾一貫感覚，レジリエンスを増やすかどうかということを確認するためには，臨床試験を重ねることが必要とされている。GarlandとFredricksonは，こういった疑問に答えるために，対照群を置いた研究を実施している最中である。

臨床的な推奨事項

マインドフルネストレーニングを，心理学的な柔軟さを増大させ，ポジティブな再評価を促進するための手段として供給すること。その方法は，クライエントが，最初のストレス評価の後，再評価を行う前，フォーマルなマイ

ンドフルネスの訓練を行うように促すことで行うこと。この「マインドフルな再評価」は，以下に概要を示すが，これから出版される書籍において詳述する（Garland, 近刊[*1]）。

1. クライエントが，困難なライフイベントへの反応として何を考えているか，何を感じているかに注意を向けることができるように支援すること
2. クライエントに，たとえ気が動転していたとしても，その状況についてどのように感じ，どのように反応するかについては，自分に選択肢があることを思い出させること
3. クライエントに，3～5分間のマインドフルな呼吸のエクササイズをすることを教示し，気が滅入るような思考や気持ちから一歩距離を置き，新たなありうる意味に対してよりオープンになるように支援すること
4. クライエントに，自分自身に次のような質問をするよう促すこと
   a. この状況を眺めるにあたって，何か別のやり方があるだろうか？
   b. どうやったら，この状況に，個人的な意味を見いだせるだろうか？
   c. どうやったら，この状況から，何かを学ぶことができるだろうか？
   d. どうやったら，この状況に対処することが，私をより強い人間にできるだろうか？
   e. この状況に，一見不幸に見えても結局は幸福をもたらすような部分があるだろうか？
5. クライエントが，次のような新しい意味に焦点を当て，セイバリング

[*1] 訳者注：2013年既刊。Garland, E. L. (2013). *Mindfulness-Oriented Recovery Enhancement for Addiction, Stress and Pain.* Washington, DC: NASW Press.

をするように導くこと
- クライエントが，快い，満足できる，意味のある出来事と，そういった出来事へのポジティブな感情的反応を，意図的に，かつマインドフルにセイバリングするよう促す
- クライエントのポジティブ感情の体験を，より機能的な信念を作り出し，価値づけられた行為へのコミットメントを育むために用いる
- ポジティブな再評価と，新しい適応的なスキーマを増強するために，クライエントに，1週間ごとのポジティブデータログ（Padesky, 1994）をホームワークとしてつけてもらう

結論：
マインドフル・コーピングは，どのようにアクセプタンス＆コミットメント・セラピーに統合できるだろうか

　我々がこの章で示したマインドフル・コーピングモデルは，一見するとパラドックスを提起しているように見える。マインドフルネスとは，現象論的な体験に価値判断をせず接触することを促進し，知覚のプロセスが感情によって歪曲されることを減らすものであるが（Hayes & Wilson, 2003），その一方で，ポジティブな再評価とは，体験に起因してポジティブな意味づけをするものなのである。したがって，状況をポジティブなものとして解釈しなおそうと努力することは，マインドフルネスの倫理と性質に反することのように見えるだろう。実際，この章で詳述したマインドフルネスとポジティブな再評価の統合は，古典的な仏教の文献（Kalupahana, 1987）で述べられている，ポジティブな体験に囚われるなという教えと矛盾しているように見えるかもしれない。この見方によれば，ポジティブな体験を追求すると，必然的に感情的苦痛という結果に至る。なぜなら，出来事もモノも移り変わるために，追

求されていたものが失われることになるからである（Watts, 1957, 1961）。そしてその一方で，仏教では，四梵住（Brahmaviharas）または四無量心（Four Immeasurables）として知られる4つの高貴な心の状態を培うことを重視している。これは慈愛（lovingkindness），コンパッション（compassion），共感的な喜び（sympathetic joy），平静（equanimity）の4つ[*2]で，そのうち最初の3つはポジティブさで満たされた状態である。しかしながら，仏教の伝統では，4つ目の平静（ACTにおけるアクセプタンスの概念と密接に関連する構成概念）を重視している。それは，他の3つの状態を追求することが，甘ったるいものになってしまうことを避けるためには，平静が不可欠のものであるからである。

　現代の理論家のなかには，再評価のためには，もとのストレス評価を明確化（identification）し，それを嫌悪すること（aversion）が必要であるとして，マインドフルネスが再評価の対極にあるものというように概念化しているものもいる（Chambers et al., 2009）。さらに，ACTでは，不快な心理的体験に対するアクセプタンスを育てることを勧め，感情制御の努力を弱めることに焦点を当てていることを考えると，ACTは一見，再評価と相容れないようにも見えるかもしれない（Hayes et al., 1999）。ACTの理論的な枠組みにおいては，不快な思考や気持ちを変化させたり制御したりしようとする試みは，体験の回避を促進し，それがさらに嘆き，苦悩，機能障害につながる，と仮定している。この見地からすると，感情制御方略としての再評価は，どうひいき目に見ても非生産的で，完全にマインドフルネスとは相容れないように見える。

　この矛盾を解決するには，視点を広げる必要がある。我々は，マインドフルネスの状態が，再評価を可能にするための鍵となるメカニズムであると主張したい。Chambers, Gullone, Allen（2009）は，マインドフルネスと再評価との間の根本的な違いを強調している。すなわち，再評価が，意識の内容を

[*2]　訳者注：大乗仏教の伝統的な用語では慈悲喜捨。

変化させる一方で，マインドフルネスは，意識の内容に対する自己の関係を変化させるというのである。著者らは，そのことには同意するが，マインドフルネスと再評価は，ひとつの連続体の両極にあるものというよりは，ひとつの適応的なプロセスの，別々の補完的なステージを表しているのだと主張したい。繰り返しになるが，著者らは，マインドフルネスがポジティブな再評価を促進するのは，マインドフルネスが，脱中心化されたモードでの気づきを可能にし，そこで思考と感情のアクセプタンスが行われるからだと仮定している。だから，マインドフルネスは，再評価の準備条件，ないしは初期の局面として見ることができるかもしれないが，ポジティブな再評価自体の同義語とみなすべきではない。体験にこだわるのでなく，体験のアクセプタンスを行うことで，認知的な資源が解放され，快く意味のある出来事にまで注意の範囲が拡張され，心理的柔軟性が形成されるのである。

　別の言い方をすれば，マインドフルネスの，アクセプタンスをしていくというスタンスが，最初の認知的評価とそれに関連する行動的反応の間の，知覚されたフュージョンを脱中心化ないしは元に戻すことに役に立つのである。マインドフルネスによって，認知的脱フュージョンが促進され，それにより，クライエントが，気が滅入るような思考や感情について，それが単なるささいな出来事にすぎず，真理でも，不変の行為決定要因でもないということを見て取れるようなスペースが作り出される。このようにして，最初のストレス評価は，脱−逐語解釈化（deliteralize），言い換えるなら実態を暴かれることになる。つまり，体験された現実というよりは，関係フレームづけがなされた出来事となるのである。この脱−逐語解釈化によって，最初のストレス評価は，行動的反応を決定する力を失ってしまう。脱中心化によってもたらされたスペースを通して，クライエントは，より広い範囲の体験とより親密な接触をすることができるのである。その体験のうちには，行動分析でいうところの報酬となるものも含まれるだろうし，価値づけられた行為を強化するものもあるだろう。Hayes, Strosahl, Wilson（1999）が述べているように，「認知的な脱フュージョンと体験へのオープンさには，クライエント

が，言語により構成された随伴性よりも，自然随伴性に対して敏感になるという副作用がある。そしてそのことにより，クライエントが環境の要求に対してより効率的に反応できるようになる」(同書 p.237) のである。その結果として，自己と世界に対して新しい評価をすることができ，その評価が，心の奥に抱いた価値と一致した，行為へのコミットメントを促進してくれる。だから，マインドフルネスとアクセプタンスは，再評価がウェルビーイングに与える治療的影響の根底をなす，鍵となるメカニズムであるかもしれない。このことは，体験の回避がより低いレベルにある（すなわち，アクセプタンスが大きい）ときには，認知再評価によって，ポジティブな心理的結果が生まれる (Kashdan, Barrios, Forsyth, & Steger, 2006) ことを示すデータによって裏づけられている。さらに，体験を回避せずアクセプタンスを行うという能力により，外傷的なライフイベントが，人生の意味や，心的外傷後成長 (post-traumatic growth) (Kashdan & Kane, 2011) に対して与える影響が変わってくる。したがって，著者らは，マインドフルなアクセプタンスというものが，より意味のある人生を送るために，再評価が活用される際の，てこの支点の役割をすると主張したい。

　マインドフルなアクセプタンスの目的は，思考や感情を，抑圧し，否定し，回避することによって，制御し「追い払う」ことにあるのではなく，コミットされた行為を育み，人生に価値を与えることにある。究極的には，マインドフルネスは，個人に自由を与え，そのことによって，より目的を持ち，価値のある存在を作り上げていくための責任も与えてくれるのである。

第3章

愛と人間としての条件

ロビン・D・ウォルサー
(カリフォルニア州 国立PTSDセンター, TLコンサルテーションサービス)

　人間的であるということには，感じること，行動すること，そして特に，思考することが含まれる。思考することが人間と他の動物を区別するからである。人間は行動し，思考することで知識を発展させ，育てることができる。自分自身について，そして過去と未来についてじっくり考えることで，創造的な仕事をすることができる。この類のない能力は多くの素晴らしいことをもたらす。それは，科学技術の進歩，美しい文学，コミュニケーションや人とのつながり，そして自己への気づきなどである。しかし，この類のない能力は同時に苦しみももたらす。例えば，人は自らがいつの日か死んでしまうことを知っている。自分自身と想像上の理想を比べ，そのことで気分が悪くなることもあるし，評価したり分類したりすることで，その評価や分類が真実とは異なっていても，苦痛を感じることがある。知識は人の体験において豊かで強力な役割を担っているが，暗い特性も持ち合わせている。人は喜びについてじっくり考える能力があるが，それと全く同じように，苦痛や恐怖についてじっくり考える能力もあり，そして時には，それによって長いこと苦しめられるのである。
　心理学という分野は，始まったときから，感情的，心理的な苦痛から生じる人間の苦しみを改善することに専念してきた。いかにして心理的問題を解決し，さまざまな症状を和らげるかということに，多大なる労力が向けられ

てきた。また，それを引き起こしている，根底にある部分を説明しようとの取り組みもなされてきた。心理学は苦しみを消去することを探求する理論と介入法を追い求め，検証してきた。その苦しみの原因は，例えば，成長と発達の段階が達成されないこと，冷たく拒絶的な母親と不在の父親，対象の不適切な内在化，隠れた欲動と力，不毛で破壊された環境，機能不全と理性を欠いた精神などであるとされてきた。そういったアプローチは人間の行動と，苦しみにつながる問題とを理解するために，作り出されてきたものであった。

　ポジティブ心理学は，概して，そのような，問題に焦点を合わせた考え方に背を向け，その代わりに，ポジティブ感情と個人の心理的な強み（strength）と美徳（virtue）の理解に関心を向けるものである (Seligman, 2002)。Seligmanによれば，ウェルビーイングとは，持続的で，良い気持ちと満足感へとつながる，個人のポジティブな魅力ある特徴（characteristics）である。このポジティブな特性に注目し，働きかけることで，真の幸福（authentic happiness），すなわち，ポジティブなウェルビーイングの状態にあるという感覚がもたらされるという。ポジティブ心理学におけるゴールは，たとえ困難な状況にあっても成長すること，また毎日の生活のなかで充足感を感じることである (Compton, 2005; Seligman & Csiksentmihalyi, 2000)。

　アクセプタンス＆コミットメント・セラピー（ACT）(Hayes, Strosahl, & Wilson, 2012) もまた，典型的な心理学のモデルから距離を置き，人間がどのように機能するか（how human beings work）を徹底的に見つめ直すものである。ACTは，ネガティブな内的体験を，解決されるべきやっかいな出来事としてとらえるのでなく，出来事そのものよりもむしろ体験の機能（function）に焦点を当てることによって，体験と個人の関係性を理解しようとする。ACTにおいては，マインドフルネスを用いて，進んで体験しようという意志，すなわち**体験へのウィリングネス**（experiential willingness）が生み出されるが，それが，有意義で活き活きした人生を創造するための，個人的価値の役に立つのである。価値を具体化するために自ら選んだ

活動に参加しつつ，さまざまな体験に対して心を開いた状態にあれば，ウェルビーイングがもたらされる。自ら選んだ行動に参加するというこの個人的作業は，ウェルビーイングのために役立つが，それは必ずしも幸福を究極的なアウトカムとして追求することではない。むしろ，その個人的作業は，すべての内的体験に焦点を当てながら，現在進行中のプロセスとして，価値に導かれた行動に専念（engage）することなのである。

　ACTとポジティブ心理学では，行動／認知理論の役割と影響についての，前提とする仮定や，変化のメカニズムについての概念は，それぞれ異なっている。しかしながら，いずれも，症状の軽減や解消に焦点を当てる代わりに，似通った方法で，価値や美徳といったものに焦点を当てている。このことは心理学における著しい発展であり，人の人生に大きな動きと自由を与えるものである。

　我々が生活のなかで遭遇する感情的，心理的体験が**非常に多岐にわたる**（full range）ということが，我々が人間であることの証の中核部分である。人は喜びと満足に出合うのと同様に，不安，悲しみ，失望にも出合うものである。多くの先人たちが述べたように，この実存的真理を免れることはできないだろう（少しだけ例を挙げるとすれば，Chodron, 1991; Hanh, 1976; Hayes et al., 2012; Kabat-Zinn, 1994 など）。人間としての条件，人間のありよう（human condition）と真に出合うということは大きな幸福を体験することであるが，それはまた計り知れない苦痛，恐怖の力，孤独の悲しみ，死への心配などといった「心」の痛みに関連する最悪の体験に由来するさまざまなものに触れるということでもある。そして，このことを知れば，人間がこれらの体験から逃げ出すものであるし，また，逃げ出す**べき**だと教えられてきたということも納得がいく。

　人間は自らの感情と思考を分類し，判断することを学んできた。内的体験は良いものと悪いものに大別され，良いもの，悪いものとして反応される。つまり，人の内的世界のものはすべて，ネガティブなものとしてラベルづけされて，はじめて問題として扱われる。この種の問題は排除されるか避けら

れるべきもので，人はそれから逃れ，良いものと分類されるような内的体験を追い求めなくてはならないといった具合である。そして実際，そうすることが最善である場合もある。しかし，そうすることで，人間は「ただそこに在る」という体験を置き去りにするように教え込まれていることになるのだ。しかしながら，ネガティブとされるものがあるからこそ，人は，最大限の思いやり（compassion）と存在感をもって，苦痛の瞬間にあってもその場にとどまり辛抱し，自己や他者と共にとどまる（stay with）必要があるのである。計り知れない苦痛，恐怖，悲しみを体験するとき，傷つきやすく敏感なときこそ，それから逃げるよりもむしろその体験に向かって進んでゆくべき瞬間である。その時こそ，人が最もアクセプタンスと愛（love）とを必要とする瞬間である。ここでいうところの愛とは，困難な内的条件が生じたときにも自己や他者と共にしっかりとそこに在ることなのである。

　愛とはまた，他の条件下においても**共にとどまる（stay with）**ということである。喜び，幸福，興奮といった心を**躍らせる**すべての状況において，心理的にその場に存在するということを意味するのである。一般的には，我々はこういった条件を遠ざけるのではなくむしろ追求するように教えられている。人生の一般的なゴールは「幸福（happiness）」を追い求めることである。私も幸福の体験の素晴らしさは認めるし，私自身幸福が好きではあるが，その一方で，幸福とはしばしばとらえどころがなく，不意に見つかったり，増大と減少を繰り返すことも事実である。幸福の瞬間とはまさにそういうものなのだ。ここに我々の多くを悩ませる難題が待ち構えている。人生には苦痛が含まれるものだ。そうなったときには，愛はあたかも消え失せてしまうかのように思われる。しかし，必ずしもそうではないのである。

　世界には苦痛（pain）の体験につながることが多く存在する。愛するものの喪失，関係性の喪失，拒絶されることへの恐怖，傷つくことへの恐怖や自由の喪失など，さまざまに表現はされるが，結局は1つの単語で表すことができる。それは，恐怖（fear）である。恐怖は，一方では，人の存在に欠かせないものであって，まさに人を生かしてくれるものである。しかし他方で

は，恐怖に対する知識が広がりすぎると，恐怖への反応の仕方が極端なものになってしまい，恐怖自体を，危険で恐れる必要のあるものと考えるようになる。つまり，「今，この瞬間」にこの場所にある恐怖と向き合うのではなくなってしまうのである (Hayes, Barnes-Holmes, & Roche, 2001 を参照)。未来や，過去や，コントロールできないものを恐れながら，コントロールを取り戻そう，恐れるのをやめようとして，人は人生のさまざまな側面を見失ってしまうのである。

　恐怖との向き合い方は，人の日々の活動を規定し，ついには自己の存在まで規定するようになるかもしれない。人は，自分自身との向き合い方から，パートナーとの関係，家族，文化や国家に至る広い範囲で，恐怖にとらわれてしまっている。そして，この点において，恐怖とは分断する（separate）ものといえる。それは特に，恐怖が深刻で恐ろしい体験として知覚，評価されたり，逆に無力で完全に受け入れがたいと感じられたりするときに起こる。人は，望ましくないものに対して後ずさりをするものだ。恐怖や分断（separation）が蔓延するのを目の当たりにすると，人は自己との関わりを最小限とし，他者を恐れるようになる。こうして自己と他者から分断される際に，愛は失われるのである。

　恐怖には大きな力があり，そのなかで生きるすべてのものを骨まで蝕んでしまう。人が日々出合う苦痛に満ちたストーリーのなかには，恐怖が見いだされる場合がある。治療中のとあるクライエントは，同性に対して性的思考を持ってしまうという。そのクライエントはそのことに恐怖と強い嫌悪を感じ，恥ずかしく思い，そのために，自分の体験に対する絶え間ない怒りがわきおこり，自分自身の思考を排除しようとして，何年にもわたって薬物を乱用し，孤立し，最終的には自殺してしまう。死に瀕した母親のベッドサイドに立ち尽くす娘は，母親が静かに息を引き取るのを見ながら苦しむ。「お母さんは『今や安らかな場所にいる』のですから，あなたは『幸せ』なはずですよ」と，誰かが彼女に言う。死への恐怖と強い感情から生まれたそのコメントが，彼女の打ちひしがれた心に染み込むにつれて，分断された感覚，孤

立感が大きくなる。なぜなら，幸せなはずがないのだから。また，長年一緒に暮らしているカップルが，ひとりは相手に拒絶されることを恐れ，もうひとりは相手に嫉妬しながら，お互い話すこともなく，全く接点のない生活をすることで分断されてしまっている，ということもある。見捨てられることへの恐怖が大きくなっていくだけで，どちらも相手に手が届いていると感じられないのだ。

　似たような話はまだまだ続く。暴政によって分断された家族，貧困にあえぐコミュニティ，暴力と戦争が充満している文化などである。こういった体験にはそれぞれ特有の悲哀が付きまとう。しかし，それぞれの体験にはまた，愛の可能性もある。愛の可能性は苦痛や恐怖の体験への**気づき**（awareness）のなかで生まれ，そういった体験に対し，心を開いて受け入れようとし，「今，この瞬間」にとどまり，思いやりに満ちた反応をしようと選択することで育っていく。

　しかし，ものすごい恐怖に直面する場合には，それに対してほとんど恐れを感じなくても，「今，この瞬間」にとどまり，自分自身や他者を受け入れることができなくなる場合もある。これ以上恐怖を体験しないように，恐怖を分類，解決し，それを理解しようと試みることで，それから逃れようと努力することで，我々はやっとのびのびと愛することができるように見える。しかしながら，このプロセスのせいで，人は自らの体験を「置き去り」にしてしまい，その場にとどまるのでなくその場から立ち去ってしまう。そして，人は，（実際の恐怖そのものでなく）恐怖という**観念**（idea）で満たされたマインドのなかで生きることになる。そしてそのマインドは「おまえは無力で，愛されず，壊れている」と，マインドの持ち主である我々に告げてくるのである。我々のマインドは，未来を形作り過去を振り返ることのできる巨大な能力を持っている。だからこそ，マインドは，単なる恐怖の知覚，思考，感情にとどまらず，「おまえは欠点だらけだから，恐怖を感じなくなるまで自己や他者から分断されているべきだ」とマインドの持ち主である我々に命令してくるのである。そして，この分断の代償はとても大きなもの

第3章　愛と人間としての条件　　79

である。人はもはや心を開いて思いやりにあふれた状態ではいられなくなる。人は，愛の可能性を放棄し，目先の心地よさを求めるようになるのである。

　人の苦しみを和らげることのゴールのひとつは，もう一度愛と向き合う手助けをすることなのかもしれない。それは，逃避することをやめ，その代わりとして，最も必要とされるときに自己や他者と共にその場にとどまることである。そして，著者が個人的に考えるところでは，おそらくは結局のところ，もう一度愛と向き合うことこそが唯一のゴールである。しかしこのプロセスは容易ではない。なぜなら，それは，人間的であるとはどういうことかに関する，自らの思想体系に疑問を突きつけることになるからだ。その結果，価値や美徳を目先の心地よさよりも優先することになるかもしれない。ここでいう，愛するという価値に関与するということは，深く耳を傾けることであるし，また，自己や他者の深く秘められた部分に気づき，そこと言語理解を超えたレベルでもつながっていくことである。愛とは，不快で，分かち合いが困難で，恥や屈辱や困惑にまみれ，時には苦痛と恐怖で満たされるようなときにも**共に在る**（being with）ことである。どうしたら，このような最悪の局面においても開かれた態度をもってその場にとどまれるのだろうか？　そのためには，まず第一に，人間の苦痛は普遍的だということを認識しておく必要がある。これによって，自らの中の怒り，疑念や恐怖から逃げ出さずにいることができ，こういった体験は他者にも起こりうることがわかる。次に，体験に気づいていること，つまり体験に対して十分に意識的である必要がある。もしも気づきの感覚なしに，恐怖に反応してしまえば，反動が生じる。つまり，炎にうっかり触れてしまった手のように一瞬でそこから離れてしまうことになる。しかし，開かれた態度（openness）と気づきをもって苦痛と恐怖に反応するならば，それは恐怖が現れては消え，現れては消えるのに必要なスペースを生み出すことにつながるのだ。許容すること（allowing）――共に在る（being with）――はこのプロセスのかなめである。恐怖を許容することは人を破壊したりはしない。人を人間的にしていく

のだ。

世界を知るということ

　人が世界を知るには，少なくとも2つの方法がある。言語を介して，あるいは，体験によってである（Hayes et al., 2012）。人はマインドを通して得たものと体験を通して知ったことを通じて世界，自分自身および他者とやりとりする（interact）こととなる。人は莫大な言語的知識を習得してきたし，豊かで活発なマインドを有してもいる。人は，問題解決し，思考し，書き，体系化し，決断を比較検討し，評価し，判断する方法を習得してきた。人はまた愛を言葉で定義し，その言葉を日々のやりとりに取り入れている。愛は辞書のなかで定義され，物語，おとぎ話，書物やマスメディアのなかで描かれる。愛は恋愛小説のなかで賛美される。世界はさまざまな方法で我々に言語的マインドをもって愛を「知る」よう教えている。大まかに言えば，愛とは，強い個人的好意の感情や強い愛着であるということができる（*Merriam-Webster Collegiate Dictionary*, 2000）。また愛とは，親切と思いやりや，他者に対するあらゆる善行と善意を含む**美徳**（virtue）とも定義されるかもしれない。

　体験的知識（experiential knowledge）は，人間的**である**という体験のなかで得られる。この種の知識は言葉では言い表しえないものである。いかに多大な努力をもって体験を言い表そうとしても，それは実際の体験のなかでしか「知る」ことはできない。それは言葉で明確化しえないフェルトセンスである。人は，「今，ここ，この瞬間」にしっかり関与しているとき，愛という体験を知ることになる。例えば，母親が赤ん坊の目を覗き込み，沈黙のなかで視線が合ったままになる，そんな瞬間に愛は生まれる。愛はパートナーとの間の親密な瞬間に生まれるかもしれないし，喪失をはっきり認識した瞬間において生じるかもしれない。また，愛は，戦いの最中に，兵士が「敵」と相対し，そこに自分と同じ人間を**見いだした**瞬間にも生まれるかもしれない。非常に広い意味で言えば，愛は他者の苦痛や苦しみが非常に強く

存在する瞬間に，根本的な人間性を認識するなかで生まれるかもしれない。

　言語的知識と体験的知識は共に重要である。そして，言葉で知ることと体験によって知ることの違いは，それぞれから得られるものにある。愛を言語的に理解することで，人は愛というものをひとつの価値，すなわち自らの生活に意味をもたらすために自ら選んだ方向づけとして明確化することができる。愛を体験的に理解することで，人は，思考や感情がさまざまに変化するなかで，その場に在り続けることを選択しながら，気づき，つながっていられるように，感じるもの，知覚するものすべてに対して，共に在り続けることができる。体験的な自己感覚があることで，人は，自らや他者と共に在ろうとする際に，自らの内部で起きている出来事と相対しても，そこから逃避することも，それを理解することも必要なく，ただ共に在ることができる。

体験者を見つけること

　ポジティブ心理学とACTが共有しているアプローチは幅広く，この章でレビューできる範囲を超えているが，両者ともに，同じことに関与している。それは，人を，「今，ここ」でまさに起こっている体験へと，そしてその体験者へと，もう一度向かい合うよう導くことである。このことは，幅広い定義で言えば，マインドフルネス，つまり，「今，この瞬間」への気づき（present moment awareness）と言うことができる。そして，ポジティブ心理学とACTでは，それぞれにこのプロセスを探求する方法が異なっている。例えば，ポジティブ心理学では，クライエントが「今，この瞬間」に対して**セイバリング**（savoring）を行う手助けを行う（Seligman, 2002）。**セイバリング**は，意図的，意識的に快い体験に注意を向けることとBryantとVeroff（2007）によって定義されている。セイバリングの技法としては，「今，この瞬間」の価値を他者と共有すること，完全にある活動にのめり込むこと，「今，この瞬間」知覚を高め，特定の感覚要素に焦点を当てること，などがある。セイバリングは，ここで定義されているように，快い体験が手近にあ

るとき，愛の瞬間をもたらしてくれる。

　ACT（Hayes et al., 2012）では，クライエントが，個人的な価値のために脱フュージョンを行えるよう支援をする。この脱フュージョンの作業には，クライエントが，言葉で構成されるマインドへのとらわれから解放されるように指導することが含まれる。クライエントは穏やかにマインドを観察し，ありのままのマインド——つまりは，思考という体験の流れ——に気づくように指導される。こうしてクライエントはフュージョンすることなく自らのマインドを観察することができる。言語的知識のせいで，人はしばしば，破滅が迫っていると思い込んでしまうものだが，脱フュージョンを行うことで，その思い込みは消える。そしてクライエントは，自らのマインドを変化させなくてはと駆りたてられることなく，個人的価値によって規定される，愛するという行動に関与することができるようになる。

　ポジティブ心理学と ACT は，マインドフルネスをウェルビーイングに至る手段としているという点でも共通している。ポジティブ心理学でも ACT でも，マインドフルネスとは，「今，この瞬間」にしっかりとつながること，意識自体が存在する場所に在るということである。しかし，マインドフルネスの結果もたらされるものは，ポジティブ心理学と ACT とで異なる場合もある。ポジティブ心理学では，マインドフルネスを，喜びや満足を増強させ，それによってウェルビーイングを増大させるために用いる。クライエントはマインドフルネスのスキルを使用していくように促されるが，それは「そうすれば心地よい生活が送れる」（Seligman, 2002, p.111）からである。ACT において，マインドフルネスは，「今，この瞬間」のすべての側面，つまり喜びと悲しみの双方に焦点を当てるために用いられる。この，しっかりした気づきの状態は，さまざまなプロセスを通じて探求されるが，それには，体験へのウィリングネスや開かれた態度，「今，この瞬間」への気づきの実践，体験に気づいている自己（文脈としての自己）の感覚などが含まれる。この場合も，最終的にもたらされるものは，同じく，ウェルビーイングである。ACT とポジティブ心理学の間で異なる点は，おそらく，ウェルビーイ

ングの定義にある。ポジティブ心理学において，ウェルビーイングとは，才能と強みに働きかけて幸福と意味を創り出し，これらを土台としてより満足のゆく人生を築くことを意味している。ACT において，ウェルビーイングとは，どのくらい価値に基づいて生きているか，そして人生においてどのくらい機能できているか，ということである。つまり，価値づけられた行動に専念し，たとえ最終的には幸福には帰着せず，活き活きと目的を持って行動しただけに終わってもかまわない，ということである。いずれにせよ，ポジティブ心理学も ACT も，「今，この瞬間」とつながる力を支えるものであることに変わりはないのである。

意識的な気づきと愛

　「今，この瞬間」への気づきを繰り返し実践するにつれて，人は，心を開いていることがいかに自由なことかを認識しはじめる (Kasl, 2001)。意識そのものとつながっていられること，気づき**の中**にあることで，人は身体や呼吸や音や感覚やマインドについて，マインドフルでいることができるだけでなく，自分自身や他者との関係性にも気づいていることができる。こうして気づいていれば，たとえ恐怖のようなネガティブな感情に基づく反動的，自己防衛的な行動にしがみついてしまっていたとしても，それを解きほぐしていくことが可能になるのである。たとえマインドとフュージョンをしてしまっていたとしても，思考や信念の支配を弱め，プロセスに目を向け，心を開いてウィリングネスを保ちながら，観察を行うことが可能になる。こうすることで，人は，価値につながる行動に関与する選択をすることができるのである。

　さらに，愛着（attachment）に意識的に気づくことで，人は，自分がどのようにして自分自身や他者をコントロールしようとしているのかを知ることとなる。そもそもコントロールが機能するかどうか（workability）を検証することで，それが道徳的で意味のある道すじへと導くのか，それとも恐

怖と分断への道すじに通ずるのかを探ることができる。苦痛や恐怖といった体験に気づくことで，冷静な観察を行い，そういった状態が，絶えず変化するもので，危険なものではないということを認識することができる。このように，体験に対して，判断を加えることなく，そこに在ることができれば，人は，自己破壊的で反動的な行動をやめることができるのだ。心を開いてマインドフルであれば，人はもはや，自分と他者とが違っていると考えて，その違いから逃げ出して分断されてしまう必要などない。人はとかくそういった違いがあるという評価を行ったり，それが心に浮かんだりするものだが，そもそも違いがあるという認識自体が間違っていることも多いのである。こうして，逃避することが必要なくなり，その場にしっかりとどまることが選択される。まさにこの段階において，しっかりとした気づきがあれば，他人を傷つけることは自らを傷つけることだと体験される。そこに分断は存在しない。むしろ，人は，コントロールしたり，逃げ出したり，回避したり，非人間的であろうとしたりすることなく，自己，他者，コミュニティ，文化と関係を保つことを選択しつつ，「一体感（oneness）」と，体験への気づきとを認識しながら，その場にとどまっていることができる。そしてまた，まさにこの段階において，人と人とが分断されているということが誤りであり，人が恐怖を抱きコントロールしようとしているすべてのものも誤りであるとわかるかもしれない——我々と他の人たちとは同じだと「目に見える」ことだろう。マインドフルに気づいた状態でありさえすれば，恐怖に対して心を開いていることで，自己防衛が減り，苦痛と喜びが鋭敏に感じられる瞬間も訪れる。「今，この瞬間」にとどまっていることで，人は，自らが，感情的体験にどのように反応するか予測できると気づくことができる。そして，それによって，違ったやり方で反応するという機会と選択肢を手に入れることもできる。そしてまさにこの段階においてこそ，価値と一致した，選ばれた行為が生じ，自己と他者に対する愛を，完全な形で体験することが可能になるのである。

愛するということ

　結局，人は自ら選択したものを持ち続ける。人は，真に人間としての条件，人間のありように目を向けたとき，自分が実は独りではないことに気づく。人が体験と接するときには，言葉を超えた場所で，苦痛と恐怖が分かち合われることを理解する。人が本当に，人間的であるとはどういうことかを知っているとき，人が完全に目覚めて気づいているときには，自らが求めるものも恐れるものも，同時に他者が求めるもの，恐れるものでもあることがわかる。つまり，人間としての条件，人間のありようを認識するのである。このことが認識されれば，恐怖や苦痛があることはむしろ良いことになる——なぜなら，恐怖や苦痛はもはや敵とはみなされないからである。人は恐怖を抱くからこそ，何が善良にしてかつ高潔なもの（good and virtuous）かを知ることができる。喪失の恐怖があるから一体感を求め，孤独の恐怖があるから一体感を求めるし，死の恐怖があるから，「今，ここ」にある人生を勇気を持って生きることになる。人が自らのために選択するであろうすべてのこと——不屈，辛抱，感謝，報恩，根性，寛容，強みや優しさなど——にはそれぞれ特有の悲哀が伴い，そしてすべてが愛の一部なのである。

　人が人間性を持っていることを指摘することは，悲観主義への呼びかけではなくて，その正反対である。それは人を前に進ませようとする呼びかけであり，人を容易に後退させてしまうように思える激しい苦難のなかでも気づきを持ちながら歩みを進めるようにという要求である。そしてここここそが，**共にとどまる**という能力が最も必要とされるところである。自身や他者の心を自由に見通すことができ，大きな絶望のなかにあっても心を開いて，アクセプタンスを行い続けることが愛の土台となる。気づきのなかで，愛は明確で深い感情として感じられ，言葉の枠を超えて体験される。それは分断をなくし，人が自分自身や他者との間に築く関係性に変化をもたらすかもしれない。愛はまた，思いやりや親切といった無私の行為をすることで自己が拡大

される，というひとつの美徳とみなすことができる。実際，愛とはすべての人間を，そしてさらにそれを超えたすべてを，広く慈愛に満ちたまなざしで大切に思うことである*。

　おそらく，次に述べることこそ，ACT とポジティブ心理学が他の心理学より先行している点である。両者とも苦痛や恐怖を消し去るという困難なプロセスよりも，より活力のある人生に向き合うことに重きを置いている。両者ともに，自己，パートナーとの関係，家族，コミュニティ，文化，国家にまで至る広い範囲で，苦しみを緩和しようとしており，その一方で，喜びも苦しみも含むような人間の根本的な全体性に対して開かれてもいる。両者ともに，楽観主義をとり，意味や目的を支え，維持するために人が取り組む価値と美徳に目を向けている。もしも ACT とポジティブ心理学が目指すもので織物を作るとすれば，それは結局愛の形をとるだろう。なぜなら，愛を除いては，意味や目的などないからである。

＊訳者注：法華経の中の「観世音菩薩普門品」の一節「慈眼視衆生」を念頭に置いていると思われる。

第4章

セルフ・コンパッションとACT

クリスティーン・ネフ（テキサス大学オースティン校）
デニス・ターチ（ワイル・コーネル医科大学）

　セラピーの主なゴールのひとつは，苦しみ（suffering）の軽減――クライエントがしばしば陥る自己嫌悪，不安，抑うつといった暗い闇から逃れることの支援――である。しかし，そのゴールに到達する最も良い道筋は何だろうか？　アクセプタンス＆コミットメント・セラピー（ACT）(Hayes, Strosahl, & Wilson, 1999)などのアプローチは，対処しがたい感情やストレスに富む状況においても，クライエントが人前でとる行動や個人的な行動（考え方や感じ方）のレパートリーを増やすことを支援することが大切だと述べている。ACTの技法は，心理的柔軟性を重視しており，マインドフルネス（「今，この瞬間」に対する，判断を伴わない気づき）を育むことで，クライエントが自分の感情や認知との関係を変えることを促す。この章では，セルフ・コンパッション（self-compassion）という，マインドフルネスと密接に関係している構成概念について述べる。ここでは，心理的な健康についてのACTモデルのさまざまな要素が，どのようにセルフ・コンパッションの体験と関係しているのか，ACTにおけるいくつかのプロセスはどういうふうにセルフ・コンパッションの基礎として必要なのか (Hayes, 2008) ということについて示すことにする。しかしまず，「セルフ・コンパッション（自分への思いやり）」という用語が何を示しているのか，深く理解することから始めたい。

セルフ・コンパッションとは何か？

　コンパッション（思いやり）のなかには，苦しみの体験に対する感受性と，その苦しみを軽減したいという強い望みが含まれている（Goertz, Keltner, & Simon-Thomas, 2010）。そのコンパッションが自分自身へと向けられたものが，セルフ・コンパッションである。仏教のさまざまな伝道者の著作を参考にして（例えば，Salzberg, 1997），Neff（2003b）はセルフ・コンパッションを操作的に定義し，自分に対するやさしさ（self-kindness），共通の人間性（common humanity），マインドフルネス（mindfulness），という3つの要素から成るとした。これらの要素は結びつき，相互に作用しながら，心の中にセルフ・コンパッションという枠組みをつくっている。セルフ・コンパッションは，個人的な不十分さや失敗，過失について考えるときに関係してくる。また，我々にはどうにもできない苦痛を伴う生活状況に直面したときにも関わってくる。

　自分に対するやさしさ（self-kindness）：西洋の文化は，困っている友人，家族，隣人へのやさしさを特に重んじており，自分自身へのやさしさをそれほどは重視していない。自分がなんらかの誤りを犯したとき，人は自分自身の肩にやさしく腕を回すよりも，自分自身を責める傾向がある。そして，トラウマを生じる出来事や事故のように，問題の原因を自分ではどうすることもできないような場合ですら，しばしば，自分の気持ちを落ち着かせ和らげるよりも，問題を立て直すことに力を入れがちである。西洋の文化は，ジョン・ウェインのようにストイックで自分の苦しみを語らない人こそ力強いというメッセージをしばしば発している。しかし残念ながらそのような態度によって，人生の困難に対処するための最も強力な能力，傷ついてケアが必要なときに自分自身を和らげる能力が，奪われてしまっているのかもしれない。

　自分に対するやさしさとは，個人として不十分なところがあると気づいた

ときに，自分に厳しく批判的になるより，支持的，共感的となる態度のことである。そのためには，過ちや過失に対して理解し寛容であること，そして完璧になれるわけではないことに気づくことが必要である。セルフ・コンパッションは，批判や侮蔑ではなく，やさしく元気づけるような自分自身との対話として表現される。不完全であることを責めるのではなく，温かさと無条件の受容をもって自分に接するのである。問題解決という型に拘泥(こうでい)して自分自身の苦しみから目を背けるのではなく，苦痛を伴う状況に対しては立ち止まって感情を込めて自分自身を慰めるのである。自分に対するやさしさがあれば，温かく，やさしく，思いやりを持って自分自身と和解することができ，それによって真のやすらぎを得ることができる。

共通の人間性（common humanity）：人は誰でも，作りかけの，欠点のある作品である。誰でも，つまずき，失敗し，うまくいかない非機能的行動をしてしまうことがある。誰でも，手の届かない何かを求めてしまうし，絶対に避けたいような困難な体験から逃れられないこともある。およそ2600年前にブッダが認識したとおり，人は誰もが苦しんでいる。しかしながら，自分の苦労や欠点のことを考えたときには，自分が孤独で，孤立しているように感じ，失敗や苦痛が例外的な状況であるかのように反応してしまうことが多い。しかし，そのような考え方は論理的ではなく，人間的な広い視野を失い，一見弱くて価値が小さいように見える自己のことばかり考えてしまうという，一種の視野狭窄（tunnel vision）であるといえる。同じように，自分が失敗したわけではないのに人生の外的環境がうまくいっていないときには，しばしば，他の人はもっと楽にしている，自分は人一倍，不公平に扱われている，と考えてしまう。自分は，「普通の」幸福な生活を送っているように見える他人と全然違う，と感じてしまうのだ。

しかし，セルフ・コンパッションがあれば，自分自身に対しても，コンパッションに満ちた「他者」としての視点を持って見ることができる。この視点を取得することによって，ものの見方に幅広さと多様性が加わり，人生の苦難や個人的な失敗も，人として生きる一部として認めることができる。セ

ルフ・コンパッションによって，苦痛の只中でも，つながりがあり孤独ではないということを強く感じることができる。また，自分自身の状況を，文脈のなかで考えることができるようになる。例えば仕事を解雇され，まるで世界の終わりのように感じているときに，他の人が家を失ったり愛する人を失ったりすることに思いを馳せると，自分の状況がそこまで悪くないように感じることができる。人がみな苦しみを共有していることを思い出せば，孤独感が減るだけでなく，もっと悪い状況がありえたはずだと思い起こすことができる。

　共通の人間性を認識することで，自分自身でいることの意味を再構成することができる。不十分だと自分を責めるときには，名指しで失敗の原因を負わされる「私」という存在は他の人とは全然違うと仮定している。しかし，本当にそうなのだろうか。人は常に現在の瞬間という文脈の中で生き，どのように反応し行動するかの振れ幅は，その人の生まれ育ちで違ってくる（Hayes, 1984）。怒りに震える自分を批判しているという場面を考えてみよう。あなたがそこまで怒ってしまう原因や，その時の状況はどんなものだろうか？　おそらくは生来の遺伝の役割もあるだろう。しかし，この世に生を授かる前に，あなたがそういう遺伝子を選んだのだろうか？　あるいは，葛藤に満ちた家庭に育ち，そこでは叫んだり怒ったりすることでしか，話を聞いてもらえなかったのかもしれない。しかし，家庭がそのようになるというのはあなたの選択だったのだろうか？　「個人的な」失敗をよく見てみると，その失敗は決して個人的なものではないことがわかる。我々という存在は，過去の条件が無数に重なり合って，今の我々を形作ったものなのだ。経済的・社会的背景，これまでの周囲との関係や関わり，我々の家族の歴史，我々の持っている遺伝，それらはすべて，今の我々という人間を創るうえで大きな役割を果たしてきた。その理解にのっとると，なぜ我々が望みどおりの完璧な人間ではないのかを，よりしっかりと受容し理解することができる。

　マインドフルネス（mindfulness）：マインドフルネスとは，「今，この瞬

間」の体験に対して，明確でバランスのとれた方法で，気づいていることである (Brown & Ryan, 2003)。マインドフルな受容（mindful acceptance）とは，すべての思考，感情，感覚に対して，判断や，回避や，抑圧をしたりすることなく気づき (Bishop et al., 2004)，「今，この瞬間」の現実に対して「体験として開かれている（experiencially open）」ことである。マインドフルネスがセルフ・コンパッションの重要な要素である理由は何だろうか？　第一に，自分自身にコンパッションを向けるためには，自分が苦しんでいることに気づく必要があるからである。多くの人々は，苦しみが明らかなときも，どれだけの苦痛のなかにいるのか認識することができない。特に，自分の中にいる自分への批判者がその苦痛を生み出しているときには，なおさらである。あるいは，人生上の課題に直面すると，どうやって問題を解決するかに人はしばしばとらわれてしまい，自分がどれだけ努力しているかを忘れてしまう。苦痛を抑圧したり，目を背けたりすることはとても人間的なことだが，ネガティブ感情への対応として回避ばかりしていると，結局のところ薬物依存や過食，社会的引きこもりのように，非機能的で効果のない方略につながりかねない (Holahan & Moos, 1987)。マインドフルネスによって，苦痛を伴う思考や感情を回避する傾向が抑えられるので，たとえ不快な体験でも，我々の体験の本当に大切な部分を受け止めることができるようになる。

　それと同時に，マインドフルであるということには，ネガティブな思考や気持ちに「過度に同一視（over-identified）」し (Neff, 2003b)，嫌だという感情にとらわれ，押し流される (Bishop et al., 2004) ことがない，という意味もある。この種の反芻思考は注意力を狭めてしまうので，自身の価値を事実とかけ離れてしか評価できなくなる (Nolen-Hoeksema, 1991)。私が失敗した，ではなく，「**私は落伍者なのだ**」となり，私は失望した，ではなく，「**私の人生は失望に満ちている**」となる。過度に同一視してしまうと，瞬間瞬間の体験を具象化，つまり，一時的な出来事を，永遠に続く決定的なものとして認識してしまう。しかし，苦痛をマインドフルな観点から見直すなら，新しい行動ができるようになる。透き通っていて波のない，穏やかなプールのよう

に，マインドフルネスは，起こっていることを歪みなく映し出す。すると，より賢明で客観的な視点から自分と自分の人生とを眺めることができる。

セルフ・コンパッションと ウェルビーイング

　GilbertとIrons（2005）は，セルフ・コンパッションによって，ウェルビーイングが増大することを示唆している。これは，主として，セルフ・コンパッションが脅威に関わる交感神経系（自己への批判，不安定な愛着，防衛に関係する）を不活性化させ，やすらぎに関わる副交感神経系（安定した愛着，安全，オキシトシン-オピエイト系と関係する）を活性化させるからである。安全で，互いの結びつきがあるという感覚を強め，脅威や孤独の感覚を弱めることで，セルフ・コンパッションはよりよい感情のバランスを育む。セルフ・コンパッションについての研究論文は，この10年間で劇的に増えているが，その大部分が，セルフ・コンパッションの心理学的な利点を認めている。

　セルフ・コンパッションについてのこれまでの研究のほとんどは，セルフ・コンパッション・スケール（Self-Compassion Scale）（Neff, 2003a）という自記式の測定法を用いた相関的研究である。しかしより近年の研究は，実験的な操作や介入法を用いてセルフ・コンパッションを調べるようになっている（例えば，Adams & Leary, 2007; Kelly, Zuroff, Foa, & Gilbert, 2009; Shapira & Mongrain, 2010）。結果のなかで最も一貫性が高いのは，セルフ・コンパッションが大きいと，不安，ストレス，抑うつが小さい，ということだ（最近のメタナリシスであるMacBeth & Gumley, 2010を参照）。例えば，（Neff, Kirkpatrick, Rude（2007）は参加者に就職の模擬面接に参加してもらい，「自らの最大の弱点を述べてください」と尋ねたNeffら。セルフ・コンパッションの高い人々は，低い人たちと同じようにネガティブな自己記述項目がたくさんあったにもかかわらず，課題の結果として不安を体験することが少なかった。セ

ルフ・コンパッションは，不安，ストレス，抑うつと逆相関の関係にあるが，その背景には生理的なプロセスがあるかもしれない。Rockcliffら（2008）は，セルフ・コンパッションの感覚を増大させるようにデザインされたエクササイズが，ストレス・ホルモンであるコルチゾールの低下に関連することを見いだした。またこのエクササイズは心拍の変動を増加させた。この変動は副交感神経系を活性化し，状況が求めるところに応じて感情を調節する（例えば，ストレスがかかったときにやすらげること）という能力の高さに関連している（Porges, 2007）。

> クライエントが精神的苦痛を感じているときに，やすらぎくつろぐことを支援する易しい方法のひとつは，自分自身をやさしくハグしたり撫でたり，あるいは手を心臓に当ててその温かさを感じるように促すことである。周りに他の人がいるなら，目立たないように腕を組み，心地よい程度に組んだ腕に力を入れてみるのもよい。研究によれば，やすらぐように触れることはオキシトシンを放出させて安全の感覚をもたらし，つらい感情を和らげ，心血管系のストレスを静穏化させる（Goetz et al., 2010）。

セルフ・コンパッションは不適応的な感情状態から守ってくれる一方で，心理的な強みを育んでくれる。例えば，セルフ・コンパッションはより広い視野からの視点取得をするスキル（Neff & Pommier, 2012），より教条主義的度合いが少ないこと，より柔軟な認知（Martin, Staggers, & Anderson, 2011）と関係しており，これは，セルフ・コンパッションのある人は心がより開かれ（openminded），認知や行動の反応を状況の文脈に応じて変えていく能力が高いことを意味している。セルフ・コンパッションは，精神的に自身の外側へと一歩踏み出し，人は皆同じ体験をしていることを鑑みて，自分にやさしく接するということを意味している。これらの知見から，自身と他人の体験のどちらもコンパッションを持って理解するためには，視点取得（perspective-taking）を行う能力がとても重要だということが示唆される。

　セルフ・コンパッションが提供するもうひとつの重要な強みは，効果的なコーピングの能力である。これは，離婚への適応に関してセルフ・コンパッションが果たす役割について調べた最近の研究で示された（Sbarra, Smith, & Mehl, 2012）。研究者らは離婚の最中の成人に，離婚の経験について4分間ほど意識の流れを記録してもらい，独立した評価者が，そのダイアローグのセルフ・コンパッションの程度を評定した。離婚について考えたときにセルフ・コンパッションが高い人は，その時点での心理的な適応がよいだけではなく，その効果が9カ月以上も持続した。ダイアローグ中に表現されたポジティブ感情やネガティブ感情の数や，特性としての愛着不安や回避，抑うつ，自己肯定感，楽観度のように競合する予測変数を考慮しても，この結果は有意であった。実際，セルフ・コンパッションは適応度の高さに対する最も強い予測変数だった。クライエントが離婚などのストレスの高い人生の岐路に適応できるように，セラピストが支援を行う際には，セルフ・コンパッションをターゲットとすべきだということを，この研究は示している。

　セルフ・コンパッションがネガティブなものの影響力を弱めるのに役立つ一方で，セルフ・コンパッションがネガティブ感情を追い払うわけではないことを認識しておくことは重要である。実際，ネガティブ感情は，セルフ・コンパッションのための必須の前提条件である。多くの文化では，ネガティブに考えるよりもポジティブに考えるべきだという一般的な通念があるので，この点は混乱を招きやすい。しかし大切なのは，もしネガティブなものを完全に排除しようとすれば，それは逆効果となるだろうということだ。望ましくない考えを抑圧しようとすると，その考えに最初から注意を向けるよりも，かえって強くまた頻回に意識にのぼってしまうと，数多くの研究が示している（Wenzlaff & Wegner, 2000）。このことは，ACTの研究とセルフ・コンパッションの研究に共通した論点として，とりわけ重要であるので，このあとで詳しく述べることにする。セルフ・コンパッションが大きい人たちは，望ましくない思考や感情を抑圧する傾向が低いことを研究は示している

(Neff, 2003a)。また同様にそのような人たちは自ら望んで，困難な感情を体験したり，自分の感情を妥当で重要なものとして認めたりする（Neff, Kirkpatrick, & Rude, 2007）。したがって苦痛は，増えも減りもせずにただそこにあるのみなので，救いがたい「追加の」苦しみ（suffering）は最小限となる。

　ネガティブな気持ちをポジティブな気持ちに置き換えるのではなく，ネガティブな気持ちを**抱きとめる**（embrace）ことで，新しいポジティブな気持ちが生まれる。自分に対するやさしさや共通の人間性という感覚，マインドフルネスを持って苦しみにあたると，大切に思うこと（care），信頼すること（belonging），やすらぎ（tranquility）の気持ちがもたらされる。こういった気持ちは，ネガティブな気持ちと並んで体験される。とすれば，より大きなセルフ・コンパッションが，幸福や好奇心，熱意，関心，ひらめき，高揚などのポジティブ感情に結びついていることは，驚くに値しないだろう（Hollis-Walker & Colosimo, 2011; Neff, Rude, & Kirkpatrick, 2007）。苦痛を，セルフ・コンパッションで温かく包むことで，ネガティブな状態と釣り合うほどのポジティブな状態を生むことができる。セルフ・コンパッションの，やさしく，つながりがあり，受容的な態度によって生み出されるポジティブな情動は，我々を恐怖心から自由にし，生活の質（quality of life）をおおいに改善させる。Barbara Fredricksonの拡張-形成理論（第2章を参照）によると，ポジティブ感情のおかげで我々は危険を避けるだけではなく機会を活かすことができるとされている。そして，これによって，セルフ・コンパッションが動機づけに対して果たしている役割が説明できるかもしれない。

セルフ・コンパッションと動機づけ

　セルフ・コンパッションは動機づけ（motivation）と正反対に位置すると多くの人が考えている。そういった人たちは，動機づけには自己への批判が必要で，セルフ・コンパッションが強すぎると，怠惰で自分を甘やかすことになると考えている。しかし，それは本当だろうか？　育児の上手な親が子

どもの動機づけを強める方法を，たとえとして考えてみよう。コンパッションの大きな母親は，息子が失敗したときもむやみに叱りつけてだめな人間だと言ったりはしない。そうではなく，生身の人間なのだから過ちは仕方がないし，おまえが最善を尽くすために必要なことはお母さんはなんでもする，と言うだろう。息子は，失敗に萎縮し自分に価値がないと思うのではなく，母親の励ましと受容を礎にして，人生のゴールにたどり着くよう努力する，もっと大きな動機づけを手に入れるだろう。

　このように，健全な子育てについては理解しやすいが，同じロジックを我々自身に当てはめて考えるのは，たやすくはない。自分を批判的に見ることが大切という考え方は我々に強くしみこんでいるし，苦痛はある意味では役に立つと我々は考えている。自分への批判が動機づけとして役立つのは，失敗して自分を批判したくないので，成功を追い求めるからである。だが，もし失敗したときには，自分自身が自分への批判を集中砲火のように浴びせてしまうものだとわかれば，それを恐れるあまり，何かを試みてみることすらできないかもしれない (Powers, Koestner, & Zuroff, 2007)。また，個人的な弱みに直面したとき，恥ずかしさから行動せざるを得なくなる手段として，自分への批判を用いることもある。しかし，自分を否定したくないからとその弱みから目を背け続けるなら，そのような方法では逆効果になる (Horney, 1950)。例えば，嫉妬の問題があるときに，自分についての真実に直面できないからといって，パートナーのことばかり責めていたら，ふたりの関係を改善することなどできるはずがあるだろうか？　しかしもしセルフ・コンパッションがあれば，我々は達成に向けて，別の理由で動機づけされることになる——大切に思うから，という理由だ。もし我々が本当に，自分自身にやさしくし，苦しまないでいたいなら，新しいプロジェクトへのチャレンジや新しいスキルの学習を始めるなど，自分の能力を最大に引き出す行動をとるものだ。自分の弱さを認めるのに必要な安心感をセルフ・コンパッションが与えてくれるので，我々は，自分の弱さをよりよいものへと転換するのにより適した状況に自らを置くことができる。

セルフ・コンパッションは自分への甘えではなく，むしろ動機づけを高めるという考えは，研究でも支持されている。例えば，セルフ・コンパッションは自分自身に向けて設定したパフォーマンスの基準の高さとは関係しない一方で，不適応を起こすような完璧主義とは逆相関する (Neff, 2003a)。言い換えると，セルフ・コンパッションの高い人々は，セルフ・コンパッションに乏しい人々と同じように高い目的を持っているものだが，ゴールを達成できないときにストレスや葛藤が高まったりはしないのである。セルフ・コンパッションを持つ人々は，失敗を恐れる程度が小さいことが研究で示されている (Neff, Hsieh, & Dejitterat, 2005)。それは，失敗しても自己への批判の集中砲火に直面するわけではないことを知っているからである。そのような人々はまた，失敗した後にも新しいゴールに向けて新たに打ち込めることが多い。つまり，失敗から立ち上がり再びチャレンジする力がより大きいのだ (Neely, Schallert, Mohammed, Roberts, & Chen, 2009)。BreinesとChen (2012) は一連の4つの実験的研究において，個人的な弱さや失敗，過去の倫理的な過ちに対してセルフ・コンパッションの感情を生じさせる気分誘導を行った。セルフ・コンパッションは種々の対照条件と比較して，改善に向けての変化，学ぶことへのいっそうの努力，過去の失敗を繰り返さないようにすることへのより大きな動機づけを生み出した。セルフ・コンパッションはまた，個人的な成長へのより大きな決意と関連しており (Neff, Rude, & Kirkpatrick, 2007)，それはRobitschek (1998) が，より生産的で実り多い人生に必要な変化に向けての積極的な関与と定義したものである。

　セルフ・コンパッションは，ダイエットの継続 (Adams & Leary, 2007) や禁煙 (Kelly et al., 2009)，フィットネスメニューの開始 (Magnus, Kowalski, & McHugh, 2010) のような，健康をもたらす行動を促進する。さらに，セルフ・コンパッションの高い人は，慢性的な筋骨格系の痛みに効率的に適応し対応する能力が高い (Wren et al., 2012)。このように，セルフ・コンパッションは身体的にも精神的にもウェルビーイングを増大させるようである。

ゲシュタルト派の治療者であるLeslie Greenbergによる2つの椅子の対話（two-chair dialogue）では，クライエントが自己の中の互いに矛盾する部分に触れやすくなるように，別々の椅子に座ってもらい，それぞれの側面が「今，この瞬間」にどのように感じられるかを体験させる。セルフ・コンパッションを増大させるために，この技法の変法を用いることができる。はじめに，誰も座っていない椅子を3つ，できれば三角形の配置にして，用意する。次にクライエントに，自分を悩ませ，つらい自己批判を引き起こしている問題を考えるように促す。椅子のひとつを内的な批判者の声に，ひとつを批判されていると感じる自分に，最後のひとつを賢明でコンパッションにあふれたオブザーバーに割り当てる。クライエントは自分の中の3つのパートのすべてをロールプレイすることになる。この対話が終わったあとで，治療者は，何が起こったのかをクライエントに考えるよう促す。自分自身を扱う方法，自己批判ではなくやさしさを持って動機づけを強める方法，あるいは，今の状況をより生産的，支持的に考えるための別の方法について，クライエントは新しい洞察を得られるだろうか？

セルフ・コンパッションと自尊心

　セルフ・コンパッションと自尊心（self-esteem）は混同しやすいので，その区別は大切である。自尊心は，自分をポジティブに評価する度合いを示しており，しばしば他者との比較に基づいている（Harter, 1999）。アメリカ文化において高い自尊心とは，大勢の人の中で際立っていること——特別で，平均から抜きん出ていることを意味している。しかし自尊心には潜在的な問題がある。どういうことかというと，自尊心を持つこと自体が問題ではなくて，どうやって自尊心を得るかということが問題なのである。これまでの研究によると，人々は高い自己価値という感覚を得るために，非機能的行動に

関わってしまうことがある（Crocker & Park, 2004）。それは例えば，自分に満足するために，他者をおとしめて，自己に価値があるという感覚で鼻高々になるといった行動である（Tesser, 1999）。自尊心はまた，人生のさまざまな様相での自らの能力をどう認識しているかに依存する傾向があり（Harter, 1999），そのために不安定で，我々の直近の成功や失敗に応じて上下してしまう（Kernis, Paradise, Whitaker, Wheatman, & Goldman, 2000）。

自尊心とは対照的に，セルフ・コンパッションはポジティブな判断や評価には依存していない——セルフ・コンパッションは，自分自身とのポジティブな関係の持ち方である。人が自分にコンパッションを感じるのは，人類の一員だからであり，特別な存在として他から抜きん出ているからではない。それゆえセルフ・コンパッションは，他者との区別よりも相互の交流を重視する。セルフ・コンパッションがもたらす感情は自尊心がもたらす感情よりも安定しており，それは，セルフ・コンパッションの存在が，物事がうまくいっているかどうかによらないからである。例えばセルフ・コンパッションは自尊心と比較して，個人的な弱さについて考えた際に不安と自意識過剰がより少ないことと関連し（Leary, Tate, Adams, Allen, & Hancock, 2007; Neff, Kirkpatrick et al., 2007），自分に価値があるという，より安定して，より不確実性が少ない感覚に関係している（Neff & Vonk, 2009）。セルフ・コンパッションは，自尊心と比較して，人としての魅力が少ないというフィードバックを受けた際にも，社会的な比較や，公の場での自意識過剰，自己防衛などとの関連が弱い（Leary et al., 2007; Neff & Vonk, 2009）。さらに，特性としての自尊心はナルシシズムと相当程度重なることが示されているのに対し，セルフ・コンパッションはナルシシズムとの関係は認められていない（Neff, 2003a; Neff & Vonk, 2009）。このように，セルフ・コンパッションには，高い自尊心の持つ多くの利点が備わっており，欠点はより少ないようである。

セルフ・コンパッションと自尊心のこのような区別は，恥や低い自己価値に苦しむクライエントに対応する際に重要である。クライエントがよりポジティブに自分を評価することができるよう支援しようと努力すれば，それ

は，クライエントが自己の特定の非機能的行動に焦点を当てるのでなく，包括的な自己評価をする傾向を強めることになるかもしれず，それがかえって変化を起こしにくくしてしまうだろう。その理由のひとつは，自尊心の低い人々はしばしば，自尊心の高い人がするように自己に対するポジティブ幻想に浸ることをせず，自尊心の低さという自らのアイデンティティを確認し維持しようとするからである（Swann, 1996）。それよりは，クライエントのセルフ・コンパッションのレベルを上げることのほうが実現の可能性が高いだろう。なぜなら，セルフ・コンパッションを持つためには，クライエントは，自己評価をネガティブからポジティブに変化させる必要はなく，ただ単にやさしさを持って自分の人間としての限界を認識し受容するだけでいいからである。

セルフ・コンパッションと対人機能

　セルフ・コンパッションが心理学的に個人の役に立つというエビデンスがある一方で，セルフ・コンパッションが対人関係を促進するというエビデンスもある（Yarnell & Neff, 2012）。例えば，異性愛者のカップルの研究で，セルフ・コンパッションの高い人はそれに乏しい人に比べると，パートナーから見て，情緒的なつながり，受容，自主性へのサポートといった度合いが大きく，気持ちが離れている，支配的，言語的または身体的な攻撃性といった度合いが小さかった。当然ながら，セルフ・コンパッションの高い人のパートナーは，自分たちの人間関係への満足が大きかった。セルフ・コンパッションの高い人は，自分自身のケアやサポートのニーズの多くを満たすことができているので，パートナーにコンパッションを向けるだけの，感情のリソースがより多いのである。そのような人は自らを受容し正しいと信じることができるので，自己に価値があるという感覚を維持するために他人からの承認を得る必要がない。このことから，関係が難しくなったカップルを支援する際に，セルフ・コンパッションのスキルを教えることは，愛情に飢えてい

る，怒っている，支配的である，自己防衛的であるといったパターンを打ち崩す有効な方法であることがわかる。また，カップルの双方が親密になり相互にサポートすることを促す方法にもなるだろう。

　セルフ・コンパッションの高い人は他者に対してもコンパッションがより高いだろうかという興味深い問題について考えてみたい。このトピックについての研究は少ないが，そのひとつとしてNeffとPommier (2012) は，セルフ・コンパッションと，共感，個人的な苦悩，赦し (forgiveness) との関係を，大学生，一般の成人，仏教の瞑想を行っている人の3群について調べた。3つの群のすべてで，セルフ・コンパッションが高い人々は，他者の苦痛について考えたときに個人的な苦悩を体験することがより小さい傾向があった。これは，苦しみに圧倒されることなく直面する能力がより高いことを示している。このことは，セルフ・コンパッションが，ケア提供者や保健の専門家に教えるべき重要なスキルであることを示唆している (Barnard & Curry, 2012)。なぜならそういった人たちは，他者のトラウマに曝されすぎてしばしばバーンアウトしてしまうからである。さらに，セルフ・コンパッションは赦しと有意に関連していることがわかった。他者を赦すためには，人にそのような行動をとらせた原因とそれを助けた条件 (causes and conditions) の，巨大なクモの巣のように複雑に絡み合った様相[*1]を理解しなければならない (Worthington et al., 2005)。したがって，自分自身の不完全な人間性を赦し，受容する能力は，他者の失敗を赦し，受容する能力と関係しているようである。

　またこの研究において，セルフ・コンパッションと他者への共感的な配慮との有意な関連が，一般の成人と仏教徒ではみられたものの，学部生ではみられなかった。これは若年成人が，他者との相違を過大評価してしまい，人生経験が重なるところを見つけることが往々にして難しいからなのかもしれない (Lapsley, FitzGerald, Rice, & Jackson, 1989)。このように若年成人は，なぜ自

[*1] 訳者注：仏教の根本的教理のひとつである「縁起」を念頭に置いていると思われる。

分が気づかい（care）に値するかというスキーマと，なぜ他者が気づかいに値するかというスキーマが十分に統合されていないので，自分の扱いと他者の扱いがまだ十分にはつながっていないのだろう。セルフ・コンパッションと他者に向けられる関心の関連は，瞑想を行う人々で最も強い傾向があった。これは，瞑想の実践が，自分と他者双方へのコンパッションを自覚的に育むこと，そしてすべての生きとし生けるものが苦しみを持ち，苦しみからの解放を望んでいることを認識することを目指していることを反映しているのかもしれない（レビューについてはHofmann, Grossman, & Hinton, 2011を参照のこと）。この研究から，若年者に働きかけるときには，自分の体験と他者の体験につながりがあることをはっきりと示すべきであるということ，そして瞑想がそのつながりの理解を促進する方法のひとつであることが示唆される。

セルフ・コンパッションの起源

　まだ新しい研究トピックではあるが，セルフ・コンパッションが養育の仕組みと関係しているというGilbertとIron（2005）の主張は，エビデンスによって支持されている。思春期，若年成人についての研究において，NeffとMcGehee（2010）は，母親によるサポートはセルフ・コンパッションの大きさと有意に関連しており，母親による批判はセルフ・コンパッションの小ささと有意に関係していることを示した。より一般的に言うと，家族の機能のレベルによって，セルフ・コンパッションのレベルを有意に予測することができた。円満で親密な家庭で育った人はセルフ・コンパッションが大きく，ストレスが高く葛藤に満ちた家庭で育った人はセルフ・コンパッションが小さかった。この研究ではまた，セルフ・コンパッションが愛着スタイルと関係しており，安定した愛着行動はセルフ・コンパッションが大きいことにつながることが見いだされた。このことは，幼少期に親から温かみとサポートを得られなかった人は，のちの人生で自分に対するコンパッションを持つために必要な，強固な情緒的基盤がないかもしれないことを示している。同様

に Vettese, Dyer, Li, Wekerle（2011）は，幼少期に適切に養育されなかった若年者は有意にセルフ・コンパッションが小さく，そのようなセルフ・コンパッションの不足が，不適切な養育の程度とその後の情緒的な不安定さ，精神科的問題，薬物やアルコールへの依存とのつながりを媒介していることを示した。これらの知見は，問題の多い家庭で養育を受けた者が大人になってしっかりと問題に対応できるように支援するために，セルフ・コンパッションを育てるような臨床的な介入が必要なことを強く示している。

セルフ・コンパッションと臨床的な介入

　セルフ・コンパッションが心理療法での変化における重要なプロセスであることを示唆しているエビデンスがある。例えば，セルフ・コンパッションを増大させることは，マインドフルネス認知療法（mindfulness-based cognitive therapy: MBCT）やマインドフルネスストレス低減法（mindfulness-based stress reduction: MBSR）(Baer, 2010) などのマインドフルネスに基づく介入の有効性において重要なメカニズムであることがわかっている。Jon Kabat-Zinn（1991）は1970年代後半にMBSRを創始したが，これは最も世界的に広がっているマインドフルネス的介入である。MBSRは体験型の学習プログラムで，その内容としては，毎週のグループ・セッション，定期的な自宅での練習（home practice），マインドフルネスのフォーマルな練習（formal practice）およびインフォーマルな練習（informal practice）というコア・カリキュラムが含まれる。のちに，このコア・カリキュラムは抑うつの再燃予防用に翻案されてMBCT（Segal, Williams, & Teasdale, 2001）に採用され，そこでは，抑うつに特化した心理教育とエクササイズも加えられた。メタアナリシスによって，MBSRとMBCTは種々のストレス因や健康問題を抱える人の予後の改善に関与できることが示されている (Grossman, Niemann, Schmidt, & Walach, 2004)。

　Shapiro, Astin, Bishop, Cordova（2005）によれば，MBSRプログラムを受

講した保健ケアの専門家は，ウェイティング・リストに載っただけのコントロール群に比べて，有意なセルフ・コンパッションの増大とストレス・レベルの減少を報告していた。さらに，セルフ・コンパッションが増大するとプログラムがターゲットとしているストレスが減少することもわかった。同様に，Kuyken ら（2010）は，抑うつ症状の再燃に関する MBCT の効果を抗うつ薬による維持療法の効果と比較して検討した。彼らによれば，MBCT に参加した後にマインドフルネスとセルフ・コンパッションが増大することによって，MBCT が抑うつ症状の再燃を防ぐ効果が，15 カ月後のフォロー・アップ時においても続いていることがわかった。また，認知的な反応性（すなわち，抑うつ的な思考スタイルをもって，悲しい感情に反応する傾向）と抑うつの再燃との関連性を，MBCT が低下させること，そして（マインドフルネスの増大でなく）セルフ・コンパッションの増大が，それを媒介していたこともわかった。このことから，セルフ・コンパッションのスキルは，抑うつのエピソードが再び惹起されないように，習慣化された思考パターンを変化させるための重要な鍵かもしれないということが示唆される。

　セルフ・コンパッションはマインドフルネスに基づく介入の重要な治療要因であるので，セルフ・コンパッションを教育する方法の開発が始まっている。Paul Gilbert（2010b）は，コンパッション・フォーカスト・セラピー（compassion-focused therapy: CFT）という一般的な治療アプローチを開発したが，これは，特に，習慣的に何でも自分のせいだと考えてしまい，恥や自己批判に陥りがちなクライエントが，セルフ・コンパッションの大きな心を持つというスキルや特質を育むことを支援するものである。CFT は，長い歳月をかけて人類に培われた，自己批判のような自動的な感情反応について，また，そのようなパターンがしばしば幼少期にどのように強化されるかについて，気づき，理解することを促す。CFT の鍵となる原則は，人々に，自分自身のウェルビーイングを大切にし，自分自身のニーズや苦悩について感受性を持ち，自分自身へ温かみや理解を広げる気持ちにさせることである。CFT の技法には，マインドフルネスのトレーニング，心の中での視

覚化，コンパッショネイトな認知的反応（compassionate cognitive responding），セルフ・コンパッションに基づく行動や習慣などが含まれる。これらは，コンパッショネイト・マインド・トレーニング（compassionate mind training: CMT）と呼ばれる体系的なプロセスを通じて体験できる。このプログラムは，現在，摂食障害，不安障害，双極性障害，禁煙，恥など，さまざまな形の苦しみを治療するのに用いられ，成功をおさめている（Gilbert, 2010a; Gilbert & Procter, 2006; Kelly, uzroff, Foa, & Gilbert, 2009）。

　Kristin Neff と Chris Germer（2012）は，マインドフル・セルフ・コンパッション（mindful self-compassion: MSC）という，治療が必要なほどではない人々に適したセルフ・コンパッションのトレーニング・プログラムを開発した。「マインドフル」という用語がプログラムの名称に用いられているのは，このプログラムがマインドフルネスの基礎的なスキルも教えるからであるが，すでに述べたとおり，そのスキルは自分自身にコンパッションを持って接する能力のためには不可欠である。MSC の構成は，MBSR をモデルにしており，8週間のコースのあいだ，毎週1回，2時間ほど，参加者が集団のクラスに出席し，また，半日の「ミニ・リトリート（集中クラス）」にも出席する。このプログラムでは，集団でのディスカッション，体験型エクササイズ，瞑想が用いられるが，その目的は，セルフ・コンパッションへの気づきを増やすこと，そしてどのように日常生活のなかでセルフ・コンパッションを実践するかということである。MSC の1番目の力点はセルフ・コンパッションのスキルの教育であり，マインドフルネスを教えることはあくまで2番目の力点であることに注意していただきたい（8週間のコースのうちマインドフルネスだけをテーマとしているのは1回のセッションのみである）。これとは対照的に，MBSR と MBCT のプログラムは主としてマインドフルネスのスキルを教えるもので，セルフ・コンパッションの取り上げ方は直接的でなく間接的である。このことは，MSC プログラムがマインドフルネスに基づいたプログラムと競合するのではなく，相補的に働くことを示している。

近年，MSCプログラムについてのランダム化比較試験が行われ，治療群と，ランダム化されたウェイティング・リストの対照群での効果が比較された（Neff & Germer, 2012）。対照群に比べて，MSCに参加した群ではセルフ・コンパッションのレベルが有意に大きく（43%）増大した。この43%の増大という数字がいかに大きなものかを読者に理解してもらうために，MBSRとMBCTの例を出して比較検討してみよう。MBSRについての3つの研究（Birnie, Speca, Carlson, 2010; Shapiro, Astin, Bishop, & Cordova, 2005; Shapiro, Brown, & Biegel, 2007）では，SCS（セルフ・コンパッション・スケール）が平均して19%増大したという数値が得られている。また，MBCTについての3つの研究（Kuyken et al., 2010; Lee & Bang, 2010; Rimes & Wingrove, 2011）では平均して9%の増大だった。このことは，MSCプログラムにおいてセルフ・コンパッションを特にターゲットにしていることが極めて効果的であることを示している。MSCへの参加者はまた，マインドフルネス（19%），他者へのコンパッション（7%），人生への満足（24%）が有意に増加し，抑うつ（24%），不安（20%），ストレス（10%），感情的な回避（16%）が減少した。有意に増加したという研究の結果はすべて，6カ月後と1年後のフォローアップでも持続していた。実際，人生への満足はプログラムの終了時点から1年後のフォローアップ時点に向けて上昇していたので，セルフ・コンパッションの実践を続ければ，その後も人生の質が上昇しつづけるということが示唆される。この研究はまた，ウェルビーイングの増強が主としてセルフ・コンパッションの増大から説明できるのか，あるいはまたマインドフルネスの増大からも説明されるのかについて検討した。その結果，ウェルビーイングの増強の多くはセルフ・コンパッションの増大によって説明できるが，マインドフルネスも喜び，ストレス，感情的な回避における付加的な変化の原因となっていた。このことから，セルフ・コンパッションとマインドフルネスの両者がMSCプログラムの鍵となる効果であることが示唆された。
　心理療法における変化の過程としてセルフ・コンパッションを育むことの大切さへの理解が進むと，エビデンスに基づき現在用いられている心理療法

にもこれを適用することができるだろう。ACT は，セルフ・コンパッションに焦点を当てた種々の介入を統合するのにとてもよく適している。以下に見るように，ACT のプロセス・モデルの主要な要素の多くは，いくつかの術語が異なるにせよ，Neff によって構成されたセルフ・コンパッションの概念とよく一致している。ACT の実践とセルフ・コンパッションの育成との間には現在すでに関係があるが，それ以上に，ACT の臨床家は，プロセスとしてのセルフ・コンパッションをより直接的に治療目標にすることで，恩恵を受けられることだろう。例えば，John Forsyth と Georg Eifert（2008）は，不安に対する ACT のプロトコルとセルフ・ヘルプについての書籍[*2]を著しており，そのなかで，コンパッションに焦点を当てた技法を取り入れている。このセルフ・ヘルプの書籍の効果は現在，ランダム化比較試験で検討されているが，予備的な結果では，セルフ・コンパッションが ACT 介入における過程と結果に対する重要な変数かもしれないということが示されている（Van Dam, Sheppard, Forsyth, & Earleywine, 2011）。理論と実践の統合が進んでいくと，セルフ・コンパッションが ACT モデルのなかで価値ある心理療法のプロセスであることが今以上に明らかになるかもしれない。

ACT の視点から見たセルフ・コンパッション

　ACT の臨床家と研究者は，これまで心理療法におけるセルフ・コンパッションの役割を探求してきたが，セルフ・コンパッションは ACT のプロセス・モデルの公式の要素としてはまだ組み込まれていない（Forsyth & Eifert, 2008; Hayes, 2008; Luoma, Kohlenberg, Hayes, & Fletcher, 2012; Tirch, 2010; Van Dam et al., 2011）。

　ACT の視点からセルフ・コンパッションの理解を進めるためには，認知についての理論で ACT の元となった関係フレーム理論（relational frame

---

[*2] 訳者注：邦訳書『不安・恐れ・心配から自由になるマインドフルネス・ワークブック』熊野宏昭ほか監訳，明石書店，2012.

theory: RFT）を検討する必要がある。RFT は，数多くの精神現象のなかでも，マインドフルネス，自己啓発，視点取得（perspective taking）のプロセスについて解析している。RFT は言語と認知についての行動学的な説明を行い，そしてそのことによって，人間がどのように自己という感覚と他者という感覚を進化させ，我々が自分自身を時間と空間の中に位置づけられたものとしてどのように体験してきたのかを考えるうえで役に立つ方法を提供してくれる（Barnes-Holmes, Hayes, Dymond, 2001; Törneke, 2010）。これらはすべて，セルフ・コンパッションの発生の理解に関わる。RFT によるセルフ・コンパッションの説明によって，どのようにセルフ・コンパッションが機能するかを理解し，どうしたらセルフ・コンパッションに満ちた行動を予測し，それに影響を与える方法を開発できるのかを理解することが可能になる。

　RFT の理論では，広い意味での自己という感覚を身につけることには，視点を柔軟にシフトさせる能力が含まれるとされる。我々が後天的に身につけた，柔軟に他者の立場に立つ視点取得の能力は，我々の共感という体験のなかにも（Vilardaga, 2009），それと関連するコンパッションという体験のなかにも含まれている。したがって，セルフ・コンパッションを理解するためには，コンパッションが向かう先である「自己」について，RFT の立場から検討することが重要である。我々が，自らが「自己」であり，「自己」を持っていると考えるそのやり方や，「自己」を体験するために言語機能を用いるそのやり方はすべて，静的な構成物ではなく，進行中の，言語的で行動的なプロセスとして検討可能な，人間的体験の特質である（Vilardaga, 2009）。

　RFT の理論によれば，「自己」という体験は，視点（perspective）を形作るような言語の習得から出現する。視点とは，時間と空間のなかで，別の見方とも関連させて，ものを見る見方である。我々はこの視点というものを，さまざまな方法でシンボリックに表現することができる。例えば，我々は自分たちの視点を，他者の視点と相対化して考えることができる。「彼女が私の立場だったら，彼女はどう思うだろうか？」と。また我々は，他のす

べての視点と関係づけて，自らの視点について考えることができる。「こんなふうに思っているのは，きっと世界でひとりだけだろうと思う」というように。

RFTは，行動分析の用語を用いて，「直示的関係（deictic relations）」として知られるこれらの言語的な関係づけが，対人関係における後天的なオペラント行動であり，継続的な社会的な関わりによって形成されていく，と主張している（Barnes-Holmes, Hayes, & Dymond, 2001）。直示的関係は，我々が世界と，我々自身と，時間の流れを体験する土台である。「私-あなた」「ここ-そこ」「あの時-今」といった言語的関係からは，客観的な視点を持つという視点取得が必然的に生み出される。「私」という概念がなんらかの意味を持つためには，「あなた」がなければならない。「ここ」が視点としての意味を持つためには，「そこ」がなければならない。我々の自己という感覚は，視点取得から生じたのである。

人は，自分が何者なのか問われたら，なんらかの形の「ライフ・ストーリー」を語る形で返答をすることがある。例えば「私の名前はフレッドで，テキサス出身です。法曹の仕事をしています」といった具合である。ACTの観点からは，このような自己は「概念としての自己（self-as-content）」と呼ばれる。しかし，マインドフルネスとセルフ・コンパッションを用いると，また違った自己の体験が可能である。その自己は，一種の観察者として存在し，長い時の流れのなかで一瞬一瞬，あなたの体験を観察しつづけている寡黙な「あなた」である。これは時に「観察する自己（observing self）」や「超越する自己」と呼ばれるが，ACTでは「文脈としての自己」（self-as-context）と呼ばれることが最も多い（Hayes, Strosahl, & Wilson, 1999）。

この「観察する自己」が，体験している自己とは別に生じてくるのは，いったいどのようにしてなのだろうか？　このことを理解するために，ACTのルーツであり，人間の言語と認知について研究を行っているRFTにもう一度立ち戻ってみよう。人間の関係反応（relational responding）には，視点取得に対する後天的能力が含まれる。そのプロセスを通じて，自らが存在

しているという体験から，視点としての自己という感覚が生じる。その感覚があるからこそ，我々の体験は生涯を通じて周囲へと開かれる。自らを観察者としてとらえるこの感覚が，ACTにおいて文脈としての自己と表現されるのは，この体験する自己という感覚が，我々の体験を包む文脈としての役割を果たすからである (Hayes, Strosahl, & Wilson, 1999)。この「観察する自己」という感覚が重要なのは，この観察者は意識の内容に気づくことはできるが，意識の内容そのものではないからである。我々は思考するが，思考するという体験以上の存在である。それはちょうど，我々には腕があるが，単に腕だけの存在ではないのと同じである。感情を感じるのは感情ではなく，思考するのは思考ではなく，身体的苦痛を体験するのは身体的苦痛ではない。我々の生活の至るところで，「観察する自己」の存在を感じることができる。この存在の前で，我々の体験のすべてが時間のなかで生まれ，存在し，消えていくのである。

　文脈としての自己とセルフ・コンパッションの関係について考えてみよう。文脈としての自己への気づきに立ち戻ることで，自らの体験に対して，愛着も同一視もせずにながめられるということに気づく。そうすると，苦痛に満ちた個人的な出来事や物語というたびたび起こる刺激が，我々に与える影響を減らすことができる。「私が-今-ここ」で存在するという視点に立つことで，自己評価を貶める可能性を持つ，習得した言語というものに煩わされることなく，自分の苦しみを他者の苦しみを見るのと同じように見つめ，その体験のなかで苦痛と共に在ることができる (Vilardaga, 2009; Hayes, 2008)。

　Steven Hayes (2008) は，心理的ウェルビーイングについてのACTモデルにもともと含まれている価値としてはコンパッションが唯一のものかもしれないと示唆している。彼によれば，セルフ・コンパッションとコンパッションの源は，ACTにおける心理的変化のモデルにおいて「ヘキサフレックス (hexaflex)」プロセスとして知られている6つのコア・プロセスから生じている可能性があるという (Hayes, Luoma, Bond, Masuda, & Lillis, 2006)。この6つのプロセスは相互に作用しながら協働して，次のことを行う。

- 「今，この瞬間」の体験に対して，我々が直接的に接触できるようにする
- 行動の幅を狭めてしまうような精神的な出来事を，文字通りに解釈することを抑止する
- 体験の受容（experiencial acceptance）を促進する
- ナラティブな意味での「自己」に過剰に同一化しないようにさせる
- 価値を作り出すプロセスを支援する
- 人生において価値のある方向へのコミットメントを促す

　Dahl, Plumb, Stewart, Lundgren（2009）は，このヘキサフレックスのプロセスがどのようにして自己と他者へのコンパッションに直接的に影響するかについて概説を行った。そのモデルによると，セルフ・コンパッションには，(1) 困難な感情を進んで（willingly）体験しようとする能力，(2) 自分自身を評価し，悩まし，恥じ入らせるような思考をマインドフルに観察し，その思考が自分自身の行動や心の状態を支配してしまうことを防ぐ能力，(3) 自己へのやさしさや自己肯定化をもってさらに人生の目標の追求にうちこむ能力，(4) 視点を柔軟にシフトさせ，より広く超越的な自己を目指す能力が含まれている（Hayes, 2008）。

　ヘキサフレックスのプロセスは，心理学的なウェルビーイングに関するACTモデルの基本的な要素とされ，「心理的柔軟性（psychological flexibility）」と呼ばれている（Hayes et al., 2006）。心理的柔軟性は，「意識を持つ人間として，また状況の許すところに応じて，現在に，より全面的に関与し，価値のある目標に役立つために行動を変化させたり持続させたりする能力」（Luoma, Hayes, & Walser, 2007, p.17）と定義できるだろう。セルフ・コンパッションと同じように，心理的柔軟性は，抑うつ，不安，心理的な病理と強い負の相関を示しており，人生の質と強い正の相関を示している（Kashdan & Rottenberg, 2010）。

コンパッションの進化論的な基礎

　Gilbert（2009）によれば，セルフ・コンパッションは，愛着（attachment）や親和（affiliation）を含むヒトの行動システムから現れた，ヒトの進化によって出現した能力であり，それは研究によって実証されている。ケアの担い手（caregiver）に近づき，なだめてもらうことを求めることは，この世界で活動する安全な基礎を提供してくれるが，それは派生的関係反応（derived relational responding），直示的関係フレーム（deictic relational framing），マインドフルネスのトレーニングで得られる観察者としての能力（observational capacity）といったヒトの能力に先立つ，哺乳類としての行動である。

　しかしながら，我々ヒトが派生的関係反応の能力を持つという，唯一無二の進化的な利点は，結果として自己への気づきという特に人間的な性質につながっている。この自己への気づきは，抽象的思考や想像力に基づく我々の行動の基礎となっている能力であり，それには，目にした苦しみに心を動かされる能力，気づきに気づいているという能力（例えば，マインドフルネス）が含まれる。Wilson, Hayes, Biglan, Embry（印刷中）によると，シンボリックな思考に対するこの能力が，組み換えDNAによる多様性にも比肩される，組み合わせによる多様性の能力を備えた一種の「相続のシステム（inheritance system）」を我々にもたらした。このように，遺伝的および心理・言語的な進化によって，我々はセルフ・コンパッションの体験をもってやすらぎを得るようになり，やすらぎとそれに続く勇気の体験が，我々により大きな心理的柔軟性と，この世界で活動する安全な基礎をもたらしてくれるのである。

　Wang（2005）は，ヒトのコンパッションが，進化生物学的に規定された「種を保存する」（species-preservative）神経生理システムに由来するという仮説を提出した。このシステムは，古くからの「個を保存する」システム

に比べると，進化生物学的な時間軸で言うと，比較的最近に進化したものだという。この「種を保存する」システムは，「包括的な意味での自己に基づいており，他者との相互的なつながりへの気づきを促進する」(Wang, 2005, p.75)。他の動物と比べ，ヒトの赤ちゃんや子どもは，無防備で，より多くのケアと保護を要するように見えるし，また実際そうである。その結果，脳の特定の構造や神経・ホルモンシステムといった要素が進化し，他者を保護しケアするといった養育行動が促進された。この進化生物学的な進展の基本的な実例をみるには，例えば，爬虫類や両生類の養育行動と，哺乳類の養育行動を比較してみるとよい。爬虫類や両生類は幼体に対する最も基本的な養育行動すら欠いているのに対して，哺乳類（例えばラット）は非常にさまざまなケア行動をとることがわかる。

　もう少し進化のはしごを昇ってみよう。Wangによる関連文献のレビューによれば，ヒトの前頭前野，帯状回，腹側迷走神経複合体がこの「種を保存する」システムの賦活化に関与しているという (Wang, 2005)。こういった構造はすべて，健全な愛着形成やセルフ・コンパッションの発達に関わっている。脅威に対処するための，個体的にも集団的にも適応的な行動システムが発展してきたことは，マルチ・レベルの選択理論の例としてみることができる (Wilson, Van Vugt, & O'Gorman, 2008)。そしてこのおかげで，ヒトが進化するなかで，ヒトを相互に結びつけるように，言語的な関係ネットワークが形成され，生命の流れのなかで，ヒトが急速に発展する種となったのである。このような進化論的な視点はそもそもの成り立ちからして文脈的行動科学の視点をはらんでいるので，セルフ・コンパッションという現在発展中の科学においては，多元的・理論的な統合を行う可能性が大きい領域が存在するといえるだろう。

マインドフルネス，セルフ・コンパッション，心理的柔軟性の相互作用

　共通の人間性，やさしさ，マインドフルネスという要素は，ACT 理論に詳述されているヘキサフレックスのプロセスの一つひとつに含まれているが，セルフ・コンパッションはまた，特に人としての苦しみを和らげるためにこれらのプロセスを意図的に変化させることを含んでいる。したがってセルフ・コンパッションは，マインドフルネスと比べて，よりさまざまな精神病理を説明することが可能かもしれない (Kuyken et al., 2010)。近年，Van Dam ら (2011) は大規模なコミュニティ・サンプルにおいて，セルフ・コンパッションの度合いと精神的な健康の度合いの関連が，マインドフルネスの度合いと精神的な健康の度合いの関連よりも，10 倍以上あることを示した。ACT におけるセルフ・コンパッションの役割を考えるときには，セルフ・コンパッションをヘキサフレックス・モデルのなかへ統合したくなる誘惑にかられる。ここで，ヘキサフレックスの概念は，臨床的に適応できるよう，難しくないレベルの術語を用い，RFT の根本的な原則をどちらかと言えば日常的な言葉で表すように意図されたものと認識しておくことが重要である。ヘキサフレックスの要素は用いやすい記述的なものだが，人間のウェルビーイングと心理的柔軟性に関わるあらゆるものすべてを必ずしも表しているわけではない。文脈的行動科学（contextual behavioral science: CBS）が他から抜きん出ているのは，基本的な行動原則をもって人間の行動の予測や影響を説明しようとしている点である。これから述べるように，CBS の研究がさらに進めば，セルフ・コンパッションのような心理療法のプロセスにおける強力な変数を，より効果的な方法で扱うことができるようになるかもしれない。同じように，コンパッションに焦点を当てた技法は，ちょうどゲシュタルト心理療法やさまざまな CBT，人間性回復運動（human potential movement）の技法がそうしてきたように，理論的に一貫したやり方で，

ACT の技法の基礎を広げていくかもしれない。

結　論

　ACT は，Neff が概念化したセルフ・コンパッションとさまざまな形で軌を一にしており，どちらのアプローチも心理的レジリエンスを理解するにあたって，互いに資するところがある。クライエント用の ACT のプロトコルは概ね利用者が理解しやすい言語で書かれているが，ACT の土台となっている行動理論や臨床家の書いた文献は，行動分析学を知らない治療者には容易とは言いづらい。多くの人にとって，広範な新しい用語や概念があるため，RFT の学習曲線はかなり急峻である。セルフ・コンパッションの文献は率直で直接的で理解しやすい言葉で書かれているので，ACT の臨床家は，それを読むことで恩恵を受けることができるかもしれない。また，MSC プログラム（Neff & Germer, 2012）や CFT（Gilbert, 2010b）のような，セルフ・コンパッションやコンパッションの理論に基づいた介入方法のおかげで，ACT の臨床家は，心理療法に共通する変化のプロセスを含んだ，幅広い，効果的な，ACT と軌を一にするさまざまな手法を試すことができるだろう。

　同様に，セルフ・コンパッションについての研究は，受容（アクセプタンス），視点取得，心理的柔軟性といった ACT の構成要素とセルフ・コンパッションの関わりを調べることで，恩恵を受けられるかもしれない。セルフ・コンパッションに関する研究は現在発展中であるが，人間の行動を予測し，その行動に影響を与えるという ACT と共通する目標があり，機能分析の正確性（precison），深度（depth），範囲（scope）のおかげで，科学的に健全なものとなっている[*3]。

　マインドフルネスやコンパッションというまだ始まったばかりの技法の影響下にある心理療法について，いま臨床に関連する研究が必要なことは言うまでもない。とりわけ，心理療法のプロセスにおける変数についての媒介分

析（mediational analysis）の重要性を認識してデザインされたランダム化比較試験をさらに行う必要性は高い。このことは，ACT，CFT，MSC についても当てはまる。媒介分析を行うことで，心理的柔軟性やセルフ・コンパッションがこれらの心理療法のなかでプロセスの重要な変数として機能している度合いを検討することができるかもしれない。ACT に基づく介入を成分分析することで，ヘキサフレックス・プロセスとセルフ・コンパッションがそれぞれどのように貢献しているかの研究も推奨される。そのような分析を行うと，ACT 療法にセルフ・コンパッションの要素を加えた条件と，ACT 療法にセルフ・コンパッションを明白には加えない条件とを比較できるかもしれない。

　このように概念をまとめたうえで，AAQ-II（Bond et al., 印刷中）や SCS（Neff, 2003a）を用いて心理的柔軟性やセルフ・コンパッションを測定する際に，実際には何を測定しているのか，という問題を検討したい。この領域の研究は極めて少ないが，この2つの測定法には強い関係があるようである。例えば，自閉症の子どもをもつ親51名についての Neff（未発表データ）の研究では，SCS と AAQ の間に 0.65 のゼロ次相関がみられた。AAQ と SCS の違い，あるいはそれらの基礎として想定されているプロセスの違いを明らかにすることは，今後の重要な一歩となるだろう。セルフ・コンパッションや，他者に対するコンパッション，コンパッションへの恐怖心，恥などはすべて，視点取得すること，直示的なフレーム形成，心の理論課題の研究へとまとめられていくかもしれない。このようにして，感情に満ちた視点取得エクササイズを用いて，視点取得を拡張するトレーニングにおけるコンパッションの力動を検討し，さらにまた，マインドフルネスやコンパッション，共感

＊3　訳者注：『アクセプタンス&コミットメント・セラピー（ACT）第2版』スティーブン・C・ヘイズほか著，武藤崇ほか監訳，星和書店，2014，p.49-50参照。正確さとは，説明が，関連する変数をどれだけ具体的に特定できるかを示す。深度とは，奥行きの違った分析レベル（例えば社会学または生物学のレベル）で発展した有用な概念とどの程度一貫しているかを指す。範囲とは，説明理論の知的経済性，つまり，いかにより少ない概念でより多くを説明できるかの程度を示す。

を体験する際に，文脈としての自己が果たす役割について調べることができるかもしれない。

　臨床的に言うと，ACT を実践している人々から見て，CFT や MSC などのコンパッションの影響を受けた技法のなかには，ACT の流れを汲む技法や介入の方略がたくさんあるように思えるだろう。それだけでなく，注意と視覚化を用いてコンパッションとセルフ・コンパッションを強めるような，さまざまな仏教由来の技法もある。心理療法家は，これらの方法を，いま用いている心理療法的技法のレパートリーに統合していくとよいと考えるかもしれない。付け加えるなら，コンパッションやセルフ・コンパッションのサイエンスや実践についての著作は，治療者にとっても患者にとっても，価値づけられた方向について文章を書こうという際に，有益な資源となるかもしれない。

　CFT と MSC の実践家は，患者がその行動のレパートリーを増やすのに役立つさまざまな技法が ACT の文献中にあると気づくかもしれない。脱フュージョンの技法，価値著作技法（values authorship techniques），コンパッションを保ちながらのエクスポージャーにおいてウィリングネスをターゲットにすることは，CFT や MSC と同じ流れにある，ACT 心理療法の技法である。さらに，ACT の基礎を成している，心理療法の心理的柔軟性モデルは，行動力動の科学がどのようにしてセルフ・コンパッションを説明し記述できるかを調べるための有効な素地をもたらしてくれるだろう。

　技法や理論とやや離れた視点からすると，ACT やセルフ・コンパッションに基づいた手法における，体験と瞑想を重視する技法に出合った臨床家とクライエントは，それがどのように呼ばれるにせよ，体験を共有することになる。その体験とは，概念や観念のすりあわせを越えているものだ。ACT と MSC 技法によって人は，「今，この瞬間」に足を踏み入れるためのスペースと時間を手に入れ，マインドフルでコンパッションにあふれ，完全に受容的なやり方で自分自身に出会う。徹底的受容（radical acceptance）と愛に満ちたこの瞬間こそがきっと，セルフ・コンパッションの心理学と ACT

をつなぐ大切な土台となるだろう。

第5章

視点取得

イアン・スチュアート（アイルランド国立大学ゴールウェイ校）
ルイーズ・マクヒュー（ユニバーシティ・カレッジ・ダブリン）

　共感こそが，平和を切り開くために育まれるべき最も大切な唯一の素質であろうことを，世界中の教職者，社会学者，政策立案者，親が見いだしはじめている。

―― Arundhati Ray

はじめに

　視点取得（perspective taking）は，乳幼児期初期からはじまり子ども時代を通して，また，それ以降も発達していく（例えば，Baron-Cohen, 1994）決定的に重要な社会的スキルと考えられる。視点取得および，それに関連する現象はポジティブ心理学において理論上の鍵となる重要なものと位置づけられる。例えば，視点取得自体がPetersonとSeligman（2004）の著書のなかでポジティブ心理学の鍵となる重要な24の特徴のうちのひとつに挙げられているし，他の特徴である開かれた心，親切，社会的知性（social intelligence），赦し（forgiveness），公正さ，自己コントロールなどにも関連するだろう。
　しかし，視点取得とは正確にはどういったことであろうか？　そして，どのように育てればよいのだろうか？　これらの質問には，関係フレーム理論

(relational frame theory: RFT) という，言語と認知プロセスを理解し，それに影響を与えるための文脈的行動アプローチが新たな洞察をもたらすだろう。RFT では，視点取得は，幼少期に身につき，共感（empathy）や洗練された自己意識，超越性（transcendence）を含む，いくつかの重要な現象の発達を支える，言語に基づく重要なスキルと位置づけられている。この章では，子どもと大人における視点取得の開発に関する RFT 研究について，そして，なぜ時にこの開発に失敗するかについて述べていく。その後，治療的文脈における共感の訓練について3段階にわたり教示する。共感，自他の構築の獲得および，心理的障壁に直面した際に共感を保つよう働く心理的な「超越性」を得るうえで，視点取得がもつ重要な役割について吟味するためである。そうすることで，ポジティブ心理学者が重要なパーソナリティ特徴とみなすものの開発に対して RFT がどう光を当てていけるか，そして，幅広いポジティブな介入への道を指し示していけるかを探求していく。

視点取得に対する関係フレームアプローチ

　近年まで，視点取得に関する心理学的研究の多くは，心の理論（theory of mind: ToM）という題目で行われてきた。心の理論によると，他者の視点を持つことは他者の心（例えば，信念，欲求，意図，感情，など）を心の中で描く能力（例えば，Howlin, Baron-Cohen, & Hadwin, 1999）に基づく。しかし，この方法では立ち向かえない根本的な問題がある。例えば，視点取得が成立する機能的プロセス（すなわち，状況と行動の関連を含むもの）について疑問が残る。例えば，どのようにして，子どもは日々言語にさらされることで，他者の視点に関連した自己の視点について答えたり質問したりできるようになるのだろうか？

　心の理論とは対照的に，RFT のアプローチが根本的に前提としていることのひとつは，行動を説明することを通して，行動を予測することと行動に

影響を与えること，その両方を成し遂げることが重要だということである。後者の，行動に影響を与えるということのためには，絶対条件として，操作可能なプロセスを同定することが必要である。そしてそのことが，介入の段階においてRFTが他のアプローチと比べて優位に立つ原因となる。以下に，RFTが，複雑な人間の行動の鍵となる形式を機能的分析的に記述していることを簡単に紹介し，そして，RFTによる視点取得の概念化について記述する。

関係フレーム理論

　RFTの研究者らは，数十年の研究に基づき，言語と認知を含む複雑な人間の行動は，「恣意的な文脈のコントロール（arbitrary contextual control）」のもとで，刺激どうしを結びつける学習された能力（関係フレームづけと呼ばれる）という観点から理解可能であると論じている（Hayes, Barnes-Holmes, & Roche, 2001を参照）。恣意的な文脈のコントロールの意味を理解するために次の例を考えてみよう。この章の著者であるイアンとルイーズのどちらも見たことがない子どもに，「イアンはルイーズより背が高い」と誰かが伝え，その後に，どちらの背がより低いかを聞けば，その子は「ルイーズ」と答える。その子の返答は身体的な関連づけによるものではなく（その子どもはイアンやルイーズを見たことがない），恣意的な（社会的慣例に基づく）文脈的手がかりである「～より背が高い」に基づいている。その子は，これまでに，こういった手がかりがある際に，比較関係と一致する刺激を「関係フレームづけする」ことを学んできている。だから，その質問を聞いたときに，イアンとルイーズをこの方法でフレームづけし，ルイーズがより背が低いと導き出すのである。

　RFTによると，ヒトの関係フレームの学習は，社会言語的コミュニティのなかで，強化随伴性（contingencies of reinforcement）にさらされることに基づいている。例えば，上に述べた比較のフレームのケースにおいては，

最初のところでは，どちらの背が高いもしくは背が低いかと聞かれたら，2つの異なる身長のなかからどれを選ぶかということを学ぶかもしれない。しかし，結局この反応は般化（generalize）され，文脈的手がかりのみで反応パターンがコントロールされ，イアンとルイーズを含んだような質問を問われても適切に答えることができるようになる。同じ，異なる，正反対などを含むその他の関係フレームも同様の方法で学習される。

　RFT研究者が提供する増大しつつある実証的エビデンスにより，フレームのパターンの多様性や，フレームがどのように確立し影響を受けるかが，示されてきている（例えば，Dymond, Roche, DeHouwer, 印刷中）。この多様性にもかかわらず，すべての形式のフレームが次の3特徴を有している。相互的内包（mutual entailment）（関係反応の根本的な双方向性。例えば「背が高い」が「のっぽ」を意味するなら「のっぽ」は「背が高い」を意味する），複合的内包（combinational entailment）（すでに関係が知られているものの組み合わせで新たな関係が生じる。例えば，イアンがルイーズより背が高く，ルイーズがジョーより背が高いのであれば，イアンはジョーより背が高く，ジョーはイアンより背が低い），刺激機能の変換（transformation of stimulus functions）（与えられた文脈において，根底にある関係に一致して，心理的に関連する刺激機能が変換されること，例えばイアンがジョーより背が高く，そして，バスケットボールの選手を1人欲しているなら，ジョーよりイアンを選ぶだろうこと）である。

　RFTの観点からは，ひとたび個人が社会言語的コミュニティとの相互作用を通して関係フレームづけを始めると，その個人はそれ以降，顕在的に（例えば，他者との会話において），そして，潜在的に（例えば，思考において），フレームづけされているモノ，単語，出来事，概念のネットワークを精巧なものにしていきつづける。そして，その個人の環境に対する心理的特質はいよいよ複雑で多様なやり方で変換されていくことになる。もちろん，自分自身のふるまいと他者のふるまいは，その個人の世界の非常に重要な要素であるので，この関係的に変換された刺激のネットワークの一部，そして

それも決定的に影響力のある一部となる。RFT の観点からは，これは視点取得というレパートリーの始まりである。

RFT と視点取得

　視点取得のスキルは，「直示的な（deictic）」関係フレームづけに基づいている。これは話者の視点という観点から関係を明らかにするものである（McHugh, Barnes-Holmes, & Barnes-Holmes, 2004）。この点において，最も重要な3つのフレームは**私-あなた**，**ここ-そこ**，**今-その時**，である。これらのフレームの獲得が意味することは，自分の行動（「私」）を他者の行動（「あなた」）から区別し，自分の現在の反応は常に他のどこかの場（「そこ」）ではなくこの場（「ここ」）で，他のいつかの時（「その時」）ではなくこの時（「今」）にあると学ぶことである。

　直示的フレーム（deictic frame）は少なくともひとつの重要な点において他のフレームと異なる。先に述べたとおり，他のフレームにおいては，その発達を支えてくれる，公式的な，言い換えるなら非恣意的な片割れが存在する。しかし，直示的フレームにおいては，そのように簡単に同定できるような非恣意的関係は利用可能ではない。直示的フレームにおいては，個人と他の出来事との関係が絶えずフレームの基礎となる変数として作用するのである。この理由から，直示的フレームは，デモと関係パターンの複数の範例（multiple exemplars）を通して教示されなければならない。Barnes-Holmes, Hayes, Dymond（2001, p.122）によると，「ある個人の世界についての視点と，そして他者のそれとを導き出すうえで必要となるのは，関係性レパートリーの十分によい発達とそれを強みとさせるような複数の範例についての広範囲の履歴である」。言語的コミュニティとの相互作用において，子どもは徐々に適切に次のように答え，尋ねることを学んでいく。「ここであなたは何をしているの？」「私は今何をしているの？」「あなたはそこで何をする予定なの？」質問がなされ答える際の物理的な環境は範例ごとに異なる。

しかし，必要とされる関係パターンである，**私-あなた**，**ここ-そこ**，**今-その時**は一貫しており，それゆえ，これらのパターンは時間をかけて導き出されるのだ。

この3つの視点取得のフレームは，さまざまな関係ネットワークを生み出すことができるが，それには，**私-ここ-今**，**あなた-ここ-今**，**私-ここ-その時**，**あなた-ここ-その時**，**私-そこ-今**，**あなた-そこ-今**，**私-そこ-その時**，**あなた-そこ-その時**，が含まれる。日常会話に一般的なフレーズの多くは，これら8つの関係ネットワークから引き出される。例えば，「私は今ここにいるが，あなたはその時ここにいた」とか，「あなたはその時そこにいたが，私は今ここにいる」などである。もちろん，実際の会話で使用されるときは，これらのフレーズには特定の個人や場所や時間に合わせた，代わりの言葉が含まれることがしばしばであろう。例えば「時間は9時で私［イアン］は仕事についている［**ここで今**］。しかし，あなた［ルイーズ］はまだ自宅のベッドにいる［**そこで今**］。視点取得のフレームを特に有用かつ複雑とさせるのは，それが特定の単語で定義できないことである。すなわち，「私」「あなた」「ここ」「そこ」「今」「その時」のような単語は，視点取得のフレームをコントロールする関係性の手がかりの単なる例であり，さまざまな他の単語や文脈的特質が同じ機能を持つことだろう。すべての関係フレームにとって，重要なことは，全体としての関係活動であり，特定の手がかりの詳細ではない。

ひとたび，**私-あなた**，**ここ-そこ**，**今-その時**という直示的フレームが，個人の行動レパートリーにおいて確立されると，それはその人にとって大部分の言語的な出来事についての自明の事項（inherent property）となる。この観点からすると，ある個人が他者へ話しかけているときには，それは，**そこ**かつ**その時**起きている出来事についての，**ここ**かつ**今**の私の視点からの話しかけである。単純な挨拶の文脈においてさえ，例えば「あなたの調子はどう？」においても，私はここかつ今において，**その時**（返答時）かつ**そこ**（数歩離れた場所）での**あなた**（聞き手）の状況を尋ねている。私が自分自

身に話しかける（普通は心の中で，つまり潜在的に）状況にも同じ分析が当てはまる。もし，自分に「それは愚かだった」と過ちを犯したあとに話しかけていたら，例えば，**ここ**かつ**今**の私が，**そこ**かつ**その時**（その過ちを犯した時）の私を判断しているのである。まとめると，直示的フレームは，常に**ここ**かつ**今**にいる話者と，**そこ**かつ**その時**の話しかけられた人の間に，絶えず境界を生じさせるのである。

実証的裏づけ

　直示的な関係フレームづけとしての視点取得を，RFTによって説明することについては，それが正しいことを示すエビデンスが蓄積してきている。McHugh, Barnes-Holmes, Barnes-Holmes（2004）は，3つの視点取得フレーム（**私-あなた，ここ-そこ，今-その時**）に焦点を当て，関係性における3段階の複雑さ（単純な関係〔simple relation〕，裏返しの関係〔reversed relation〕，二重に裏返しの関係〔double-reversed relation〕）を組み合わせたプロトコルを用いて，さまざまな年齢グループの個人の直示的フレームづけスキルの発達プロフィールを調べた。調査結果では，明らかな発達傾向が示された。幼児（3歳から5歳）は年上の年齢層（6歳から30歳）のどのグループよりも，より多くの誤りをおかした。この年齢による相違は，認知発達に関する主流の文献と矛盾しない結果である。文献では，心の理論の簡単なタスクの成績は一般的に4歳から5歳にかけて発展し，通常6歳までに確立すると報告されている。

　視点に依存したさまざまなスキルがどのように直示的な関係形成に関係するかについて，誤信念理解（false belief understanding）と欺き（deception）を含めて，さらなる研究が行われた。誤信念理解には，誤った信念を他者が抱いていると考え，その信念に基づいてその他者が行動している際に，それを弁別するという能力が必要となる。誤信念理解は，認知発達における重要なマイルストーンであるほか，他者に対し故意に誤信念を抱かせ

る，欺きというものを理解するうえでの必要条件となる（例えば，Perner, Leekam, & Wimmer, 1987）。McHugh, Barnes-Holmes, Barnes-Holmes, Stewart (2006) は，信念理解と誤信念理解における直示的フレームづけの役割を調査した。McHugh, Barnes-Holmes, Barnes-Holmes, Stewart, Dymond (2007) は，欺きについての関係フレームを分析した。この2つの研究によって，幼少期から青年期の参加者の成績に明確な発達傾向があることを示された。これは，年齢によりエラー数が有意に異なり，年齢が上がるにつれてエラー率が減少していることにより裏づけられた。

　これらの研究により，視点取得に必要となる関係性のレパートリーははっきりとした発達トレンドに従っていることが示された。加えて，RFT が実践的な面を重視しているのと同様に，近年の多くの研究が，McHugh ら (2004) のプロトコルを改変し，幼少の子どもの視点取得上での障害を評価し治療するために使用している（例えば，Heagle & Rehfeldt, 2006; Weil, Hayes, & Capurro, 2011）。ここで引用した2研究において，直示的な関係フレームが訓練されうるだけでなく，この形式の反応を訓練することで，視点取得に関するタスクや（現実世界を含んだ）文脈においてのふるまいがどのように良く変化するかについてのエビデンスが示されている。Heagle と Rehfeldt (2006) は，6歳から11歳の，3人の定型発達している子どもに，視点取得のスキルを教えた。この研究では多重プローブ法（multiple probe design）が用いられたが，この方法は，サンプル数が少ない研究において，特定の介入の効果を実証するために，その介入の導入に付随して改善が得られたことを示すというものである。視点取得の，新しい刺激（すなわち，新奇な状況に関する質問の文脈において）への汎化や，現実世界の会話での話題（すなわち，被験者の子どもが，より現実的にありそうなタイプの質問をされる）についても調査された。3人すべての子どもが，視点取得のためのプロトコルでの訓練を成し遂げ，汎化に関する検査で高い正確性を有していた。加えて Weil ら (2011) は多重プローブ法を用いて，57から68カ月の3人の子どもに，視点取得のためのプロトコルを訓練した。心の理論課題が，訓練前，訓

練中，訓練後に検査され，3人すべてで改善していた。

　視点取得に対するRFTアプローチの，もうひとつの重要な動きは，医療現場における直示的フレームの障害を見つける動きである。自閉症スペクトラム障害（autistic spectrum disorder: ASD）では視点取得のタスクにおける障害があることが過去の研究から知られている（例えば，Baron-Cohen, Leslie, & Frith, 1985）。そこで，Rehfeldt, Dillen, Ziomek, Kowalchuk（2007）はASDの子どもにおける直示的関係フレームづけを調べ，年齢をマッチさせた定型発達群の成績と比較した。その結果，ASD群では，McHughらのプロトコルにおいてより多くのエラーが認められ，特に裏返しの関係（reversed relation）に関する検査で顕著であった。統合失調症においても，視点取得に関する障害があることが，主流の研究により示されている（例えば，Langdon, Coltheart, Ward, & Catts, 2001）。そして，多くの研究が，McHughらのプロトコルを，統合失調症患者において，直示的関係反応の段階を評価するために用いている。例えば，Villatte, Monestès, McHugh, Freixai Baqué, Loas（2010）は，単純な直示的関係においては統合失調症患者はコントロール群と同等の成績であったが，裏返し（reversed）および二重裏返し（double-reversed）の関係では成績が劣り，疾患特有の障害を示していたとした。

　加えて，サブクリニカルなレベルの社会的アンヘドニア（social anhedonia）においても，直示的関係が障害されていることが調べられてきている。社会的アンヘドニアは，スキゾイドパーソナリティ（統合失調症と関連する，健常パーソナリティ特性のひとつ）の特質であり，社会的無関心，引きこもり，社会的接触からの喜び欠如で特徴づけられ，精神病の重要な予測因子である。例えば，Villatte, Monestès, McHugh, Freixa i Baqué, Loas（2008）は，McHughプロトコルを用いて，社会的アンヘドニアが強い人々と，症状のないコントロール群を比較した。社会的アンヘドニア群では，McHughプロトコルでの正解が少なく，特に対人的視点（すなわち，**私-あなた**，**ここ-そこの関係**）を含む関係が複雑な課題において正解が少なかった。

　社会的アンヘドニアは対人関係の相互作用レベルが低いことと関連してお

り，この対人関係における直示的反応の障害は，社会的相互作用が不足していることの結果である可能性がある。これにより，統合失調症で観察される，より深刻な心の理論の障害は，統合失調症の診断が可能となる以前からの発達史に起因する可能性が示唆される。社会的アンヘドニアスコアは直示的フレームづけ，共感的気づかい（empathic concern），および体験の回避で説明されるという，近年のRFTに基づく研究結果により，この解釈が支持されている（Vilardaga, Estévez, Levin, & Hayes, 2012）。この研究は，この章でさらに詳しく述べられる次のようなアイデアに基づいている。すなわち，さまざまな要因が社会的な相互作用を決定づけていること，また，これらの要因のなかには，共感やアクセプタンスなどから生じるスキルだけでなく，直示的なフレームづけのレベルが含まれるということである。RFTによれば，そういった反応のパターンを変化させることができること（すなわち，基礎的な直示的フレームづけが訓練されうること，そして，これから示すように，感情的なアクセプタンスのために必要とされる，より進んだ直示的なフレームづけも，また訓練されうること）が示唆されるので，この研究は，統合失調症の病態の重要な予測因子は何かということを示しているし，また，この状態を起こりにくくするにはどうしたらよいかという方法も示唆してくれている。

　要約すると，最近の数多くの発達研究および臨床研究の結果により，直示的関係フレームづけという，RFTの考え方による視点取得の説明が裏づけられている。先に示したように，この説明により，視点取得や，ポジティブ心理学者が関心を向ける強みや美徳などの，関連した心理学的現象に対する有用で新しい洞察がなされることが期待される。この説明の直接的な根拠となる，これまでに議論してきた研究のなかには，どれほどこの期待が叶いそうであるかを明らかにしはじめているものもすでにある。これらの研究はすでにレビューしたので，次に，この視点取得に対するアプローチを，関連する重要な心理的現象に関して，もう少し広げた理論的枠組みの文脈のなかで考えてみたい。

表1：視点訓練のための3段階のガイド　共感としての視点取得

段階	理論	例
1) 基礎的な直示的訓練	直示的関係フレームによって，話者の視点からの関係が示される。最も重要なフレームは**私-あなた**，**ここ-そこ**，**今-その時**である。これらのフレームを獲得することで，私の行動（「私」）を他者の行動（「あなた」）と区別することができ，私の現在の反応が常に「そこ」ではなく「ここ」で，「その時」でなく「今」のものであると知る。	「もし私があなたなら，私はどうしよう？」「もし私があなたで，ここがそこであるなら，どうしようか？」
2) 共感訓練	共感は，直示的関係フレームを通じた感情機能の変換を伴う。専門用語を使わずに言えば，他者の視点を身につけることで，私たちは「彼らの苦痛を感じる」ことができる。これによって，彼らを助けることが促されるだろう。しかし，その苦痛があまりに大きいものであれば，直示的フレームづけを避けるかもしれない。	「悲しい。もしあなたが私ならあなたはどう感じるだろうか？」
3) 文脈としての自己／他者	また，直示的フレームづけによって，どの直示的識別においても（すなわち，「**ここかつ今**」）変わることのない，文脈としての自己／他者，を体験することが可能となる。文脈としての自己／他者は心理学的反応内容を超越するものとして考えられ，それによって，その反応内容のアクセプタンスが可能となる。他者の苦痛に共感的反応をすることで生じる，痛みを伴う反応内容のアクセプタンスがこれには含まれる。そしてそれが共感的反応を助けるだろう。	「思考や気持ちが移り変わるのを私はみている。それらを観察しているのは誰だろうか？」

直示的フレームづけとしての視点取得：3段階のガイド

　VilardagaとHayes（2009）は，直示的関係反応（deictic relational responding）という観点から成人の臨床的な心理治療的関係を育むための3段階のガイド（**表1を参照**）を提供している。そしてこれは，ある領域における視点取得に対するRFTアプローチの適用についての特定の例でもあるし，また，視点取得や関連する諸現象にアプローチするための，より一般的

な理論的モデルを提案するものでもある。ステップ1には基本的な視点（直示的関係的）訓練，ステップ2には共感（直示的関係を通して，感情機能〔emotional function〕を変換する）訓練，ステップ3には心理的柔軟性（文脈としての自己／他者）訓練が含まれる。

ステップ1　基礎的な直示的訓練

　視点取得に関するRFTトレーニングの実証例はこれまで述べてきた。年齢や，文脈に応じて調整された形での，この視点取得に対する訓練は，教育カリキュラムの主流となっていく可能性もある。これは，他の形式の関係反応訓練とあわせ，重要な一般的認知訓練となるだろう。しかし，視点（直示的）関係性訓練では，他の（直示的でない）関係性訓練では得られない（または，少なくとも同じ程度には得られない）効果が得られるだろう。

　例えば，信念および誤信念の理解や，それと関連する現象である直示的関係反応としての欺きについて調べたRFT研究については先に述べた。これらは，社会的な環境のなかを進んでいくために重要なスキルである。例えば，欺きは，ネガティブなニュアンスがあるが，ポジティブな社会的相互関係を促進するのにしばしば重要になる。例えば，他者の気持ちを損ねないために嘘をつくことである。これらの技術の根底にある直示的関係を訓練することで，ポジティブ心理学者が社会的知能（social intelligence）と呼ぶようなものが増大し，そしてそれに関係して，個人と社会に重要な利益がもたらされる。それは，例えば個人においては，より多くの友達を作り，ウェルビーイングの感覚が増大することであり，また，例えば社会においては，向社会的行動が増え，反社会的行動が減ることである。さらなる基礎的RFT研究が，直示的関係に関する手続き（procedure）を開発し最適化するために必要とされる。それは，すでに記述した，視点に関係する現象を訓練するためでもあるし，また，例えば，ある個人が，他者の有するその人自身や第三者についての信念に対して作り上げる，複雑な二次的視点取得のような，よ

り進んだスキルを訓練するためでもある（例えば，Perner & Wimmer, 1985）。今後の応用的な研究は，こういった手続き（procedure）を用いて，特定の集団における，高度な直示的関係スキルを評価し訓練するようなものになるかもしれないし，社会的機能についてのそうした訓練の長期効果を追跡するようなものになるかもしれない。

　視点関係における訓練は，自己コントロール（self-control）と呼ばれる，自分自身のふるまいを管理する能力と関係する。基礎的な行動分析学のレベルでは，「自己（self）」には「自分自身の反応への反応」が含まれる（例えば，Skinner, 1974 を参照）。この概念は，動物において実証的にモデル化され（例えば，Lattal, 1975），これにより，人間の自己に対する行動的アプローチに重要な基盤がもたらされたが，人間の自己というこの複雑な現象をとらえるには不十分であった。RFTによれば，そのためには，決定的に重要なことを追加する必要があり，それは，「自分の反応への反応」とは言語的（verbal）なものであるということ，言い換えるなら，「自分の反応への反応」は関係フレームづけ，よりはっきり言えば，直示的関係を含むものであるということである（例えば，Barnes-Holmes, Hayes, & Dymond, 2001 を参照）。言語的な自己知識（verbal self-knowledge）が重要であるのは，自己の行動や，とりわけ，自己の行動を制御している随伴性を言語的に描写（describe）することで，関連する行動機能が変化する可能性があるからである。わかりやすい例として，自己コントロールが挙げられるが，これは，長期的なより大きい報酬を得るために自己をすぐに満足させたい衝動を無視するということである。例えば，遅延満足（delayed gratification）という発達課題では，典型的な場合，幼児に，1つの食べられる正の強化子（reinforcer）（例えばキャンディー）をすぐにもらうこともできるし，数分間待って2つもらうこともできるよ，と伝えられる。RFTが示唆するところによれば，十分に言語的に発達した子どもは，この状況を，「もしも……であれば……」というフレームに沿って関係フレームづけし，そこでは，「待つ」は「多い」と等位のフレームづけがされ，一方で「待たない」は「少ない」と等位のフレームづけがさ

れるのだという。これにより，待つ可能性が増えるだろう。次に，少ないほうを選ぶ子どもについて考えてみてほしい。その子どもの，自己の行動を描写し，それを，別の行動と比較する能力（例えば，「僕は待たなかったから，もらえたはずのぶんより少ししかもらえなかった」など）の不足のために，キャンディーは，機能の変換を通して，正の強化子としての働きが弱くなっているのだろう。

　この種の基礎的な自己コントロールには，厳密に言えば，直示的な関係は必要とされないだろう。確かに，ある種の関係フレーム（例えば，等位，時間，比較）と，それを通した機能の変換が必要とされるが，直示的関係は必須ではない。しかしながら，自己コントロールが年齢とともに改善される理由が，直示的関係反応が改善するからであろうというエビデンスがある。特に**今-その時**の関係に焦点を当てた直示的関係訓練は，この種の自己コントロールを改善することにとりわけ関係しているだろう。前述の研究（例えば，McHugh et al., 2004）によると，時間の直示的関係（**今-その時**）を通した機能の変換は，**私-あなた**，**ここ-そこ**の関係による機能の変換より後になって出現するのだという。自己コントロールの問題と関連して，そこから推測できることとしては，非常に幼い子どもは，現在の「私」に対して反応するのと同じようには，未来の「私」や過去の「私」に対して反応しないのかもしれない，ということである。4歳になってはじめて，子どもは未来まで延長された形での自己という概念を獲得しはじめることを示した研究によって，このことが裏づけられている。先に述べたように，自己コントロールにとって，直示的反応が存在することは必要不可欠ではないかもしれないが，しかし，もし，直示的反応が存在し，子どもが未来の自己に，現在の自己へ反応するのと同様に反応できるのなら，ほぼ間違いなく，報酬の少ない現在の「私」と報酬の多い未来の「私」との間でどちらを選ぶかという選択において，衝動的反応でなく，より自己コントロールされた反応をするという結果になることだろう。今後のRFT研究によって，時間の直示的関係のより詳しい発達過程が調べられ，そういった関係訓練を行う効果，とりわけ自己コ

ントロールの結果について，評価されていくことだろう。

ステップ2　共感トレーニング

　VilardagaとHayes（2009）のガイドのステップ2には共感訓練が含まれる。共感は，他の人の感情の状態を理解し，共有する能力として定義されている（例えば，Hoffmann, 2000）。一般的に，共感は援助のようなポジティブな行動を促進し，攻撃や非行などの反社会的行動を減らすと考えられている。また，共感は親切，公平性，赦しのような美徳の重要な要素であろう。

　RFTの観点からすると，共感には，直示的関係フレームを介した感情的機能の変換が含まれる。この考え方により，いくつかの学習過程を含む発達順序が示唆される（例えば，Valdivia-Salas, Luciano, Gutierrez-Martinez, & Visdomine, 2009）。定型発達過程の子どもは，感情の状態を判別しラベルすることを学び，その感情状態が，ラベル状態と同等の関係を派生させる（例えば，「私は怖い」が，恐れの気持ちと等位になる）。視点取得を有する関係においても，そういった理解の発達が関与する。例えば，反応は常に**私-ここ-今**の視点からであるが，比較は過去の経験（**私-そこ-その時**）について，なされることもある。こういうふうに言語的に自分の感情を識別するようになることは，共感の発達におけるひとつの重要な要素である。第二の重要な要素は，他者の感情を言語的に区別するようになることである。このことの一側面としては，他者の感情を識別しラベルづけする能力が挙げられる。ひとたび子どもが正しく他人の感情を識別しはじめると，感情の名称と，特定の気持ちや思考との等位関係を介して機能の変換が行われ，それが，続いて起こる，必要とされるコア反応である，直示的関係を通じた機能変換の発達をサポートすることに役立つだろう。直接的に後者（直示的関係を通じた機能変換）を訓練および強化するために，複数の範例による訓練（multiple exemplar training）が用意されている。それには，VilardagaとHayes（2009）によると，「もし，あなたが彼女の立場なら，どう感じただろう？」というような

質問が使用される。共感的反応が確立したあとは，自分が感じた感情を超えた特定の反応パターンをサポートするために，さらなる作業が必要とされるかもしれない。例えば，どうすれば他者を最もよく助けられるかを教わる必要が子どもにあるだろう。加えて，比較的遅延した結果を伴うような援助行動と結びついたルールに従うことを教わる必要もあろう（例えば，「もし，あなたが妹を助ければ，彼女はより幸せになり，そうすれば，家族全体が，その日はずっと楽しく過ごせるだろう」）。

　上に記載した一連の流れは，実用場面での研究と訓練を目的としたガイドとなりうる。ひとつ，関連がありそうな場面はいじめ（bullying）である。Sutton, Smith, Swettenham（1999）によれば，子どもや青少年におけるいじめは多くの場合複雑な社会的文脈のなかで生じており，そこではいじめっ子集団のなかでの権力を求めての競争が行われ，いじめっ子のボスはメンバーが忠誠を維持することを求めている。そのような相互関係において，高度な視点取得のスキルが，少なくともそのボスには必要とされる。加えて，社会的排除やうわさの拡散といった間接的方法でのいじめにおいても，十分発達した視点取得が必要とされるだろう。しかしながら，そうであっても，いじめっ子の共感レベルは低いことが示されている。ある種の稀なケース（すなわち，「反社会性パーソナリティ障害」を有すると分類されるような場合）では，感情的な苦悩が極端に低いレベルであるため，直示的関係を介した嫌悪的な感情の機能変換がほとんどもしくは全く行われないような遺伝的異常があるかもしれない。そのような人では，他者の苦悩を共有することはできないだろう。それゆえ，少なくとも共感を教え込むことに関しては，難しいか不可能であろう。しかしながら，たいていの場合，いじめっ子の側において共感レベルが比較的低いのは，他の理由によるものだろう。それには，いじめの文脈におけるいじめっ子の自己や他者に関する特定の関係フレームパターンや，より広い意味で，機能の変換を起こしにくくさせるようなものがある。例えば，いじめっ子は感情を有していても，他者からの尊敬を失わないためにそれを意図的に抑制しているのかもしれない。

自閉症スペクトラムおよび他の発達障害をもつ人も，共感が極端に欠如しているかもしれない。この場合の主な原因は，関係フレームの障害，それも特に直示的な関係フレームづけの障害であり，したがって，この章で前述しているような方法で訓練が必要とされるだろう。いったんこのフレームのレパートリーが確立されれば，次に，感情に関連する訓練が必要とされる。直示的関係を通した感情機能の変換を適切に確立するためである。しかし，これは，他の人々に必要とされる訓練により近いものである。

　これまで述べてきたように，直示的関係を通して，視点取得ができない場合や，感情機能を変換することができない場合には，これらのフレームのレパートリーを訓練することで共感が改善される。しかし，これらができている場合でも，共感が保証されるわけではない。非常に多くの原因によって，感情機能変換の弱まりや欠如が生じ，共感の失敗につながる。しかし，原因が何であれ，純粋な機能レベルにおいては，VilardagaとHayes（2009）のガイドで扱われていることと同様のことが問題となっている。そしてそのガイドで用いられている介入は，RFTおよび，RFTに沿った心理療法であるアクセプタンス＆コミットメント・セラピー（ACT）（Hayes, Wilson, & Strosahl, 2011）に基づいた介入である。ACTと，VilardagaとHayes（2009）が推奨する介入において，決定的に重要なことは，直示的な関係反応を通じて発達する，RFTに基づく自己と他者の概念である。次のセクションでは，これらの概念を説明する。

ステップ3　自他の超越

　VilardagaとHayes（2009）のガイドのステップ3には，自らの私的出来事に関しての，直示的「文脈としての自己」の訓練が含まれる。これはACTの中心となる概念で，RFTの自己に対するアプローチに基づいている。RFTによれば，広い関係レパートリーと合わせて，視点取得を有することで，機能的に異なる3タイプの自己を確立することができる。すなわち，概

念としての自己，プロセスとしての自己，文脈としての自己である（Hayes, 1995）。

■概念としての自己

概念としての自己（self-as-content）（概念化された自己）は，自分自身と自分自身の歴史に関して，時間をかけて個人が築き上げる，詳細に記述的でかつ評価的な関係ネットワークによって成り立つ（例えば，「私は夫であり父親である。少し遠慮がちだ。野球が大好きでアトランタ・ブレーブスの大ファンだ」）。自己評価は常に，**そこ**かつ**その時**の自身の行動について，**ここ**かつ**今**行われる。しかし，「今，この瞬間」に起こっていることとして，解釈と評価のプロセスに我々が注意を払うことはほとんどないのである。関係反応の産物（例えば，思考，信念，判断）を，客観的に正しい実世界の固有な側面として扱ってしまうことは，ACTにおいて**認知的フュージョン**（cognitive fusion）と呼ばれるプロセスであるが，困難が生じる原因である。この認知的フュージョンは，自己評価が自分自身の歴史に根づいたもので変えることができないように見えてしまうときに，問題になりうる。その時には，私たちの物語は，柔軟性なく硬直し，もはや過去の行動を単純に記述するだけでなく，物語の一貫性を維持する方向で今後の行動を導いてしまうのである。

■プロセスとしての自己

プロセスとしての自己（self-as-process）（知る自己〔knowing self〕）とは，心理的出来事に対して，生じるままに，そのつど，言語的な識別をしていくことである（例えば，「私は悲しく感じている」）。自己を知ることは，概念化された自己をもたらす（例えば，私が，自分が頻繁に悲しく感じていると識別したならば，自分のことを「抑うつ的な人物」と表現するかもしれない）。また，知る自己は，超越的自己（transcendent self）とのコンタクトに必要とされるが，それは，観察者を観察するためには自己をモニターす

知る自己は，社会言語的コミュニティにとっても，自分自身にとっても，行動を調節するうえで極めて有用となる。それによって，他者が彼または彼女の学習履歴を知らなくても，その行動を予測することが可能となる。例えば，誰かが，彼女は腹立ちを感じていると言った場合，これによって彼女の行動がある程度予測可能となる。プロセスとしての自己は，個人の心理的な発達にも重要である。自分自身の反応に対して効果的に反応するためには，まず，その反応とそれが及ぼす影響に気づく必要がある。例えば，他者の行動に関する自分の思考や気持ちを，流動的で柔軟な方法で理解し反応することは，個人的な人間関係を確立するために決定的に重要である。

　プロセスとしての自己は，もし言語的コミュニティでの訓練が不適切であれば，未発達となるだろう。例えば，感情や思考や感覚に気づき表現をすることが，罰され，無視され，拒否され，または否定されたりするような場合であり，ネグレクトや虐待された子どものケースでみられることが多い。また，自己知識（self-knowledge）の弱さは，体験の回避や，嫌悪体験（aversive experience）を避けるもしくはそれから逃げ出す傾向の結果かもしれない。慢性的な体験の回避によって，自分の思考，感情，感覚を観察し描写することが難しくなってしまうが，これは例えばうつ病のときに認められる。

■文脈としての自己

　文脈としての自己（self-as-context）（超越的自己）は，すべての自己識別のなかで，不変のもの（invariant）である。誰かが自分と自分の行動についての多くの異なる質問に答える場合，返答に関して，時間を超えて一貫している唯一の側面は，「**私が，ここで，今**」という答えが得られる文脈である。文脈としての自己は，言語的反応の内容から抽象化された概念であるので，「内容がない」ものであり，それゆえ，はじめてそれが生じたときから一定で不変である（つまり，内容がなければ変更される可能性がない）。文脈としての自己は，それ自体，言語的反応の産物であるが，個人がこれま

でに行ってきたすべてのことに適用される言語的カテゴリーとして，非言語的自己（直接的な心理的過程から生じる行動の流れ）と言語的自己（関係フレームづけを通して得られる，モノ〔object〕と知識過程として）の両者が含まれるので，非言語的自己知識と言語的自己知識の間の体験的なつながりを提供してくれる。

　文脈としての自己はしばしば超越的自己（transcendent self）と呼ばれる。それは，文脈としての自己が，関係フレームの産物ではあるものの，言語的な記述や接触が困難であるからである。文脈としての自己は，モノとして体験することはできない。なぜなら，それを体験するためには，自分自身の視点でない視点を適用することが必要であるが，それは不可能なことであるからだ。したがって，文脈としての自己は，実体的ではなく，無限で不変のずっと存在するものといえる。これらの理由から，それは霊的（spiritual），宗教的な概念や体験と関連づけられることが多い。

　文脈としての自己は，いかにして人間が心理的苦痛を体験し制御するかということに関して，重要な意味を持っている。それは，文脈としての自己が，概念としての自己やプロセスとしての自己とは異なり，嫌悪的な内容によって脅かされることがないからである。文脈としての自己により，人は深い感情的苦痛に直面することが可能となり，また，ウィリングネス，コンパッション，そして親密さが促進される。この特徴によって，文脈としての自己という概念は，ACTの観点から言って，非常に重要なものとなっている。

■言語的他者

　RFTによれば，視点取得によって，機能の異なる3タイプの自己が確立するのと全く同様に，視点取得によって，他者に関する異なる3タイプ，つまり，概念としての他者，プロセスとしての他者，文脈としての他者も成立する（Hayes, 1995）。概念としての他者は，聞き手を言語的に概念構成（verbal construction）することである。例えば，信心深いと知った新しい知人については，無神論者であることを知った新しい知人と比べると，異なる事

項を想定するだろう。言い換えれば，それぞれの場合に我々は異なる聞き手を言語的に概念構成するであろうし，それに基づいて，異なる形で特定のトピックにアプローチするだろう。プロセスとしての他者もまた，言語的に概念構成されるが，より流動的である。なぜなら，この場合我々は瞬間瞬間に基づいて他者の反応を概念構成するからである。このことは，他者がどのように我々に反応しているかを言語的に概念構成するなかで，会話中に生じる傾向があるが，特に気持ちを明らかにするような（例えば，「あなたがそう言うのを聞いて私は少し失望しています」），より個人的な会話においてそうである。文脈としての他者（超越的他者）は，比較的まれであるが，話し手が純粋に意識的な人間として，心理的に聞き手と結びついたときに生じる。超越は常に「ここ，今」として経験されるので，このレベルでは話し手と聞き手は1つである。なぜなら「ここ，今」は定義からして1つの出来事以上のものではないからだ。このように，文脈としての自己は自動的に，超越的他者に関係し，それゆえ，「文脈としての自他」「超越的自他」という言葉が，この視点を記述するために使用される。

■自己と共感の失敗

　このようなRFTによる自己と他者についての構造分析は，直示的関係を介した（すなわち，共感的反応の）機能変換が失敗する種々の例を理解し，改善を提案するために使用されうる。一例として，特定の概念化された自己と非常に強いフュージョンがあるために，出来事がこの自己との関係という観点で，すべてフレームづけされ（例えば自己愛性パーソナリティ障害），そのために他者の視点を取得することが困難になっているという場合が挙げられる。その他のケースとしては，機能の変換が，非常な苦悩をもたらすために，それが他者への同情でなく，自分の心配をするという結果になり（例えば，Eisenberg, 2000を参照），そのために，顕在的な共感的反応が存在しない，という場合が挙げられる。このことは，破壊的行動障害をもつ子どもと若者のいくつかのケースで，共感が欠如している理由とされてきた。そのこと

は，また，他人の苦悩を扱う専門家についても関連があるかもしれない。なぜなら，彼らは，過度の感情的苦悩を回避するために，クライエントに対する共感を失ったり，さらには燃え尽きを経験したりするからである。これらのケースにおいては，他者よりも，特定の個人に関連した心理的過程によって，直示的関係を介した感情機能の変換が減少してしまっているのだが，そういった場合に加え，どの個人に関しても，共感的反応を起こりやすくしたり，起こりにくくしたりする文脈の変数が数多く存在する。その変数としては，観察者と被観察者の間の類似性，親密度，社会的位置づけ，協力的文脈か競争的文脈か，観察者が被観察者をどのくらい好きか，などが含まれる。

　ACTの観点からすると，たった今示したすべての例において，共感的反応を起こしにくくするような私的な概念とのフュージョンが多かれ少なかれ含まれている。観察者と被観察者の類似性という最初の例では，特定の自己概念との強いフュージョンがある場合には，他者が目立たなくなってしまう。一方で，段落の最後に記載されている文脈の変数はすべて，他者と対比されたものとしての特定の自己概念とのフュージョンに関連している。体験の回避につながる規則とのフュージョンが，役割を果たしていることが示唆されるようなケースもある。まさにこういった例でみられる，自己の潜在的反応（covert responding）とのフュージョンを弱めるために，VilardagaとHayes（2009）のガイドの第3段階では，文脈としての自己／他者を訓練するための介入を提案しているが，その介入では，時と場合に応じて，セラピストが，自らを，クライエントの立場にあると想像してみたり，また自らの立場に戻してみたりという具合に，柔軟に立場を変える必要がある。彼らの提案は心理士に向けられているが，共感の欠如が存在するような他の状況にも役立つ可能性がある（ここで示したさまざまな例には相違点があるので，実証的な研究を積み重ねる必要はあるが，VilardagaとHayesによって介入のターゲットとされた過程はすべてに共通である）。この超越的な視点においては，特定のルール（例えば，「私は完璧でなければならない」とか「私はこの苦悩を我慢できない」とか「私はこの人が好きではない」など）に従っ

た役に立たない機能変換が起こる可能性が低いので，価値に従って行動することを選択し，反応が，自己に対するコンパッションや，他者への共感という性質を帯びることが可能になる。

　直示的関係は，視点取得の領域に対する実り多いアプローチとなる可能性が高いものの代表であるし，直示的関係を通じた機能変換は，共感の領域に対する，実り多いアプローチとなる可能性が高いものの代表である。直示的関係概念に根ざした，自己と他者に関する3つの感覚（概念としての自己／他者，プロセスとしての自己／他者，文脈としての自己／他者）という概念が新しく導入されたが，それにより，研究目的においても，実践的な目的においても，興味深い手段がもたらされた。現在の状況からすると，前述したことのすべては，将来，複雑な人間の行動の重要なパターンを実証的に分析するうえでの重要な基盤となるのであるが，そのパターンこそ，ポジティブ心理学者や，人間としての条件を理解し，人間の可能性を最大化することに関心を持っている他の人々が，興味を持っているものなのである。

結　論

　ポジティブ心理学は，「個人，家族，地域社会の繁栄（thriving）のために，科学的な理解と効果的な介入を達成する」ことを目指している（Seligman & Csikszentmihalyi, 2000, p.13）。文脈的行動科学は，RFT と ACT の両方を含むものであるが，エビデンスに基づいた実践的志向の心理学的アプローチであり，ポジティブ心理学者が関心を持っている，行動の鍵となるいくつかのカテゴリーについての行動的起源に対して，新たな洞察を提供しはじめている。視点取得はそのような，ポジティブ心理学者が関心を持っているカテゴリーのひとつであり，開かれた心（open mindedness），優しさ，社会的知能（social intelligence），赦し，公平性，自己コントロール，スピリチュアリティなどの他の項目とも密接に関係しているために，特に重要である。この章では，視点取得に関して，文脈的行動科学的アプローチ，そのなかでも

特にRFTアプローチを提示した。この実践的志向の「ボトムアップ」分析によって，ポジティブ心理学者が探求しているこれらの現象に関して，科学的な理解と効果的な介入が容易になることが望まれる。

第6章

コミットされた行為

ランス・M・マクラッケン
（ロンドン大学キングス・カレッジ　精神医学研究所　心理学部門　ヘルス・サイコロジー・セクション）

　我々の行為（action）は時に，その性質（quality）のせいでうまくいかないことがある。そして，どんな性質の行為がうまくいかないのかについて，少なくとも時々は，そのいくつかを認識することができる。それは，気乗りがしない，かたくなな，暫定的な，受け身的な，モチベーションに乏しい，諦めがちなといった性質の行為である。また，期待とはうらはらに失敗のリスクを伴うような行為もある。完璧な，慎重な，抜け目のない，「とにかくやる（just do it）」といった性質の行為である。この短い章では，効果的な性質の行為，すなわち，アクセプタンス＆コミットメント・セラピー（ACT）(Hayes, Strosahl, & Wilson, 2012) が重視している，「コミットされた（commited）」と呼ばれるような行為について考える。ポジティブ心理学の枠組みで言うと，コミットされた行為（commited action）は，「没頭する人生（engaged life）」とか，「強みをうまく活かす」，「粘り強さ（perserverance）」といったところに位置する (Duckworth, Steen, & Seligman, 2005)。もっとも，ここでいう粘り強さは特殊なものだが，そのことは後で述べる。この章の目的は，行為が持ちうるいくつかの性質を検討し，コミットされた行為とそうではない行為をはっきりと見分け，コミットされた行為を行動形成（shaping）する方法について簡潔に議論することである。ここでは慢性疼痛（chronic pain）を例として用いる。それは，慢性疼痛が行為の効果を失わ

せる典型的な例であり，柔軟にコミットされた行為を行動形成することによって，行為の効果を再び獲得できるからである。

　ACTと，広義のポジティブ心理学のアプローチの違いは，アセスメントや研究の焦点をどう概念化し枠づけるかという点にある。一般にACTでは，行動には特定の性質や機能（function）があるといった言い方をするが，ポジティブ心理学では，個人の特性（traits）や性質について語られることが多い。さらに，ポジティブな特性や個人の特徴（characteristics）に注目するだけでは不十分であり，初めからポジティブな特性やネガティブな特性があるのではなく，いったいどんな条件のもとで，ある特性がウェルビーイングを増大させたり減少させたりするのかを理解することが大切であるとも論じられてきた（McNulty & Fincham, 2011）。このように，ポジティブ心理学のアプローチにおいて，文脈への高い感受性が加わると，ACTに近いものになるのである。いずれにせよ，ACTとポジティブ心理学はいくつかの点で異なっているものの，両立は可能だと言ってよいだろう。ここで，コミットされた行為は個人の性質として表されるものではないが，個人が伸ばすことのできる能力（capacity）である。コミットされた行為とは，所定の文脈において，コミットされたという性質を持ち，目の前のゴールに対して効果的であるような性質の行為であると定義される。

ペーシングにまつわる問題

　「ペーシング（pacing）」はリハビリテーションや慢性疼痛のマネジメントにおける伝統的治療法であり，その歴史は少なくとも1970年代にさかのぼる。ペーシングはまた，これから述べるように，ある性質の行為でもある。ペーシングの問題点は，それが一見魅力的で，歴史も長いにもかかわらず，慢性疼痛や，慢性疲労などに効果があるというエビデンスが乏しいことである（White et al., 2011を参照）。実際，ペーシングについての最近のレビューにおいて，GillとBrownは，慢性疼痛の治療法として，「ペーシングの定義に

はコンセンサスがなく，明確に示されたエビデンスという基礎もない」と結論づけている (Gill & Brown, 2009)。この章では，「ペーシング」が，行動の変化と機能の改善に対するアプローチとして，常識的，かつ良識的ですらあるが，限界があるものであることを見ていく。そして，よりよいアプローチとして，コミットされた行為を提案する。

　ペーシングには，ぱっと見てわかりやすい大きな魅力がある。「ちょうどよい（just right）」は暑すぎず寒すぎず，である。人はしばしば，極端ではなく，真ん中（the middle），中間（the medium），バランスのとれたところ（the balanced）へと引きつけられる。このことは，これまで我々が真ん中を狙うことで成功をおさめてきたということから生じている面もあるということは間違いない。我々の文化は，この経験を強化するような，「中庸（happy medium）」，「中道（middle of the road）」「ワーク・ライフ・バランス」といったスローガンや言い回しにあふれている。実際確かに，食事は熱すぎもせず冷たすぎもしないものがおいしい。こういった経験や考え方が，おそらく，「ペーシング」を支える原動力でもあった。

　ペーシングに「定義のコンセンサスがない」ことはさておき，この用語の字義的な意味を考えてみよう。もともと「ペーシング」の日常的な用法は，ある行為を止めることなく続けられるように，その行為のはやさを決めたり調節したりすることである。ペーシングは，慢性疼痛の治療の場では，「回避（avoidance）」や「過活動サイクル（overactivity cycling）」，あるいは「過活動-低活動サイクル（overactivity-underactivity cycling）」「絶好調と不調（boom and bust）」などと言われるものと対極にあるとされる。つまり，ペーシングは，（ほとんど常に）行為が過小となってしまうことと，（少なくとも間欠的には）過大になってしまうことの中間を狙うものである。ペーシング法では，患者に，さまざまな行動を要素に分解すること，休憩をとること，スピードをゆるめること，別の作業に切り替えること，「3P」と呼ばれる①プライオリティ（優先順位）をつけ（prioritize），②プランを立て（plan），③ペースを調整する（pace）ことを行うよう教えていく。これは

よい方法のように見えるが，研究の結果，このような活動パターンの結果，健康的な没頭（healthy engagement）や，ポジティブなウェルビーイングがもたらされるよりは，むしろ，回避，悩み（distress），障害（disability）がもたらされることがわかった（McCracken & Samuel, 2007）。ペーシングを行うことは日常の機能には何の関係もないことを示した研究もある（Karsdorp & Vlaeyen, 2009）。そしてもちろん，ペーシングが日常の機能の改善を目標としている場合はもちろんそうであってはならないのである。どうやら活動における「中庸」は慢性疼痛の治療への解答ではないようだ。それではどのようにして解答を得ればよいだろうか？

　ペーシングにまつわる問題のひとつは，ペーシングが主として常識から生まれたものであって，どのように実際の行動が統合（coordinate）されているのかについての深い理解から生まれたわけではないことである。ペーシングのトレーニングは常識に根ざした方法なので，それが取り組んでいる行動変化という困難な課題の持つ複雑性を理解できないのではないだろうか。ある意味で，常識では不十分なのだ。十分に理解されていないことだが，行動を回避へといざなうさまざまな影響力は，非常に強く，持続的である。例えば，慢性疼痛に苦しむ人々が，おびえていて，回避的であるときには，多くの場合，教示や元気づけではその行動を変えることができない（Linton, McCracken, & Vlaeyen, 2008）。より強力で的確な方法が必要である。行動の表面的な特徴を変える試みでは，時間に沿ってはやさや，パターンを変化させる方法がどれだけ構造化されていても，苦痛，恐怖，不安といった感情の影響を和らげたり，思考内容を変えることは一切できないだろう。そしてむしろ，そうすることで，慢性疼痛や疼痛関連障害の人は，思考が回避的なままになってしまう。換言すると，苦痛や恐怖を減らすためのパターンの上に新しい構造の行動を位置づけようとしたところで，治療の焦点を，まず最初に，今の行動パターンとそれが関わる状況を崩す（disintegrate）ことに置かないかぎり，うまくいかないだろう。それはつまり，今現に存在している行動を支えているものの根本にまで立ち返って，効果的な治療（例えば恐怖や回避

についていえば曝露療法）を行う，ということである。それはまた，我々の思考内容に対して行使されている支配的な影響力，すなわち我々の生きる「ストーリー」，痛みやそのマネジメント，我々自身についてのストーリーの影響力を減らす手法をとるということである。ACTの用語を用いるならば，そのようなプロセスのためには，アクセプタンスや開かれた心（openness），そして，認知的脱フュージョン（こういった体験に対して，いったん自分自身の思考の外に出て，その体験に触れること）を強化するようにデザインされた手法が必要である。

　我々が「3つのS」と呼ぶ，目標を設定し（set a goal），目標を追求し（seek the goal），失敗する（screw up）ことを経験した人は誰でも，たとえ強い信念をもってしても，行動パターンの表面的な特徴を少し変えたところで成功はできないという直接的な体験をしてきている。なぜなら，行動に対する別の影響力，特に認知の内容のような持続的かつ圧倒的な影響力が，支配的でありつづけるからである。

　ペーシングにまつわるもうひとつの問題は，行動について，必ずしも心理学的に意味のない区別を行ってしまうことである。ペーシングの概念的な枠組みでは，回避と「やりすぎ」を区別する。この2つは対極に見えるので，そのような区別は一見，適切に思える。しかし実はこのことで，重要な類似点が見えなくなってしまう。やりすぎのパターンがどのようにして生じるのかを考えると，そのパターンが実際には回避と実に共通していることが理解できるだろう。もし，やりすぎのせいで痛みが増強したり機能障害が生じたりといったことが常に起こっているとしたら，痛みを感じることが圧倒的な影響力を持ってしまう以前に，感じること自体に対する拒絶や拒否が起こっているのだろう。限界の無視とか，体験することへのアンウィリングネス（unwillingness）があるのだろう。そして，そのようなやり方のままでは，痛みには対応できないのである。もし，この痛みに対して，もっと気づき（awareness）や開かれた心があれば，もっと効果的に機能し，もっと柔軟な粘り強さのある行動パターンをとることができるだろう。例えば，私が走

っていてアキレス腱を痛めたとしよう。痛みを無視することもできるが，そうすれば結局，余計に痛みが強くなってしまう。逆に，痛みにもっと注意を向け，歩幅を短くすることもできるが，そうすれば，痛みが軽くなってきたら走り続けられるだろうし，痛みがおさまらないなら速度を落としたり，立ち止まったりするだろう。

　実際のところ，慢性疼痛を抱える人が，望ましくない同じ結果しか得られない一連の行動，例えば孤独や活動低下につながる行動を繰り返しているとすれば，そのことは，まさしく，心理的非柔軟性（psychological inflexibility）そのものである。だから，痛みという文脈で言うと，やりすぎも回避も，いずれも回避としての機能を持っており，心理的非柔軟性の表れである。どちらも開かれた心を欠き，直接的な体験から切り離されているという特徴があり，目標（goal）にも価値（values）にも役に立たない。

開かれた心と気づき：
役に立つが十分でない

　ACT は，人の変化に対する支援に広く適応できるアプローチである。ACT には，人々が体験に対して心をオープンにし，自らの思考から抜け出し，「今，この瞬間」と価値に出合うことを助けてくれるような，効果的で，近年ますますよく知られるようになったいくつかの方法が含まれている（Hayes, Strosahl, & Wilson, 2012）。そのなかでも，どうやら最もよく知られているプロセスであるアクセプタンス（acceptance）は，慢性疼痛に対して，非常に魅力的で，すぐに適用可能なプロセスである。そしてそれは，ACT のあらゆるプロセスのなかでも，最も研究の対象となっており，臨床的サービスへの採用も最多である。このように明快な魅力があるため，早くも 1990 年代には慢性疼痛に対するアクセプタンスのデータが発表されている（McCracken, 1998）。その 8 年後には研究の着眼点が広がり，ACT のまた別のプロセスである，価値（values）に基づくデータが得られるようになった（Mc-

Cracken & Yang, 2006)。ようやく最近になり，ACT においてアクセプタンスと同様にマインドフルネスに基づくプロセスである「『今，この瞬間』との接触」や，認知的脱フュージョンに関して，慢性疼痛の研究が行われるようになった (McCracken, Gutiérrez-Martínez, & Smyth, 2012)。

一方，ACT モデルのうち，慢性疼痛の研究で最も注目されてこなかったのは，「コミットされた行為」と呼ばれる部分である。おそらくそれは，ほとんどの研究グループが，ACT のなかの**行為**（action）という要素について治療法を発展させることを重視してこなかったからだろう。その代わりに，我々は，人々が自分の体験に対して心を開くこと，自らの思考や信念から抜け出すこと，「今，この瞬間」における体験や価値と結びつくことを支援することに焦点を当て続けてきた。いまから振り返って考えてみれば，暗黙の前提として，それを支援していれば健康な行動が生まれるはずだと考えていたのであろう。このルートをたどると，トレーニングに関しても，治療の提供に関しても，奇妙な結果が起こりうる。開かれた心，脱フュージョン，価値との結びつきに対する能力を作り上げておいて，行為だけが十分ではないという結果である。そこにはひとつだけ重要な要素が欠けている。我々は，マインドフルネスに注意を払っていた一方で，行為には十分な注意を払ってこなかったのである。

我々が知るかぎり，「コミットされた行為」自体を測定する標準化された方法はない。しかし，コミットされた行為をさらに調べ，心理的柔軟性という幅広いプロセスにおけるコミットされた行為の役割を明らかにするために，それを測定し，経過を追う手段が必要である。

コミットすることは，マインドの活動（mental act）ではない

日常的な使い方では，「コミットする」という言葉は，約束すること，確信を抱いていること，特定の目標や，あるいはもっと抽象的なもの，例えば

原理や信念に向かって専念すること（devotion）を意味する。実際，この用語の日常的な意味にはある罠があり，その罠のために，我々がコミットされた行為を行えないこともある。この言葉の日常的な意味では，コミットメントを行うこと，あるいはコミットメントに従うためには，専念の強さが必要である——したがって，専念していない場合，それがたちまち行為をしないこととイコールになってしまうのである。

　ACTにおいて，コミットされた行為とは，「価値に基づく行為であり，時間における特定の瞬間に起こり，価値に役立つ行動パターンを作成することと意図的に結びつけた行為」（Hayes et al., 2012, p.328）である。それゆえ，ACTにおけるコミットされた行為の重要な特徴は，未来ではなく「今，ここ」に位置していること，特に価値に結びついていること，行為であること，の3つである。したがって，痛みをガイドにし，頻度，持続時間，休憩の時間管理，休息の活用などといった，行為の特性を未来に向けて計画していくことに焦点を当てているペーシングとは対極的に，コミットされた行為は，価値をガイドにし，「今，この瞬間」に焦点を当てている。

　これまでの研究が，コミットされた行為のプロセスを重視してこなかった状況を変えるために，近年，我々の研究グループは，コミットされた行為の測定手段の開発を開始した。この開発は，慢性疼痛をマネジメントする臨床の場で行った。繰り返しになるが，その将来的な目標は，コミットされた行為が，慢性疼痛の積極的な治療として，ペーシングを超える良い方法だと示すことである。我々は，出発点としてACTにおけるコミットされた行為の定義を用いて，コミットされた行為を反映し，測定の基礎となるような項目のプールを作成した。次に，その項目を測定法へと変換するために，その項目に関するデータを集め，その項目について尺度分析（scale analysis）や妥当性の検討を行うことが必要であった。我々が作成した項目を**表1**に例示する。この章の文脈に照らすと，これらの項目の意義は，コミットされた行為とコミットされない行為を区別する，少なくとも予備的な試みであるというところにあるだろう。これらの項目はそのような分類の範例（exemplar）

表1：コミットされた行為を評価する予備的な測定法のための項目サンプル

コミットされた行為のポジティブ評価項目

- 困難を体験したあとでも，その行為を続けることができる。
- 目標（goal）に到達できないときは，アプローチを変化させることができる。
- 目標に到達することが困難なときには，スモールステップをとることができる。
- 諦めるよりも，目標へのアプローチの仕方を変化させるほうが好きだ。
- なかなか前に進まないときも，長期的な計画に従うことができる。
- コミットするときには，コミットしつづけながら，コミットメントの仕方を変化させることができる。
- 容易なときも困難なときも，目標を追い求めることができる。
- 何が目標に到達する手助けになるのかに応じて，今の行動を続けたり，今の行動を変えたりできる。
- 何度やっても到達できない目標を，手放すことができる。
- くじけそうな体験を，長期的な計画を追求するプロセスに組み入れることができる。
- 失敗を，人生で重要な体験のひとつとして受容（accept）できる。
- 自分の限界を受容し，その限界に従って自分の行動を調整することができる。

コミットされた行為のネガティブ評価項目

- 今の行動が苦しいと，失うものが大きくてもその行動をやめてしまう。
- プレッシャーを感じると衝動的な行為をしてしまう。
- したいことができないときには，二度としないと決め込む。
- 「全部が手に入らないならゼロと同じ」という方法で目標にアプローチする。
- 成功できないのに，何度も繰り返して同じようにやりつづける。
- 成功体験をしないかぎり，活動を続けるのは難しい。
- 目標よりも，自分がどう感じるかに影響されやすい。
- コミットして，達成できなかったなら，その時点でコミットすることをやめてしまう。
- 悩んだり，くじけたりしてしまうと，コミットすることをなおざりにする。
- 自分の思考や感情にとらわれすぎていて，自分に大切なことを行うことができない。
- 自分のしたいやり方でできないなら，最初から手を出さない。

表2：コミットされた行為を促進するステップ

> 次のアウトラインは，目標設定の文脈のなかで，ACTの方法論を用いて，コミットされた行為を促進するための簡潔なガイドである。
>
> 1. 関連性が高く，優先順位の高い価値の領域を見定め，アクションプランを立てる。
> 2. 患者が行為にコミットし，とりかかることを支援する。
> 3. 行為への障壁に対して，ウィリングネス，脱フュージョン，「今，この瞬間」との接触，観察者としての自己というスキルを用いて対応する。
> 4. 時間をかけて，より大きな行為のパターンと，より広い状況に一般化していく。

であり，測定法がまだない領域に，新しく測定法を作成するプロセスをどう始めるとよいかをよく示している。

目標設定（goal-setting）とコミットされた行為

　コミットされた行為というパターンを創り出す方法のなかで最もわかりやすく馴染みやすいもののひとつは，目標設定（goal-setting）をすることである。もしも，目標設定する方法が，実践的で，「今，この瞬間」に焦点を当てており，価値志向で，拡張された行動パターンの一部が日常の機能に統合されるようにデザインされたやり方でなされるならば，コミットされた行為が必然的に生じる。すでに述べたように，ACTでは，目標設定とコミットされた行為は，価値に結びついている。これらの方法が，アクセプタンスと認知的脱フュージョンを増大させるような方法によって補われることは重要である。価値に基づいた行為を行うときには，それがどのようなパターンでも，思考や気持ち（feelings）の形をとった強固な障壁が必ず現れるので，このような方法が必須である。Luoma, Hayes, Walser（2007）の著書＊を

＊訳者注：邦訳書『よくわかるACT』ラス・ハリス著，武藤崇監訳，星和書店，2012.

もとに，目標設定を通してコミットされた行為へ至るためのアプローチを，**表2**に要約した。

　目標設定のプロセスは時に，機械的あるいは説教じみて感じられるかもしれない。目標の設定を進める唯一の方法は，体験という要素を付け加えることである。例えば，目を閉じて心的イメージを描くエクササイズを行うと，目標に到達したり，目標を阻んだりする役割を持つ心理的な体験を，詳細に検討しうまく扱うことができる。具体的な例を以下に述べる：

エクササイズ

　まず，きちんと準備を行い，参加者に対して，有用な目標とはどんなものか（つまり，特定でき，測定でき，到達でき，関連性が高く，時間設定があること）についてのガイダンスを行い，それから，参加者に対し，座って目を閉じ，教示に集中するように伝える。次に，自分が持っている目標について想像し，それを達成したらどんな感じかを心に描くように言う。そして，少し間をとって，やってみてどんな感じだったかを尋ねる。通常は，参加者たちはやってみて気持ちよかったと言うが，この時点では参加者が何を言っていてもよい。もしここで少し参加者とディスカッションをするとしたら，それは，特に現代西洋の文化で，心に目標を描くという方略が目標に到達する能力を増加させることがあると，しばしば信じられているという点についてであるかもしれない。研究によると，実際のところは，心に目標を描くと心地よくなるものの，有意に目標に近づけるわけではないらしい。

　エクササイズの次の段階でも，同様の，心に描くという課題から始まるが，参加者には追加の課題が2つ与えられる。ひとつは目標を追求するために，今後2日間でできる具体的な行為について考えること。そしてもうひとつは，それを考えたあとで，「実際にその行為を**してください，今それが必要です**」と言われたら，これまでの経験から何が起こるかを想像することである。すると通常は，どうしても，これはできない，あるいは，障壁があるように思う，と「言いたい」思考や気持ちが参加者に浮かんでくる。あとでさらに検討するので，ここではその障壁があることに気づき，それが何かを確認しておくことだけが求められる。

　目標について考え，行為を行うという2つの体験に集中してから話し合うと，事態の本質を参加者が理解しているかどうかがわかる。つまり，空想のなかの成功は心地よいが，いざ何かをしなければならないという段になると，目の前に障壁が自動的に立ちはだかってくるのである。さらに，目標に

たどり着きやすくなるのは，特定の行為が計画され，高い障壁の存在がわかり，その障壁に対処する方法が計画され，実行されるときだ，という実証的なエビデンスがあることについて話し合うことになるかもしれない。そして，上で述べた「今こそやる時」というエクササイズを行っているときに現れるような心的内容に対して，直接，アクセプタンス，脱フュージョン，観察者としての自己に関するエクササイズを実践していくことになるかもしれない。

このエクササイズの次の段階では，ある特定の目標を定め，それを周囲に宣言することを扱う。この公然のコミットメント（public commitment）によって，実証的なエビデンスに裏づけられた目標設定という手法をフルに生かすことができ，生じうる障壁を捉え，理解し，それにうまく対処するためのさらなる機会も得られることになる。

もちろん，最終的に，コミットされた行為という方法の目的は，本質的に強化作用があり，日常生活と統合的で，日常の他の機能にも汎用できるようなパターンの，コミットされた行為を創ることである。声に出して宣言することは，ある意味でそれ自体，将来の計画を立てる行為と同じように，コミットされた行為のひとつではあるが，それだけでは，目標を達成するために必要な行為のすべてではない。

コミットされた行為のワークに最終段階というものがあるならば，それは，価値に基づき，目標に到達しようとする行為のパターンが，継続的な行為として，粘り強くかつ柔軟に（persistently and flexibly）行われる段階である。その段階においては，患者は，必ず，こういったパターンの行為に，セッションとセッションの間において従事（engage）することになる。そしてまた，治療者と患者は，こういった特性が達成されたことを観察する場合もあれば，達成されるまで，生じてくるつまずきの石に対して取り組み続ける場合もある。

まとめ

　コミットされた行為とは，「今，この瞬間」に焦点を当て，価値に結びついた行為で，自らの価値に役立つさらに大きな活動のパターン全体の一部を成している行為である。コミットされた行為は，何度も繰り返し選択しつづけること，と表現されることがある。それは，未来に向けての一種の誓いといった類ではない。それは，行動のパターンが，選択，望まない結果の体験，諦めといったパターンになりがちなときにも，柔軟な粘り強さを作り出す方法である。それは価値に基づき，行為志向であるので，現在のポジティブ心理学の概念的枠組みにおける「没頭する人生（engaged life）」という領域に近い（Duckworth et al., 2005）。

　自らが重要と感じる目標に対してコミットされた行為を行うときには，必然的に，気持ち（feeling）や思考の形で障壁が現れるが，アクセプタンスや認知的脱フュージョンを拡張させるACTの手法が役に立つのはまさにここである。コミットされた行為がうまくいくうえで，思考や感情，失敗体験などは避けては通れない。それらは行為のパターン全体のなかの本質的な部分なのである。

　コミットされた行為を分析するために，ペーシングの例をここで挙げた。ペーシングは，心理学的方法を採用している疼痛マネジメント・センターにおいては，ほとんどどこでも行われている。たしかに**ペーシング**という言葉はさまざまな意味を持ちうるし，同じ問題に注目する方法もさまざまだが，ペーシングのアプローチから得られるひとつの教訓がある。それは，ペーシングが，驚くほど常識に基づいたアプローチだということである。ペーシングは，30年以上も存続しているが，全くエビデンスが得られていない。ペーシングは，粘り強く取り組む行動パターン，すなわち止まることなく行為を続けていく能力を作り出そうとする。ペーシングから得られる教訓のひとつは，ペーシングはそれが置き換えようとしている行動パターンの強固さに

比べて，行動を変化させる力が弱すぎる，ということだ。置き換えられない行動パターンとは，どんなときにも従事しようとしないこと，つまり，回避である。力ずくの活性化を行ったり，「とにかくやる」というやり方をしたり，あるいは，あらかじめ考えた「ちょうどぴったり（just right）」の活動パターンを遂行しようとしても，いつも成功するわけではない。むしろ，効果的な行為のパターンは，文脈依存性（contextually sensitive）であることが示唆されている。つまり効果的な行動パターンとは，行為の只中での体験に対し心を開くこと，目標，価値，現在の状況とつながりを持つこと，関与することを柔軟に選択しつづけることなのである。

ポジティブな介入：
過去，現在，未来

アカシア・C・パークス（ハイラム大学）
ロバート・ビスワス=ディーナー
（ポートランド州立大学，ポジティブ・エイコーン有限責任会社）

ポジティブな介入：
過去，現在，未来

　ポジティブな介入（positive intervention）の研究者として，著者らがACTの信奉者にしばしば尋ねられる次のような質問がある（しかも，その後に続く会話もたいてい同じである）。その質問とは，「ずっと疑問に思っているのですが，ポジティブな介入とACTとでは何が違うのでしょうか？」というものである。この丁寧な言葉のなかであいまいにされている**本当に聞きたい質問**というのは，「ポジティブな介入には何か目新しいことがあるのですか？」つまり「あなたがたは『古いぶどう酒を新しいボトルに入れて』売ろうとしているのではないですか？」というものだ。他の介入方法にはなくて，ポジティブな介入が初めて持ち込んできたものは何だろう？　これらはもっともな質問であるが，ポジティブ心理学の領域の研究者がほとんど時間をかけて考えてこなかったことである。めったに質問されることはないも

のの，そういった質問をしてくる人の心の中にきっと潜んでいるはずの，次のような切実な懸念もある。それはすなわち，「問題点を無視するのは無責任ではないか？　ポジティブ心理学のようにポジティブな面にだけ着目するアプローチが，クライエントに害を与えるリスクは高いのではないだろうか？」というものである。

　この章の中心的な目的のひとつは，ポジティブな介入の研究が，これらの問題をどのように考えてきたか（あるいは考えてこなかったか）を詳しくみていくことである。まず最初に，ポジティブな介入とは何で**ある**のかについて論ずる。次にポジティブな介入のさまざまな領域，すなわち，典型的な活動はどのようなものか，その効果性についてのエビデンス，これらを応用するにあたっての重要な考察などについての概説を行う。最後に，ポジティブな介入の研究に関するいくつかの将来的な方向性について論ずる。そのなかで最も注目すべきは，ポジティブな介入は文脈によっては無効あるいは有害な可能性すらあるという調査結果である。それぞれのセクションを積み重ねていくことで，一歩一歩，著者らの最終的な目標である，ポジティブな介入は他の手法と（そしてそのなかでも特にACTと）どこが異なるのかということについて議論を進めていくこととする。

ポジティブな介入とは何か？

　ポジティブな介入についての研究についての最も妥当な批判のひとつとして，何を実際に「ポジティブな介入」としてみなすのかを決めるのが難しいということがある。実際，「ポジティブな介入」の確定的な定義は存在しないし，ある介入を「ポジティブな」と位置づけるための明確な指針も存在しない。しかしながらこれは研究者が挑み続けてきた問題である。著者らの研究の結果，ポジティブな介入については3つの広い定義があることがわかった。(1) ポジティブな話題に焦点を当てた介入，(2) ポジティブな作用機序によりなされる介入，あるいは，ポジティブなアウトカムという変数をター

ゲットとした介入，(3) 弱み（weakness）を修正することよりも心の健康度（wellness）を促進するようにデザインされた介入，である．

　まず第一に，「ポジティブな」介入は，ポジティブな話題に焦点を当てた介入であると定義することができる．言い換えると，問題点にはほとんどあるいは全く言及せず，人生におけるポジティブな側面のみを強調するという介入である．この「ポジティブな内容」によるアプローチは，Seligman, Rashid, Parks (2006) により提案された，ポジティブ心理療法（positive psychotherapy: PPT）的介入と一致するものである．同書によれば，「（PPTの）目標は，クライエントのポジティブな側面を，心の前面にもっていくことである……そしてすでに存在しているポジティブな側面を強くしていくことである (p.780)」．著者らはこの定義は広すぎると考えている．なぜなら，この定義では，自らの問題点に取り組まず，何か楽しいことをしている場合も，すべてポジティブな介入に含まれてしまうからである．この定義だと，朝4時までだらだらとビデオゲームをすることもポジティブな介入となってしまうし，不安を隠すために酒を飲んで嫌なことを忘れることもそうなってしまう．言い換えると，内容レベルでの定義（content-level definition）はすべてのポジティブな介入を表すことができるけれども，ポジティブな介入とは言えないような他の多くの行動も含んでしまうので，十分ではないのである．

　続いて，もし，ある介入において，ポジティブな変数（positive variable）（例えば，ポジティブ感情や意味〔meaning〕など．これらの変数のより広範な説明は，Sin & Lyubomirsky, 2009を参照）が作用機序となっていたり，ターゲットとするアウトカムとなっていれば，その介入は「ポジティブな」介入であると定義することができる．Sin と Lyubomirsky (2009) が彼らのメタアナリシスのなかで用いたこの定義は，このアプローチのよい例であり，彼らはポジティブな介入を「ポジティブな感情・ポジティブな行動・ポジティブな認知を育むことを意図した」介入 (p.1) と定義した．この定義は最初の定義と比べて，多くのものを含みすぎず，理論の展開を必要とする（ターゲットとす

るポジティブな変数がなければならないので,例えば回避はポジティブな介入に当てはまらない）という点で優れている。しかしながら,この定義では,介入のターゲットとする変数を定義することも必要でないし,ターゲットとする変数に実証的な基盤があることも必要でないし,介入により実際にターゲットとする変数が**変化**することも必要でない。例えば「ポジティブさ」という概念があればそれで十分なのかもしれないが,「ポジティブさ」が何を意味するのかわからないし,それらを測定したり変化させたりする方法もわからない。ゆえに,変数のレベルでの定義は,「ポジティブである」あるいは「ポジティブに考える」とタグ付けするものすべてを含んでしまい,口にするのもはばかられる**ザ・シークレット**や他の無数のおかしなセルフヘルプアプローチを含んでしまう[*1]。

最後に,介入の目標が,修正するというよりも改善することである場合,言い換えると,対象の母集団が病的ではなく,介入が治療というよりもセルフヘルプである場合,その介入は「ポジティブな」と定義することができる。介入の目標は,そこそこのレベルから,「良い」「素晴らしい」のレベルにもっていくことである。この定義は,ポジティブ心理学の創設直後の数年間,Seligman らが主張していた内容に通じるものがある。例えば,ポジティブ心理学ムーブメントの全体的な目標について,Seligman, Parks, Steen (2005) は次のように述べている。「明らかなメンタル不調と無縁の生活を送っている人々の生活をどうやって改善するかについて,我々はほとんど何も知らない (p.1379)」。ポジティブな介入は,この定義によると,精神疾患を患っていない一部の集団のためにデザインされたものということになる。この定義は,前の2つの定義よりも選択的であるが,この定義だと,卓越したポジティブな介入であるポジティブ心理療法（PPT）が,うつ病（Seligman, Rashid, & Parks, 2006）,統合失調症（Meyer et al., 印刷中）,ニコチン依存症（Kahler

---

[*1] 原注1：我々はここでは,「ザ・シークレット」にある悪い点を正すための紙面もないし,その権限もない。「ザ・シークレット」がポジティブ心理学の一部だと考える人々がいたことで,著者らがどんなに不快な思いをしたかを説明することについても同様である。

et al., 2011）に適用されてきたという理由で，ポジティブな介入から除外されてしまうのである。

　一見するとそれぞれの定義は理にかなったもののように見えるが，介入を「ポジティブ」か，そうでないかに分類するための単一の方法として用いると，それぞれに固有の問題点がある。こうなってしまうのは，単一の定義を作ろうとする目標が現実的でないためだと著者らは考える。ポジティブな介入の研究は，理論と融合する以前の試行錯誤の段階であり，あるひとつの共通した理論的な主題（thread）を追求しているわけではない。というわけで，この章での著者らの定義は，理論先行型の分類というよりも，研究の事後的な理屈づけとなっていくであろう。このことは，もともとまとまりのない大きな研究を融合しようという試みであるために，単純とはいかないだろう。ゆえに，単一の定義を作る代わりに，上述のいくつかの定義を融合させ洗練させてできあがった，一連の基準を提案したい。

- 介入の主な目標が，「ポジティブ」な変数（例えば，主観的なウェルビーイング，ポジティブな感情，意味）を確立することであること。この基準により，実際には自己改善の機能がない自堕落な行動や回避的な行動が排除される。
- 介入により，上述の目標とする変数が良い方向に改善するという，実証的なエビデンスがあること。この基準により，研究の基盤を持たない無数のセルフヘルプアプローチが排除される。
- 目標とする変数を改善することで，介入された集団にポジティブなアウトカムをもたらすという実証的なエビデンスがあること。この基準により，目標とする変数は実証的な基盤が必要とされることとなる[*2]。この基準により，ポジティブな介入が臨床のケースに責任を持って応用された例も含まれることとなる（例えば，Kahlerら〔2011〕は禁煙にポジティブな介入を用いたが，そこではポジティブな情動の有無が治療の成否を左右していた）。またこの基準により，このアプ

ローチが不適切だと思われるクライエントに対する，ポジティブな変数の改善を志向した介入を排除できる。例えば，最近トラウマを受けた被害者に，感謝という介入法を行うことはポジティブなアウトカムを生まないであろうから，ポジティブな介入とはいえない。

この一連の基準は，包含と除外の正しいバランス——すべての存在するポジティブな介入は含み，そうでないと考えられるものは除外する——をとっていると著者らは信じている。

ポジティブな介入の利点について
我々が知っていることは何だろうか？

現代のポジティブな介入の研究は，幸福に関連する特定の要素を標的とした個々の技法を研究することから始まった（包括的なレビューは下記）。詳しくは後ほど述べるが，これらの独創的な研究のなかで，参加者はいくつかの可能性のある活動——ウェルビーイングのある側面を増加させるような活動や，「対照群」の役割を果たすような活動——を実践するように無作為に割り振られた。参加者は介入前の一連の質問票に回答し，1週から6週の範囲で予め決められた期間，活動を行い，介入後の質問票に回答した。参加者が長期間のフォローアップの質問票に回答する場合もあった。

本書の別の章（そのなかにはこの章の著者の書いたものも含まれる）では，すでにあるポジティブな介入を，理論的な枠組みによってなんとか整理

---

*2　原注2：「実証的な基盤」を要求するということは，何が実証的な基盤を構成するかという公式的な基準がないために，一歩間違えると危険な方向に行きかねないということは著者らも認識している。著者らはまた，他の領域でこれまで行われてきた同様の努力が，成果をもたらすものであったことも認識している（例えば，1995年の「心理学的手続きの促進と普及（Promotion and Dissemination of Psychological Procedures）」についてのアメリカ心理学会タスクフォースによる「実証的な裏づけのある治療法（Empirically Supported Therapy）」のガイドラインなど）。そういった基準を作ることに，著者らは熱心に取り組んでいるが，それは残念ながらこの章で扱う範囲を超えている。

しようと試みている。しかしながら，「ポジティブな介入」の共通の定義が存在しなかったように，複数のポジティブな介入を統合するような，単一の，実証的な基盤のある理論的枠組みは存在しない。理論が研究を主導するような，多くの心理学の領域とは異なり，ポジティブな介入においては，その逆となっている。すなわち，ある活動が効果的であるというデータが初めにあり，「どうして」「なぜ」という問いが後に来る。ゆえに，以下にまとめた概略は――我々の知るかぎりでは包括的なものであるが――順序立てた記載にはなっていない。介入のそれぞれの領域において，最もよく使われる技法を示したり有効性のエビデンスを示すだけではなく，批判的アプローチをとり，必要に応じて，注意すべき点や特別な配慮が必要な点を強調することとしたい。

強み（strengths）――強みについてはさまざまな概念化が存在する。性格に重きを置くものもあれば（VIA-IS）(Peterson & Seligman, 2004)，才能に重きを置くものもある（Clifton StrengthsFinder）(The Gallup Organization, 1999)。しかしながら，幅広く言うと，強みはポジティブなパーソナリティ特性であり，強みに対する介入は，人の強みを同定し，使用し，そして／または，発展させることを含む活動である。強みに対する介入の全般的な理論的枠組みはすべて同一である。すなわち，強みに関するテストを受け[*3]，フィードバックを受け，強みをより多く活かせるよう行動を変えていくというものである。

　ギャラップ社は長年，強みに基づいたモデルを用いてきたが（Hodges & Clifton, 2004），このモデルは，現代的なポジティブ心理療法が発展してからもよく用いられている。例えばSeligman, Steen, Park, Peterson（2005）は，人の強みを同定するプロセスが，幸福度の増大と抑うつ症状の減弱をもたらす結果となり，この実践を継続した場合，6カ月にわたって有益性が継続する

---

*3　原注3：ギャラップ社の調査は有料だが，VIA強みインベントリーはオンラインで無料で受検できる。この違いが，VIAモデルが研究論文において広く使われている理由の一部となっている。

ことを見いだした。何が自分の強みであるのかを学ぶのに加え，実際に強みを使用することが，この活動の必要不可欠な要素である。「評価しただけ（assessment-only）」の参加者（自分の強みについて学んだだけで，その情報を用いることを全く指示されなかった）は，プラセボの活動を実践している参加者と何ら変わりはなかった（Seligman, Steen et al., 2005）。

近年，Seligman, Steen ら（2005）により用いられた「同定と使用（identify and use）」アプローチに落とし穴がある可能性について研究がなされている。特に心配なのは，強みが安定した特性として扱われている影響についてである。Biswas-Diener, Kashdan, Minhas（2011）は，Dweck らの研究を引用しながら「同定と使用」アプローチが，強みを永続的で不変なものと考えるのを促進してしまうため，改善しようとする動機づけを減弱させる可能性があると警告した。Louis（2011）の研究もこの見方を支持している。無作為な割り当てを行い，強みを「同定する」ように割り当てられた参加者は，強みが固定／安定したものであるという考えが強くなったと報告したが，強みを「発展させる」ように割り当てられた参加者は，そのような考えが強くなるようなことはなかった。この研究では，強みの性質に関する考えが固定されたものだと考えるほど，自分の強みに対して働きかけようとする動機づけが減弱することに至るかどうかは評価されていないけれども，Dweck の研究室での詳細な研究では，この現象が別の分野で起こることが示唆されている（Grant & Dweck, 2003）。

また，強みと弱み，どちらが相対的に重要なのかという重要な問題がある——特に，ある個人が最も発達していない特性（例えば，弱み）をさらに修正しようとすることよりも，最も発達した特性（例えば，強み）をさらに発展するべきかどうかということについては，どう考えるべきなのであろうか？ Haidt（2002）は，学生から得られたデータに基づく非公式の論文において，どちらのアプローチも学生に有益であったと報告している。しかしながら，学生は強みに焦点を当てたアプローチのほうをより**好んで**いたという。これは Seligman, Rashid, Parks（2006）による予備的なデータ——ポジ

ティブ心理療法の参加者のほうが，標準的な（修正に焦点を置いた）心理療法よりも有意に（顕著ではないけれど）脱落が少ない傾向にあった——と一致するものである。

　まとめると，強みを同定し，強みの**発展**を促進することは意義があるというエビデンスが存在するようであり，心理的な面，動機づけ的な面（強みを発展させることで人は，内的な報酬を感じるし，ゆえに強みを発展させるプロセスにさらに取り組もうとする）の両面において有益である，というエビデンスがあるようである。しかしながら，強みに関する研究においては，単に強みに着目するだけではなく，強みの微妙な違いに着目すればさらに有益なものになるだろう。例えば，SchwartzとHill（2006）が「実践知（practical wisdom）」と呼ぶ，人は自分の強みを多く使うことだけでなく，**より良く**，**適切**に使うことを目指すべきだということなどである。例えばユーモアは，適切に使用されていれば，関係性を構築したりストレスとうまくやっていったりするために計り知れないほど貴重な道具であるが，また，無神経なもの，有害なものにもなりうるのである。

　さらに言うと，著者らが強みを発展させるために教育を行ってきたさまざまな経験から言うと，著者らはふたりとも共通のジレンマに直面してきた。それは，強みをどう使うかという具体的なアイデアを生み出すのは必ずしも容易ではないということである。著者らの見るところでは，これは，クライエントに強みを教えたいと思っている専門家と，ポジティブな介入法を自主的に使いたいと思っているクライエントとの間に生じる重要な溝である。もしどのようにやっていけばよいのかがわからなければ，クライエントは強みを発展させることはできないし，その過程のなかでどのようにクライエントに助言していくかというガイドラインがなければ，専門家は直観と試行錯誤に頼らざるをえなくなる。Haidt（2002）は，24種類のVIAによる強みが適用可能な場面についてのアイデアのリスト（彼のポジティブ心理学の授業を受けた学部生らにより蓄積されたもの）を挙げている。しかしながら，このリストは，強みの発展を促進したいと願う専門家とクライエントの包括的な

リソースとして必要なことの第一歩でしかない。

　感謝（gratitude）——ポジティブ心理学の最初期におけるポジティブな介入のうちには，感謝を目標とするものもあった。ここでいう感謝とは，Wood, Froh, Geraghty（2010）の定義によると，人生における良いことであれば，それが何であれ，気づきそれをありがたく思うという一般的習慣である。EmmonsとMcCullough（2003）の論文は，感謝における非常に影響力のある論文である。その研究では，参加者は1週間に1回，感謝の日記（gratitude journal）をつけるように無作為割り付けが行われた。この日記において，参加者は，自分がありがたいと思うことを最大5つ書き留めた。面倒な出来事や中立的な出来事を記録していた参加者と比較して，感謝の状態にあった参加者は，結果として，感情面の健康や身体面の健康において，良い得点を示していた。Lyubomirsky, Sheldon, Schkade（2005）は，この結果の追試を重ね，EmmonsとMcCullough（2003）によって用いられた「量」すなわち1週間に1回が，感謝に関する日記の理想的な頻度であることをつきとめた。すなわち，より高頻度（1回でなく週に3回）に感謝を述べる日記をつけるよう指示された参加者たちは，週に1回のグループほどの改善は示さず，活動が陳腐でやりすぎの感じがすると報告していた（Lyubomirsky, Sheldon, & Schkade, 2005）。

　Seligman, Steen, Park, Peterson（2005）は「3つのいいこと日記（Three Good Things journal）」という，これと関連した活動についても提案と検討を行った。その研究では，参加者に毎晩，その日に起こったポジティブな出来事について日記に書くことを求めた[*4]。すると，1カ月後のフォローアップ時には，幸福度は増大し，抑うつ的な症状は減少していた。そして，幸福度増大の効果は3カ月・6カ月のフォローアップ時まで増大しつづけてい

＊4　原注4：「3つのいいこと」を「感謝」のなかに含めてよいかについては，議論の余地がある。この不確実性は，現在ある多くのポジティブな介入について，その背景に理論が欠けていることのよい例となっている。「3つのいいこと」は，人々をより幸福にするという意図をもって開発されたが，特に背景となる理論はない。このエクササイズが効果的だとわかって初めて，研究者たちは，なぜそうなのかを推測しはじめたのである。

た。この所見は一見すると，Lyubomirsky, Sheldon, Schkade（2005）の，感謝は「やりすぎ」となりうるという結果と矛盾するように思えるが，感謝の日記と「3つのいいこと日記」の間には重要な違いがある。すなわち，検討する課題の水準が全く異なるのである。感謝の日記は，そのときに感謝している領域（例えば，家族，友人，うまくいった仕事）に関して展開されるものだが，「3つのいいこと」では，参加者はその日に起こった出来事に焦点づけることが求められる。ゆえに，感謝の日記はやりすぎると，あまり内容に変化がないために，繰り返しになってしまうが，「3つのいいこと日記」では毎日異なる内容があるのである。

　Seligman, Steen, Park, Peterson（2005）は，さらに，感謝に関する2つ目の活動の知見を報告した。その活動は，参加者が詳細な感謝の手紙を自分の人生で出会った誰かに向けて作成し，それを直に届けるというもので，「感謝の訪問（The Gratitude Visit）」と名づけられている。先に述べた課題と異なり，感謝の訪問は，初めに大きな幸福度が得られる——対照群よりもずっと大幅に大きなものである——。しかし，これらの変化は一時的なものであり，1カ月後にはかなり減弱し，3カ月後には完全に消える。この効果を延長する方法について考えた研究者もいた。例えば，クライエントは，妻がしてくれた感謝に値する行動を毎日書き留め，それを月に1回のペースで継続的に「感謝報告書」を作成するのに用いる，などである。しかし，現在に至るまで，誰も「改良版の」感謝の訪問の研究デザインを検証したものはない。ところが，Lyubomirsky, Dickerhoof, Boehm, Sheldon（2011）は，感謝を述べる手紙を書くということ自体が，相手の人に手紙を届けるという追加の段階を踏むことなく，ウェルビーイングの改善に結びつくことを実験で示した。感謝の手紙を誰かに送ることは，初めは非常に強力なことかもしれないが，それが繰り返された状況となると新鮮味を失いぎこちないものとなりうることは想像できる。感謝を述べる手紙を作成するなかの「送り届ける」段階とそれに伴うぎこちなさを取り除くことで，人が繰り返し課題に取り組むようになる可能性が高まるのだろう。

これまでの文献では，感謝とは行う価値のある実践であるという比較的説得力のある報告がなされているものの，感謝はまた，有害な効果が観察される数少ない領域のひとつでもある[*5]。例えば，Sin, Della Porta, Lyubomirksy（2011）は，感謝を述べる手紙を書くことで，軽度から中等度のうつ症状をもつ参加者が，即座に健康度が**減弱する**ことを報告した。この活動が役に立つと信じていた参加者は，初期に有害な効果が現れたにもかかわらず3週間活動を行い続け，結果的には改善を示したのだが，そのような期待を持たない参加者は，活動の結果，症状が悪化するという報告をしつづけた。SergeantとMongrain（2011）は，この問題について，異なった「タイプ」のうつ病の患者がいることに目を向けながら調査し，うつ症状が人間関係に起因している（「自己批判的」というより「愛情に飢えている」）場合はあまり有益でなく，場合によっては感謝に関する活動を行うことで悪化することを示した。逆に，自己批判的で**あればあるほど**，この活動は平均的な人よりも有益であった。

ゆえに，感謝の活動をうつ症状のある人に勧めるときには，注意することが重要である。感謝が軽度から中等度のうつ病に対して有益であるという直接的なエビデンスもあれば（Seligman, Steen, Park, & Peterson, 2005），感謝による介入が軽度から中等度の抑うつ症状のある人に歓迎されたという間接的なエビデンス（Seligman, Rashid, & Parks, 2006）や，うつ症状を訴える患者に，平均すると全般的には効果的であるという間接的なエビデンス（Sin & Lyubomirsky, 2009）もある。しかしながら，この法則が当てはまらないうつ病患者の一群が存在するようであり，それがどのような人で，それをどのように見つ

[*5] 原注5：誤解のないように言うと，感謝は，アウトカムの修飾因子として人が最初に思いつく唯一の領域である場合が多い。だから，もし他の領域で有害な結果が起こるとしても（そして，場合によってはそういうことが起こることは十分想像できるものだが），そういった有害な結果が検知されることはありそうにない。著者らは，こういった所見を，感謝の介入が悪いものだと示唆するためでなく，感謝以外の介入をもっと研究するべきだと勧めるために議論をしているのである。こういった微妙な問題は，ポジティブな介入をより効果的に，より正確に適用する助けとなるのである。

けるかの理解は始まったばかりのところである。

　感謝を扱うにあたってもうひとつ気をつけるべき要素は，文化である。例えばこの章の筆頭著者であるParksが指摘したように，感謝を**表現する**ことを含む活動（例えば，感謝の訪問）は，アジア系アメリカ人の学生にとっては裏目となることがある。特に注目を避けることが文化的規範である場合には，感謝を表現することは非常に不快なものとなりうる。この状況は手紙の相手がアジア系アメリカ人の親の場合には，さらに複雑である。ある学生の場合，親が手紙を侮辱――親が子どもに適切な養育を**してこなかった**可能性を感謝するもの――としてとらえたこともあった。また手紙を受け取った側が疑念を抱いたという例もあり，そのために活動の成功が台無しになることもあった。例えば筆頭著者のParksの学生のなかには，父親が手紙を受け取って疑念を抱いたと報告した者がいた。学生の父親は，娘が何かをプレゼントさせようと企んでいると思ったとのことであった。

　それでは，誰にとって感謝の活動が推奨できるかを，どうしたら決定できるのであろうか？　Sin, Della Porta, Lyubomirsky（2011）は，自分に適合していると感じることが，結果を占う重要なことであると報告している――つまり，参加者が感謝の活動について検討し，自分に役立つだろうと思える場合は，だいたいにおいて有益なのである。このことから，ポジティブな介入の種類を，クライエントと協同して選ぶことが重要であることが示唆される。おそらく「ビュッフェ形式」のアプローチ――すべての活動を試してみて，自分に合うものを選ぶやり方――は，すべてのクライエントにとって理想的というわけではないのかもしれない。

　赦し（forgiveness）――一般的な言い回しでは，赦しはしばしば和解（reconciliation）と同じように考えられている。しかしながら，赦しの介入についての論文では，赦しは主として自らの内的なプロセスとして概念化されている。すなわち，赦しとは，逸脱行為（transgression）をされた被害者が，逸脱行為やその加害者（transgressor）に関するネガティブ感情を手放すこととされている。それにより，加害者に対する行動の変化は起こるか

もしれないし，起こらないかもしれないのである。赦しと身体的な健康との間には，非常に強い関連がある（Worthington, Witvliet, Pietrini, & Miller, 2007）のだが，それには赦しの感情的な側面が最も大きな役割を果たしているようである。このため，赦しについての論文では，感情面での赦しが重要視されている。

　赦しの介入の大部分は，段階的なモデルによっている。それによって，赦すことを決めるまで，徐々にステージを踏んで前進することが可能になる（Baskin & Enright, 2004）。"REACH" モデルは，赦すことに至る段階的なアプローチの一例である：人は逸脱行為を**想起**（recall）する；加害者への**共感**（empathy）を高めるが，それは**利他的な**（altruistic）行動である；赦すことに**取り組み**（commit）；そして赦すことを**保ち続ける**（hold）ようにする。Worthington（2006）は，このREACHモデルによる6セッションの集団的な介入法の例を示している。赦しに関する段階的な介入法のみに焦点を当てた最近のメタアナリシスでは，平均して，赦すというアウトカムに対し0.82，ポジティブな情動に対し0.81，ネガティブな情動に対し0.54の効果量（effect size）が示された。このことは，赦しの介入が赦しを確実に促進し，遺恨（grudge）により生じうる感情的なダメージを改善しうることを示唆している（Lundahl, Taylor, Stevenson, & Roberts, 2008）。

　赦しをターゲットとする，より小規模な介入も存在する。例えばMcCullough, Root, Cohen（2006）は，記入式の介入法を試した。そこでは被験者が受けた逸脱行為の結果生じた個人的なベネフィット（よかったこと）について，20分間かけて記入した。逸脱行為の不快な側面に焦点を当てた対照群や，逸脱行為とは関係のない話題を扱った対照群と比較して，いいこと探し（benefit finding）の状態にあった被験者は，赦しの度合いがより高くなった。

　Hook, Worthington, Utsey（2009）は，赦しが個人主義的な文化と集団主義的な文化の両方において価値があるものとされるものの，集団主義的な文化では何を赦しとするのかという定義が異なっていると論じている。より個人

主義的な文化では，赦しの感情的な側面がより中心にあると考えられる傾向にある。言い換えると，もしある人が怒りを手放したならば，たとえ加害者に対する行動を全く変えていなくても，被害者は赦したとされる。一方で集団主義的な文化では，行動的な変化に重きを置くために，社会的調和が修復されないかぎりは（言い換えると，被害者と加害者が礼儀正しく交流しないかぎりは），赦しがなされたとはみなされない。赦しの介入が，個人主義的な文化の集団と集団主義的な文化の集団において，どのように異なった影響を与えるかについては，現在まで研究されていない。しかし，赦しの感情的あるいは意思決定面のどちらに重きを置くかについて文化的な違いがあることを考えると，この質問は問われるべき価値のあるものである。

　場合によっては赦しが問題を起こしうることは言うまでもないだろう――例えば身体的虐待を繰り返す配偶者を赦すことは，身体的虐待を継続させる可能性がある。実際，最近のMcNulty（2011）による研究では，恋愛関係においても，習慣的に赦すことは，心理的な攻撃性を維持したり，悪化すらさせる可能性があることを示唆している。ゆえに，どの個人にどんな状況で赦すことを勧めることが適切であるかどうかを，慎重に考慮すべきである。特に，臨床家は，赦すことが，ネガティブな行動を遷延させる可能性がないかを考慮すべきである。例えば，ずっと昔のたった一度の逸脱行為を赦すことで，このような問題が起こることはあまりなさそうであるが，対人関係において，赦しという方策を全般的に導入することは，人間関係の問題を引き起こす可能性があるだろう。

　社会的なつながり（social connections）――ポジティブなプロセスを通じて社会的なつながりを強めることを試みている研究分野が2つある。1つ目の分野は親切な行動（acts of kindness）（すなわち，他人への利他的な行動に取り組むこと）である。Dunn, Aknin, Norton（2008）は，他人のためにお金を使うことは幸福度を高めることを報告している。そしてこの効果は，横断研究においても，縦断研究においても，あるいは実験的な環境においてもみられている。さらに最近の研究では，136の異なる国からのデータにお

いてもこの所見が示唆されている (Aknin et al., 印刷中)。Lyubomirsky, Sheldon, Schkade (2005) は，親切な行動に意図的に取り組むことは，ウェルビーイングを高めるが，ひとつ注意点があるということを示した。それは，その人の普段の親切さを上回るように行わなければならないということである。例えば，週に1回だけ親切な行動に取り組むことは，ウェルビーイングに有益ではないが，1日に5つの親切な行動に取り組むことは有益である (Lyubomirsky, Sheldon, & Schkade, 2005)。興味深いことに，さらに親切な行動をとろうと意図的に努力をせずとも，自分の行った親切な行動に，普段**以上に**注意を払うことだけでも有益なようである (Otake et al., 2006)。しかしながら，これらの2つの方略は直接的に比較されたことはないため，「親切な行動」の効果のどれくらいの割合が，注意の変化（つまり，親切な行動を意識すること）によるものか，行動の変化（つまり，親切な行動を増やすこと）によるものかは不明確である。さらに言えば，標準化された親切な行動を定めるための努力は今までにほとんどなされてこなかったし，介入をする相手を誰にするか（知らない人か，顔見知りか，親しい人か），あるいは親切な行動を名前を明かしたものにするか匿名とするか，のような鍵となる変数の影響力についての系統的な調査もほとんどなされてこなかった。これらの変数が，どの程度「親切な行動」の介入に影響を及ぼすのかは，さらに調べられなければならない。

　2つ目の分野は，もしカップルが一緒に良い知らせを喜べるならば，親密な関係はより満足を得られ長続きする，ということを示した2つの研究に基づいている (Gable, Reis, Impett, & Asher, 2004)。特に，最もうまくいくカップルは，良い知らせがシェアされた際に，積極的（actively）（興味を持って，熱中して）かつ建設的に（constructively）（お祝いをしようと言い，支持的に）反応するカップルであるということがわかった。例えば，相手が昇進の知らせを受け取ったことに対して反応する際に，ある人は「うーん，忙しくなるから，今よりも会えなくなってしまうね」と言うかもしれない。これは積極的−破壊的な反応であり，この種の答え方をするとふたりの関係性はそ

の後悪化することが予測される。一方，昇進を勝ち取るまでどれだけ相手が一生懸命働いてきたかを伝えたり，友人や家族とその知らせを分かち合ったりすることで，相手の興奮にしっかり向き合い，同じだけの興奮を相手に返す場合もあるかもしれない。このようにお互いが反応しあうカップルは，より関係性に対する満足感が高く，ずっと一緒にいられる傾向にあることが報告されている。

　Seligman, Rashid, Parks（2006）による集団的ポジティブ心理療法（Group PPT）介入では，この研究結果に基づいた行動を取り入れ，クライエントが普段の生活で出会う人に対して，より積極的かつ建設的に応答するように教示されていた。症例報告レベルでは，これが非常に役に立つ人もいることが示唆されているものの，集団的ポジティブ心理療法はさまざまな活動からなっているため，そのうちのどの課題が効果があったのかを示すことは困難である。残念ながら，この活動だけを検討したような研究は現在までに公表されていない。しかしながら，この章の筆頭著者Parksによる非公式なデータ分析や症例観察によると，積極的かつ建設的な反応は，Parks, Della Porta, Pierce, Zilca, Lyubomirsky（印刷中）が「劣化（degradation）」と呼ぶものの影響を受けてしまう可能性がある。言い換えると，積極的かつ建設的な反応はとても複雑なために，（多くのポジティブな介入のように）単純な文書による教示では伝えられないものかもしれないし，その結果として，現実世界で実行される場合には，その効力が低下するのかもしれない。今後の研究により，単一の活動としての積極的かつ建設的な反応の効果を調べる必要があり，また（単なる文書による教示でなく）実地体験的な指導が，その効果においてどれだけ重要なのかを解き明かしていく必要がある。

　意味（meaning）――現在支配的な理論によれば，人は，人生に関する首尾一貫したナラティブ（narrative）（語り）を行うことで，人生に意味があるという感覚を得るとされる（Pennebaker & Seagal, 1999）。ゆえに，意味に関する介入の大部分に，書くことが含まれていることは理にかなったことである。意味の創造に関する独創的な研究には，トラウマやストレスの高いライ

フイベントについての個人的なナラティブが含まれている．しかし，最近では，ポジティブなライフイベントについてのナラティブの形成，そのなかでも特に，将来起こりそうだと考えている出来事についてのナラティブの形成についての研究が始まっている．King（2001）は，「望みうる最高の自分（best possible self）」——自分の最高の希望や憧れによって変身した未来のバージョン——について，4日間連続して1日20分間書くように指示した．Seligman, Rashid, Parks（2006）も「ライフサマリー（Life Summary）」と名づけられた同じような活動を用いている．そこでは，被験者が自分が生きたかったと思う人生について1～2ページのエッセイを書いた．その活動の一環として被験者は，そのエッセイの中に書かれた長期的な目標に向かって，自分が積極的に行ったことや行わなかったことについて考えてみるよう指示された．それに続くSheldonとLyubomirsky（2006）による研究で，ポジティブな未来を想像することの有益性は，書くことに限定されるわけではないことが示唆された．彼らは被験者に，望みうる最高の自分について週に少なくとも2回**考える**よう指示したが，それもまた有益なことであることがわかった．

しかしながら，この章の筆頭著者Parksは，自分のポジティブな未来について書くことが不快と感じる被験者が少数いたことを経験した．特に，比較的不安の強い学生の場合，自分の将来を想像することにより，**より不安になった**（しかし注意しないといけないのは，彼らは大学生で，将来がとても不確かであるので，この不安の反応は被験者となった年齢の集団にみられるアーチファクトなのかもしれない）．また，抑うつ的な学生の場合，この活動を抑うつ的にとらえてしまった——ある学生は次のように告白している：「ここにあることすべてが起こりそうにない．こんなことを書くことに何の意味があるのだろうか？」と．事例を見ていてわかったことは，意味をターゲットとする活動は，比較的高機能なクライエントや，すでにしばらくセラピーを受けているクライエントに対してのほうが向いているということである．集団に対する臨床現場では，注意を払いながら，自分の将来についての

ナラティブを構築するプロセスに取り組むべきである。

興味深いことに，過去のネガティブなライフイベントについて，分析的に話したり書いたりすることは，身体的な健康とウェルビーイングの改善につながるが，過去のポジティブなライフイベントについてはその逆の可能性がある。Lyubomirsky, Sousa, Dickerhoof (2006) は，過去のポジティブな出来事について書いた被験者が，対照群と比べて，生活への満足度が**低下した**と報告した。これらの所見を見るに，過去の人生の最高の地点については，考えすぎないほうがいいのだろう。

セイバリング（savoring）──セイバリングとは，自らの体験のなかから喜びを見いだすという意図的な活動である。セイバリングの活動においては，被験者はある体験に，先入観を持ったり注意散漫になったりすることなく，完全に集中し（これは「没入〔absorption〕」と呼ばれる），その体験のポジティブな側面に焦点を当てる。典型的には，セイバリングの活動は一瞬であるが──1回にたったの2，3分である──それにもかかわらず，ポジティブ感情のとても強い供給源となりうる。さらに，セイバリングの体験を日常的に実践することは，楽観主義，人生への満足，うつ症状が少ないことの予測因子となる（Bryant, 2003）。

セイバリングの体験の典型例には，食事が含まれる──例えば，Kabat-Zinn の有名なレーズンを味わうエクササイズ（2003）では，レーズンの特徴にひとつずつ焦点を当てていく。このテクニックは「知覚の鋭敏化」と呼ばれており，「没入」を他のいかなる感覚による体験とも組み合わせることができる。それは，味覚（例えば食事），視覚（例えば美術作品や美しい夕日），触覚（例えばマッサージや温かい風呂），嗅覚（例えば複雑なワインの香り），聴覚（例えば音楽）またはこれらの組み合わせである（Bryant & Veroff, 2007）。例えばこの章の筆頭著者 Parks がセイバリングの活動を行うように学生に指示したときには，近所の美味しいチョコレート店から取り寄せた，ホイップクリームの載ったホットチョコレート，削ったチョコレート，ウエハースを用いた。学生たちはホットチョコレートの香りや手で感じる温

かさを感じ，ホイップクリーム，削ったチョコレート，ウエハース，ホットチョコレートというふうに交互にそれらの要素を試した。舌の上に載せて，必要に応じて噛み砕くまえに歯ごたえや味を探求し，そして飲み込んだ。そしてこれらの要素の異なった組み合わせを試すようになり，最後に4つすべての組み合わせを行うに至った。それぞれの要素に分けて試すことで，それぞれの個々の要素を味わい，それらの相互の作用を楽しんだ。すべてのプロセスは2，3分しかかからないが，集団で行うことにより，共有した体験となったことで強まったため，我々（筆頭著者Parksと学生たち）は，それがとても大きな可能性のある体験であることがわかった。

　セイバリングは感覚によらない体験に対しても当てはまる。例えば人は，現在の瞬間をセイバリングすることを，「記憶形成（memory building）」という方法で行うことができる——例えば写真を撮ることなどである。この種の活動は，現在の体験がうつろいゆくものであることに注意を向けさせ，体験をよりよくセイバリングさせてくれる（Kurtz & Lyubomirsky, 印刷中）。また記憶形成は過去の記憶をセイバリングする方法である「追想（reminiscence）」の下地を作ってくれる（Bryant, Smart, & King, 2005）。記憶形成がある瞬間を楽しむのを支援するテクニックである一方で，追想はより認知的な活動であり，過去の体験をできるかぎり詳細に覚えておくために心的イメージを用いるという特徴がある。これまでに発表された研究によれば，意図的に追想をより多く行うことにより，特に高齢者の間で，うつと不安の症状が改善し，また，ポジティブな情動と生活への満足が改善した（Bryant, Smart, & King, 2005）。

　視点取得（perspective taking）——視点取得は，ポジティブ心理学ではこれまであまり注目されてこなかった。しかし，著者らは視点取得がポジティブ心理学における重要な構成概念だと考えており，視点取得を改善するためのいくつかの介入を考案し，成功をおさめてきた。視点取得が重要なのは，それが他の人を受け入れ助けるようにさせるからである。あなたと隣人[*6]との間の知覚的な「距離」を少なくすること（「自己と他者の重なり」）

により，共感的な気遣いという感覚は，隣人の問題を自分のものであるように感じさせる（Davis, Conklin, Smith, & Luce, 1996)。このために人はより隣人を助けるようになり，隣人と同じようにグループづけされた別の人にも関心を持つようになる（Batson, Chang, Orr, & Rowland, 2002)。

しばしば，視点取得は赦しの介入（前述）の要素とされるが，我々はこのセクションで，視点取得を直接的に育むようにデザインされた介入について焦点を当てる。視点取得の介入はいろいろな文脈にうまく応用されてきた。それは，愛する者（恋愛の相手，両親，子ども）から日々の生活で出会う人（例えば医者からみた患者）であったり，外集団（他の人種，社会経済的地位，宗教など）に至るまでである（直近のレビューはHodges, Clark, & Myers, 2011を参照)。全例において，これらの介入は単一の基本的な目標を持っている。それは，その人自身のバイアス（先入観）を超えて他の人の全体像に気づき評価できる能力を増やすという目標である。

MyersとHodges（印刷中）は，他者（この論文中では，外集団のメンバーについて）に対する視点取得を誘導するためのモデルとなる活動を提示した。被験者は24歳のホームレスの男性についての短文を読み，「そのホームレスの男性が，自らの身に何が起こり，それが自らの生活にどう影響したかについて，どう考え，感じているかを想像してください」と指示された。要するに，被験者は，他者の感情的な体験について想像することに集中するよう指示されたのである。指示が，他者の体験を想像するように明確に求めたものであるということに注目してほしい。つまり，被験者は，もし自分が同じ状況であったらどのように感じるかを想像するように求められたわけではないのである。すべての研究で認められているわけではないが（Davis et al., 1996)，他人の立場に身を置いて考えることで（遠くから他者の苦境を想像するのとは反対に）不安が引き起こされ，その不安によって，共感が向社会的行動に至る可能性が減少する可能性があるのである（Hodges, Clark, & Myers,

---

＊6　原注6：あるいは誰であっても。

2011)。

　「パッケージ化された」ポジティブな介入（"packaged" positive interventions）。これまで我々は，被験者が単一の活動を用いるような研究に焦点を当ててきた。この種の研究は，実験のデザインという観点からすると理想的であるが，個々人や臨床家によって実際にどのように活動が用いられているのかを代表しているわけではない。例えば，Parks ら（印刷中）は，自分なりの幸福を探求している人（すなわち，実験を行う人から特に何かしろと言われたわけではない人）が，同時に7つから8つの活動を行っているということを見いだした。さらに言うと，幸福を探求している人が，いろいろな活動を選べるよう提供を受けたときに，幅広い種類の活動を行った人が，最も大きな気分上の利得があったことがわかった。要するに，ある人が現実世界で単一の活動を取り出して，それのみを実践するようなことはありえないし，そうすることが効果の点で「理想的だ」という証拠もないわけである。というわけで，活動の「パッケージ」を調べた研究もまた，単一の活動と同様に，注目に値するといえよう。

　初期のいくつかのポジティブな介入についての研究は，「パッケージ化された」介入のデザインを用いていた。例えばFordyce（1977）は，若年成人に14個からなる一連の幸福技法を示し，これらのうちから毎日できるかぎり多くの活動を実践するよう求めた。そして，1年後，被験者は対照群と比べ，有意に幸福になっていたことがわかった（Fordyce, 1983）。この研究は，これまで調べられたなかで最も現実に近い，幸福に関する介入のひとつであり，また，幸福度が一過性にとどまらず増加することを示した最初の研究のひとつである。より最近では，Parks ら（印刷中）が，同様の「自由選択（free choice）」のデザインを用いた研究を行っている。彼らは2つの改良点を加えており，それは，活動を自らの体験に由来するものとしたこと，そして，活動をスマートフォン技術により管理したことである。いずれの研究も，大まかなものであるために，印象論でなく，確証をもって，その活動によって幸福度が増えたと結論づけるのは困難である。しかしながら，これら

2つの研究は現実世界での実践を模倣しているので，価値のある所見であることは間違いない。

　もうひとつの「パッケージ化された」幸福に関する研究のデザインでは，参加者に，それぞれの活動を1週間ずつ，一度に1つの活動だけを試させ，そしてその後で，どの活動を行い続けるかを選ぶように求めた（Seligman, Rashid, & Parks, 2006; Schueller & Parks, 2012）。この研究デザインには落とし穴がある（もし参加者が全員，すべての活動を試した場合，どの活動のせいで変化があったのかを判断することが難しい）けれども，この研究デザインが理想的であるような場面もある。例えば，「パッケージ化された」デザインを用いて，個々の活動のレベルで，その人と活動との適合具合について尋ねることは難しいものの，適合に関する別の疑問（つまり，活動 A を好むかどうかで，活動 B か活動 C どちらを好むかを予測できるか）について言えば，同じ人が多くの活動を実践するようなデザインを用いたときにしか，答えることができないのである（Schueller, 2010）。

　ゆえに，「パッケージ化された」介入に関する研究は，単一の活動による研究を**置き換える**ものではないが，補完しうるものであるといえよう。

今後の方向性

　ここまでは，すでにあるポジティブな介入の概略を提示してきた。ここで著者らは，今後取り組んでいくなかで見ていきたい，いくつかの重要な問題について取り上げる。

　幸福に代わる別のアウトカム（alternative outcomes）。ポジティブ心理学が実証的な学問として確立していくための予備的なプロセスのひとつは，科学的な学識があり，評判のよい，卓越した研究者たちに参加してもらったことであった（Seligman & Csikszentimihaly, 2000）。これらの早期の「募集メンバー」のなかには，Mihalyi Csikszentimihaly と Ed Diener ら，ポジティブ心理学運営委員会の草分け的な会員も含まれていた。意図的なものではないの

だが，こうしたウェルビーイングの研究者が多く参加したことで，幸福関連の構成概念が，ポジティブ心理学における標準のアウトカム指標となった (Biswas-Diener, 2011)。実際，初期の運営委員会においては，幸福の程度が「究極のアウトカム指標」として考えうると，明確に議論されていた (Seligman, 2000, 私信)。確かに個人のウェルビーイングは政策面でも介入面でも価値のあるゴールではあるが，他の価値のあるアウトカム指標に比べて不釣り合いに価値が置かれていると著者らは主張したい。例えば，Biswas-Diener, Kashdan, Minhas (2011) は，幸福は個人レベルの関心であることを主張し，アウトカム指標として幸福にばかり注意を向ける研究者は，より集団的なレベルでのアウトカム指標，例えば信頼，友情，つながりの感覚といったものを見落とすことになると主張している。幸福の研究に携わっている学者のなかでも，ポジティブ心理学のアウトカム指標について，幸福だけにとらわれず，より広範に理解すべきだと述べているものもいるが (例えば, Diener & Diener, 2011)，ポジティブな介入の研究の中で，個人以外に明示的に焦点を当てている測定法は稀である。

よりきめ細かい研究デザイン (more nuanced research designs)。先に暗に示してきたが，ポジティブな介入は，研究室で研究されてきたものであり，間違いなく現実世界の人が用いるものとはかけ離れている。大抵の研究では参加者に，他の活動は除外して，ある一定の期間，単一の行動を全く同じように実践するように指示している (Sin & Lyubomirsky, 2009)。しかし実際は，幸福を探求している人は同時に複数の活動を実践しているし，退屈を防ぐために実践する方法を意図的に変えているのである (Parks et al., 印刷中)。より悪いことに，参加者に一度に1つの活動と制限することにより，研究者は実際には，活動の効果を台無しにしてしまっている可能性もある。Parksら (印刷中) は，たとえ投入された精神的，肉体的エネルギーがほぼ同じであったとしても，多くの種類の活動を実践することのほうが，単一の活動を用いることよりも良い結果が予測されることになると報告した。というわけで，こういった現実世界での実践法との差異は問題であり，それは概念的な

観点からでなく，実践的な観点からもそうなのである。変化させることなく同じ活動を繰り返し行うこと（それに慣れてしまう）や，一度に1つの活動のみ用いること（多様性の利点を逃してしまう）により，参加者は，実際に，ポジティブな介入から受けられるはずの利益を得ることができなくなっているのかもしれない。

実施のための基準：害をなしていないか？　著者らが提案しているポジティブな介入の定義の強みのひとつとして，理論面でもそれ以外でも，介入を行っている個人にとって有益な活動であるというエビデンスを必要としていることが挙げられる。このことは，著者らの知る範囲では，この種の定義としては初めての提案だが，必要不可欠なことであると考える。著者らがポジティブ心理学の研究者・実践者たちと話した経験のなかでわかったことは，ポジティブな介入は，（「よりハイリスク」な臨床現場は仕方ないとしても）特に健常な人に対して，めったに害をなすことはないと，広く信じられているということである。しかしながら最近の研究からは，これは非現実的な視点であることがわかってきた。効果的と信じるに足る介入のレパートリーも相当そろってきたので，今後は，これらの介入をどのように責任を持って実施することができるのかという問題に目を向けなければならない。

　ある特定の個人においては，ある特定の活動が，他の活動よりも効果的に働くというエビデンスはすでに存在している (Schueller, 2010)。幸福を探求している人は，もともとの幸福度やうつ症状の程度に関しても (Parks et al., 印刷中)，幸福になろうとする動機づけや興味に関しても (Lyubomirsky et al., 2011) 均質ではない。そのため特定の活動が「普遍的に」効果的であると仮定することは不適切である。個人差の問題は，アウトカムに対してだけではなく (Sergeant & Mongrain, 2011)，そもそも個人が活動を用いるかどうかの見込みにも当てはまる (Sheldon & Lyubomirsky, 2006)。この章でこれまで論じてきたいくつかの公表済みの研究以外にも，この章の筆頭著者 Parks が，最近，ポジティブ心理学者のメーリングリスト FRIENDS-OF-PP listserv において，ポジティブな介入がある種のクライエントに「裏目に出た (backfire)」と

いうディスカッションに参加した事実を述べておきたい。いつ，また誰に，それが起こるのかは完全にはわからないが，裏目に出ることは起こりうるのである。

より幅広い言い方をすれば，一般的な意味での幸福を増やそうとする努力に，どのようにしてアプローチしたらよいかについては，注意が必要であると提案したい。Mauss ら（2011）による最近の研究では，幸せを抱くことを目標とすることは，その目標を達成することをより困難にするという。自分が幸せになる「べきだ」と自分で言うことで，自分自身の感情的な体験によって容易に落胆してしまうからである。先に述べた Luis（2011）の研究では，**全く同じ活動であっても**（この論文中では，強みのアセスメントを行うことと，行動を変容させるためにそのアセスメントを用いること）それがどのようにクライエントに提示され解釈されるかということこそが重要であると強調している。活動の促しの言葉かけの仕方といった，ごくごく単純なことで，その活動が助けになるか害になるかがすべて違ってくる可能性があるのである。

要するに，個人差が問題であるというエビデンスは明白なように見えるけれども，実践の場でこの情報をどう用いたらよいのかに関して，きちんと判断するすべを我々は持ち合わせていない。これらの問題に取り組むポジティブな介入の研究は，近年，盛り上がりをみせているが，それが勢いを維持し続けるトレンドとなることを，著者らは期待している。

ポジティブな介入はアクセプタンスに基づく
アプローチとどのように異なるのか

この章では，ポジティブな介入の新しい統合的な定義を提案した。またすでにあるポジティブな介入について幅広いレビューを行った。そうすることで，何がポジティブな介入であるか（また，何がそうでないか）を分類することが著者らの望みである。しかし，章のはじめで問うた問題である「ポジ

ティブな介入はアクセプタンスに基づくアプローチとどのように異なるのか？」という問いにはまだ答えていなかった。これから述べるように，3つの重要な違いがある。第一に，アクセプタンスに基づくアプローチは，バランスのとれた体験をしていくという目的を持って，ポジティブなものであれ，ネガティブなものであれ，あらゆる体験に関わっていくことについてアプローチが展開していくが，ポジティブな介入においては，ポジティブな体験はしばしばネガティブな体験により曇らされるという仮定のもとに，ほぼ完全に，ポジティブな体験だけが重視されている（Baumeister, Bratslavsky, Finkenauer, & Vohs, 2001）。ポジティブな介入の研究者らは，体験するポジティブな反応の数が，ネガティブな反応の数を上回るときに，人はよく機能するということを示す研究に基づいて，アプローチを組み立てているのである（Driver & Gottman, 2004; Fredrickson & Losada, 2005）。

　第二に，アクセプタンスに基づくアプローチは，人は自分の体験は変える必要はないと仮定し，むしろ判断なしに自分の体験を受け入れるべきだというが，ポジティブな介入はポジティブな体験を明確化し，増幅することを中心に展開し，新たにポジティブな体験を作り出す場合すらある。言い換えると，ポジティブな介入は，ネガティブな体験をポジティブな体験で置き換えることを目指している一方で，アクセプタンスに基づくアプローチは，クライエントの体験を変えようとは全く思っていないのである。第三に，アクセプタンスに基づくアプローチは，問題点には取り組まなければならないと仮定しているが，ポジティブな介入では，ポジティブな因子によって，ネガティブな因子を，目立たないもの，緊急性がないもの，重要でないものにできるという仮定のもとに運用されている。

　アクセプタンスに基づくアプローチとポジティブな介入の間に共通点が何もないというわけではない。実際，アクセプタンス＆コミットメント・セラピー（ACT）とポジティブな介入には重要な概念上の共通点があると言うことができる。それは自己決定理論（self-determination theory）（Ryan & Deci, 2000）である。どちらのアプローチとも，ポジティブな感情とネガティ

ブな感情とが共に，心理的機能として，重要な役割を果たしていることを教えてくれる。ポジティブ心理学は，「幸福学」という評判があるけれども，碇としてのネガティブ感情のない，束縛なきポジティブ感情は，非常に問題であることは認めている（つまり躁病の状態である）。どちらのアプローチとも，クライエントに，本物のやり方で，そしてその人なりのやり方で，ゴールを追い求めることを手助けしてくれる。つまり，技法は異なるが，ゴールは同一である。それにもかかわらず，ポジティブな介入は，人々の生活を，アクセプタンスに基づくアプローチとは理論的にも実践的にも異なる方法を用いて，より良いものとしていくアプローチであることは間違いない。

結　論

　この章では，ポジティブな介入についての新たな定義を示した。すなわち，ポジティブな変数を良い方向に増加させる活動であり，どんな文脈で用いられても理論的にも倫理的にも適用可能な活動である，というものである。さまざまな構成概念を介入のターゲットとするポジティブな介入が存在するというエビデンスを示し，それぞれのポジティブな介入は効果において，広く解釈すれば，少なくとも予備的なエビデンスがあることを示した。また，ポジティブな介入を現実での実践で用いるときに注意すべき点があること，すなわち，これらの活動が，「裏目に出る」ようなこともあるが，それがいつまたどのように，そしてどの活動においてそうなるかはまだわからないことについても論じた。最後に，ポジティブな介入が，他の心理学的アプローチと，そしてそのなかでも特にACTと，異なっていることについて論じた。

第8章

人々をよりポジティブで理性的にすること：ポジティブ心理学的介入のマイナス面

マレード・フーディ
イボンヌ・バーンズ=ホームズ
ダーモット・バーンズ=ホームズ
（アイルランド国立大学メイヌース校）

　自己の感覚を持つことは，自らの価値を達成するために不可欠である（つまり，それが「自分自身」の価値であるからだ）。それゆえ，不安などのよくある心の悩みが，自己の問題と関連づけられてきたこと（例えば，Ingram, 1990）は驚くべきことではない。心理学領域における臨床家や研究者は，我々の行動のほぼすべてにおいて自己の感覚が重要であると，長らく認識してきているが，それが何で，どう働くのかについては，一貫した見解は得られていない。

ポジティブ心理学における自己の役割

　学問として，ポジティブ心理学は，ポジティブかつ向社会的な行動を含めた，最適な人間の機能を探求し促進しようとしており（Duckworth, Steen, & Seligman, 2005; Gable & Haidt, 2005），この目的に向けてさまざまな方略が用いられている（Seligman, Steen, Park, & Peterson, 2005）。一般的に最も推奨されているこ

とは，最もポジティブな瞬間に対するセイバリング（savoring），才能と徳性の強みを見つけだし，それらを使用する新たな機会を見つけること，瞑想と人々に感謝の気持ちを表現することを定期的に習慣づけることである（Seligman et al., 2005）。

これらの実践すべてに共通する考え方として，自己を重んじること，個人的な課題や価値に対するコミットメントを促進すること（しばしば，**持続的幸福**〔flourishing〕と呼ばれる）に重点を置いているということが挙げられる。実際，ポジティブ心理学者は自己（self）に関連する概念を多く採用している。例えば，ハイポ・エゴイック・セルフ・レギュレーション（hypo-egoic self-regulation）（Leary, Adams, & Tate, 2006），セルフ・コンパッション（self-compassion）（Neff, 2003），自尊心（self-esteem）（Baumeister, Smart, & Boden, 1999），自己効力感（self-efficacy）（Bandura, 1999），自負（self-worth）（Crocker & Park, 2004）などである。

自己に基づく概念がこのようにずらりと並べられていることと一致して，多くのポジティブ心理学的介入では，特に自己に焦点が当てられている。例えば，ポジティブ帰属介入（positive attribution intervention）においては，どの程度ポジティブな出来事を自らに帰属（attribute）させ，ネガティブな出来事を外部要因に帰属させるかが模索されている（Fredrickson & Joiner, 2002）。希望介入（hope intervention）では，目標を達成した際に自分自身に力があると知覚する度合いを増大させることが試みられている（Ciarrochi, Heaven, & Davies, 2007）。楽観主義介入（optimism intervention）では，自己の知覚する理想的な自己の探求が試みられている（Lyubomirsky, Dickerhoof, Boehm, & Sheldon, 2011）。セルフ・コンパッション介入では，自己を受け入れる度合い（self-acceptance）を高めることを目指している（Neff, 2003）。

このように自己が重視されているにもかかわらず，概念的，技術的に言って，自己についても，また，自己がポジティブな行動を促進する役割についても，ポジティブ心理学の分野から完全な説明はまだ提唱されていない。要するに，さまざまな理論家や研究者が自己の特定の側面に焦点を当てている

が，これらはまだ完全で一貫したひとつの作業用の定義（working definition）にまとめられていないのである。

関係フレーム理論（relational frame theory: RFT）という名前の，人間の言語と認知に関する現代的な行動科学的，機能的説明によって，自己についての専門的説明が提案されている（Hayes, Barnes-Holmes, & Roche, 2001）。その理論によると，自己認識や視点取得などを含む，人間の言語と認知のすべての面が，一人ひとりの個人の歴史によって生成された複雑な「言語的行為（verbal act）」であるとされる。この後すぐに説明するが，このアプローチは，我々一人ひとりの歴史が我々を唯一無二のものたらしめているという事実を考慮に入れることで，自己の理解を促進している。そして，自己の理解が深まることは，個人のレベルでもコミュニティのレベルでも，人の苦しみ（suffering）が知覚され取り扱われるそのやり方に対して，明確かつ幅広く適用可能なのである。

この章の目的

この章の第一の目的は，自己についてのRFTによる専門的説明と，ポジティブ心理学者が用いている介入との間で，互いに応用可能であるものや，重なり合っているものがないかを探ることである。RFTにおいてもポジティブ心理学においても，自己は中心的な役割を果たしており，異なるアプローチがどのように同じ基盤を解釈するか探ってみることは有用であろう。我々にとって重要な問題は，自己に対する機能行動科学的説明が，はたしてポジティブ心理学によって述べられるような，人間の持続的幸福（flourishing）の理解と追求に直接役に立つかどうかである。この概念的なかけ橋を架けることを試みて，この章を2つに分けた。パート1ではRFT概念の概要が簡単に示される。その一部は専門的だが，自己についての特定の理論を理解するために必要となる。RFTの基本的なプロセスの概要については，第1章を参照されたい。そして，パート2では，より良い心の健康のため

に，自己に明確に焦点を当て，自らの自己感覚を操作する試みを伴った，ポジティブ心理学が推奨する2つの重要なエクササイズを提示する。人生のポジティブな出来事や功績（triumph）について書くことや，感謝を表現することがこれに含まれる。各エクササイズの説明のところで，重要な基礎となる心理的プロセスや潜在的な落とし穴と考えられるものについてのRFTによる解釈を示す。

RFTによる自己へのアプローチ： 視点取得の関係

　RFTにおいて，視点取得は，**私対あなた**，**ここ対そこ**，**今対その時**として知られる3種類の派生刺激関係（derived stimulus relation）によって成り立っている。簡単に言えば，これら3つが，人の視点の核となる3つの側面を説明している。まず1つ目に，人は，あなたや他者ではなく，私自身として世界を見ている（それゆえ，**私対あなた**とされる）。2つ目に，人が世界を私として見ているとき，ここではないどこかや，そこからではなく，常にここから見ている（それゆえ，**ここ対そこ**とされる）。3つ目に，人が世界を見ているとき，人は，その時や今ではないどこかそれ以外の時からではなく，常に今の時点から，世界を見ている（それゆえ，**今対その時**とされる）。要約すると，私はいつも，**今ここ**で私の視点から世界を見ており，そして，私はいつも**あなた**を**その時そこ**で見ているのだ。

　私対あなた。人が私という視点から働きかける（operate）ときには，無数の側面（dimension）において，他者と自分を区別し，比較し，対比させる。子どもの時には，まずは物理的な属性（例えば，ママは私より背が高いが，パパはママより背が高い）を介して，このことを行うようになる。こういったことは無害に思えるかもしれないが，他人と自分を比較対照することがすでにできるという事実は，また，こうした比較を評価することができることを意味する。例えば，魅力的な姉のメアリーに劣等感をいつも抱いてい

るアンについて考えてみよう．関係的用語を用いると，アンの視点からは，メアリーはアンより身体的に魅力的で，より魅力的というのはより良いことであり，したがって，メアリーはまたアンよりも優れているということになる．最初の姉妹間の比較はひとつの身体的属性（これは他者が直接に観察していない可能性すらある）に基づいているが，アンが関係比較を行うことでこの身体的優越性が引き立ち，等位の関係（coordination relation）によって，この優越性が**普遍的**に良いことと等位とされる．当然，後者はすぐに，アンが自分自身を悪いと感じることと等位となろう．こうして，単純な関係性と，その関係性が感情を伴うという事実が，人生の初期において，どんなふうに低い自尊心へとつながるのかが容易にわかるだろう．

　上記の例からは，どのようにして視点取得の行動が恣意的な（arbitrary）ものとなり，そして，あるレベルでは，物理的属性からさらに離れることになるのかが示されている．実際，言語的に洗練された成人として，我々の他者との比較の多くは身体的属性に基づいて**いない**．例えば，私は隣人に対して，嫉妬に燃えることがあるかもしれない．それは，私の視点からすると，隣人が私よりお金持ちに見えることが理由なのだが，そうであっても，実は，隣人が私よりどれだけたくさんお金を持っているのか知る方法などないのである．

　実際，時間をかけて我々が自分自身をこうであると知るようになった自分は，他者への我々の視点に基づいている．だから，**あなた**がいなくても**私**がある，などということはないだろう．視点取得が他の関係性活動と異なっているのは，生活の多くの側面が常に変化している場合であっても，**私対あなた**の関係は一定の認識基準点となる，というパラドックスにある．例えば，もし私が，突然「お金持ち」の隣人が職を失ったと知った場合，私は，今や富の点では私と隣人は同等であると思っているかもしれないが，しかし，なお私と隣人は異なる人間なのである．つまり，自分がどのような人であるかという点は常に変化するかもしれないが，しかし，これらの変化を観察している自分の視点は変わらないのである．要するに，人は常に，自分自身の視

点から世界を見るのである。

　ここ対そこ。人の成長における，場所の感覚の重要性については研究が積み重ねられており，それはRFTでは**ここ，そこ**という空間的関係（spatial relation）によって捉えられる。**私対あなた**という関係の発達と関連して，我々はここ（すなわち，そこではない）とそこ（すなわち，ここではない）を区別することを学ぶ。例えば，パパが帰宅した際に子どもは「私は（ここで）テレビを見ているけど，ママはキッチン（そこ）にいる」と言うだろう。**私-あなた**の関係と同様に，空間的関係も，身体的位置に基づくものは成長に伴って減少し，より恣意的なものとなる。例えば，もし私が「私はここにいる」とこの瞬間言うとすると，私は自分のオフィスにいることになる。しかし，もし今から1時間後に「私はここにいる」と言えば，キッチンにいることになるだろう。つまり，「ここ」という言葉は，その瞬間私がどこにいるかと等位であり，それゆえ，常に変化しているのだ。逆説的なことに，我々が使用している言語の多くは，比喩的なやり方で，物理的な空間に言及している。自らの抑うつ的な気持ちを「自分の上にのしかかっている」とか「両肩に世界の重さがのっている感じ」と表現しているサラという女性について考えてみよう。

　上記の例から明らかなように，**ここ-そこ**の関係には**私-あなた**の関係が暗に示されている。なぜなら，働きかけるための視点がなければ，特定の場所からの視点を特定することはできないからである。結果として，サラは，自分の気持ちについて話しているのであるが，それはその時点で彼女が自分自身を見るやり方の一部となっている。このように，私は常にここ（そこではなく）と，そしてあなたは常にそこ（ここではなく）と等位の関係となるため，空間的関係は人の視点の重要な特徴なのである。

　今対その時。時間的な関係（temporal relation）は視点取得をするうえでのもうひとつの基本的特徴であり，RFTでは**今対その時**という関係を指している。その名前のとおり，時間的な関係は時間を表し，ほとんどの日常の文章に自然に内在している。例えば，「2時に私は仕事をしていたが，3時ま

までには家にいた」。ここでもまた，特に初めて時間を伝えることを学ぶときには，物理的特徴を用いて時間的な関係を学ぶ。いったんそのスキルが取得されれば，人は実際に起こった時間を知らなくても時間について言及することができ，そして，時間的な関係を日，週，月，さらに年単位で拡張することができるので，時間的関係は，ほとんど恣意的なものとなる。足を故障し，もう競技会に参加することができなくなった運動選手について考えてみよう。彼女は去年の自分に固執して，現在の彼女の人生を見失う可能性がある（例えば，昨年〔**その時**〕私は勝者だったが，今年〔**今**〕私は敗者だ）。ここでも，人の視点は常に**その時**ではなく**今**にあるので，**私-あなた**の関係には時間的関係が内在されている。もちろん，過去に（**その時**）どう感じたかを考えている場合であっても，現在の視点は常に**今**の時間的関係からであることを覚えておくことが重要となる。

ACTによる自己へのアプローチ：
3つの自己

　RFTは，言語発達についての詳細な説明を与えてくれているが，そのことが，人間のさまざまな能力のなかで最も自然なものである言語の，暗黒面についての理解を助けてくれる。上記の例で示したように，一度，関係比較を身につけてしまうと，人は，他者と自分自身を比較し，自分に欠けているところがあると知るようになる。そして，いったんこの比較を行ってしまえば，それがたとえ1つのことについてであっても，他の多くのことについても，それが現実とは異なっていても，同じように考えてしまうようになる。その結果，自分自身が本当に無価値であると認識してしまうだろう。このように，RFTは，苦しみ（suffering）が生まれることの理解に役立つのである。

　アクセプタンス＆コミットメント・セラピー（ACT）は，人間の苦しみとその軽減へのアプローチであり，RFTに多くのレベルで関係している

(Hayes, Strosahl, & Wilson, 1999)。例えば両者とも，同じ徹底的行動主義，機能的文脈主義の伝統から生まれている。成長しつつある研究成果により，RFT の科学的概念と ACT の治療的概念の体験的な重なりが探られようとしている（例えば，Luciano et al., 2011）。例えば，Foody, Barnes-Holmes, Barnes-Holmes（2012）は，RFT における視点取得の関係と ACT の3つの自己の統合を行った。

ACT によれば，自己というものは，概念としての自己（self as content），プロセスとしての自己（self as process），文脈としての自己（self as context）という3つの自己の観点で概念化されている（Hayes et al., 1999）。複数の自己という概念は，ACT 以外のさまざまな自己への理論的アプローチ（例えば，Higgins, 1999）によって取り入れられてきたが，それらとは異なる中心的な特徴が，ACT アプローチの基礎となっている。すなわち，ACT は，自己の2つの機能的側面である，「行為者としての自己と，行為の観察者としての自己」を区別しているのである（Hayes, 1995, p.1）。簡単に言えば，行為者（doer）は，自らの抱く心理的な内容（すなわち，自らの思考，気持ち，感情など）とほぼ同等であり，観察者（observer）はその内容についての自らの視点である。このアプローチについて覚えておくとよいことが3つある。①行為者と観察者は常に同時に働きかける（operate）ものである。②3つの自己で説明されるのは，観察者の働きかけ（operation）ではなく，行為者の働きかけである。③どの時点においても，あなたが働きかけることができるのは複数の自己のうちの1つだけである。これらの点は，3つの自己について述べる以下のセクションを読めば，より理解しやすくなるだろう。

概念としての自己。その名が示すように，概念としての自己とは，観察者と行為者との間の区別が最も小さいような心理的空間（psychological space）である。要するに，あなたは誰であるかということが，あなたが何を考え，感じ，思い出すかなどということと区別されていないように見えるのである。ACT では，このように心理的空間が重なっていることは，フュ

ージョン（融合）と名づけられており，それは，あなたは誰であるか（観察者）と，あなたが何を考え，感じているか，などといったこと（行為）が融合していることを指している。もちろん，自らの抱く心理的な内容が痛みを伴うものであったり，またはネガティブな評価であったりする場合には（例えば，「私は役立たずだ」という考えを抱いているとき），そのことと観察者との間のフュージョンが圧倒的なものに感じられるだろう。「私は役立たずだ」という考えを，その時たまたま自分が抱いている考えにすぎない，とみなすのでなく，自分，すなわち**自らのすべて**が，役立たずであるように感じることだろう。このように，行為者がネガティブであれば，観察者と行為者間のフュージョンによって，いつもいやな感じがしたり，脅かされた感じがすることになるだろう。

　観察者と**ポジティブ**な心理的内容がフュージョンすることは悪いことばかりではないと主張する人もいるかもしれないが，ACT においてはそれは正しくない。つまり，観察者としての自分と，自らの抱く心理的内容とのフュージョンはすべて，心理的に不健康なのである。なぜなら，自らの存在は，自らが抱く心理的内容を単に合計したもの以上だからである。実際，残りの 2 つの自己（プロセスとしての自己と文脈としての自己）からわかるように，観察者と行為者の区別が大きくなればなるほど，観察者の人生のゆとりが多くなり，そして，外から見える行動は，生起と消滅を繰り返す心理的内容（思考，感情など）によってではなく，自らの価値によって支配されたものとなる。言い換えれば，もし，人が，自らの抱く心理的内容（思考，感情など）から，「これがあなたである」と言われているだけの存在となってしまうならば，豊かで実りある価値に基づく人生を送ることはできない。そしてこれが，概念としての自己において，常に起こってしまっていることなのである。

　概念としての自己の例を，マーティンという，セラピーを受けに来た慢性疼痛患者の架空事例で見てみよう。最初の段落では，マーティンについて紹介する。次の段落で，痛みに関して，概念としての自己のレベルにとどまっ

ていることで，マーティンにどんな困難が生じているか詳しく見てみることにする。

　マーティンは，慢性疼痛と闘っており，自分の時間の多くを，可能ならば痛みが消えるような，そうでなければ少なくとも，ある程度コントロールできるような，確実な戦略を考え出すことに費やしている。「すべてのことをやってきたが，効果がない——何らかの痛みが常にある」と彼は強く信じている。実際のところ，ある種の痛みが本当に存在しているのか否かについては，彼にはもうわからない。彼にできる唯一のことは，これまでは単に思いつかなかっただけだという前提で，正しい戦略を思いつくよう努力を続けることである。痛みと痛みを解決するための努力が多くのことを彼に要求するために，他のすべての点において人生が，不可能とまでは言わないにしても，困難になっているとマーティンは信じている。彼は，実際の痛みや，（もうすぐ痛みがやってくるという）痛みの「待合室」に閉じ込められているように感じ，完璧な解決法を，延々と不満を抱えながら探し求め続けている。きっとそれ以外には，彼が費やしてきた努力すべてを正当化してくれるものはないのだろう。

　痛みと痛みとの闘いがマーティンの人生を支配してしまっているので，心理学的に言ってマーティンは，ほとんど痛みそのものとなってしまっている。言い換えるなら，マーティンは何よりもまず，慢性疼痛の患者として自分自身をとらえるようになってしまっているのである。彼の人生の他の多くの側面は，この，慢性疼痛患者という自己感覚の二の次となっている。それは彼の，外から見える行動面のみならず，内面においてもそうなのである。そうして，この痛みという問題との同一化が，彼という人格のほとんどすべてを占めるようになり，他の側面（例えば，夫，父親，労働者）は，行動面から見て，消え去ってしまっている（例えば，「背中が痛くなるので，もう子どもたちと遊ぶことができない」）。そして，（観察者としての）マーティンが折に触れてこれを見ている。「以前のマーティンはどこに行ったのだろう」と彼はしばしば自分自身に尋ねる。そして，妻も同じ疑問を持ってい

ことを彼は知っている。自分も妻もどちらも以前のマーティンに戻ってもらいたがっていると彼にはわかっているが，痛みによって，いつも，以前の自分に戻ることが妨害されているようである。自分が永遠に失われる可能性があることを彼は心配している。要するに，彼の自己感覚が，ほとんど痛みとの闘いとフュージョンしてしまっているのである。

　ACTの観点から，マーティンが人生を切り開けるようになるためには，いくつかのステップが必要となる。なぜなら，彼が認識しているとおり，彼は貴重な人生を犠牲にし，痛みのブラックホールに吸い込まれてしまっているからだ。そのためには，まず，自分自身を痛みそのものとして考える視点から，自分自身を痛みとは区別され切り離されたものとして見る視点を持つことが必要である。

　別の言い方をするなら，痛みについての思考や感情が観察者としての自己を乗っ取ってしまっている，概念としての自己というレベルから，マーティンは離れる必要がある。著者らはこのことをクライエントに説明するときに，「思考や感情が巨大で，観察者が小さい」という言い方をすることが多い。理想はこの逆で，「思考や感情が小さく，観察者が巨大」であってほしいのであるが。

　さて，概念としての自己にプロセスレベルで何が起こっているかを，RFTでどう説明することができるか考えてみよう。**図1**（左側）は，ACTの場合と同様に，観察者と行為者が区別されている。RFTの用語では，観察者は常に**今-ここ**に置かれるということに注意してほしい。そしてその**今-ここ**は，あなたの視点である。そして，これは3つの自己すべてにも当てはまるのだ。観察者がいる場所（すなわち，**今-ここ**）は決して変わらないが，どの時点においても，あなたがどの自己かによって行為者が働きかける心理的な空間は変わるのだ。これは，図の右側に示されている。

　図1は，概念としての自己において，心理的内容（思考や感情）が，**今，ここ**にある（図の右上を参照）ことを示しており，そのことは観察者と同様である（観察者は常に今，ここである）。このような観察者と行為者間の関係

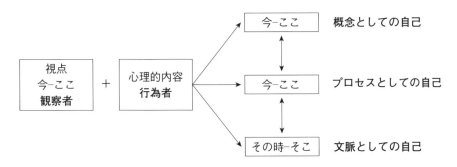

図1：視点取得の観点から見た3つの自己の概念図

により，心理的内容（思考や感情）があなたの行動を制御してしまう可能性が高まる。また，苦しんでいる人がなぜしばしば圧倒され，脅かされた感覚を抱くのかということは，この関係から説明される。なぜなら，人は，自らが考えている内容と等位になるからである。本質的には，これが3つの自己によってとらえられた**観察者と行為者との関係**であるが，特に概念としての自己においては，最も等位となっているのである。

プロセスとしての自己。プロセスとしての自己は，進行中の活動が，観察者と行為者間の継続的な区別を促すような心理的空間である。要するに，あなた自身は，あなたが考えること，感じること，思い出すことなどとは区別される。ACTにおいては，プロセスとしての自己はフュージョンを伴うものではない。なぜなら，観察者は思考，感情など（行為）のプロセスと，これらに伴う評価を知覚できるからである。当然のことながら，この区別によって，これらの評価に関連する過去の痛みが軽減される可能性がある（すなわち，観察者は，概念としての自己の場合のように圧倒されることはないだろう）。

これらの心理的内容（思考，感情など）に基づくプロセスへの**継続的な気づき**（ongoing awareness）は，プロセスとしての自己の重要な特徴である。本質的には，心理的内容を絶えず変わりゆくものと知覚できるために，それへの執着が進むことはない。次のような例を考えてみよう。「私はい

ま，抑うつ的な気持ちを感じており，抑うつ的な思考を抱いているが，それはこの瞬間における思考や気持ちにすぎず，明日には変化しているかもしれない」。ここでは思考や気持ちという自らの心理的内容について，生起と消滅を繰り返すものとしてとらえることができており，この継続的な気づきは，マインドフルネスの概念とほぼ同じとなっている。

　プロセスとしての自己のレベルにあることで，心理的内容である感情や思考に導かれての行動よりも，価値一貫性のある行動が容易となる。なぜなら，感情や思考という心理的内容を明確に自覚し，その一方で，価値へも心が開かれているからである。簡単に言えば，そのことによって，プロセスとしての自己が，行動の柔軟性を増すことが可能になる。それゆえ，もし，あなたが感情や思考といった心理的内容をあるがままに見ることができれば，豊かな，価値に基づく人生を送ることができるのである。しかしながら，覚えていてほしいことは，プロセスとしての自己は，「心理的内容をゼロにする」ことを（たとえそれが可能なことだとしても）求めているわけではなくて，単に，プロセスとしての自己によって，絶えず変化する心理的内容を観察するための異なる視点がもたらされるだけだということである。

　さらに，やっかいな心理的内容（これまで自分が悪戦苦闘してきた感情や思考）により，概念としての自己が再び立ち現れてくる可能性があることを認識することも重要である。つまり，あなたはプロセスとしての自己にとどまり続けてさえいればいいと考えてはならないのである。特定の強力な心理的内容（感情や思考）が生じるや否や，概念としての自己に揺り戻されることは，あなたのこれまでの体験からも明らかだろう。したがって，ACTにおいて，プロセスとしての自己と概念としての自己の間には非常に微妙な境界線がある。そして，継続的な気づきこそが，概念としての自己に捕らえられることなく，プロセスとしての自己にとどまり続けることを可能にしてくれるのである。マーティンの例に戻って，プロセスとしての自己がどのように働くのかを例示しよう。

　ここのところずっと，マーティンは身体の1カ所，またはもしくは同時に

いくつかの場所に痛みを感じている。この痛みが体験されるや否や，痛みがあると概念としての自己のレベルになってしまっていた歴史がほぼ必然的に想起され，行動の柔軟性は大幅に減少し，痛みの緩和が唯一の選択肢として認識されるようになる（すなわち，「私は痛みのない人間でなければならない」）。このように，概念としての自己とのフュージョンによって，そういった瞬間においてすら，困難ではあっても，痛みに関して別の選択肢をとることができることが認識できなくなっているのである。例えば，論理的に言えば，価値を大切にしていくことで，痛みに耐えることができる可能性があるのだが，それがマーティンには見えなくなっている。つまり，痛みがあったとしても，価値に基づいた別の行為をすることは可能である。しかし，痛みと関連する感情や思考が，継続的に，次から次へと生起と消滅を繰り返すものとして体験されない場合には，そうはならない。なぜなら，マーティンが痛みを受け入れるまえであっても，痛みの体験を観察できるような，別のレベルになることをマーティンは学ばなければならないからである。これがプロセスとしての自己である。

　さて，ここで，プロセスとしての自己において，関係レベルで何が起こっているか，RFTでどう説明されるか考えてみよう。再度図1の右側を見よう。概念としての自己とプロセスとしての自己の間に体験的に言えばはっきり違いがあるのに，**関係フレーム理論的に言って違いはないこと**がわかる。概念としての自己においても，プロセスとしての自己においても，行為者は**今-ここ**に位置し，そしていつもと同様に，観察者も**今-ここ**にある。プロセスとしての自己においては，**今-ここ**から，**その時-そこ**に向けて，感情や思考といった心理的内容が移動する感覚がある。それはどういうことかというと，感情や思考といった心理的内容は，概念としての自己においては，**今-ここ**にあるから問題をひきおこすのであるが，プロセスとしての自己においては，**今-ここ**における心理的内容は，ただ単に，我々が思考，感情，行動といったことについて話すことを学んだその内容である，ということにすぎず，フュージョンではなく自己理解を促進するのである。

文脈としての自己。文脈としての自己は観察者と行為者とが，最も強く区別される心理的空間である。ACT において，文脈としての自己は，脱フュージョンを体現しているものである。なぜなら，文脈としての自己においては，あなたという人と，あなたが何を感じ，考え，記憶しているかなどとが区別されているからである。次の例を考えてみよう。「私は抑うつ的であり，抑うつ的な思考を有してはいるが，私という人間は，私の抱いている否定的な思考や感情以上のものであることを私は知っている」。当然のことながら，こうして区別することで，自分の抱いている思考や感情のような心理的内容とその評価に関連するような，概念としての自己において感じられていた苦痛が軽減される可能性がでてくる（すなわち，観察者は，概念としての自己のときほどには，圧倒されないだろう）。ACT のアプローチが，いかに文脈としての自己を促進するかを説明するために，マーティンの例に戻ろう。

治療の開始時には，マーティンが痛みを認識する際，彼の痛み体験は，常に痛みの犠牲者としての自己知識とフュージョンしている。痛みが彼の自己感覚を支配してしまっており，その自己感覚も，痛みがあるときには痛み以外のものがほとんど残されていないような，今，ここという自己感覚になってしまっている。文脈としての自己をエクササイズすることで，痛みとは区別された自己感覚をマーティンが体験することが可能になり，痛み以外の体験が痛みと共存できるという事実も明らかになるだろう。マーティンが，この自己感覚との接触を増やすことを学ぶことで，行動の主要因となる価値へのアクセスが増え，文脈としての自己という感覚がより大きくなり，行動が価値づけられた方向へ一貫して向かい続けることが可能となるだろう。また，文脈としての自己によって，痛みが圧倒的でも支配的でもないと体験することができる安全な場が切り開かれるので，アクセプタンスが増大する。そして，痛みは彼の一部ではあるが，彼のすべてではなくなるのである。

RFT によれば，関係レベルにおいて，概念としての自己やプロセスとしての自己の場合とは異なり，文脈としての自己においては，行為者は今-こ

こでなく，その時-そこに位置する（図1右下参照）。このように，関係レベルで観察者と行為者とがはっきり区別されることで，思考や感情のような心理的内容を観察するのに最も安全な場がもたらされ，それと実際の行動を明確に区別することが促進されるだろう。別の言葉で言うと，思考や感情のような心理的内容が観察者と同じ場に位置しない場合，その心理的内容は，行動をコントロールするような力を持たないのである。したがって，そういった心理的内容から影響を受けず，価値と一致したやり方で自分の人生を生きることができるのである。

　ACTの観点において，文脈としての自己によって最大の脱フュージョン（つまり最小のフュージョン）が促進される。なぜなら，観察者と行為者との間の最も大きな区別がもたらされるからだ。しかし，忘れてはならない重要な点がある。文脈としての自己は，そこから働きかけるための理想的な場であり常にこのモードで働くべきであるように思うかもしれないが，これは，実行不可能であり，不可欠なものでもない。なぜなら，文脈としての自己までいかずとも，プロセスとしての自己で十分間に合うような心理的内容もたくさんあるし，これまでずっと体験してきたやっかいな思考や感情によって，いずれ概念としての自己まで引き戻されるものだからである。結果として，プロセスとしての自己が，おそらくほとんどの時間において，働きかけるのに最も適したモードとなる一方，やっかいな心理的内容があなたを概念としての自己へ引き込むような場合には，文脈としての自己が最も安全なものとなる。

　実際，ACTの主な目的は，心理的柔軟性を確立することであり，必要に応じて，3つの自己を切り替える能力が必要とされる。要するに，フュージョンを最小限にするために，概念としての自己からプロセスとしての自己へ切り替えることがACTで推奨されている。しかし，プロセスとしての自己ではまだ，簡単に概念としての自己に引き戻される可能性があるので，比較的危険だといえる。そこで，ACTのエクササイズでは，プロセスとしての自己から文脈としての自己への切り替えの柔軟性を促進することも行う（す

なわち，脱フュージョンを最大化するのである）。

　もう一度マーティンの例を考えてみよう。はじめに，マーティンは痛みの体験に関して，概念としての自己のレベルにあり，もっぱら痛みの犠牲者となっていた（すなわち，フュージョンが最大）。このフュージョンによって，マーティンの行動は痛みを除去する試みによって支配されることになってしまう。そして「痛みがなくなるまでは，これまでの私ではいられない」というような考えを持ってしまうのである。痛みに関してプロセスとしての自己のレベルになるようにマーティンに教えれば，痛みの体験がどんな性質と頻度かということにいつでも彼は気づくことができ，脱フュージョンがいくらか容易になるだろう。例えば，ACTの専門家は，彼に，次々と生じる痛み発作一つひとつについて，ちょうど葉っぱが次々に流れに乗って川下に流れていくかのように，気づくように勧めるかもしれない。こうしたプロセスとしての自己のエクササイズにより，痛み発作とのフュージョンがいくぶんか減少するだろう。しかし，もちろん，彼のこれまでの歴史を考えるとそれによってフュージョンがすべてなくなるわけではない。それゆえ，それと同時に，どのようにして文脈としての自己のレベルになるかをマーティンに教えることが重要になるだろう（すなわち，自らが痛みという体験以上のものであるとわかり，観察者が巨大で，行為者が小さい）。この場合，プロセスとしての自己と文脈としての自己の両方が用いられ，価値に資するような行動の柔軟性が促進されるだろう。なぜなら，痛みが生じたとしても，マーティンはそれに気づき，認めたうえで，それでもなお，価値に基づいた別の行動をとることができるからである。

　以下のセクションでは，ACTとRFTの自己へのアプローチが，ポジティブ心理学の分野のさまざまなエクササイズと実はかなり重なり合っている部分があることを見ていこう。ACTやRFTと，ポジティブ心理学とは，それぞれ非常に異なった哲学的，心理学的伝統に由来しているが，科学的見地からも，また治療的見地からも，共通の基盤があるということを探っていくことは，有益なことである。そのなかでも特に，自己感覚に基盤があるよう

な，ポジティブ心理学の2つのエクササイズを我々は選ぶことにした。

ポジティブ心理学的エクササイズの RFT による解釈

　ポジティブ心理学の主な目的は，個人のパーソナリティの肯定的な側面を明らかにし，人としての最適な機能を成し遂げるために，これを活用することである。言い換えれば，ウェルビーイングを促す戦略が，ポジティブ心理学の根底にある。この点において有用なポジティブ心理学の戦略は多数ある（例えば，Algoe & Haidt, 2009; Cohn & Fredrickson, 2010）。例えば，Sin と Lyubomirsky（2009）は，ポジティブ心理学的介入のメタアナリシスを行い，ポジティブ心理学的介入が，概して，うつ症状の減少と自己報告ベースでのウェルビーイングの増大に関連していることを見いだした。Seligman ら（2005）の報告によれば，特に，**感謝の訪問**（gratitude visit），**人生における3つの良いことのエクササイズ**（three good things in life exercise），**新しい方法で強みを活かすこと**（using signature strength in a new way）が，主観的に自己報告された幸福と関連するとされた。一般的な，文章を書くこと（writing）のエクササイズ（例えば，Frattaroli, Thomas, & Lyubomirsky, 2011）や感謝のエクササイズ（例えば，Lyubomirsky et al., 2011）の使用を支持するエビデンスも増えてきている。以下のセクションでは，これらの2つのポジティブ心理学的介入の RFT による解釈を探ろう。

　人生の肯定的な出来事や功績について文章を書くこと。ポジティブな文章を書くエクササイズはポジティブ心理学ではよく確立された方法である（Seligman et al., 2005）。例えば，**人生における3つの良いことのエクササイズ**では，過去1週間について毎日，「うまくいった（gone well）」3つの出来事を，そのポジティブな結果に対し考えられる理由を含め，書き出すことが求められる。Seligman らはこの介入を用い，1，3，6カ月後のフォローアップ時に自己報告された幸福が増大し，うつ症状が減少することを見いだした。

King (2001) はこのエクササイズを応用し，人生で今後想像されるなかで最もポジティブな出来事を書き出すことによって，主観的幸福度が3週間後のフォローアップ時に増大するとした。Kingによれば，ポジティブな文章を書くエクササイズによって目標（goal）に対する自己フォーカスが容易となり，ひいては，よりよく自己統御された行動が促進されるのだという。

これとは対照的に，Lyubomirsky, Sousa, Dickerhoof (2006) による研究では，ポジティブな出来事について分析的に文章を書くことは，ポジティブな出来事について単に考えるだけと比べ，よりネガティブな結果になると報告された。具体的には，分析的に書いたグループは，生活の満足度，個人の成長，自己受容，一般的な健康度について，単に考えただけのグループよりも低く報告した。これらの矛盾した結果の説明を試みるために，このセクションの後半でこの問題に戻ることにする。

伝統的にネガティブもしくはトラウマ的な出来事について文章を書くことの効果に焦点が当てられてきたこととは対照的に，ポジティブな文章を書くことについての研究は，研究においても治療においても比較的新しい試みである。実際，**表出的開示的作文**（expressive disclosive writing）と呼ばれるものに関しての文献は非常に多い（例えば，Sloan & Marx, 2004b）。この方法では，簡潔に言うと，クライエントがトラウマ的な人生の出来事についての思考と感情を書き出すように指示される。いくつかの研究報告では，この方法を用いてポジティブな結果が出たとされ，それには，健康問題の減少（例えば，Pennebaker & Beall, 1986），失業後のより早い再就職（例えば，Spera, Buhrfeind, & Pennebaker, 1994），大学へのよりよい適応（例えば，Pennebaker, Colder, & Sharp, 1990），さらに，喘息患者の肺機能の改善（例えば，Smyth, Stone, Hurewitz, & Kaell, 1999）すらも含まれている。これらの結果はそれまで抑制されてきた感情が開示されること（Pennebaker, 1989），そのために感情回避の必要性が減少すること（Sloan & Marx, 2004a），に影響されているかもしれないと主張する研究者もいる。

上記の2つの方法（すなわち，ポジティブな出来事とネガティブな出来事

についての作文）の中間として，ネガティブな出来事のポジティブな側面について書き出すようなエクササイズもある。例えば，Stantonら（2002）は，自分のがんについてポジティブな思考や感情を書き出した女性は，対照群に比べ，有意に受診回数が少なかったことを示した。Wing, Schutte, Byrne（2006）によれば，このケースでは，文章を書くことによって，出来事に関連した感情をよりよく理解し消化する，より深い認知処理がもたらされている（Pennebaker & Seagal, 1999）のだという。

　作文の主題がポジティブであれ，ネガティブであれ，あるいはその中間であっても，文章を書くこと自体に関して利点があるのかもしれない。例えば，Frattaroliら（2011）によれば，高校生がこれから受けるテストについて表出的作文エクササイズを行うと，対照群と比較して，テストの点数が有意に高く，テスト前の抑うつ症状が有意に低かったという。実際，いくつかの論文によれば，自己に関連した内容について文章を書くことによって，自己への気づきが増大し，それに伴って，自分が何を優先すべきかということに関してのよりよい自己統制が促されることが示唆されている（King & Miner, 2000）。同様にBurtonとKing（2004）は，このように自己への気づきが強化されることによって，自己の体験が自己概念へ統合されることが促進されると提唱した。つまり，文章を書くことによって，自己感覚がより明確に表現されるようになるのかもしれないのである。

　ポジティブ心理学が自己について文章を書くことを勧めていることと，ACTにおいてプロセスとしての自己や脱フュージョンといった概念があることの間には，共通点があるように見える。つまり，ポジティブ心理学においてもACTにおいても，その目的は，思考，行動，感情などを継続的に体験し表現することで，それによって（思考や感情によって駆りたてられるのでなく）自らの価値と一致した行動という観点での自己統制を高めることである。実際，RFT的に言えば，自らの思考や感情を書き出すということは，脱フュージョンの物理的なメタファーである。なぜなら，書くことはプロセスとしての自己の行動であるからである（つまり，人は，自らの思考や感情

について書くとおりに，自らの思考や感情に気づくものなのだ）。このように，あなたの**今-ここ**における思考や感情とは，あなたの継続的な体験について，あなたが話したり，書き出したりすることと，まさに一致することになる (Hayes, 1995)。つまり，あなたの思考や感情は，あなたが**今-ここ**で話したり書き出したりしているもので，決して時空を超えたあなたそのものではないのである。

　先のマーティンの例を考えてみよう。セラピストがマーティンに，痛みを体験していたり，痛みが今にも起こりそうと感じたりする時間を選ぶように指示したとしよう。セラピストが，マーティンに，じっくりと徹底的に，痛みに関連した感覚や思考を，生じるままに付箋紙に1つずつ，書き出すように指示したとしよう。セラピストはその後，そのメモを彼のシャツの上に1つずつ貼るように指示するかもしれない。ACTやRFTの観点から言うと，例えば身体の内側から身体の外側へ，思考が物理的に移動することは，脱フュージョンの行為なのである。書き出すという行為はプロセスとしての自己である。なぜなら，**今，ここ**で継続的に生じている思考や感情を彼が観察しているからである。これは，それまでのマーティンが行ってきたこと，つまり，思考や感情を外から見えないようにしまいこんできたこととは，かなり異なっている。このように書き出すことは，セラピストと共有されるエクササイズであることにも注目しよう。これもまた，痛みに関連した思考や感情が現れた際にそれまでマーティンに生じていたこととは反対のことである。つまり，彼はそれまで誰か他人とその思考や感情について話をすることを望んでいなかったのである。ひょっとしたら，これまでマーティンは，痛みが実際には起こっていないとすら自分に信じ込ませようとしていたかもしれないし，そういった体験の回避こそが，事態を悪化させるものなのである。

　これまでのマーティンの行動は複数のレベルで柔軟性に欠けていた。第一に，概念としての自己が圧倒的なものであったので，彼は自らの知覚した痛みを回避しようとすること以外に，別の行動は何も思いつくことができなかった。第二に，彼が痛みについての思考や感情を回避しようとすればするほ

ど，それらは現れ，彼自身とフュージョンしやすくなり，それによって，自分の存在が痛み以外の何ものでもないという考えが強化されていた。まとめると，基本的にこれらの出来事によって示されるのは，マーティンは自らの時間とエネルギーのほとんどを痛みの「扱い」に費やし，他の価値に基づく行動が犠牲になっていたということである。

　RFTとACTの観点からは，ポジティブ心理学が，**最高のありうる自分**（best possible self）のエクササイズのように，**ポジティブな体験について**文章を書くことに焦点を当てていることには，ひとつの潜在的な限界があることがわかる。ACTとRFTにおいては，ポジティブな思考や感情とネガティブな思考や感情の間には機能的な違いはなく，両方とも，単に異なる評価をされた思考や感情であるにすぎない。実際，フュージョンしている思考や感情の種類にかかわらず，概念としての自己は，しばしば問題となる。同様に，プロセスとしての自己は，特定のタイプの心理的な思考や感情の体験に関係するのではなく，**すべての思考や感情**と関係するものである。直感的なレベルでは，あなたはネガティブな思考や感情とフュージョンする可能性が高いと感じるかもしれない。なぜなら，より多くの痛みを伴い，回避される可能性が高いからだ。そして，ネガティブな思考や感情を持たないように戦えば戦うほど，それが脅威になるのである。回避しようとする可能性が低いポジティブな思考や感情の場合ではこれは生じにくいだろう。それにもかかわらず，プロセスレベルでは，あなたはポジティブな思考や感情に執着する可能性があるし，実際にそれを多くのクライエントが行っている（すなわち，「私の思考がよりハッピーになれば，私はより良くなる」）。しかし，この執着は，ネガティブな思考や感情についての執着と同じように問題となる。なぜなら，あなたは，常に，（良いも悪いも）自分の思考や感情以上のものであるからである。要するに，プロセスとしての自己も概念としての自己も，「良い」思考や感情と「悪い」思考や感情を分けてはいないのだ。すなわち，すべての思考や感情は，その定義からして，概念としての自己から眺められた場合は問題となるため，絶えずプロセスとしての自己から観察し

なければならない。この決定的な違いを説明するために，ACT で用いられる，チェス盤のメタファー（metaphor of the chessboard）を例にして考えてみよう。

　白の駒はあなたのポジティブな思考，黒の駒はあなたのネガティブな思考を表しているとしよう。そして，同じタイプの思考や感情が同じチームで行動している。例えば（不安のような）「悪い」感情は（「私は役に立たない」というような）「悪い」思考と一緒に行動している。そして，それは「良い」感情や思考についても同様である（幸せに感じたら，自分の人生をコントロールできていると考えることのように）。そして，ゲームをプレイする方法は，どうやら，勝利させたい側を選択することにあるようだ。あなたは，チェス盤の一方に「良い」駒を，他方に「悪い」駒を置き，そして，白のクイーンの背中に立ち上がり，悪い駒との戦いに勝つために戦いに乗り込む。しかし，こんな姿勢でいれば，あなた自身の中の多くの部分が自分自身の敵となる。そして，より多くの黒と戦おうとすれば，黒が人生を支配する余地が増える。それゆえ，あなたは，激しく，より激しく，より一層激しく，戦わなくてはいけなくなる。もちろん，あなたの望みは，最終的に白の駒がチェス盤を支配するように，チェス盤から黒の駒を十分にふるい落とすことだろう。あなたは絶望を感じ，勝てないという感覚を抱くが，それでもなお，戦いを止めることはできない。もし，あなたが，白のナイトの背中に乗っているなら，黒の駒は生命を脅かすように見えるので，戦いこそが唯一の選択肢となるのだ。そうではあっても，戦争地帯で自分のすべての時間を費やすというのは，悲惨な生き方である。

ACT におけるクライエントの目的は，チェス盤のほうに自分を重ね合わせることで，白の駒と黒の駒という思考や感情に対する有用な視点を見つけ出すことである。チェス盤は駒を保有しており，駒はチェス盤を必要とする

が，その逆は成り立たない。もしあなたが駒のどれかに執着しているなら，ゲームをプレイすることは非常に重要となり，「勝利」に焦点を当てるだろう。あなたがチェス盤であれば，すべての駒を見ることができ，すべての駒を保持することができ，行われている戦争を眺めることができるのである。特定の駒（白であっても）に執着することをやめてはじめて，チェス盤のレベルにいることができるのである。Hayes（2004）は，次のような表現で，チェス盤のレベルにいることの本質をとらえた。「ACTのクライエントは，自分自身の思考や評価の文字通りの真実について，どのような関心をも放棄することを奨励されている。（p.647)」このように，文字通りの真実として，信じられるべき思考や感情はないし，あなたがどんな人かについても，それは同じである。それによって観察者と行為者の間の区別はしっかり保持されるのだ。どんな種類の思考や感情であれ，仮にそれがポジティブなものであっても，もしあなたが執着を許してしまえば，この区別は犠牲になってしまうのだ。

RFT/ACTの観点からは，ポジティブな文章を書くエクササイズは以下の2つの機能のうちのいずれかの役目をしているように思われる。1つ目は，プロセスとしての自己ではなく概念としての自己を促進させる可能性があることである。もしあなたがネガティブな思考や感情の低減または除去を望んでいれば，ポジティブな文章を書くことで，ポジティブな思考や感情とのフュージョンが進んでしまうかもしれない。こういった種類の体験の回避は，心の健康度が下がるというアウトカムと関連しており，ACTと調和するものでは決してない（Hayes, Pankey, & Palm, 2005)。2つ目は，これらのエクササイズで，脱フュージョンと価値の明確化（values clarification）が促進されるという可能性である。例えば，あなたが，健全な子育てを自らの価値としていたら，「私は，本当に良い親です」と書くかもしれない。このような脱フュージョンの要素によって，あなたが不完全な子育てから受けた苦しい体験から距離をとることができる。価値を明確化するという要素により，子育てについて将来よりよく行える可能性のある側面はどれかを見いだすこ

とができ，これにより，この価値を達成するモチベーションを高めることができるだろう。脱フュージョンと価値の明確化は初期のころよりACTの重要な要素であり，それらが臨床的にポジティブなアウトカムをもたらすのに役立っていることは，これまで実証的にしっかりと示されてきた（Hayes, Luoma, Bond, Masuda, & Lillis, 2006を参照）。

表出的作文エクササイズに対する治療上の提案

- 文章を書くエクササイズは，書き手と書かれている思考や感情間に距離をもたらすような脱フュージョンを促進するべきである。
- 文章を書くエクササイズは価値の明確化を促し，そして，これまでの価値に基づかない行動の記憶からの回避をとどまらせるようなものであるべきである。
- 文章を書くエクササイズは，概念としての自己よりもプロセスとしての自己を促進すべきである。ポジティブな思考や感情であっても，それに執着すれば問題となる。

「感謝」についてのRFT的解釈。 感謝（gratitude）はEmmons（2004）によって「特定の他者からの現実的な利益であれ，自然の美によって引き起こされる平和な至福の瞬間であれ，その贈り物に対する謝意と喜びの感覚」と定義されている（p.554）。感謝の気持ちは，ポジティブ心理学のムーブメントにおいて不可欠な部分（Bono & McCullough, 2006; McCullough, Kimeldorf, & Cohen, 2008）である。**感謝のリスト**（gratitude list）（Wood, Froh, & Geraghty, 2010を参照）のように，感謝を体験し発展させることに基づいた多数の介入がデザインされている。実際，ポジティブ心理学の支持者のなかには，感謝の概念を非常に好み，臨床現場はもちろん（Wood et al., 2010），国家規模での介入の実施を提案している人もいる（例えば，Bono, Emmons, & McCullough, 2004; Froh, Miller, & Snyder, 2007）。こういった熱意に沿う形で，これまで得られた実証的エ

ビデンスは，将来に期待が持てるものである。例えば，さまざまな感謝のエクササイズが，心理的ウェルビーイングの増大（Seligman et al., 2005），向社会的行動の増大（例えば，Tsang, 2006），一般的なポジティブ感情の増大（例えば，Emmons & McCullough, 2003）と関連することが示されている。

「感謝のリスト」と「感謝の訪問」は，ポジティブ心理学のなかで，感謝に基づいた介入のうち，最もしばしば用いられるものである。感謝のリストには，日々の生活で，最もあなたが感謝している人々，出来事，物事，属性などを単にリストで書き出すことである。そうすることの利点は，多くの研究によって実証されている。例えば，Froh, Sefick, Emmons（2008）は，2週間にわたって感謝のリストを使用した若者において，楽観主義と生活の満足度の上昇が示されたと報告した。また，Emmons と McCullough（2003）の報告では，毎日の困り事について文章を書いた参加者より，自分が感謝している人や出来事について文章を書くことした参加者のほうが，他者への支援を申し出ることが多かった。

感謝の訪問とは，過去にあなたに特に親切にしてくれたが，あなたが十分に感謝しきれていない人へ感謝の手紙を書いて届けることである。Seligman ら（2005）によると，この方法で1週間後，および3週間後のフォローアップ時の幸福感（happiness）の増加と抑うつの減少がもたらされた（ただし，この効果は3カ月後のフォローアップ時には維持されなかった）。しかし，Lyubomirsky ら（2011）は，6カ月後のフォローアップ時の幸福感の増加を報告している。また，介入によって生じる努力の量はウェルビーイングのレベルと正の相関をしていた。

感謝気質（dispositional gratitude）という概念を提案している研究者もいる。（例えば，Froh, Emmons, Card, Bono, & Wilson, 2011; McCullough, Emmons, & Tsang, 2002）。そして，それが一般的なウェルビーイングと向社会的行動の中心となると述べる研究者もいる（Kashdan, Uswatte, & Julian, 2006; Tsang, 2006）。例えば，Wood, Maltby, Gillett, Linley, Joseph（2008）は縦断調査によって，感謝気質は人生の移行期において社会的支援を促し，ストレスと抑うつに関連す

る悪影響から保護的に作用すると思われると報告した。他者への感性や配慮を表出することを動機づけるという点で，感謝の気持ちは攻撃性への解毒剤であると示したデータもある（DeWall, Lambert, Pond, Kashdan, & Fincham, 2012）。実際，感謝気質が生活満足度の個人差の20％をも占めていると示唆する研究者もいる（Wood, Joseph, & Maltby, 2008）。どのように感謝を知覚し応じるかについては，性差を示すエビデンスもある（Kashdan, Mishra, Breen, & Froh, 2009 を参照）。

　RFT的に言えば，感謝にはさまざまなレベルでの視点取得が必要とされる。あなたが自らに何を価値づけ，どうそれを知覚するかを認識することが，他者によって描写され，理解されなくてはいけない，という観点からである。まず最初に，感謝における自己の役割を考えてみよう。あなたが私のためにしてくれたことに対して，私が感謝の気持ちを体験するには，あなたの行動とその結果が，私の価値づけるものと一致していると認識できなくてはいけない。あなたの行動と私の価値との間のこういった種の一致がなければ，感謝が生じるという結果には決してならないだろう。あるレベルにおいて，非常に深い感謝の気持ちが生じたということは，他人の行動と自分の価値観との間に非常に強い重なりがあることを示唆する。次に，感謝における他者の役割を考えてみよう。深い感謝の気持ちには，あなたがしたことと私の価値づけとの一致だけでなく，それ以上のものが含まれるだろう。実際，感謝が生じるためには，少なくともその感謝が非常に意味のあるものの場合には，あなたが価値づけることと私が価値づけるものとに重なりや共有があるという感覚も必要となる。感謝の気持ちが向社会的行動と強く関係することはこれで説明されるだろう。さらに，この共有された価値づけを理解するためには，私は，自分の価値づけとあなたの価値づけ，両方への視点を持つことができなければならない。そして同様に，あなたは，私の価値づけとあなたの価値づけ，両方への視点を持っていなければならない。

　次の例を考えてみよう。大人になったあなたは，両親が，あなたの教育を形作る役割を持ち，これにより，あなたが今，自ら高く価値づけている専門

職というキャリアを得るに至ったと認識している。まず最初に，あなたのキャリアについての役割に関して，**両親**の視点を考えてみよう。若い頃のあなたは知らないが，両親はあなたの授業料を支払うために経済的困窮に耐えていた。これは，両親があなたの教育というものに価値づけをしていたこと，また，彼らが，将来的にあなたも同様にこれを価値づけると信じていたことに基づいている。そして，両親は彼ら自身の価値への視点を有しており（良い親であること，など），そして，彼らの行動や苦労はこれらと調和していたのである。さて，次に，**あなたの視点**を考えてみよう。あなたが教育を受けていたその時点では，あなたは両親の行動や両親の視点についての視点を持っていなかっただろう。そして，その時点のあなたが何に価値づけをしているかについてすら，限られた洞察しか持たなかったことだろう。あなたが将来的に何を価値づけるかについての視点を持っていた可能性など，ほとんどないことは確かだろう。さて，**今や**，あなたは，今およびその時の，自分自身と両親の価値づけの両方についての視点を有している。両親が何を価値づけ，どう行動したか，そして，あなたの将来的な視点について両親が有していた視点，について視点を持った結果として，あなたは耐えがたいほどに強い感謝の感覚を持つ。なぜなら，彼らがその時価値づけていたものと，現在あなたが高く価値づけていることが合わさったからだ。このように複雑な視点取得は，DeWall ら（2012）による以下の引用によって解説することができるだろう。「感謝の気持ちを体験したとき，人は，他者のポジティブな貢献の根底にある感情，思考，そして，行動に敏感となっている……それは，自己の利益を考えることから，他者を自らに重ね合わせ理解することへの変化を反映している」(p.2)

　上記の例によって，複雑な視点取得と価値に基づいた行動が感謝に関与すると示されるだけでなく，時間的かつ因果的な関係，特に，**もし-その時**，がどれほど重要であるかも示されている。再び，同じ例で考えてみよう。あなたの将来について，両親の視点は次のように説明できよう。「**もし**私たちが今，彼女の大学の学費を支払い，そしてその後に彼女が仕事を得れば，私

たちの努力の恩恵を**その時**彼女は受けるだろう。なぜなら，我々が今価値あると思うものを，その時彼女も価値づけるようになるだろうからだ」。そして，もし，あなたが今の職に価値を置かないのであれば，このことに関して感謝することはないだろうが，もし，あなたが今の職に価値があると考えるならば，あなたの視点は次のようなものになるだろう：「私は今，両親に感謝している。なぜなら，私が今価値あると思うことは**その時**彼らが促進してくれたことだからだ。**もし**，両親による促進がなければ，私が今価値づけるものを得られなかっただろう」。一言で言えば，この，後者の種類の視点取得が感謝の気持ちを代表するものである。

　さらに言うと，ACT の介入もポジティブ心理学の介入も，ほとんどの場合，価値づけに資するような行動変化に限られている（例えば，Hayes et al., 2006; Seligman et al., 2005）。ACT では，例えば，価値は非常に個人的なものであり，価値の明確化は，行動統制を促進し，心理的フュージョンや回避を促進しないように意図されている（Fletcher & Hayes, 2005）。同様に，ポジティブ心理学における感謝のリストは，持続的幸福（flourishing）を得るためには，まず，自分が何に価値を置くのかを明確にしなければならない，というテクニックの主たる例となっている。

　実例を示すために，再び先ほどのマーティンの例を考えてみよう。マーティンのセラピストが，彼に，生活の中で感謝している 3 つのことを書き出すように指示したとしよう。マーティンは子どもたち，妻との関係，仕事の 3 つを選んだ。ACT 的には，そのリストは，価値の明確化として，そして，行動を吟味するうえでの確かな基準として役立つことになる。例えば，マーティンのセラピストは，彼に，「あなたがお子さんたちと一緒にしている行動は，あなたがどのくらいお子さんたちを大切にしているかがわかるような行動になっていますか？」と尋ねるかもしれない。これに応じて，マーティンはおそらくこう言うだろう。「そうですね。私に痛みがないときは一緒に楽しい時間が過ごせますが，痛みがあるときは，あまりそうなってはいないですね」と。するとセラピストはこう尋ねるだろう。「もし，痛みの具合に

かかわらず，毎日お子さんたちとある程度の時間を一緒に過ごすことにしたら，どうなるでしょうか？」これはおそらく，マーティンがそれまでに行ってきたことと，かなり異なるだろう。なぜなら，痛みは子どもたちと遊ぶことと反対のことになってしまっていて，マーティンは，痛みがあるときには，価値に基づいて行動することなど「**できない**」と考えてしまっていたからである。

　さて，マーティンと妻との関係に関して，セラピストがマーティンに「あなたの苦しみに対する，奥さんの視点に立ってみてください」と指示したとしよう。マーティンは，自分の苦しみの結果のひとつとして，彼女もまた苦しんできた，と理解しはじめるだろう。そして，「奥さんの苦しみは，あなたの苦しみ同様に『理にかなった』ものではないでしょうか？」とセラピストは尋ねるだろう。今回もまた，この視点は，マーティンがこれまで用いてきた視点とは異なっている。これまでマーティンは，痛みがあるときには，他のことを重視したり，他のことに注意を払えなくなるという意味において，自らの苦しみを，自分の価値や，他の人の苦しみも含め，他のすべてのことより上位のものとして見てしまってきた。しかし，セラピストの介入によって，子どもたち，妻との関係という２つの価値が明確化され，妻の視点や子どもたちの視点に対するマーティンの視点が，感謝のエクササイズを用いることで強化される。そのエクササイズにおいては，彼の視点と，妻や子どもたちの視点に対する彼の視点とが，妻や子どもたちと共有されるのである。感謝を示すことに加えて，妻や子どもと共有された自らの価値とより一致する形で，将来的に行動していくというコミットメントもできるだろう。このように，感謝のエクササイズはマーティンの文脈としての自己を促進させるのである。なぜなら，彼は痛みにかかわらず，価値と一致したやり方で動いているからである。

　上記のセクションでは，ポジティブ心理学が重要視する感謝と，RFTとACTにおける視点取得や価値の明確化との間に強い重なりがあることを強調してきた。しかし，これら２つのアプローチの間には，２つの違いがある

可能性があり，それらは臨床的にネガティブな意味合いを持つことになるかもしれない。

1. 価値が明らかにされ，その価値が本物である際は，感謝の気持ちはほぼ必然的である。そして，この感謝の表現は，これらの価値と将来における行動を結びつける重要な目的を果たすだろう。この意味で，感謝は，価値の明確化に続く結果であろう。さて，このことを逆の方向から考えてみよう。感謝を表現することを勧められたけれど，価値が明らかになっていなければどうしたらよいだろうか？　これが問題となることがある。なぜなら，そのようなときには，あなたは感謝の感覚を体験できないだろうし，そもそもなぜ感謝をしなければならないのかわからないからだ。結果として，感謝のエクササイズは，他者と共有された価値という文脈においてのみ，最も効果的である可能性が高い。これ**なしには**感謝の気持ちは無意味であり，逆効果を招くことすらあるだろう。

2. 上記の懸念と同様に，ポジティブな文章を書くことに焦点を当てることに関して言えば，ACTにおいて，ポジティブな思考や感情も，ネガティブな思考や感情も，両方とも問題となる可能性があるものとして，同じ捉え方を採用していることを強調しておきたい。具体的に言うと，感謝のエクササイズは，他者へのポジティブな感情の発現を明らかに伴っているのだが，そのことは驚くべきことでも間違ったことでもない。しかし，そのエクササイズをすることで，どう感じる**べき**かがあなたに指示されてしまう危険性や，そこで引き起こされた感情によってあなたの行動が導かれてしまう危険性がある。別の言い方をすれば，感謝とは共有された価値を親密に表現することであり，感じられるもの以上のものである。また，感謝のエクササイズは，気持ちの面よりも，共有の面と価値の面に焦点を当てるべきである。当然，そのことにより，あなたが感謝を感じていないときでさえ，価値づけ

られた何かのために感謝のエクササイズを行うという可能性が高まるだろう。そして，それはACTの考え方とは一致するが，ポジティブ心理学の考え方とは一致しないだろう。例えば，あなたは妻と口論したあと，融和的な関係に戻るために，その時点では，愛や感謝より怒りを感じていたとしても「愛している。感謝している」と伝えるかもしれない。つまり，あなたが表現している感謝というのは現在の感情ではない。むしろ，これまでの彼女の多くの行動によって，あなたとあなたの関係へ及ぼされた効果を反映しているのだ。繰り返しになるが，ACTにおいて焦点となるのは，感情ではなく価値づけである。なぜなら，現在の感情に基づいて行動することは概念としての自己を反映してしまう可能性が高いからである。これまでの体験があなたに教えてくれたこと，そして，あなたが価値づけていることのために行動することこそ，プロセスとしての自己と文脈としての自己につながるのである。

感謝のエクササイズに対する治療的提案

- 感謝のエクササイズでは，あなたの視点と受け手の視点を明確にする必要がある。
- 感謝のエクササイズは価値の明確化を伴うものであるべきである。それも，参加者と受け手の両方にとっての価値の明確化であることが望ましく，また，受け手にとってどういう意味があるかという参加者の視点の観点からの価値の明確化であることが望ましい。
- 感謝のエクササイズでは，価値づけしたこと以上に，感じたものに重きを置くことを避けなければならない。概念としての自己ではなく，プロセスとしての自己や文脈としての自己を促進するためである。

終わりのコメント

　この章では，ポジティブ心理学が提案している 2 つの重要な介入である，文章を書くことと感謝において，RFT による 3 つの自己が，どのような役割を果たすと推定されるかを明確にすることを試みた。その解釈によって，これらの技法が使われている際に何が起きているか，そして，なぜそういった結果になると著者らが考えるのか，機能的でプロセスに基づいた説明が提供された。また，この章においては，ポジティブ心理学と ACT の間に，幅広く重なる部分があることを，自己，脱フュージョン，価値の明確化について強調しながら説明した。要約すれば，自己拡大（self-enhancement）したり治療的作業を行ったりするうえで，正しいやり方も間違ったやり方もないし，プロセスのレベルで何が起きているかについて正しい解釈も誤った解釈もないのだが，さまざまな心理学の流派には，かなりの重複があるので，この章では，少なくともそのうちのいくつかを説明し，潜在的な落とし穴にどう気づくか簡単な注意を行うよう試みた。

第 9 章

マイクロカルチャー：
文脈的ポジティブ心理学による介入

ロバート・ビスワス=ディーナー（ポートランド州立大学,
ポジティブ・エイコーン有限責任会社）
ナジェジダ・リュブチック（ポートランド州立大学）

　次に述べる言葉は，ポジティブ心理学とアクセプタンス＆コミットメント・セラピー（ACT）とをつなぐ学術書の，導入的な章の最初の文章にふさわしいだろう。「あなた，すなわち読者は，このパラグラフを読む際に，さまざまな個人的，または文化的なことを前提としているはずであり，それは例えばこの章のトピック（マイクロカルチャー〔microculture〕と，文脈的心理学とも呼ばれるACT）に対するあなたの興味かもしれないし，知的商品として編集された学術書に関するあなたの理解かもしれないし，ここに収められた情報を使用したいというあなたのユニークな欲求かもしれない」。これに対して，著者らもまた，専門家の人たちの役に立つように，わかりやすさや，学問的な根拠の提示，最新かつ有益な情報を載せることなどを心がけている。我々は著者と読者として互いに結ばれているが，それだけでは文化を共に創り上げるというところまでは至らないはずだ。この次なる社会的なステップを踏み出すために，我々著者と読者には相互作用するシステムが必要である。すなわち，フィードバックを行い，議論をし，意見を統合し，アイデアを修正し，情報や技術を社会的に共有するシステムが必要なのだ。

それがまさに文化（culture）の出現ということである。つまり，我々がコミュニケーションをとるためには，ひとそろいの共通理解が必要なのである。これが，単なる相互作用と，真の文化の出現との違いの明確な説明になっているといいのだが。

　文化という概念について考えるとき，人はこの現象を，古典的な人類学的用語で考えがちである。すなわち，親族集団（kinship group）であるとか，宇宙とはどういうものかに関する信念であるとか，服装についての慣習であるとかといった「目に見える」側面である。このことは複数の文化にまたがって働く専門家には特に当てはまる。複数の文化をまたがるカウンセリングの実践に関しては，多くの研究や理論的文献がある（Sue & Sue, 2007）。同様に，職場における文化的要因に関する書物が急激に増えている（Ramarajan & Thomas, 2011）。有能なコーチであるためには，文化がどのように，効果的な仕事の障壁となったり，はたまた，仕事での人間関係に影響を与えたりするのかについて敏感である必要がある。しかしながら，職場や治療場面における，文化への感受性のガイドラインは，今までのところ，人種的，言語的，社会的な差異などといった，比較的粗雑な用語を使って概念化されてきた（Hofstede & Hofstede, 2005）。この章の目的のひとつとして，文化という概念に対して，もう少し繊細な注意を向けるということがある。社会的文化（societal culture）という大きな概念のなかには，より小さい概念である「マイクロカルチャー」も含まれるのだが，そのマイクロカルチャーのなかには，サブカルチャー，カウンターカルチャー，組織における文化，人工的に構築されたマイクロカルチャーなどといったものが含まれる。マイクロカルチャーとは，共通の歴史，目標，価値観，言語的，非言語的コミュニケーションの仕組みを共有する小さな集団と考えることができる（Neuliep, 2009）。マイクロカルチャー集団は，民族性（ethnicity）といったような人口統計学的因子に基づくサブカルチャー集団と比べて，介入を実施する人にとって，特に関心が高い集団であるかもしれない。人工的に構築されたマイクロカルチャーは，その性質からして，しばしば一時的なものではあるものの，個人や集団

にポジティブな変化をもたらすための，文脈的な枠組みを与えてくれるからである。

次のセクションでは，主として静的でアイデンティティと関係した文化の理解から，動的で，他者との関係に注目した理解のほうへと移っていきたい。マイクロカルチャーは，反喫煙キャンペーンのような典型的な文化変革的介入とは異なり，比較的容易に作成することができる (Biglan, 1995)。そのため，マイクロカルチャーは，介入を実施する人にとって，特に関心が高い。さらに，マイクロカルチャーは，それ自体が，範囲を絞った介入が行われる文脈でもあるため，他の介入の効果に影響を与える媒介となりうるメタ介入として機能する。この章で，我々は，文脈というものが，介入の重要な側面のひとつであると主張したい。

より文脈的な介入に向けての ポジティブ心理学の議論

科学的な心理学，特にポジティブ心理学という生まれたばかりの学問においては，適応範囲が狭く，妥当性が検証されている介入が中心となる (Parks & Biswas-Diener, 本書第7章を参照)。この「ツールに基づくアプローチ」は，応用科学の発展における，明確な善意と必要性に基づいた第一歩であるが，介入を理解するうえでは，限定的なアプローチであると言わざるをえない。例えば，「3つの良いことのエクササイズ (three blessings exercise)」(例：Bono, Emmons, & McCullough, 2004) のようなポジティブな介入の有効性を強く推奨することで，臨床家は，ポジティブ心理学の産物が，まさにそれを使用する対象となる人々よりも重要であるという立場を暗黙のうちに示してしまっている。だが，実のところでは，これらの介入について我々が知らないことのほうが，我々がこれらの介入の使用について確実に知っていることよりも多いのである。

感謝の介入 (gratitude interventions) はポジティブ心理学的な介入の現

状を示すよい例である。「3つの良いことのエクササイズ」が，感情に良い影響をもたらすことを示唆する研究結果と，感謝の気持ちを意図的に示すことが幸福感と相関しているという研究結果がエビデンスとして存在している（例えば，Seligman, Steen, Park, & Peterson, 2005）。著者らの経験では，多くの臨床家は，この事実から，感謝の介入をどんなクライエントにも使用してよいと考えてしまいがちである。しかし，残念ながら，研究文献からは，この介入方法を指示したり，実践したりするうえで，たくさんの警告の但し書きが出されているのである。第一に，感謝の介入は，その人の文化的背景との相互作用があることを示唆している研究がある。例えば，個人主義的な人は，集団主義的な人よりも，感謝の介入のメリットを享受する可能性が高い（Boehm, Lyubomirsky, & Sheldon, 2011）。同様に，個人の宗教的な背景も感謝のエクササイズのメリットに影響する。例えば，一般的な感謝の気持ちよりも，神に感謝するというほうがより効果的な場合もある（Rosmarin et al., 2011）。第二に，感謝の効果をクライエントが好むかどうかが重要であることが示されている研究もある。例えば，Lyubomirskyら（2011）は，感謝の介入について，それを行うよう指示されるよりも，主体的に選択したほうが，効果が強いことを報告している。同様に，Schueller（2011）は，例えば，感謝を示すといったポジティブ心理学的な介入を好む人は，そういった介入を継続し，完遂しやすい傾向にあることを示した。第三に，クライエントの心理に直接関係する要因もまた，感謝の介入のもたらす効果に影響を与える可能性があることを示した研究もある。例えば，特性としてのポジティブな情動が高い青少年は，感謝の介入をしても，ポジティブな情動が頭打ちになりやすいかもしれないし，慢性的にポジティブな情動が低い子どもは，こういったエクササイズの効果が高くなるだろう（Froh, Kashdan, Ozimkowski, & Miller, 2009）。ここで，感謝に関するすべての研究の中で最も注意すべきなのは，「このエクササイズは，もともとうつ状態を呈している人では，実際に自尊心を下げることがあるので，禁忌の場合がある」と示唆している研究があることである（Sergeant & Mongrain, 2011）。というわけで，ポジティブ心理学的介入のエースで

あった感謝のエクササイズは，臨床での実践においては，多くの臨床家の思い込みをはるかに超える微妙な光と影とがあるといえよう。

　これらの研究の多くはつい最近発表されたものばかりであるので，臨床を実践するうえで，高い水準を維持するためには，最新の研究に遅れずについていくことが重要であると，強く主張することができよう。コーチ，セラピスト，コンサルタントなどのうちで，ポジティブ心理学の研究の最近の流れを把握していない人には，介入の持つはずの効果やメリットなどが限定的なものとなってしまうし，場合によっては，クライエントに害を与える恐れすらあるだろう。ここで我々が注意喚起をしておきたいことは，ポジティブ心理学的な介入は，何よりもまず第一に心理学的な配慮がされた介入であるべきであり，そして，それが可能な場合においてだけ，そして用いられる文脈に照らしたうえで，ポジティブ心理学的なものであるべきだ，ということである。確かに，ここで著者らはこのトピックについて強い意見を述べていることは認めざるをえないが，著者らのこの姿勢は，別に我々の影響力を高めようとして言っているわけではなく，ポジティブ心理学のことを知った臨床家が，ポジティブ心理学的介入というツールが一般的に効果があるという説明を受けたために，介入への個人的な適性や，他の文脈的な要因といった問題を見過ごす可能性があると言いたいだけなのである（Biswas-Diener, Kashdan, & Minhas, 2011）。公正を期して言うならば，著者ら自身が，まずは技法ありきの介入方法を推奨していたことに罪悪感を覚えざるを得ない（例えば，Biswas-Diener & Dean, 2007を参照）。我々がポジティブ心理学的介入に熱狂していたのは，こういった技法が有望であって，予備的な研究結果から，その可能性が示唆されていたからである。しかしながら，それから何年も経ったわけであるから，臨床家は，より高い臨床実践の基準を要求していくべきであるし，よりよい臨床実践がなされるように，科学的な裏づけが必要であると主張していくべきである。

臨床における
マイクロカルチャーの重要性

　ポジティブ心理学が精密なものに改良されるにつれて，その介入方法もより洗練されたものになっている。初期のポジティブ心理学研究は，妥当性の検証された介入技法を用い，範囲の限定されたアウトカム（多くの場合，幸福感に関連するもの）を測定することに焦点を当てていたが，最近の研究では，必然的に，より微妙なニュアンスのあるものになってきている。例えば，Sin, Della Porta, Lyubomirsky (2011) は，ポジティブ心理学の介入の効果に影響を与える可能性があるような個人的な要因に注目すべきであるし，介入技法は，個人に合うように改変されるべきだと論じている。それと同様に，Seligman (2011) は，ポジティブ心理学は，伝統的に個人への介入に焦点を当ててきたが，集団レベルでの介入やウェルビーイングなどに焦点を当てるようにしていくべきだとしている。これには，Biswas-Diener と Patterson (2011)，Veenhoven (2011) が答えており，彼らは，これまで究極のアウトカムとして個人の幸福感に焦点を当ててきたが，今後は社会資本の増大や，対人関係を深めること，集団的な福祉（collective welfare）などに焦点を移していく必要があると論じている。このように，ポジティブ心理学は，幸福を追求するための学問というよりは，むしろ，社会に変化をもたらすメカニズムとみなされている (Biswas-Diener, 2011)。

　文化的な要因に注目することは，ポジティブ心理学にとっても実践一般にとっても，重要な進歩である。PsycINFO データベースで，ポジティブ心理学のトップジャーナルである *Journal of Positive Psychology* を検索したところ，194 件のポジティブ心理学の文献の中で，3 件しか，「culture」というキーワードを追加した際に検出されなかった。ありがたいことに，文化的視点からウェルビーイングについて言及する専門書が現れはじめている（例えば，Delle Fava, Massimini, & Bassi, 2011）。マイクロカルチャーは比較的介入が

容易であるため，介入を行おうとする人にとって，特に興味深い文化の事例になっていると我々は主張したい。マイクロカルチャーの介入において，患者に変化をもたらすという点で有用性が確立されていると著者らが考えている3つのことをここで挙げてみよう。

1. マイクロカルチャーは人工的に創造されうる。これは，マクロなカルチャーが，常に集団の行動と同様に，個人の考えや感情に影響を与えている一方で，マイクロカルチャーを**文化的な行き詰まり**（cultural impasses）（その文化のなかで，ポジティブ心理学に対する感情に関連した障害）を避けるために使うこともできるということを意味する。特に，人工的に創造されたマイクロカルチャーは，個人を文化的な抑圧から解放する新しい文脈を与えてくれる可能性がある。もしマイクロカルチャーがなければ，この文化的な抑圧によって，介入に対して取り組んでいこうという意志も，取り組む際の心地よさも，取り組む能力も限定的なものになってしまうだろう。次に例を挙げる：

   我々が専門的なスキルトレーニングを行う際に，ストレングスの概念は，西洋の文化ではすんなり受け入れられるものの，集団主義的な文化（特にアジア）においては，謙譲という文化的な規範が障壁となって，なかなか受け入れられないということがしばしばある。このような文脈でうまく研修を施行するひとつの方法としては，個人を特定することは避け，謙虚さが生じた際にはそれを受け入れることである。参加者に，自らのストレングスでなく，他者のストレングスについて話してもらったり，恥ずかしい思いをする可能性が少ないスモールグループを用いたり，ストレングスについてのフィードバックを他の参加者への「贈り物」にしてもらったりするとよい。興味深いことに，謙虚さが必要とされないような，ローカルなマイクロカルチャーの規範を創造することで，学習のプロセスを促進することもできる。このためには，ただ単に，はっきりと新たに規範的な言葉として，例

えば次のように言うだけでよいのである。「シンガポールの文化は，この部屋にいるすべての人に影響を与えていますが，今日ここにいる私たち自身もまた，ユニークなひとつの文化なのです……つまりこの午後に限っては，個人的なストレングスについて，それを自慢だなどと曲解する人もいないなかで，自由に話し合えるという，そういう意味においてです」。そして我々は，その言葉を聞いたワークショップの集団主義的な参加者たちが，伝統的な規範を捨てて，カウンターカルチャー的なやり方で振る舞おうとするその意欲に感銘を受けてきた。

　西洋流のやり方を世界中に押しつけようとする文化的帝国主義に対して，著者らが鈍感であると読者が誤解するといけないので，2つ弁明をしておきたい。第一に，マイクロカルチャーを用いた介入によって創造された規範は一時的なものであり，決して永久にマクロなカルチャーの規範に取って代わるというものではない。例えば，未だ介入を受けていないワークチームとやりとりをするコンサルタントは，人工的に新しいマイクロカルチャーを創造することができる。そしてそこでは，リーダーがもはや権力のある地位を占めることがないように伝統的な役割がゆがめられたり，話したがりのグループメンバーが会話を占拠する機会が少なくなる。こうして創造されたマイクロカルチャーは一時的なものであり，新しく創造された規範は，補強され内在化されるというメカニズムを欠いているため，急速に減衰してしまい，グループのメンバーは，伝統的役割や伝統的関わり方へと回帰していくのである。例えば，最近我々が行ったあるコースでは，学びと関わりを深めることを目的として，参加者に，Martin Seligman や Ed Diener という研究者の名前を聞いたら，必ず「やったー」と叫ぶように指示した。この新しい方法に対して，参加者は最初は熱心に取り組んだものの，20分も経たないうちに，元の受動的な立場に戻ってしまったのである。我々のやっていることが文化的帝国主義ではな

いかという非難に対する第二の弁明として，集団主義者の中に個人主義的な規範を創造することができるのと全く同じように，個人主義者のなかに集団主義的な規範を新しく創造することも可能であることを著者らが見いだしたということを挙げておきたい。例えば，著者らは，アメリカの大学の教室で，学生たちがすべてのプログラムに共同で取り組み，しかも，他の学生の学習にも責任を持つことが求められるという環境を作ってきた（Biswas-Diener & Patterson, 2011 を参照）。

2．マイクロカルチャーは，**人間関係の行き詰まり**（interpersonal impasses）（文化的背景の異なる人々の間での相互作用に関する障害）を避けるために用いることもできる。例えば，ポジティブ心理学は，過度に西欧的，アメリカ的な学問であるという批判が時になされることがある（Lazarus, 2003）。Wierzbika（2008）は，ポジティブ心理学における中心的な用語のほとんど——モチベーション，ウェルビーイング，セルフ・インタレスト，クオリティ・オブ・ライフ——が，容易には他の言語に訳せないと主張している。Wierzbika は，そもそもポジティブ心理学における「良い人生（good life）」という概念自体がアングロサクソン的であり，西欧以外の集団にとっては意味的にも，文化的にも翻訳不能な概念に基づいていると示唆している。このポジティブ心理学のコンセプトに対する批判へのさらなる根拠は Scollon と King（2010）において述べられている。彼らは，例えば韓国人のような集団主義的な人々においては，「良い人生」という概念自体を，個人主義的な人々における「良い人生」という概念の理解とは異なったやり方で定義していると論じている。

　文化間の差異が大きいことで，人と人とのつながりに乗り越えがたい障壁を生じさせてしまう代わりに，新たな「中立地帯」であるマイクロカルチャーを創造することで，異なるバックグラウンドを持つ人々に対して，一時的な出会いの場が提供されることになるかもしれ

ない。このことについてのよい例は，例えば多くの心理学者や，コーチや，コンサルタントが行っている，組織づくりのトレーニングにおいて見ることができる。公共の場での参加については，文化的規範の違いがあり，例えば，北米，アフリカ，南米の人々は，アジアや中東の人々よりも，公共のフォーラムで，発言したり，個人的な意見を述べたりすることが多い。異なる文化の人々が集うと，個人主義的な背景がある西欧の人々のほうが，他の文化圏の人たちよりもよくしゃべり，そしてそのことが非西欧圏の人が議論に参加することへの障壁となる。ゴールが共通であることを強調したり，アイデンティティにも共通の要素があることを明確化したりして，マイクロカルチャーを作り上げることで，トレーナーは，その場における学びのために，参加者が一時的に自らに固有の文化からある程度離れるように促すことができる。

　この点は，ポジティブ心理学と特に密接に関係がある。なぜなら，ポジティブ心理学においては，幸福（happiness），発動力（agency），自尊心（self-esteem）といった概念は，一部分は，文化に特有の思考の産物であるからだ。ポジティブ心理学の研究者や理論家たちは，西欧に偏るのはどうかという批判があるにもかかわらず，アメリカ合衆国など，西欧文化からの出身者がほとんどである。このことは，実際のところ，西欧的な概念に対して，論文が出版されている数が非常に多いということから見て取ることができる。例えば，一般的に「ユーダイモニックな幸福（eudaimonic happiness）」として知られている，個人の可能性が達成されることに基づいたアリストテレス流のウェルビーイングの概念について，膨大な文献が存在している (Waterman, Schwartz, & Conti, 2008)。また同様に，我々は，非西欧的な文化出身の人たちが，例えば，「真の幸福は，避けがたいネガティブな体験と，ポジティブな体験とのバランスにある。そしてそこでは，『受け入れること（acceptance）』と『変化すること』といった本来矛

盾するものが共存することができる」といった非西欧的なポジティブ心理学の概念だけしか理解できないといった誤解をしないように警戒しなくてはいけない (Ho, 2010)。

マイクロカルチャーの紹介

　マイクロカルチャーとは，限られた地理的区域や，学校や会社のような小さな組織のなかにおける，小さな集団の持つ独特の文化（つまり，その集団において一時的に合意されたふるまい方，考え方，感じ方）のことである。例えば，世界中どこでも，バスに乗るときより，飛行機に乗る場合のほうが，そこに独立したマイクロカルチャーが生じることが多い。特に飛行機に乗るということは，おそらく飛行時間が長いために，高い確率で，その後持続する，未知の人との有意義な交友関係に出会う可能性があるのである。あまり知られてはいないことではあるが，心理学においては，研究手法として，マイクロカルチャーの過程について注目されていた長い歴史がある (Whiten & Flynn, 2010)。何十年も前から，テクノロジーや情報が１つの「世代」から次の世代へ引き継がれることについて調べた社会学習のパラダイムに関する研究がある。この研究手法は，類人猿において (Hannah & McGrew, 1987)，そして子どもにおいて (McCrone, 2005) 精力的に用いられてきた。マイクロカルチャーを含むあらゆる文化を確立する際に，その中心的な要素は行動の伝統や儀式であるので，マイクロカルチャーというトピックは特に行動療法の手法を用いた臨床的，治療的な問題と関連が深い。「サイコドラマ」の創設者であるMoreno (Fox, 1987) は，行動療法的な技法の範疇に入るような治療技法（この場合は劇場である）の最も早期の先駆者のひとりであるが，現代の心理療法は行動療法の文脈に依拠しているものにあふれている。そのなかには，例えば以下のものがある：子どもの積み木として人気のあるレゴを体験的な介入手段として用いるレゴセラピー (Lego therapy) (LeGoff, 2004)，自分への自信を高めるために，自然環境や，その物理的条件

を利用する荒野セラピー（wilderness therapy）(Harper, 2009)，カタルシスを絵画で表現する表現的アートセラピー（expressive arts therapies）(Kossak, 2008)，民話を利用して，患者を健康的な生活や許容範囲にシフトさせていくクエントセラピー（*cuento* therapy）(Costantino, Magady, & Rogler, 1986)のような文化特異的な治療法などである。こういったさまざまな治療法が人気があることは，行動療法的な概念が，治療が成功するためには重要であるということの理解が進んできていることを反映しているのかもしれない。

マイクロカルチャーのデザイン要素

　この章では，メタ介入としてのマイクロカルチャーの重要性を述べるだけではなく，実際のマイクロカルチャーの創造に関する実践的なガイダンスを目指している。我々は，マイクロカルチャーの創造において大切な4つの領域――儀式，役割の付与，対比，体験の共有――に関して提言を行う。この4つのそれぞれが互いに影響しあうことは理解したうえで，個別に取り上げることとする。これらの領域を選んだのは，マイクロカルチャーに対して概念的に重要であること，また，これらのトピックについて予備的な実証的研究があることが理由である。

1．儀式／伝統

　アマゾンのヤノマミ族の，男性同士が互いに胸を叩き合う儀式であれ(Chagnon, 1996)，スポーツのイベントの開始前の国家斉唱であれ，儀式（ritual）や伝統（tradition）は，目的やアイデンティティを共有するものである。文化的なアイデンティティに密接に関連する儀式に取り組むことが，そのアイデンティティを確立させ，そのなかの要素を際立たせることにもつながるのかもしれない。こういった習慣的な行動はしばしば無意識的に行われる。

このことは特に心理療法の文脈において重要である。臨床実践においては，フロイト派の長椅子や夢分析が全盛のころから数々の技術革新がなされてきた。ニューロフィードバックを利用した生理学的モニタリング（Masterpasqua & Healey, 2003）や，地理的に離れていても心理療法が提供できる電話技術の利用（Jerome et al., 2000）など，さまざまな科学技術の発展が，臨床実践に大きな影響を与えてきた。最近では，マインドフルネス（Vujanovic et al., 2011）や，ウェルビーイング・エンハンスメント（well-being enhancement）（例えば，Frisch, 2006）などに関係した治療技法の人気が高まっている。こういったトレンドはあるものの，驚くべきことに，変化をもたらす方法としての会話療法（talk therapy）自体は，ほとんど変化していない。治療期間や理論的志向の多様性にもかかわらず，会話療法の基本フォーマットは，同じ伝統的な会話のフォーマットを踏襲している。つまり，セラピストとクライエントが，面接室のいすに座り，問題について議論するというものである。このフォーマットの注目すべき例外としては，絵画療法（Kossak, 2008）やドラマ療法（Fox, 1987）などの表現療法において，体験的エクササイズが付け加えられたということくらいである。

　文化の規範という，強力かつ微妙な影響を与えるものが考慮されるまで，会話療法の典型的なフォーマットがほとんど変更されなかったのは驚くべきことである。すべてではないにせよ，大部分のセラピストは，治療の規範に関して，大学院で教えを受けている。これには通常，以下のことに関する議論が含まれる。クライエントからの贈り物を受け取ること，専門家としての服装規定（dress code），そして，それ自体が直接治療的というわけではないものの，広い意味での専門家としての規範に関わるようなさまざまな問題などである。セラピストが，診察室に座って話をするという方法が最善なのかどうかということに，表立って体系的に疑問を持たなかったことは興味深いことである。心理療法に対して，コーチングのほうは，ある程度，こういった問題に対する戦略的な実験をしてきている。例えば，Driver（2011）は，部屋の中を行ったり来たりしたり，散歩したり，姿勢を変えたりすること

を，問題から一歩下がって新しい視点を獲得するための手段として推奨している（Whitworth, Kimsey-House, & Sandhal, 1998 も参照のこと）。非伝統的な技法を組み入れることについてのよく知られた例としては，弁証法的行動療法（dialectical behavioral therapy: DBT）（Linehan, 2006）が挙げられる。DBT プログラムの多くでは，クライエントが24時間対応の電話コーチングを受けることができ，また，マインドフルネスの瞑想エクササイズにも参加する。そしてそこではしばしばお鈴や銅鑼といった東洋文化の産物が用いられる。

　ここにこそ，診察室の中でマイクロカルチャーの規範を創造する力がある。セラピストは，クライエントが診察室内で，通常よりもより幅広い行動がとれるように許可を与える力を持っている。食事をすること，ホワイトボードに書くこと，部屋を行ったり来たりすること——これらは単に規範から逸脱する簡単な例を3つ挙げてみただけであるが——こういったことの可否について議論をすることは，クライエントが学習したり，表現したりするのを促す可能性がある。これは，興味深く，重要なポイントである。すなわち，心理療法の進歩のひとつは心理教育であり，それには情動制御，マインドフルネスといった心理学的スキルを教えることが含まれているからである。これらのセッション内のトレーニングの中心はその技術そのものにあり，それを学ぶことをクライエントが好むかどうかについては，それがこの学習プロセスを促進することも阻害することもあるにもかかわらず，ほとんど注意が払われることがない。例えば，ケース検討会のプレゼンテーションを非公式にクライエント本人の前で行ったり，協力的な学習戦略を用いたり，モデリングを行ったり，問題志向型の学習を行ったりといった，体験的な技法を用いることは，クライエントの学習にとって強力なメカニズムとなりうるし，ここのクライエントの学習スタイルに特定の戦略を合わせていくことで，さらに強力なものになりうる（Akella, 2010）。こういった考え方を効果的に追求するために，臨床家は幅広い領域の書籍を読んだり，教育や学習の内容についての幅広いトレーニングを受けることが求められる。例えば，学習スタイルに関する論文や，どのようにその学習スタイルが特定のクライ

エントに対する心理教育の有効性に影響を与えるかに関する論文を読むことは有効であろう。

実は，そういった技術をすでに使っているセラピストもいる。ここでの著者らの意図は，心理療法の効果やセラピストの臨床知を批判したり，特定の治療学派を狙い撃ちすることではない。実際のところ，この注釈の大部分は，心理療法というよりは，専門的なコーチングや学習環境に関連したものなのである。著者らの意図は，専門的な文化的規範の影響について熟考することの重要性を強調することである。なぜなら，その文化的規範のなかで，ほとんどすべてのセラピストは教育を受けてきているからである。既存の規範に疑問を投げかけ，それぞれのクライエントに特有の新しい規範を創造するというこのプロセスは，ACTのコアプロセスである柔軟な反応（flexible responding）をまさに反映したものになっている（Luoma, Hayes, & Walser, 2007）。

2．役割誘導

役割誘導（role induction）とは，特定の期待される役割への割り当てに対して，社会的影響を利用することである。人は，なかでも特に「権力の座」にいる人は，しばしば，新人またはグループの下位の人たちを，教示および／またはさり気ない合図を用いて変容させ，期待される役割を満たすように促す。例えば，会社の経営者は，就職希望者に対して，オフィスのどこに座るべきか，フォーマル，インフォーマルにどのようにふるまうべきか，面接の最初の「お喋り」の段階からより真面目な部分にいつ移るのが適当であるかについて指示するかもしれない。同様に，セラピストはしばしば，治療前の役割誘導を行う。例えば，守秘義務の重要性や，逆にどういうときにはそれを遵守できないかを示すこと，治療へのコンプライアンスをどのくらい期待しているか示すこと，治療同盟の性質について話し合いを開始することなどである。コーチングの専門家は，治療とコーチングの違いについてク

ライエントと議論することを通して，クライエントとの関係に対する明確な文化的パラメーターを確立するような一種の役割誘導を行っている。著者ら自身のコーチングの導入セッションでは，メディアで描かれるようなセラピーとは異なり，我々コーチは頻繁に話を中断するということをクライエントに説明する。我々は，このことを，過去の出来事を振り返るよりも，前進する行動を起こそうとして，戦略的に行っていることであると説明している。Childress と Gillis (1977) は，治療前の役割誘導は，その後の治療の成功の重要な予測因子であると示唆している。なぜなら，それが役割期待を明確にし，クライエントのコンプライアンスを向上させるからである。

　マイクロカルチャーの創造について考えるときには，役割誘導が，意識的な気づきのレベルでも，また，ノンバーバルな**パラコミュニケーション**（paracommunication）（例えば，インストラクターが，暗黙のうちに，教室の前列に座っている生徒のほうを，議論に参加させることを多くしたり，挙手したときに当てる回数を多くすることでひいきすること）の結果としても起こりうるということを心に留めておいてほしい。同様に，重役が大きな机に座ったり，またワークショップのリーダーが参加者で満員の部屋の前に立ったり，誰かの肩を叩いたりしたとき，彼は**ハプティクス**（haptics）（触覚技術）や**キネシクス**（kinesics）（動作技術）を他者とのコミュニケーションに使っているということになる (Beitman & Viamontes, 2007)。顔の表情，触れること，空間の戦略的使用などの非言語的な手がかりは，役割誘導に影響を与えることができる。望ましい行動を強化するためにほほえんだり，椅子を向き合うように並べたり，椅子をホワイトボードに向けて並べたりするといった一見小さな行動は，クライエントにとっても臨床家にとっても，さりげなくはあるが強力な，期待される役割の指標となりうる。

　役割誘導の劇的な具体例を挙げると，Rose Inza Kim という韓国ソウル在住のセラピストは，クライエントが迅速な結論を求め，努力する動機づけをするために，治療開始前にセッションの回数を制限している。Kim は，セッション回数が限られることを伝えることにより，困難な状況のなかで解決

策を見いだすこと，熱心に取り組むことがクライエント役割の主要部分であることをはっきり示すのである。このことはクライエントの期待するものとは異なっている場合もある。なぜなら，クライエントのなかには，治療とは受け身かつ永続的なものであると考えている人もいるからである。

3．対比

　対比（contrasting）とは，ある特定の感情，行動，態度の全体像（perspective）にたどり着くために，心の中での比較を用いることである。対比は情報処理の基本的な部分であり，誰もが認知的な対比は自動的に行う。例えば，人が精神的な「アンカー」ポイントを使い，それに対して思考を調整するときなどがそうである（例えば，慈善団体が，寄附を要請し，「金額は任意だが，50ドル寄付していただけるとうれしい」と提示した場合，この50ドルがアンカーポイントになる）。対比は時に，治療的結果を期待して明示的に用いられることがある。治療やコーチングにおける「解決志向（solutions focus）」アプローチでは，進歩（progress），成長，可能性に重点が置かれるが（Jackson & Waldman, 2010），このアプローチには，進歩を評価する数字などのスケールを用いた「スケーリング（scaling）」や，クライエントに問題や障害を経験し**なかった**場面を尋ねる「例外探し（interviewing for exceptions）」といった技法がある。どちらの技法も，クライエントの予想と際だった対比を示す質問と情報を提示することで，クライエントを驚かせる。例えば，解決志向アプローチのスケーリングにおいては，1-10点のスケールで3点とクライエントが答えた場合，クライエントが，自身のスコアである3とパーフェクトの10との間の距離に自動的に注目してしまっていると考える。解決志向アプローチの臨床家は，このプロセスを，スコアの3と最も低い1との間の距離に注意を向けることにより，変化させる。こうして視点を変えることで，クライエントに，問題の代わりに進歩や自分の持っている力をじっくり検討する機会が与えられる。

対比の技法が有用であるということにはいくつかの理由がある。すなわち，対比の技法を使うことで，クライエントは，文化の影響による障害（例えば，キリスト教徒のクライエントが，宗教的な理由から，マインドフルネスのエクササイズをしたがらない場合など）を乗り越えることができるかもしれないし，集団が一種の共有されたアイデンティティを形成するかもしれない（例えば，さまざまな会社に属する人材開発の専門家が，自分たちのことを，互いによく似ていて，共通の目的に向かって働いているとみなす場合など）。対比は，マイクロカルチャー（の規範，役割など）を際立たせる働きもあるし，小集団に属することを，クライエントやトレーニングの参加者にとって，はっきりとしたアイデンティティとする働きもある。クライエントが依って立つ文化を指摘し，治療やコーチングの環境に影響を与えている，その文化にも限界があると説明することは，たとえ一時的ではあったとしても，その限界を再設定するために役立つ。マクロな文化は，マイクロカルチャーの思考，感情，行動について，何も言わなくとも影響を与えることができるからである。

　小さな対比のほうが，強い信念を脅かすような大きな対比よりも，クライエントに「引き受け」てもらえる度合いが大きいというように，相対的な対比のサイズによって，効果が変わってくるのかもしれない。例えば，環太平洋アジアの人々に対して，個人的な達成や，対人間で異議を申し立てることが規範であるようなマイクロカルチャーを創造することは，互いに関係を持つためにはまず自らのストレングスを持とうと考えるようなマイクロカルチャーを創造するのに比べて，難しいことであろう。

4．体験の共有

　体験の共有（shared experience）は，集団のアイデンティティを発展させるうえで，強い力を持ちうる。なぜなら互いの理解が進んだと感じることによって，人は親密さの感覚を得ることができるからである。例えば，自然

災害を一緒に経験した人たちは，体験を理解するのに役立つ共通認識を持つことができる。Candau（2010）は，体験の共有は「社会的伝達物質（socio-transmitter）」となり，ちょうど脳の中で神経伝達物質（neurotransmitter）が複雑なつながりの伝達システムとして働くのと同じように，人と人とを結びつけると示唆している。もしかすると，体験の共有は，最も人工的ではないマイクロカルチャーの側面かもしれない。体験の共有には，それがどんなものであれ，感情の共有，（「内輪受けのジョーク」のような）共通の基準点（common reference point），自他の重なりの増大（Aron, Aron, & Smollan, 1992）が含まれている。例えば，研究の始まりのころには，ボディーランゲージを模倣することによって，お互いが自然に「同期（sync）」する（Vacharkulksemsuk & Fredrickson, 2012）とか，単にモノ（または人）に曝露されるだけで，モノ（または人）を好きになったり，それに近づこうという動機づけが生まれる（Jones, Young, & Claypool, 2011）と示唆されていた。実際，体験を共有すること，そのなかでも特に，非常にポジティブな体験を共有することは，人間関係の満足感と関連があると示唆されている（Reissman, Aron, & Bergen, 1993）。これらの研究は，関係性としての体験の共有の重要性や，マイクロカルチャーを形成する現象の重要性を指摘している。その現象の中心には，共感のメリットが多数あるからである。しかし，ここで注意しておきたいのは，自他の重なりや体験の共有の研究の大部分は，親密な関係や，恋愛関係の文脈で施行されたものであり，異文化間の問題や，未知の人同士の接触の問題についての我々の理解は限定的だということである。

ケーススタディ

この最後から2番目のセクションでは，どのようにマイクロカルチャーが急速かつ意図的に創造されるのか，そして人々に影響を与えるのかを示すために，短いケースを紹介しよう。特定の技法について意見を表明することは避け，現実世界の体験から得られる予備的な観察事項を示すこととする。は

っきり言うと，マイクロカルチャーや，それを創造することに関しては，その構築や使用に関して明確で戦略的なアドバイスが可能なほどには，十分わかっているわけではないと著者らは考えている。だから，実践の場において，マイクロカルチャーの相対的な見通しや限界について，結論を出すことについては，読者や実践家に委ねたいと考えている。

　年2回の国際ポジティブ心理学学会（International Positive Psychology Association: IPPA）の総会において，この章の著者のひとりであるRobert Biswas-Dienerが4時間のワークショップを行った。そのワークショップで，マイクロカルチャーの創造を行ったのだが，そのマイクロカルチャーは，学会が開かれた場所のマクロなカルチャー（アメリカ社会など）や，マクロなカルチャーが存在しない場合にその場の文化を規定するかもしれないサブカルチャー（学問の世界，専門学会の年次総会）とはっきり異なったものであった。創造のスピードや，インパクトの程度や，マイクロカルチャーの介入の効果を測定するために，著者は，明らかにサブカルチャーやマクロなカルチャーの規範に反するような，新しいグループ規範を確立することを選んだ。この特定の目的のために，著者は，聴衆からの批判的な質問を受けないことにした。批判的な発言と，講義の意図を問いただす質問というものは，一般的な学習過程の，そして，特にワークショップのフォーマットにおいては，不可欠な部分であるとされてきた。IPPAのワークショップのゴールは，まず第一に，ポジティブ心理学の応用について教えることであったが，二次的には，マイクロカルチャーの規範の力についてのデモンストレーションを行うことにあった。

　非常に強力で，ほぼ間違いなく反論できないグループの規範を支えるような集団的アイデンティティという感覚を創造するために，著者はまず個人的なストーリーを話すことから始めた。ストーリーの内容よりも，そのストーリーが，感情的な値が高いから選ばれたのだと認識することが重要だった。そのストーリーのなかには，ユーモアにあふれた瞬間も，振り返って自己不信に陥るような醒めた瞬間も含まれていた。このストーリーは，ワークショ

ップにおいて，感情の伝染という原則に基づいて，体験の共有についてのアンカーポイントとして働いた。著者は意図的に，キャッチフレーズや流行りのバズワードをストーリーのなかで用いたが，ワークショップの残りの時間で，その言葉を用いることによって，参加者が体験の共有やアイデンティティの共有について思い出すことができるようにした。

　加えて，記録係，ツイッターへの投稿係，写真係など，特定の参加者に特定の役割が割り振られた。こういった役割は，公的に与えられたので，参加者は皆，このワークショップは，他の学術的な体験とは異なる，写真撮影やソーシャルメディアの使用も含む特別な規範を含んでいると理解した。すべてのワークショップの参加者は，さらに，マイクロカルチャーの規範に関して，具体的な教示を受けた。ワークショップを指導する著者は次のように教示した。「批判的に考えないでください。批判的思考はネガティブであり，社交上不愉快でもありうるのです。その代わりに，提示されたトピックに対して，好奇心を発揮し，驚異の念をもって探求していくことが求められています。しかしながら，時間の制約があるので，一般的な哲学的質問は許可されません。ここで提示されたスキルやテクニックの明確化を具体的に扱うような質問だけが，このワークショップで扱う範囲となります」

　この一風変わった教示に対する反応は，興味深い現象だった。ワークショップの内容で同意できない部分についてどうしても質問したいと考える人が参加者（およそ100人）のなかにもいた。例えば，ある人は，まさに質問してはいけないという考え方について質問した。彼は以下のように尋ねた。「この集団規範を確立することは危険ではありませんか？　集団思想につながり，個人的思考や創造性を妨げるのではないですか？」著者が，「その質問にはどうやら価値があるようですが，トレーニングの範囲外です」と答えたところ，他の参加者たちは拍手喝采したのである！　著者らは聴衆の反応のこの側面を，リーダーシップをとる立場の人が，あっという間に規範，それも特に，有益ではあるが一時的な目的に資するような規範を確立する劇的な力を持っている証拠であると解釈した。著者らは，マイクロカルチャーが

確立される正確なメカニズムをまだ十分に同定できているとは言えない。リーダーによる説得の役割，ユーモアの使用，聴衆の性別比や年代別の比率といった人口統計的特徴，ワークショップのトピックなどの要因は，マイクロカルチャー的な介入の重要な側面として除外することはできない。しかしながら，聴衆のなかのメンバーが正当な質問をしてはならないと告げられたときに，聴衆が拍手喝采する程度にまで，局所的な集団規範が実際に学習され強化されたということだけは，自信を持って言うことができる。

今後への示唆

　この章で述べたマイクロカルチャーは，独自の規範，役割，儀式を持つ一時的で人工的なものである。マイクロカルチャーはメタ介入として，より伝統的な介入が効果的になるように行われるべきである。著者らは，この文脈的なアプローチが，ポジティブ心理学という若い学問にとって必要な前進のステップであると提案したい。応用科学の常ではあるが，臨床家は，ポジティブ心理学の教典の中核的要素として広く受け入れられている比較的少数の実証的に効果が検証されたツールを重視してきた。別の論文（Biswas-Diener, 2011）でも述べたが，実証的に効果が検証されたツールの多くは狭い範囲の結果についてしかテストされておらず，最善の実践方法や，禁忌や，効果に影響を与える患者側の要素などについてはまだほとんどわかっていない。

　このようなツールを重視する傾向や，自らの物の見方を好む傾向は，知的な営為においては避けられない側面である（Kagan, 2009）。ポジティブ心理学が成熟し，こうした問題にも明確に対処するようになるにつれて（Schueller, 2011），こうして微妙なニュアンスを持ち洗練されたポジティブ心理学が，コーチングやACTのような他の介入方法にも影響を与えるようになるであろう。著者らは，特に，マイクロカルチャーを創造することが，介入の文脈的要素，すなわち，ACTによる文脈と柔軟な反応の重視と軌を一にするようなアプローチを，よりよく理解する手段となりうると信ずる。

残念なことに，どうしたら効果的なマイクロカルチャーを創造することができるかについては，ほとんどわかっておらず，また，マイクロカルチャーを創造することがポジティブ心理学の介入に対して与える影響についても，同様にほとんどわかっていない。著者らが見たところ，どうやら，マイクロカルチャー的規範の効果的な確立，それも，特に，集団メンバーのマクロカルチャー的な文脈の規範と反するような規範の確立については，少なくとも先ほど提示したマイクロカルチャーの例では，体制順応（conformity）(Asch, 1956)，服従（obedience）(Milgram, 1963)，脱個性化（de-inviduation）(Diener, 1980) において関係していたのと同様の社会的プロセスが関係しているようである。系統的な解析は行っていないものの，アフリカ，アジア，ヨーロッパの国々を含む何十という文化における，我々の行ったトレーニングとコーチングの経験からは，マイクロカルチャーの構築に関してほんの少し注意を払うだけで，ポジティブ心理学を学習し使用する集団に対して，強い影響を与えることができることが示唆される。

第10章

罪悪感を受容し恥を捨て去る：
ハイリスクで様々なニーズをもつ個人の
道徳感情に働きかけるための
ポジティブ心理学的アプローチ

エリザベス・マロフ
ケルスティン・ヨーマン
ローラ・ハーティ
カレン・シェーファー
ジューン・P・タングニー
(ジョージ・メイソン大学)

　犯罪者（criminal offenders）について考えるとき，まずはじめにポジティブ心理学を思い浮かべる人はいないだろう。また，価値やマインドフルネスを思い浮かべる人もいないだろう。しかしながら，著者らの研究プログラムによって，ポジティブ心理学に由来するさまざまな研究が，受刑者の社会復帰を促進するのに役立つことがわかってきた。この章では，道徳感情と道徳認知の縦断的研究という大きなプログラムのサブプログラムとして，著者らが実践し評価してきた3種類の介入法について述べる（Tangney, Mashek, & Stuewig, 2007）。まず最初に，犯罪の影響（Impact of Crime: IOC）ワークショップという革新的な集団介入法について述べる。これは，「罪悪感（guilt）

を引き出し，恥（shame）を軽減する」修復的司法（restorative justice）モデルを活用したものである。次に，アクセプタンス＆コミットメント・セラピー（ACT）の要素を，社会復帰が近づいた受刑者（inmates）に向けた，価値に基づくマインドフルネス集団介入法に取り入れるという著者らの試みについて述べる。最後に，刑務所受刑者の「一般的な集団」の多様なニーズと関心事に最も合うよう，著者らが動機づけ面接（motivational interviewing: MI）の手技を修正して作成した方法について記述する。

　総じて，これらの介入法は，認知および行動の変化をもたらすために，ポジティブ心理学的なアプローチを用いている。受刑者たちは，単にネガティブな行動を避けるのではなく，責任を持ち，自らの価値に従うよう促される。彼らは単にこれ以上反社会的な行動をすることを避けるというのでなく，ポジティブな行動をとるよう促される。著者らの経験から，これらのハイリスク集団におけるポジティブ心理学的アプローチの有効性が示された。さらに，著者らは，このアプローチが他の多くの場面に適応可能だと信じている。それは，学校，職場など，ルールが破られたり損害が与えられたりする可能性があり，恥が生じる可能性が潜む場所ならどこにおいてもである。

犯罪の影響（Impact of Crime: IOC）ワークショップ：修復的司法に触発された集団介入法

　IOCワークショップは，修復的司法の原則に基づいた革新的な集団介入法である。修復的司法とは，応報（retributive justice）の原理（米国あるいは他の世界各地での刑事司法制度で支配的な，罪に焦点を当てたアプローチ）に代わるものである。修復的司法の理論では，司法の手続きと犯罪を犯した人を罰することに焦点を当てるのでなく，犯罪が有害であることを重視する。犯罪は国家に対しての違反というよりも，被害者と地域に対しての違反と捉えられる。責任を負う（accountability）とは，補償，能力開発，社会奉仕を通じて，行動に責任をとり，被害者と地域に生じた害悪を修復する

ことと定義される。実際に，修復（restoration），すなわち事態を正すことは，刑罰を科すこと自体よりも，制度上の優先順位が高い。犯罪を犯した人は，自らの行動に責任を負うことによって，自分が被害者と地域になした害悪を理解し，さらなる罪を犯すことを思いとどまるのである。

　この修復的司法によるアプローチは，犯罪を犯した人が犯罪，被害者，個人の責任についてどう**考える**かということに，大きく長く続く変化のきっかけを与えることが目的である。IOC ワークショップは，犯罪を犯した人の歪んだ「犯罪を生む（criminogenic）」信念を再評価するように明確に働きかけるし，自己中心的でエゴイスティックな姿勢から，地域における自分の立ち位置と役割をより広く理解する方向にシフトさせるよう明確に働きかけるのである。

　IOC ワークショップは任意参加の集団介入法であり，一度に 15 〜 20 人の加害者に修復的体験を提供するという費用対効果の高い方法である。8 週間にわたる，この 16 セッションのワークショップには，教育的な部分と体験的な部分とがある。収監中の参加者は，さまざまな種類の犯罪（窃盗，性的暴行，家庭内暴力，違法薬物の使用・流通など）が，被害者と（被害者および加害者両方の）家族，そして地域社会全体にどのように影響を与えたかについて再検討する機会を持つ。参加者は関連する犯罪の統計および事実を学び，被害者の体験についての一連のワークブックにある課題とグループ討論を終えたあと，ゲストスピーカー――犯罪の被害者であり，その犯罪が自分と周りの人の生活にどのような影響を与えたかについて討議する――とのやりとりを行う。訓練を積んだファシリテーターの助けを借りて，参加者は自分の個人的な経験との関連性を見つけつつ，新しい情報と情報提示に接して得た自分の反応を分析する。プログラム全体を通じて，ファシリテーターは，修復的司法がとなえる，地域社会，個人の責任，補償に対する考え方について，強調し統合を行う。IOC ワークショップの重要な要素として，犯罪を犯した人が，自分の責任を受け入れ，自分のもたらした損害を償いたいという願いを，地域社会に伝える機会があることが挙げられる。この機会は，

ゲストスピーカーとの積極的な討論や，数セッションかけてグループで企画し実行される，共同の地域奉仕作業プロジェクトを通じてなされる。例えば，最近のあるIOCグループは，被害者，加害者，地域社会のために，犯罪の結果についての詩，スケッチ，メッセージが書かれたカレンダーを作成した。そのカレンダーは少年少女の保護観察施設に配布されたが，それは，正式な謝罪を行い，積極的に自分の活動に責任を持ち，犯罪的活動のネガティブな効果について若者に警告するという意図をもってなされた。別のグループでは，飲酒運転事故の発生率について書かれたキーホルダーを作成し，自動車学校で若者に配り，初心者ドライバーに，自分の行動が他者にもたらす影響について考えるよう促した。

　被収容者である参加者が，IOCワークショップで，責任の問題に取り組むにつれ，責められるべきは誰かという疑問が必ず起こってくる。被収容者が，自らが法的に処罰された原因を再検討したり，以前起こした犯罪とその結果を取り巻く状況を振り返ったりする際に，彼らの多くは，恥，罪悪感あるいはその両方という新たな感情を経験する。最も著者らが興味深いと思うのは，修復的司法は本質的には「罪悪感（guilt）を誘発し，恥（shame）を減じる」リハビリテーションへのアプローチであるということである。犯罪を犯した人は，自らの行動に責任を持ち，他者に与えたネガティブな結果に対し理解を深め，被害者の苦しみに共感し，悪いことをしてしまったことに罪悪感を感じ，そしてその結果として生じる，自分のもたらした損害を償おうとする傾向に従って行動するよう，働きかけられる。ファシリテーターは，過去の犯罪に至った状況について，集団（あるいはしばしば一対一）で話し合うなかで，共感を示し，それが参加者の手本となる。また，ファシリテーターは，参加者に，自分のもたらした損害を償うにはどのようにすればよいかを見つけるよう，積極的に働きかける。ファシリテーターが，償いに向けて歩みだした参加者の歩みを強調し，是認することで，話題の中心は，過去のネガティブな行為から，未来の変化や償いのほうに移ることになる。それに加えて，グループのメンバーは，寛容さと協調を育み，償いのための

アイデアを共有することを育むために，互いに共感し支え合うよう働きかけられる。しかしながら，参加者は**自分自身**に対しての恥を感じることはないよう，積極的に働きかけられる。実際，修復的司法のアプローチでは，犯罪を犯した人を「悪い人間」として非難したり恥をかかせることを目的としたメッセージを避ける。修復的司法で強調されていることは，悪い行動は変えることができ，ネガティブな結果は償うことができ，犯罪を犯した人はその罪を贖われる(あがな)ことができるということである。

なぜ，罪悪感を誘発し，恥を減じるというIOCワークショップ（そしてより一般的には，修復的司法のアプローチ）の特徴が，そんなに重要なのだろうか？　著者らの研究室の研究，そして他の多くの研究室からの研究で，恥と罪悪感は，はっきり異なった感情であり，結果として起こる道徳的な行動と対人行動に異なった影響を与えることが示されてきた (Tangney, Malouf, Stuewig, & Mashek, 2012; Tangney, Stuewig, & Mashek, 2007)。恥の感情を抱くことは，「**私は悪い人間だ**」という屈辱的な感覚を伴うような，自分に焦点を当てるつらい体験につながる。そのような恥に満ちた感情は，通常，自分はちっぽけだという萎縮の感覚，自分が価値がなく無力だという感覚，そして自分が危険に曝されているという感覚を伴う。皮肉なことに，このような苦痛を伴い消耗させるような恥の感情は，建設的な行動の変化の動機づけにはならないことが研究で示されてきた。恥を感じている人は，違反を繰り返すことが少ないということはなく（むしろより多く繰り返すことも多い），償いを多く試みようとするわけでもない（むしろ償いは少なくなることも多い）(Tangney, Stuewig, & Hafez, 2011)。それどころか，恥は耐えがたいものであるから，恥を感じている真っ只中の人間はしばしば，ACTにおいて体験の回避と呼ばれるような，防衛策に訴えようとする。彼らは責任を否認して，恥に満ちた感情を隠したりそれから逃げようとしたりするかもしれない。彼らは，他人が自分のジレンマについて責任があると言って，非難を外側に転嫁するかもしれない。そして往々にして，彼らは他の人に理由もなく怒り，時に全くの攻撃的・破壊的行為に訴える。まとめると，恥は，まさに我々が抑

制したいと思う破壊的な行動パターンを助長しつづけるのである。

　このことを罪悪感の感情——そこでは「**私は悪い人間だ**」というよりも「**私は悪いことをした**」というように特定の行動に焦点を当てる——と比べてみよう。罪悪感は，「なされてしまった悪いこと」に対する，緊張感，自責の念，後悔の念を伴う。研究によると，この緊張感と後悔の念は典型的には回復行為（reparative action）（告白，謝罪，あるいはどうにかして損害を償うこと）を動機づけ，恥の特徴である防衛反応や報復反応を生み出すことはない（Leith & Baumeister, 1998; Tangney, Stuewig, & Mashek, 2007; Tangney, Youman, & Stuewig, 2009）。最も重要なのは，罪悪感が，恥に比べて，未来の行動における建設的な変化をより育む傾向があることであるが，それは，問題となるのが，悪くて欠陥のある自分ではなく，悪くて欠陥のある行動だからである。そして誰もが知っているように，悪くて欠陥のある自分を変えるよりも，悪くて欠陥のある行動（飲酒運転，窃盗，物質乱用）を変えることのほうが容易なのである。

　犯罪を犯した人の多くは，罪悪感よりも恥を体験する傾向を持って，治療にやってくる。なかには防衛的すぎて，恥も罪悪感もほとんど感じないという者もいる。IOCワークショップでは，認知行動療法の技法を用いて，道徳的感情を，より適応的に扱う能力を育むが，それは以下のようになされる。(a) 視点取得（perspective taking）や他者への共感の能力を育むために，帰納的で教育的な方策を用いる。(b) 犯罪行為を大したことではないとしたり，否定したりといった参加者の反応に対処しながら，参加者が犯罪の影響をよりよく理解し，より多くの責任をとり，より広い視野を持つよう働きかける。(c) 被害者と加害者と地域社会の関係を理解する。(d) 罪悪感を適切に感じるよう働きかけ，それと関連する，償いたい，埋め合わせをしたいという建設的なやる気を重視する。(e) 受刑者を「悪い人間」として非難したり恥をかかせたりするようにみなされる言葉を明確に避ける。代わりに，贖罪（redemption）は可能であるという力強いメッセージを伝える。

　IOCのカリキュラムは，犯罪について，犯罪の結果について，そしてもた

らした損害をどのように償うかについて，一般論として話し合うことから始まる。そのうちに，ワークブックの課題，グループディスカッションを終え，ゲストスピーカーとやりとりをするなかで，参加者は正直に自らの行為を眺め，自らの行動を変えるために，新しく見いだした理解を用いる準備がなされる。最近，ある参加者が，自分が飲酒運転をしたことについて非常に強い恥を経験していると打ち明けてくれた。彼はクラスではほとんど話さなかったが，宿題の課題によく考えた回答をし，ファシリテーターの書面や口頭での賞賛にもよく答えた。他の参加者たちが自らの行動を理解し変えようとする試みを支援するために，彼がクラスではっきりと発言しはじめるにつれ，彼自身もまた，自らの過去の行動と向き合い，自らがなした損害を償う手助けとなるような共感や激励を，他の参加者たちから受け取ったのだった。彼にとっての転換点は，飲酒運転についてのクラスの最中に起こった。そこでは，飲酒運転で娘を亡くした母親がゲストスピーカーだったが，自分が娘を殺した運転手からしてほしいと思う唯一のことは，二度と飲酒運転をしないでほしいということであると説明した。この参加者にとって，修復は可能なのだという考えは，自分は自分自身を変え汚名をそそぐことのできる人間であるとみなすことを許してくれるものであった。彼は，ワークショップの終わりには，飲酒運転の犠牲者を減らすために，車に内蔵の飲酒検知器を義務化する法律を議会に嘆願する社会奉仕プロジェクトのグループの指揮をとった。つまり，この介入が重視するのは，受刑者の参加者たちが，関係性の基盤と地域社会を修復するための手段を講ずることができるということ，そして，彼らが，自らの行動を前向きにしていくような，ポジティブな持続的変化をすることができるのだということなのである。

　現在，著者らは，釈放後の再犯を減らし，地域社会への適応を高めるかという点で，IOC ワークショップが有効かどうかを評価するための，ランダム化臨床試験を行っている。ここで鍵となる仮説は，IOC ワークショップが，道徳感情と道徳的認知に影響を与えることで再犯を減らすであろうということ——すなわち，罪悪感という適応的な感情を高め，恥という問題のある感

情を減じ，犯罪を生み出すような信念を再構成するということによって再犯を減らすということである。

社会復帰のための価値とマインドフルネスのプログラム (The Re-Entry Values and Mindfulness Program: REVAMP)

　これまでの研究によれば，刑務所の受刑者の大部分は，心理的問題や行動的問題を有意に抱えている。著者らの調査では，刑務所の受刑者の70％以上が，1つあるいはそれ以上の症状クラスターの臨床的に有意な上昇を認めていた。例えば，薬物問題に関しては47％が臨床的に問題となる領域にあり，アルコール問題に関しては26％，不安に関しては10％，うつ病に関しては19％が臨床的に問題となる領域にあった（Drapalski, Youman, Stuewig, & Tangney, 2009; Youman, Drapalski, Stuewig, Bagley, & Tangney, 2010）。加えて，かなりの割合（31.7％）において，臨床的に有意な境界性パーソナリティの特徴の症状があると報告されている（Conn, Warden, Stuewig, Kim, Harty, Hastings, & Tangney, 2010）。これらの受刑者のうち，従来型の精神科医療を地域社会で受けようという人や実際に受けている人はほとんどいないし，刑務所内でも，精神医療が受けられる機会は限られている（Drapalski et al., 2009; Meyer, Tangney, & Stuewig, 査読中; Youman et al., 2010）。受刑者のうち，自分が自らの価値に沿った実りある人生を送っていると感じている人はほとんどいないことを示唆する事例研究はあるものの，受刑者について，ポジティブな心理的アウトカムを調査する研究はほとんどない。これはまるで，受刑者が，人生の意義を感じたり，幸福を感じたり，楽観的であったり，感謝の念を感じたりという可能性など考慮しなくていいと言っているようなものである。

　著者らは，この集団において，症状を減らし，価値に基づいた生き方を強化する必要性に気づいたため，地域社会への復帰が近づいた刑務所受刑者のために特別にデザインされた短期の集団介入法である，社会復帰のための価

値とマインドフルネスのプログラム（The Re-Entry Values and Mindfulness Program: REVAMP）を開発した。このプログラムは，主にアクセプタンス＆コミットメント・セラピー（ACT）に由来しているが，個人をエンパワメントするプログラムであり，刑務所の中で出合う多様な問題や人生経験を扱うのに十分な柔軟性を持ったプログラムである（Hayes, 2004; Hayes & Smith, 2005）。REVAMPは，ACT以外にも，マインドフルネスとアクセプタンスに基づく，いくつかの介入法をツールとして導入している。そのなかでも特に，マインドフルネスに基づく嗜癖行動の再発予防（mindfulness-based relapse prevention）（Bowen, Chawla, & Marlatt, 2011），弁証法的行動療法（dialectical behavioral therapy）（Linehan, 1993），退役軍人省メリーランドヘルスケアシステムACT集団マニュアル（VA Maryland Health Care System ACT group manual）（VAMHCS ACT Therapy Team, 2007），苦悩不耐性改善スキル（skills for improving distress intolerance）（Bornovalova, 2008）を挙げることができる。

　REVAMPが他の刑務所内でのプログラムと異なるのは，症状軽減のためにアクセプタンスによるアプローチを用いることと，行為における価値に焦点を当てるということである。受刑者に対する心理学的な介入は，通常，心理的苦痛や行動上の問題を減らすことにだけ焦点を当てている。しかしながら，REVAMPは症状を軽減することに加えて，価値に基づいた，個人にとって意味のある生活を送る能力を高めることも志向する。症状を軽減し意味のある行為を強化するというこの二重の目的は，本質的に関連している。症状はしばしば，個人とその価値との間の障壁（barrier）としての役割を果たす。逆に，価値は，症状を減らすために必要な行動の変化を動機づけるために役立つ。ゆえに，価値のある活動を強化し，苦悩を減らすことは，REVAMPプログラムの全体を通して，包括的かつ相互に関連している2つの主要なテーマとなっているのである。以下に，どのようにこの両者が相補的なものになっているかを概説し，どのようにこの両者が，受刑者という困難を伴う集団の治療への障壁に打ち勝つために役立つかに焦点を当てながら，

この両者について論じていきたい。

価値に基づく行動に焦点を当てる：価値の明確化とゴール設定

　REVAMPプログラムは，個人の価値に焦点を当てることから始まる。個人の価値を明確化することから開始することで，防衛機制が弱まり，このプログラムに対する熱心さが向上する。このことはまた，矯正のシステムによって，評価を下されたり，何をやれとかいつやれとか言われることに慣れている人間にとって，よい気分転換となるようである。REVAMPのファシリテーターは，「正しい」とか「間違った」といった答えはないことを強調し，参加者に，ファシリテーターが聞きたいだろうと思うことよりも，自分が本当に信じていることを話すように働きかける。

　受刑者がどのような種類の価値を見いだすのか疑問を持つ人もいるだろうし，向こう見ずで危険な試みではないかと疑問を持つ人もいるだろう。受刑者にはしばしばさまざまな種類の犯罪歴があるが，それを考えると，彼らの価値は地域社会にとって害を与えるような方向に向かうのではないだろうか？　例えば受刑者は，どんなことをしてでも物質的な豊かさを得ることに価値を置くかもしれないし，リスクの高い性的行動に価値を置くかもしれない。

　著者らが治療の過程における複数の受刑者の集団との経験でわかったことは，彼らは一貫して向社会的な価値（prosocial values）を見いだすということである。受刑者の価値は，しばしば，自分自身のためにウェルビーイングを獲得したいという願いを反映しているだけでなく，積極的に他者に貢献したいという願いを反映している（表1を参照）。実際，プログラムの参加者のなかで，明らかに反社会的な価値を示す例は認められなかった（ただし，参加者のなかには，「若いころには現在とは異なる価値を持っていて，今ではそれが間違っていると思う」と述べた者もいた）。

表1．受刑者の価値とゴールの例

価値	ゴール
自分の配偶者にとっての，友人やパートナーとなる	夫婦で楽しんで行えるようなアクティビティを見つける
親密な家族	少なくとも月1回は肉親と話す
自分の妻を守り，養い，保護するような男になる	賃金の良い職を見つけ，それを維持する
薬物やアルコールのない生活	一日一日着実に，断酒・断薬を維持する
地域社会が向上するのを助ける	リトルリーグのチームでコーチをする
他人の考えを尊重できる人になる	他人の言うことにより耳を傾ける
信仰に従って生きる	毎週日曜日に教会へ行く

　いったん価値が生み出されたら，REVAMPのリーダーは，これらの価値が適切なレベルの具体性を持つよう，磨きをかけるためのファシリテーションを行う。例えば，参加者が「家族」を個人的な価値だと認識したとする。参加者はそれをもう少し詳しく述べるよう働きかけられる――例えば，「自分の家族を養なう」であったり「家族に誇りに思ってもらう」などである。役に立つ価値のメタファー（values metaphor）（例え話）としては，参加者に，自分がバスドライバーで，自分の価値がそのバスを運転したいと思う方角であると想像してもらうことが挙げられる（Hayes & Smith, 2005, p.153）。第1回目のセッションの最後に，受刑者は自分自身の墓碑銘（epitaph）を記すよう指示される。このエクササイズは，ACTなどのアクセプタンスに基づく介入でも採用されているが，受刑者が自らが亡くなったあとに残したいと思うもの，自分の人生とはこういうものだったと思いたいものを明らかにするよう促してくれる（Hayes & Smith, 2005, p.170）。2回目のセッションでは，これを受けて，受刑者は主要な人生の領域（例えば，仕事，家族，健康）と，それぞれの領域での価値を明確にするような質問をリストにしたワークシートを用いて，自らに特有の価値を明確にしていく（Hayes & Smith, 2005, p.170）。受刑者は，前に向かって取り組み始めるべき価値の優先づけのために，それぞれの価値の重要性を格づけする。それから，受刑者は自らの価値

に合致するゴールを設定する。バスのメタファーを用いるならば，価値に向かう旅において，止まりたいと思うバス停を設置するのである。

価値に対する障壁：
価値の強化から苦しみの軽減への架け橋

　間違いなく，こういった価値のエクササイズによって，受刑者は，自らの価値と，自らの最近の行動と，自らの現在の状況との間の相違に気づきはじめる。実際，セッション1と2の鍵となる目標（aim）は，受刑者が今いる場所と，受刑者が向かいたいと思う場所との乖離を強調することである。グループのなかで，たくさんの価値のリストが同定されたあとで，障壁の認識（例えば，「そうだけど，でも……」）が始まる。参加者は，自分が地域に戻るときに向き合うことが見込まれる偽りのない困難に注目する（例えば，経済的な困難，犯罪歴に対する偏見，人種差別，失望した家族，就職がうまくいくのを妨げる執行猶予中の遵守事項など）。

　受刑者はまた，自らの価値を実現することへの障壁となっているものとして，自分の行動が関係していることを認識するかもしれない。しかしながら受刑者はしばしば，これらの困難の一因となっている自分自身の役割に対して，相反する感情を持っている。彼らは，責任の一部は自分にあると認識するかもしれないが，しばしば責任を，司法制度の欠陥，差別，その他自分のコントロールが及ばないような状況に外在化させてしまう。現在収監されていることについて，公正な処遇を受けていないと感じることで，受刑者の防衛的な態度が悪化してしまう。そして，自分の外にある障壁をより強く認識することで，自らの苦しみが生じるうえで自分自身が果たしてきた役割に進んで注目しようという気持ちがなくなってしまうのである。

　目の前にある刑務所の環境のせいで，受刑者が防衛的になってしまうことがあるので，REVAMPでは，判断や評価につながらないよう注意しながら，自分自身の行動に焦点を当てることを促進していく。このことは，受刑

者と共に，価値づけられた行為に対する障壁を探り，この障壁に対する感情的な反応（例えば欲求不満）が起こるのは当たり前のことだと伝えることによって達成される。次に，プログラムにおいて，「外的な」障壁（external obstacles）（自分が戻っていく環境における問題）と「内的な」障壁（internal obstacles）（自分の思考，感情，行動）との違いに関する心理教育が提供される。ファシリテーターは人物の輪郭を提示し，参加者が認識した障壁が内的なものか外的なものかを分類するように指示する（図1参照）。外的な障壁が明確化されたら（例えば執行猶予中のやっかいな遵守事項），それらは人物の輪郭の外側に書かれ，ファシリテーターは，それと関連する内的な障壁（例えば欲求不満，ミーティングの欠席）を探り，人物の図の内側に記す。参加者はしばしば自然に，内的な障壁と外的な障壁との間のつながりについて認識する（このつながりは，図の中に組み込まれ，視覚的に強調される）。グループディスカッションが終わると，参加者はこれから自分が向き合っていく内的・外的な障壁を，個人的なものとみなす。価値も障壁も，参加者自らが明確化したものであるので，自分が批判されたり非難されていると感じることは最小化されるのである。

　REVAMPのファシリテーターは，参加者との共同的なプロセスにより，参加者の価値に基づく意味のある人生を達成する能力が，外的障壁と内的障壁の両方により妨げられてしまっていること，そしてそれらの障壁は相互に関わり合っていることを，参加者に認識させる。しかし，REVAMPプログラムによって，収監中であっても，それぞれの人が直接的に影響を与えることができるものがあるということに，参加者の注意は向けられることになる。それはすなわち，内的障壁である。

苦しみを減らす：
価値に対する障壁に向き合い，打破する

　刑務所の受刑者にはさまざまな人がいるため，彼らが向き合う外的・内的

第10章 罪悪感を受容し恥を捨て去る　255

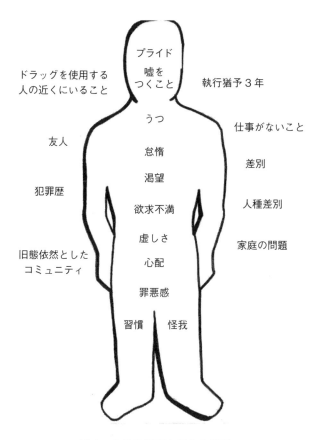

図1：内的な障壁と外的な障壁

な障壁にも，相当な多様性が存在する。ゆえに，社会復帰プログラムを成功させるためには，参加者がさまざまな行動上の問題と人生の課題を克服する準備をするための柔軟なツールが必要である。

　REVAMPの理論的な基礎はそのような柔軟性を提供する。REVAMPは受刑者が経験する多くの心理的・行動的な問題に関連する共通の要因を明確化し，焦点づけする。それはすなわち，感情的な苦痛の非適応的な回避である（Hayes, Wilson, Gifford, Follette, & Strosahl, 1996）。苦痛（pain）は正常なもので

あり，人生の必然的なものであるとされている。苦痛は多くの人生における本質的な側面に含まれているものの，人は苦痛を避けたり，それから逃れようとするかもしれない。このように，苦痛を体験しようとしないことは，さまざまな，問題となる回避的行動として現れることがある。例えば，物質依存，社会的孤立，ハイリスクな性的行動などである。そして逆に，問題となる回避的行動が，さらなる苦痛（例えば，健康問題，孤独，緊張した人間関係など）を生み出す結果となる。苦痛から逃れようとすることから生じるこの「追加の」苦痛は，「苦しみ（suffering）」と呼ばれる。時間が経つにつれ，問題となる回避的行動パターンは習慣的なものとなり，打破することが困難となっていくかもしれない (Hayes & Smith, 2005, pp.1-16)。

　この概念化は，受刑者にみられるさまざまな種類の問題行動に当てはまる。これを示すために，2つの例を考えてみよう。受刑者Aは愛する人の予期せぬ死のすぐあとに多量飲酒を始めたと述べる。彼は，飲酒が「制御不能」なものとなり，失業し，他の家族と緊張した関係になったという。受刑者Bはドラッグを売ることで，権力が得られ，手早く稼げることに「やみつき」になり，そのせいで，教育や下積みの積み重ねを通して自分の地位をより良いものにするのに時間がかかることに我慢できないのだと述べる。前回の出所以来，彼は働き続けようとしているのだが，彼のような犯罪歴があっても得られるような仕事の，日々の繰り返しには耐えられないのだという。また彼の娘が「高級志向」であり，彼に高価なものを買い与えるようプレッシャーをかけるのだと付け加える。

　表2に示されるように，上記の例は，2つの異なる問題行動（アルコール乱用と非合法的な活動）の共通の要素が，回避的な行動として概念化されうることを示している。それぞれの受刑者は異なった状況に直面し，異なった感情反応を経験しているが，両者ともハイリスクな回避的行動によって苦痛から逃れようとしている。REVAMPでは，苦痛との関わり方が治療の主要な標的である。このようにして，プログラムの焦点が，異なった問題行動の，共通する要素に向けられる。特定の種類の体験に焦点を当てるのでな

表２：苦痛と苦しみの概念化

	異なった状況	苦痛	回避的行動	苦しみ
受刑者A	家族の死	喪失感	アルコールの多飲	法的なトラブル 失業 家族との緊張関係
受刑者B	長期間の収監歴と家族からの別離 娘が金銭を要求する	無力感，欲求不満，恥	手っ取り早く稼ぐためにドラッグを売る	法的なトラブル 失業 娘との別離と娘からの尊敬の喪失

く，人が感情を体験することとどう関わるかということに焦点を当てることにより，REVAMPは刑務所に代表されるような多様な参加者集団に適応できるのである。

　セッション3においては，苦痛を受容することと回避することの違いや，苦しみとの関係について心理教育を提供される。これらの概念を説明するために，ACTでよく使われる2つのメタファーである，流砂（quicksand）とチャイニーズ・フィンガー・トラップが用いられる（Hayes & Smith, 2005, pp.3-4, p.37）。まず，参加者は，流砂に自分がはまっているときの反応を思い浮かべるよう指示される。ほとんどの参加者は，自分がパニックになり，進もうとしたり，泳ごうとしたりして，疲れ果ててしまうだろうと想像する。流砂の中では，もがけばもがくほど沈んでしまう。だからこのように死にものぐるいで動いたら，どんどん深く沈んでしまう。こうして，ほとんどの参加者にとって，とっさの衝動に基づいて行動することが，悪い状況をもっと悪くすることが明らかになる。これが苦しみという概念の説明である。次に，参加者に，チャイニーズ・フィンガー・トラップという，人差し指が両端にちょうど入れられる大きさに編まれた筒状のものが配られる。指を直接すばやく引っこ抜こうとするとき，この筒は入れた指に対する「トラップ（罠）」となる。しかし指を押し込むと，トラップはゆるみ，解放される。受刑者はこのトラップが苦痛を表していると想像するよう指示される。受刑者は，とっさの衝動――通常は指を引っこ抜いて離そうとすること――が，いかにト

ラップを締めつけ，指の柔軟性を制限することになるかを体験する。チャイニーズ・フィンガー・トラップは受刑者に，身体を通じて，受容すること（acceptance）の逆説を体験させてくれる。指をトラップの中に深く押し込むという，とっさに生じる回避衝動とは逆のことをすることにより，より多くのスペースと柔軟性が生まれ，結果的に逃れることができる。犯罪を犯した人がこの例え話の抽象的な性質を正しく理解できるか懐疑的に思う人もいるだろうが，著者らの経験では受刑者はこれらのメタファーに容易に自分を重ね合わせることができるのである。他にも，苦痛と無駄に格闘することを描いたメタファー（例えば，激流を上流に向かって泳ぐなど）が生み出されている。集団でも個人でも，参加者は衝動的な回避行動による苦しみという自らの体験について熟考する。個人ごとにワークシートを完成させることにより，受容することが，いかに自分の人生をより自分の価値に沿ったものとするのを手助けしてくれるのかについて，受刑者はじっくりと考えるのである。

　こうして，苦痛に反応するうえでの，より健康的な方法を追求する理論的根拠が確立されたあと，参加者は苦痛を上手に扱うための具体的なスキルについて教えられる。セッション4，5，6では，「今，この瞬間」への気づき（present awareness），短期的な苦悩耐性，（short-term distress tolerance），脱フュージョン（defusion）という，3つの主要な技法が扱われる。セッション4は，「今，この瞬間」への気づきに充てられ，参加者は，自動的な行動（automatic behavior），気づきを伴わない行為（action without awareneses），自動操縦モード（automatic pilot mode）という概念について教えられる（Bowen et al., 2011, pp.32-47）。自動操縦モードでは，状況によって有害な自動的反応が引き起こされているのに，人の行動は，そのことに対する気づきを伴わない思考や感情に影響されてしまっている。ファシリテーターは，内的な状態に対して，自動的に反応するのでなく，意図と選択をもって反応するためには，気づきが必要であると説明する。参加者は自分の体験に対する気づきをもたらすために，いくつかのエクササイズに取り組む。

まず，彼らはボディースキャン（body scan）を行う（Bowen et al., 2011, pp.42-43）。そこでは身体のそれぞれの部分で体験する感覚に焦点を当てるが，その感覚に対して反応することはしない。次に，参加者は自分の心に何が浮かんだかを書くことで自分の思考を意識することを2分間行う。これは「マインドのおしゃべり（mental chatter）」と呼ばれる（Hayes & Smith, 2005, p.55）。最後に，参加者は，自らの思考を流れに漂う葉っぱとして思い描くというマインドフルネスのエクササイズを通して，思考に対するとらわれのない気づき（nonattached awareness）をさらに進めていく（Bowen, et al., 2011, pp.140-141）。

　セッション5は，感情的な苦痛の適応的な取り扱い方に焦点を当てる。このセッションでは，グループリーダーは，苦痛を受容することは即効性の治療薬などではないことを伝える。REVAMPでは，アクセプタンスに基づく他の介入法と同様に，時には一時的に苦痛を取り除くための健康的な行為をすることも悪くないという立場をとっている（Linehan, 1993）。適応的な対処行動（adaptive coping behaviors）と非適応な対処行動との違いは，行動の結果によるのだというふうに説明される。つまり，適応的な対処行動はポジティブな結果を生み，非適応的な対処行動は長期的に見るとネガティブな結果を生むのである。参加者は，ブレインストーミングを行って，適応的な対処行動と非適応的な対処行動とを，それぞれ例を挙げ，その対処行動の結果を明確化する。個人で行うエクササイズとして，参加者は，いくつか対処行動を行ってみて，苦悩（distress）の変化がどうなるかをモニタリングする（Hayes & Smith, 2005, p.28）。こういった短期的な苦悩耐性スキル（short-term distress tolerance skill）は，永続的な解決法としてではなく，強い苦痛のときに用いられる即効性の対症療法として提示される。セッション6では，苦悩を扱うための長期的な方略が示されるが，それは，参加者が，自らの思考や感情との関係性を変革することによって成し遂げられる。受刑者に対して，観察者の視点と脱フュージョンに関する心理教育が提供される。グループリーダーは，思考や感情から一歩離れて，外からの視点を持つことで，行

動が自動的なものになってしまうことを減らすことができると説明する。これを例示するため、リーダーはACTで用いられるチェス盤のメタファーを提示する (Hayes & Smith, 2005, p.96)。受刑者は、自らの内的な苦闘（internal struggle）を、ポジティブな思考や感情とネガティブな思考や感情とが、2つの相対するチェス駒のチームとして、チェス盤の上で戦っている場面として想像してみるように指示される。そしてグループリーダーは受刑者に、メタファーのどの部分（例えば、チェス駒、プレーヤー、チェス盤）が自分を表すだろうかと尋ねる。参加者は通常すぐさま、チェス駒かプレーヤーであると答える。グループリーダーは、チェス盤が観察者の視点を示しているのだと説明する。チェス盤は内的な内容（例えば、思考や感情）も含んでいるが、戦いには巻き込まれていないと説明する。その後、受刑者は、山の瞑想 (mountain meditation) と呼ばれる視覚化に基づくセンタリング（自らの中に安定感を見いだし、そこに立ち戻る技法）のエクササイズ (visualization-based centering exercise) に参加する (Bowen et al., 2011)。この瞑想では、しっかりとして、動かず、反応しない存在として、山のイメージが用いられる。

　セッション6の最後で宿題として渡されるワークシートは、セッション4～6の、苦悩をモニターする題材を統合するものになる。参加者ははじめに、苦悩に対する自分自身の非適応的な反応を明確化するように指示される。その後に、参加者は、彼らが将来体験しそうな苦悩に対してじっくり考え、これまでとは違う適応的な反応について描写してみるように指示される。これによって、参加者は、「今、この瞬間」への気づきや、短期的な適応的対処法や、観察者の視点といったものを、今後予想される苦悩に適用することができるようになるのである (Bornovalova, 2008)。

セッションの構造

　REVAMPは各セッションを通して、一貫した構造を有するよう設計され

ており，困難だがやりがいがあり，予測可能な形で，集団でのエクササイズを提供する。セッション1では，他のセッションとは異なり，まずオリエンテーションとして，参加者にプログラムの目的とゴールが示される。セッションの後半では，好奇心と興味が高められ，一人ひとりの積極的な参加が促進されるような安全な環境が作り上げられ，センタリングのエクササイズの第1回が導入される。セッション2〜8は，以下のような同じパターンに沿って行われる。

- センタリングのエクササイズ
- 前回の宿題のおさらい（review）とそれについてのディスカッション
- 前回のクラスの振り返りに，新たなメタファーや，少し話を広げたメタファーも付け加えることでカリキュラム開始
- 本日のレッスン（lesson of the day）についての，例示的なエクササイズ
- カリキュラムとエクササイズについてのディスカッション
- 次回のセッションまでに完成させるワークシートの宿題。これは，今回の本日のレッスンを，それぞれの受刑者が自分のものとしたり，そのレッスンを行動に移して練習することが目的である
- カリキュラムの内容を簡潔なフレーズで示した，お持ち帰り用のメッセージ（take-home message）の配付
- センタリングのエクササイズ

例えば，セッション7では，価値に基づく生活を，苦悩耐性スキルと統合することに焦点が当てられるが，センタリングのエクササイズとして山の瞑想が用いられ，続いて，前回のセッション6の最後に宿題として出された，苦悩をモニタリングするワークシートのおさらいが行われる。次に，グループのファシリテーターがカリキュラムを提示するが，それは，価値づけられ

た行為，ゴール設定，障壁に打ち勝つことに焦点を当てたものである。グループのファシリテーターは，バスのメタファーを用いて，価値，ゴール，内的な障壁，外的な障壁といった，カリキュラムで扱う題材について，それぞれ，価値はバスが向かう方向，ゴールは途中で止まるバス停，内的な障壁は運転手の気を逸らす乗客，外的な障壁は渋滞であるなどと述べて，理解を深めていく。参加者が短期間に達成しうる目標を立てるエクササイズをしたあとに，地域に戻ってからの障壁に打ち勝つことについてのディスカッションが行われる。参加者はワークシートを渡され，考えられる障壁と，その障壁に打ち勝つための方略を明確化していく。次に，参加者に次のような「お持ち帰り用のメッセージ」が配られる：「マインドフルネスを実践し，新しいことに取り組むことで，自分が送りたい人生を送ることができる」。最後に，参加者は，「今，この瞬間」への気づきに基づくセンタリングのエクササイズを行う。

　最後の集団セッションとなるセッション8は，セッション2～7と同じ一般的な構造に従うが，少し異なるのは，すでに今まで何をなしてきて，地域に戻ったときにグループでの体験がどのように役に立ちそうかについてじっくり考えてみることを促すことである。セッションはいつものようにセンタリングのエクササイズから始まるが，これまでに用いられた3つのエクササイズのなかから1つをグループで選ぶ。そして，前回のセッションで宿題として出されたワークシートをおさらいする。そして，カリキュラムのセクションで，新しいレッスンを紹介する代わりに，これまで扱われたプログラムのゴール，それぞれのゴールの理論的な裏づけ，そしてそれぞれのゴールがどのようにレッスン，エクササイズ，センタリングの技法，ディスカッションにおいて促進されたかということが振り返られる。カリキュラムの内容についてのディスカッションの時間をとる代わりに，一つひとつのゴールが，それぞれの人にとってどのように個人的に適用できるかがディスカッションされる。また，すべてのお持ち帰り用のメッセージがまとめられたリストが配付される。最後に，これまでのセンタリングのエクササイズのメニューの

なかから，最後のセンタリングのエクササイズをグループで選ぶ．

受講者による受容度

著者らの予備的なランダム化臨床試験からは，アウトカムに関するデータはまだ得られていないが，REVAMPが受刑者の多様なグループによく受け入れられたことについてはエビデンスが示されている．全参加者に，無記名のフィードバック用紙に記入してもらったところ，全体的に非常にポジティブなフィードバックが得られた．参加者のつけた点数は，1点から4点のスケールで，介入の質は平均3.3点，有用性は平均3.5点，そして全体的なプログラムへの満足度は平均3.6点であった．プログラム全体にわたる出席率も刑務所ベースのプログラムとしては高く，同じ刑務所で提供される他の複数週行われるプログラムや介入と比べて，非常に良い値であった．

適用可能性

REVAMPは広範囲の受刑者の参加者一般に適用できるようデザインされており，幅広い年齢，民族性，犯罪歴，価値，障壁（例えばメンタルヘルス上の問題点や，物質乱用の問題など）を想定している．したがって，REVAMPの参加者は，プログラムに参加できるという基本的な要項が満たされれば（例えば，一般的な集団に属しており，プログラムに参加するに十分な長さの刑期が残っており，地域に直接戻る予定であるなど）研究対象に組み入れられる．REVAMPへの参加は完全に任意である．これまでは，このプログラムへの参加者は，年齢（18歳から81歳まで），犯罪歴，直近の犯罪の種類において広い幅があった．

要約すると，8セッションのREVAMP治療には，苦悩を軽減し，価値に基づく生活を高めるという二重の目標がある．REVAMPは特に，刑務所というセッティングに特化しており，予備的な研究におけるフィードバックか

らは，多様な受刑者の集団に好意的に受け入れられたことが示唆される。著者らは現在，REVAMPの効果に関する実証的なデータを収集している最中である。

「一般的な集団」の受刑者に対する動機づけ面接

動機づけ面接とは何か？

　動機づけ面接（motivational interviewing: MI）は，MillerとRollnick（2002）によって開発された短期の介入法（brief intervention）である。しばしばMIは「治療前の」介入として用いられ，通常，治療導入前の1〜2回の個人セッションにて提供されることが多い。あるいは，治療や変化を期待しての，ひとつの独立した介入として提供される場合もある。

　動機づけ面接のゴールは，人が変化しようとする動機を高めることである。MIは特に「抵抗性の」あるいは「熱心に取り組まない」クライエントに効果的であり，それは，言い換えれば，治療の必要性があるが，変化に対して両価的であったり，変化に取り組む準備ができていなかったりする人たちである。指示的だがクライエント中心のアプローチを用いることで，MIの臨床家は，(a) クライエントのゴールや個人的価値を明らかにするよう探っていき，(b) クライエントが，自らの現在の行動や生活環境が，自らの価値やゴールとは調和しないということに気づかせることにより，矛盾を明らかにし，(c) クライエントがこのような矛盾を認識することにより生じる，心の中の不協和音を，ポジティブな変化をもたらすための動機づけ（とポジティブな変化をもたらすためのコミットメント）の源として利用する助けをする。MIの面接では，臨床家はクライエントの視点から仕事を行い，共感を示し，クライエントの現在の状況と将来のゴールとの間の矛盾を明らかにし，抵抗をリフレーミングし，クライエントの自己効力感をサポートする。MIは，初めはアルコール依存症者の治療のために開発されたが，広範囲に

適応できる技法およびそれと関連する理論へと発展し，変化への動機づけ，変化のステージ理論，「チェンジトーク」，「コミットメントトーク」など，特定の行為のメカニズムについても理解が進んでいる（Miller & Rollnick, 2002）。

　動機づけ面接は，はっきりとポジティブ心理学の文脈のなかで発展してきたというわけではないものの，その技法はポジティブ心理学の原則に由来している。自己効力感を高めるMIの技法は，クライエントのポジティブな個人的特性に目を向けさせる（例えば，「あなたがこの変化をする助けとなるような，どのような強みをあなたは持っていますか？」）。加えて，動機づけを高めるMIの技法は，クライエントに，変化を起こすことから生じるポジティブな結果に目を向けさせる（例えば，「あなたが変化をすれば，あなたの生活にどんな良いことが起こるでしょうか？」）。

実証的に言えば，動機づけ面接（MI）は地域のなかでどのように役立ってきたのだろうか？

　動機づけ面接の技法は，さまざまな種類の領域における行動を変化させる目的で，多くの異なる種類の治療と組み合わせて用いられてきた。今では，MIが，治療への動機づけと，それに続く行動変化を増大させるということを記載した研究は，相当な数に上っている。このことについては，3つのメタアナリシスがあり，それぞれはいくぶん異なった集団をサンプルとしているものの，次のような結果にまとめられる——MIは，さまざまな集団のサンプルを通じて，そして多様な問題の領域において，ひとつの独立した介入として評価した場合でも，そして，他の限局的な治療と組み合わせて，付加的な効果量（effect size）を評価した場合でも，いずれの場合においても，中等度の効果量が認められた（Burke, Arkowitz, & Menchola, 2003; Hettema, Steele, & Miller, 2005; Rubick, Sandbaek, Lauritzen, & Christensen, 2005）。

どうして MI は特に受刑者に適しているのだろうか？

　収監中，あるいは保護観察中の個人に対するいくつかの限定的な研究では，期待できる成果が挙げられてきた (Ginsburg et al., 2002; Walters et al., 2007)。例えば，家庭内暴力の加害者に対する動機づけを高める介入では，物質使用における変化についての準備性が高まった (Easton, Swan, & Sinha, 2000)。収監中の若年者では，動機づけ面接によって，釈放後の飲酒運転の頻度が低下し，また飲酒している運転手の車に乗る頻度も低下したが，その効果は特に軽度に抑うつ的な人において顕著に認められた (Stein et al., 2006)。さらに，MIは怒りを呈していたり反抗的な個人に対して有効なようであり，変化しようという動機づけのない個人に対しても有効なようである (Hettema et al., 2005; O'Leary Tevyaw & Monti, 2004)。さらにメタアナリシスによると，MIの効果は，白色人種よりもマイノリティーに対して有意に大きかった。マイノリティーが郡立刑務所や州立刑務所において，外の社会と比べて比率的に非常に多いことを考えると，MIは刑務所での治療に対して特に適していると言えるのかもしれない。

釈放前の刑務所の受刑者に MI を用いる際の特記事項

　MIは通常，実際の変化の目標が明確である文脈（例えば，物質乱用の治療のために特に紹介を受けた人，摂食障害をもつ若者，うつに対する精神科的治療を求めているクライエントなど）において用いられる。たいていの文脈では，最終的な変化の中心的課題は，クライエントにとっても面接している臨床家にとっても，はじめから明らかである。

　これとは対照的に，地域への社会復帰が近づいている刑務所の囚人は，特に物質依存と精神疾患が併存している場合，無数の困難や，変化のターゲットとすべきものの長大なリストと向き合うことになる。ある人にとっては，第一の目標は職を得て住む場所を見つけることかもしれない。また別の人に

とっては物質使用を絶つことが最優先である。さらにまた別の人にとっては，向精神薬（収監中初めて処方されたということがしばしばみられる）の服用と支持的な治療とを継続することが，リストの冒頭にあるかもしれない。MIによる介入がなされない場合には，通常，受刑者は収監前の日々とは異なる生活を送りたいと切望するものの，そういったゴールに到達し，それを維持するためのプランは未開発であったり，全く無かったりする。つまり，刑務所の受刑者（その中でも特に物質依存と精神疾患が併発している者）にMIによる介入を行うことには非常な困難が伴うのであるが，それは，そのためにはまず，（個人の価値から生まれる）達成可能なゴールを明確に確認する必要があり，そしてその後になってはじめて，動機づけを拡大し，アクションプランを詳しく説明し，実現のために必要な自己効力感を鼓舞するという典型的なMIの仕事にとりかかることができるからなのである。

　著者らは，広範なMIの手法の訓練を受け，社会復帰が近い刑務所の受刑者にこの手法を試行的に実施してみたのだが，この文脈でMIを用いることは，従来の文脈（例えば，物質乱用治療のためのプログラム）においてMIを用いることとは全く異なるものだと確信している。個別的な変化のターゲットを明確化する必要があるため，従来のアプローチは修正されなければならない。一般的な集団の受刑者では，変化のゴールやターゲットが多様である（例えば，物質使用を減らしたり絶ったりすること，職を得ること，家族の結びつきを強めること，犯罪的な活動をやめること）。また，受刑者が，MIの臨床家から，非難されたり，烙印を押されたと感じたり，恥をかかされたと感じたりすることを，可能なかぎり少なくすることも，特に重要である。

　個人に特有の変化のターゲットを探ろうとした著者らの一番最初の試みは，まさに上述のやってはいけないパターンのとおりであった。我々は面接を次のように始めたのである：「Xさん，あなたはあとXX週で，アーカンソー州司法当局から釈放されます。地域社会に復帰することを考えると，将来再び収監されることを避けるために，どのような種類の変化をしたいと思

いますか？」。面接は完璧な失敗に終わった。我々はひどい抵抗に直面した。非常に多くの受刑者が，自分が再収監を避けるためには変化をしなければいけないという考えに対して，いらだちを示したのである。外部要因についての話——特に社会システムがどんなふうに自分の役に立たなかったのかについて——で反論してきた人もたくさんいたし，自分は刑務所に戻ることなどないと断言した人もいた。自分はすでに，する必要のある変化はすべてしてきたというのである。実際のところ，著者らは，参加者が変化をする**必要がある**という自らの思い込みを伝えてしまっていたのである。著者らの冒頭の質問は，不注意にも，受刑者の参加者はどこか根本的なところで欠陥があり，そして我々は彼らが変化をする必要があることを知っている（そして何を変える必要があるかは，我々が最もよく知っている）と暗に伝えてしまっていたのである。

　著者らは数カ月間，多くの方略を試行してみて，あるアプローチが，明らかに他のすべてのアプローチよりも効果的であることが明らかになった。それは，まず最初から受刑者の個人的な価値やゴールに触れることである。現在，著者らは，受刑者とのMIの面接を，「会ってくれてありがとう」と伝えることから始め，それから次のように尋ねることにしている。「それで，Xさん，あなたにとって最も大切なことは何でしょうか？　あなたが最も価値を置いていることは何でしょうか？」と。このアプローチを用いることにより，魔法のように道が開ける。REVAMPプログラムと同じように，受刑者はすぐに個人的な価値について答えてくれる——それも，ほとんど例外なく，我々の大部分が共有している向社会的な価値を，である。面接は陽気に始まる。ラポールはすぐに形成されるが，それは，受刑者である参加者が，自分が個人として尊重され評価されていると感じるからである。

　こうしていったん個人的な価値が明確化されると，犯罪活動をすることや収監されることが，どんなに，個人的な価値や，それと関連するゴールを追求することを邪魔してきたかについて，MIの臨床家が指摘することは容易である。MIの鍵となる技法である「矛盾を拡げる（developing discrepancy)」段階への移行は，自然になされる。そしてそれは，受刑者である参加者が，脅されたり評価を下されたりすることなく，支持され，大切にされることを体験するなかでなされる。こうして，変化のターゲットが，容易に明確化される。受刑者である参加者は，容易に，変化のステージを，1段階，あるいはそれ以上に上がっていく。そして，面接は，ポジティブな調子で締めくくられるが，その際に，もう一度，参加者自身の価値とゴールが確認され，また，面接者が見いだした，これらの個人的なゴールにつながる，参加者の成し遂げた変化が確認される。

要約と結論

　受刑者のニーズや，郡立刑務所や連邦刑務所の環境の制約に合わせた心理学的な介入に対しては，非常に大きなニーズがある。受刑者の心理学的・行動的問題は，それが深刻であり，また社会に対して潜在的に危険であるために，ポジティブな結果に注目することよりも一見重要に見えるかもしれない。そして実際に，臨床現場や地域の現場におけるポジティブ心理学的な介入の実証的な研究は近年進んできたけれども，この研究の内容を受刑者に対する介入へ当てはめることにしぼった研究はほとんどなかった。
　この章では，刑務所の受刑者の「一般的な集団」のためにデザインされた，3つの治療アプローチについて述べた。それぞれの介入を通して，いくつかの共通のテーマが存在している。まず第一に，これらのアプローチは恥を減らすという特徴がある。それぞれの介入は，受刑者がじっくり考えると必ず生じてくる恥に対して，少しずつ異なった反応をとる。例えば受刑者が次のように恥を表現するとする。「今こうして，刑務所の中で，ドラッグを使わないクリーンでしらふの生活を送っていると，ドラッグを使っていたことで，どれだけ自分自身や家族や地域を傷つけてきたかがわかる。こんなに長いこと放ったらかしにしていたなんて，なんて自分は愚かなんだ」。IOCプログラムでは，受刑者に対して，責任をとり，償いの方法を考え実行する

よう働きかける。REVAMPでは，今のこの状況を受け入れ，価値づけられた行動に再度注目するよう働きかける。MIでは，治療者は共感を示し，クライエントの強み（strength）と価値をリフレーミング・承認し，クライエントの動機づけを高めるために，その自己効力感を後押しする。これらのアプローチは互いに排他的なものではなく，むしろ，互いに，他の治療がクライエントの恥の体験に対処する方法を示すのを助けてくれるのである。

第二に，これらの治療アプローチは，将来に向けてポジティブな変化をすることを重視している点が共通している。MIも，ACTに触発されたREVAMPも，どちらも修正が必要であった。この2つのアプローチを試行することで，著者らは，まず最初に個人的な価値やゴールについてディスカッションするという介入方法にたどり着いた。

著者らの研究では，「ポジティブなこと」を促進することと「ネガティブなこと」を癒すことは，必ずしも相反することではないことを強調してきた。著者らがこれまでの介入で得た経験において，受刑者の変わりたいという動機づけは，単に恥や，さらに罰せられることや，再収監されることから逃避することではなく，ポジティブな動機づけ（例えば，価値づけられたゴール〔valued goal〕や，犯罪に対する償い）によって動かされる場合，最も強くなることが示されてきた。まとめると，価値を高め症状を軽減するよう働きかけることは，受刑者の集団においては，相補的で相互に補強するものである可能性がある。犯罪者のリハビリテーションは，ポジティブ心理学の分野から発せられた構成概念と介入法をしっかり検討することで，大いに向上する可能性がある。

第11章

価値に沿い目的に導かれた行為を増やすために意味の科学を用いること

マイケル・F・スティーガー（コロラド州立大学，南アフリカ，ノースウエスト大学）
ケリー・シーライン（コロラド州立大学）
レスリー・メリマン（コロラド州立大学）
トッド・B・カシュダン（ジョージ・メイソン大学）

　アクセプタンス＆コミットメント・セラピー（ACT）とポジティブ心理学を比較することは興味深い。どちらも，人が自らの理想的な未来を達成するための支援を目的としているが，決定的な違いもある。ACTは，ポジティブなこととネガティブなことを統合する理論に基づいており，多くの介入手法がある。そしてそれらの介入手法の目標は，人が健康な目標に向かって努力する際の障壁を減らすこと，その努力の際に自律的であること，そしてその努力をまずまず首尾一貫した人生の計画として統合することである。ポジティブ心理学は，幸福，感謝，親切といった，良い，望ましい，「ポジティブな」，とみなされる主題を重視するさまざまな研究によって定義づけが行われているが，さまざまなポジティブさについて十分統合がなされているとはいえず，それ以外の体験についてはもっとそうである。これとは対照的に，ACTは表面的なポジティブさではなく，人間そのものを中心に置いている。

　ポジティブ心理学は，幸せな人はみな似通っているということに焦点を当

てた基礎理論に基づいており，ある程度普遍的な介入方法をとっている（例えば，より頻繁に他の人に感謝の気持ちを伝えたり，親切にしたりすることなど）。ACTは，苦しみの主な源はすべての人に共通で，それは言語であるという仮定に基づいている。ACTの治療者は，そこを出発点として，一人ひとりの独自の価値と，その人の奥に潜む「なりたい自分」に焦点を当てる。

おそらく，ACTとポジティブ心理学に共通する領域は，よく生きられた人生（well-lived life）という，ACTとポジティブ心理学に共通のビジョンに向かう，その人ならではの人生の旅という部分だろう。この章では，ポジティブ心理学の典型的な構成要素のひとつである「人生の意味（meaning in life）」を，「よく生きられた人生に向かう，その人ならではの人生の旅」と読み替えることで，ACTとともに用いるための，いくつかの方法について解説する。人生の意味に対してACTでこれまで用いられてきた方法論をいくつか紹介したあとで，症例を紹介する。それにより，人生の意味というものが，どのようにACTをよりよいものにし，人に新しい気づきをもたらして，自らの理想の将来を成し遂げるのを支援してくれるかについて示す。

ACT，ポジティブ心理学，人生の意味

人生の意味は，ポジティブ心理学が導入されるよりも以前から，しばしば，人間の最適な機能のモデルのなかに含まれてきた。例えば，心理的なウェルビーイングに関するRyff（1989）のモデルには，人生の目的（purpose in life）が含まれているし，それ以外にも，ウェルビーイングを構成している基本要素は何かを理解しようとする多くの研究のなかに，人生の意味と目的に関する尺度が含まれていた（例えば，DeNeve & Cooper, 1998; Harlow & Newcomb, 1990）。しかしながら，1970年代から1990年代になされたウェルビーイングの研究のほとんどは，パーソナリティ特性，感情，人生の満足度のほうに焦点を当てていた。ポジティブ心理学は，パーソナリティ特性（personality traits)（これは徳性の強み〔character strength〕と呼ばれる）とポジティブ感情に焦点を当て，感情と人生の満足度を組み合わせて，主観的なウェルビーイングの概念を作り上げるような研究を行うことも，ひょっとしたら期待されていたのかもしれない。しかし，残念なことにそうはならなかった。ポジティブ感情以外に，他に注目すべき変数（variable）が必要だと主張する論文もあったが（例えば，Ryan & Deci, 2001），当時は，ポジティブ感情の研究に皆が熱狂していたために，それ以外のことに注目しようという流れにはなかなかならなかった。しかし，少数ではあるが，非常に有益で，ポジティブ感情と同じくらい成功している概念がある。1つ目はマインドフルネスであり，マスコミや臨床家の間で熱狂的に受け入れられた。2つ目は人生の意味であり，社会心理学の重要な要素のひとつとして，再び注目されるようになり，緩和ケアやがん看護におけるターゲットのひとつとなっている。マインドフルネスは，ACT の中心に位置しているが，この章の目的のひとつは，人生の意味もまた，ACT の中心に位置していることを示すことにある。もしそうであるならば，ポジティブ心理学の「第2世代（second wave）」は，ACT のような「第3世代（third wave）」の認知行動療法に大いに類似点があるということになるだろう。

　残念ながら，ほとんどの場合，昔ながらのポジティブ心理学では，感謝，成功，その瞬間の喜びに過度に焦点が当てられていたようである。これは，ポジティブ心理学で最もよく使われている方法からわかる。その方法とは，ポジティブな体験に注目するために，「恵まれている点を数え上げる（counting blessings）」とか，その日あった3つの良いことを書き留めるといった，単純な集計行動技法である。こういった方法を使うことで，人は，ポジティブ感情を追い求め，簡単に，楽しく，そして自然にできることを行うようになるだろう。いわゆるポジティブ心理学1.0（Wong, 2011を参照のこと）は，まるで商品のように，物として消費者によって使われるようになってきた。こうやってポジティブな体験に焦点を当てることで，奇妙なほどに，効用の効率を追い求める風潮ができあがってしまった——「誰かを赦しなさい，そう

すれば心地よくなるであろう」「感謝を示しなさい，そうすれば心地よくなるであろう」といった具合である。

　ポジティブ心理学1.0は，比較的に変わりにくい徳性の強みにも焦点を当ててきた。しかし，最近では，単に個人個人の魅力的な特質を見いだすだけでなく，その強みを用いるための有望な手段であったり，さらには新しい強みを開発するといったことにも光が当てられるようになった（Biswas-Diener, Kashdan, & Minhas, 2011）。もうひとつの明るい最近の傾向は，ポジティブ心理学が，レジリエンスの促進のために，認知行動療法を採用したことである。ポジティブ心理学は，あるがままの人生（life as it is lived）の複雑でダイナミックな特質――良いことも悪いこともたくさんあり，矛盾と不確実性に満ちている――に適応しようとすることで，成長しつづけることができる。ACTと人生の意味とを，注意深く巧妙に合体させることで，その成長を達成する助けになるだろう。

　人生の意味の研究は，単に「心地よく」なりたいという動機を超えて，人間の努力の複雑な状況を指し示すためのものである。たいていの人は心地よいことと，意味のある人生とを結びつけるが，人はまた，ひどい状況下においても意味を見いだすことができる。あいまいさや，悪戦苦闘や，その人なりの重荷のない人生などない。人生の意味は，幸福な瞬間だけでなく，こういった体験で成り立っている。子どもが生まれたり，親が亡くなったりすることは，ポジティブな意味，ネガティブな意味，そして両者の混ざりあったもののいずれでもありうるが，どれであるにせよ，意味のあることである。別の例を挙げると，人生の意味を創造することは，しばしば，人に罪を負わせたり，敵を作ることにつながることがある。何か悪いことが起こりそうなあいまいな状況では，人は，その状況から意味を見つけ出そうとする（Sullivan, Landau, & Rothschild, 2010）。意味を見いだせないという脅威があるときには，その不幸な状況は他の人たちのせいであると非難する可能性が高まる。そうすることで一時的に，意味があるという感覚が取り戻せるからである（Sullivan, Landau, & Rothschild, 2010）。このように，いつ，どんなふうに意味を

追求することが健全であるかは，ただ1つの答えのある単純な問題ではないのである。

　人生の意味が重視するものは，個人にとって心地よいものでなく，個人にとって大切なもの，さらにはその個人が属する集団や，より広い世界にとって大切なものである。また，人生の意味が焦点を当てているものは，人生の旅（journey）そのものであり，その旅のもたらす快楽ではない（Steger, Kashdan, & Oishi, 2008）。そしてそのことで，たとえ苦痛や挫折に直面しても旅を続けていくために必要な，言葉と安定がもたらされる。人々に適切な介入をすることで，最も重要な領域において意味を検知し，意味を創造するということが，最小のコストでできるようになるだろう。

　このことからすぐに連想されることは，ACTが回避でなく体験の受容（アクセプタンス）を重視しているということである。回避の研究の多くは，ネガティブな状態，思考，体験を避けようとすることで，人をむしばむような効果が生じることと，ポジティブな状態，思考，体験を達成，獲得しようとすることで，建設的な影響が生じることとを，対比的に示してきた（例えば，Elliott & Thrash, 2002）。ポジティブ心理学においては，「悪いことを回避することは悪い」というメッセージは広く行き渡っているものの，ひょっとしたら「良いことを追求することは良い」というメッセージが過剰に用いられてしまっているかもしれない。時には，「より多くの幸福を！」という人々の声により，ゆがんだ心理的ツーリズムとでも言うべきものが作り出されてしまっている。そこでは，たとえて言うなら，バスに満載の観光客たちが，一連の素晴らしいポジティブな属性の前をぞろぞろ通り過ぎるのである。「徳性の強みだ！」「ポジティブ感情だ！」「プラス思考だ！」「感謝だ！」「好奇心だ！」「人生の意味だ！」といった具合である。ポジティブ心理学が，人生のなかでの良いもの——それも良いものだけ——を手に入れることだけに焦点を絞る矮小なものになってしまうのではないかという心配は，ポジティブ心理学が生まれて以来ずっと抱かれてきている（Lazarus, 2003）。この章において，著者らは，人生で最もすばらしいことには，良い

ことと悪いことの両方の体験を伴うということを強調したい。

　我々一人ひとりが，脅威，変化，混乱，失敗に悩まされるなかで，自らの存在に意味を見いだすという困難な課題に直面している。死の脅威，孤独の苦痛，自律の制約といった深刻な実存の問題（existential issue）にもかかわらず，人はなんとか生きていく。人は人生の意味の源を多数発見しつづけるし，今たまたま人生の目的となっているものを理解するうえで，素晴らしい創造力を発揮する（McKnight & Kashdan, 2009）。ひょっとしたら，このことは，ポジティブ心理学の構成要素の中でも，人生の意味が，臨床の現場にその起源があるという注目すべき特性があるからかもしれない。驚くべきことではないかもしれないが，意味は簡単な仕事からでなく大変な仕事から生まれるという知恵に基づき，進んで短期的な（目先の）満足を諦める人は多い（例えば，子どもを切望しているカップル，軍隊の新兵，大学院の志願者など）（King & Napa, 1998; King & Hicks, 2007）。ACT と同様に，ポジティブ心理学において，人生の意味と目的の中心にある諸概念は，クライエントとセラピスト，ファシリテーターと組織という特別な結びつきに呼応して発展してきたのである。

人生の意味──それは何であるか？
それは ACT とどのように結びつくのか？

　心理学の分野における臨床家や研究者たちは，生きる価値のある人生を育むうえで，意味を見つけること（meaning making）の重要性について著述してきた（例えば，Baumeister, 1991; Frankl, 1963; Ryff & Singer, 1998; Wong & Fry, 1998）。さまざまな時代に，いろいろな心理学者が，「人生の意味」という用語を違う意味で使ってきた。「人生の意味」という言葉は，しばしば，人が人生において作り上げる意義のことを指すが，それは，英語で意味を見つけることを「意味を作る（meaning making）」という言い方をすることからわかるように，意味とはシンボリックに作り上げるものだという考え方に触

発されたものである。文章は情報を伝達するが，それと同じように，人生も情報を伝達するのである。これが人生の意味の認知的な特質である。Steger (2009; 2012; Steger, Frazier, Oishi, & Kaler, 2006) は，人生の意味のこの側面を，了解 (comprehension) と名づけている。人生の意味は，また，人生において，人が取り組み，達成し，熱望するものを指す場合があるが，こういった側面は，一般的には目的 (purpose) と呼ばれている (Kashdan & McKnight, 2009; McKnight & Kashdan, 2009; Reker, 2000)。まとめると，人生の意味とは，人が，自分の人生を理解し，そこに重要性を見いだし，そこに一貫した目的があると信じる，その度合いのことである (Steger, 2009)。

　了解と目的という，人生の意味の2つの側面は，ACTにおいて精神病理や非柔軟性につながるとされる，体験の回避と概念としての自己への執着に容易に結びつきがちである。了解のせいで，人は自分の（現在でなく）過去や未来のことばかり考えるようになったり，「今，この瞬間」に体験していることに対する非防衛的で開かれた接触を行うことができなくなったりしやすい。人が過去や未来についての考えにとらわれて自らを見失っていると，自己開発し，その時その時に起こっている自らが望んだ体験や望まなかった体験から成長していくことができなくなる。体験の回避があると，了解自体が，不正確で，脆弱で，常に保護が必要なものになってしまうのだ。

　了解はまた，人が，自分が体験する自己でなく，自分がこういうものだと思い込んでいる概念としての自己への執着にもつながりやすい。人が自己を，気持ち，思考，自分はどういう人間かという考えといったフィルター（これは心的内容〔content of one's mind〕と呼ばれる）(Luoma, Hayes, & Walser, 2007) を通して見た場合には，個人の成長の可能性は限られている。体験の回避の場合と同様に，概念としての自己への執着があると，自らの真の自己を知ることができなくなってしまう。了解においては，我々自身，周りの世界，我々と世界との相互作用を概念化し，理解することの重要性が強調されている。このように，世界というものが個人の体験に対する文脈として組み込まれており，また，自己と変化する文脈とのダイナミックな相互作

用の理解の仕方に注意が向けられているので，了解という概念は，体験の回避や概念としての自己への執着といったACTの概念より幅広いものであるといえる。そうではあるものの，人が過去や未来の出来事の方に向いてしまうことで，本物の体験（authentic experience）ができなくなっているという問題に対して正面から取り組んでいるという点で，ACTは人生の意味の理論よりも幅広い理論であるといえる。ACTがしばしば，役に立たない自己概念から距離を置き（脱フュージョン），「今，この瞬間」に起こっていることに関して受容的な態度を維持する（マインドフルネス）ための支援を行い，よりよい人生を創造することに焦点を当てているのに対して，人生の意味のほうは，いかにして，生産的なやり方で自己感覚を作り上げていくかに焦点を当てている。つまり，人生の意味に注意を払うことで，人はよりよい人生を創造することができるのであるが，それは，世界に向けて，そして人々の究極の関心事という抽象的な領域に向けて，自己を拡大することを通してなのである。ACTと人生の意味は，両者が互いに協力することで，強化することができるのである。

人生の意味についてもう少しだけ

　一般的に言うと，人生の意味についての研究の焦点は，人々が人生の意味を保持しているのか，あるいは，どのくらい保持しているかに当てられている。何百もの研究が，人生の意味を保持していることと，望ましい特性を持っていることに関連があるとしているが，その特性のなかには，徳性の強み，ウェルビーイングを構成する諸因子，苦悩（distress）が少ないこと，さらにはアルツハイマーへの罹患率が少ないことや死亡率が少ないことまで含まれている（Shin & Steger, 印刷中; Steger, 2009; Steger et al., 2006）。しかしながら，人生の意味が存在することと，人が人生の意味を探し求める度合いとは別の話であることが，研究から示唆されている（Steger et al., 2006; Steger, Kashdan, Sullivan, & Lorentz, 2008）。人生の意味を探し求める（search for meaning）

とは，人生の意味の積極的な追求（active pursuit of meaning in life）のことであり（「私は私の人生に対する目的や使命を求めている」），神経症やネガティブ感情と関連している（Steger et al., 2006）。人生の意味を探し求めることには，必要最小限のレベルで意味を見いだそうとすることから，自らの人生の目的を理解しようとする試みまで，幅広い範囲のことが含まれる（Steger, Kashdan, et al., 2008）。人が，人生の意味を，強みの立場から——もともと存在している健全な人生の意味を確固としたものにしようと——探し求めているのか，それとも，死にものぐるいになって——人生にとって意味を持つ何かを再構築しよう，あるいは単に探そうとして——探し求めているのか，それが重要である。人生の意味を持たない状態で人生の意味を探している人は，人生の意味を探していない人よりも幸せと満足が少なくなる（例えば，Park, Park, & Peterson, 2010; Steger, Kashdan et al., 2008; Steger, Oishi, & Kesibir, 2011）。しかし，人生の意味を探し求めることは，自分の人生に意味があると感じている人々にとっては，幸せを損なうようには見えないのである。

　というわけで，人が自らの生活をよりよく生きることができるようにするため，人生の意味を作り上げる健全かつ効果的な方法を見つける支援をしていくことが重要である（Read, Westerhof, Dittmann-Kohli, 2005）。人生の意味の研究や人生の意味への介入では，さまざまなことに焦点が当てられるようになっている。それは，たいていの場合，ひとつの全体として人生を理解することであったり，ひとつの全体として人生に目的を見いだすことであったりするのだが，特定の出来事から意味を見いだすことに焦点を当てているような研究もある（例えば，Davis, Nolen-Hoeksema, & Larson, 1998）。KingとHicks（2009）は，ネガティブな出来事は，意味があるとして認識される可能性が高いことを示した。がんやうっ血性心不全などの慢性または命に関わる病気にかかるといったネガティブな出来事に意味を見いだすことは，健康保持的な効果があるようである（例えば，Cohen, Mount, Tomas, & Mount, 1996）。

　ここまで我々は，人生の意味の理論をポジティブ心理学の現況に追加することで，どのような複雑さが生じるかをざっと見てきた。また，我々は，

ACTと人生の意味とが，いくぶん重なり合っており，組み合わせることで新しい洞察を生むことができることについて簡単に述べてきた。次のセクションでは，ケーススタディを用い，どうしたらACTと人生の意味とを同時に用いて介入を行うことができるかを示すこととする。

◆マンディを理解する

　マンディは，6週間前に離婚した34歳の女性である。2人の娘がいるが，元夫と共同親権となっている。彼女に離婚の理由を聞いたところ，夫が，「妻をアップグレード」したかったからだと述べた。実際に夫はすでに誰かと暮らしている。元夫と同じように，元夫の新しいパートナーは，電気部品を製造する大会社の中間管理職である。マンディは，ある不動産保険会社で12年働いてきて，住宅ブームの開始時に保険引受人に昇格した。ピーク時の彼女の収入は元夫と同等以上で，高い生活水準で暮らしていた。過去数年間は，住宅販売がほとんどなく，マンディの収入も激減した。

　マンディは，未来にほとんど希望がないと言い，子どもたちの生活に対して，新しい女性が悪影響を及ぼすのではと心配している。そして，遷延する大うつ病エピソードから最近やっと回復してきたところである。彼女は今，自分が子どもたちを上手に育てられないのではないか，娘たちが元夫のところに行っているときに，娘たちに何か悪いことが起こるのではないか，仕事と家を失うのではないかと常に心配している。彼女はまた，心配している時間が長く，不安の程度も強いために睡眠と仕事の効率が損なわれており，それは特に元夫のところに娘たちが行っている週末にひどいと述べている。踏み込んで尋ねると，マンディは，収入が高くてお金の心配をしなくて良かった時代が懐かしいと話した。

　マンディは明らかに，非常に大きな変化やストレスに対処している最中で

ある。マンディの状況に対して協力できるひとつの方法は，マンディの自己概念，またはACTの用語でいうところの「概念としての自己」を探ることである。彼女の悩みの多くは，彼女の過去の自己像と現在の自己像との間に，一見して大きなギャップがあることから生じている。彼女は昔は悩みが少なく，喜びの多い生活を送っていた。彼女は日々生活する際に，今の状況がどんなに大変か，そしてかつてはどんなに良かったか，くよくよ考えてしまう。彼女はまた，元夫に捨てられたことの苦痛，そして，彼にすでに新しい女性が出来たことの屈辱を何度も反芻している。週末が近づくにつれ，彼女は娘たちが元夫と過ごす時間について，どんどん不安になる。素晴らしかった過去を反芻し，将来を心配することで，マンディは自分の人生を再構築する方向へどう向かったらいいかわからないでいる。

　ACTの見地からすると，マンディは，こり固まって役に立たない自己概念や，概念化された過去と未来に囚われている。彼女は「今，この瞬間」との接触ができていないのである。

　人生の意味の見地からすると，マンディの人生の了解の核となっている構成要素（component）は，もはや正しくもなく，役にも立たず，育成的でもない。それらの要素は，離婚やそれに起因するすべてによって破壊されてしまったのである。マンディの人生の意味の体系（system）は，もはやマンディの行動を導き，価値を育み，目的を具体化するのではなく，彼女の状況を悪化させ，自信をなくさせてしまっている。マンディの人生は大きく変わってしまったのだから，彼女は自分の自己概念の定義づけ（つまり，自分の人生の意味の体系）を調整したり，変化させたりしなければならないのである。

　著者らは，クライエントが人生の構成要素の基本的な理解を再検討，復元，再構築，再活性化することを支援することを目的として，クライエントと共同作業するための2つのアプローチを推奨したい。それらはACTにおいてしばしば使用される「価値を探す」エクササイズ（values exploration exercise）に似ているが，もっと基本的なものかもしれない。

1. **自明のこと**（givens）。「私たちは次に述べる真理が自明であることを信ずる……」と，アメリカ独立宣言の起草者たちは大胆かつ明確に，すべての人が平等であるという，彼らにとって「自明のこと」と思われる仮定を述べた。起草者たちのうちの多くは，とても平等とは言えない扱いを受けていた奴隷を所有していたという事実は横に置くとしても，この「自明のこと」というのは，この独立宣言という文書の，それ以外の部分を，文脈に照らして考えるようにさせてくれる。我々，そして我々のクライエントは，どの程度，我々の人生を文脈に照らして考えるようにさせてくれるような，根本的な「自明のこと」を表明することがあるだろうか？　このエクササイズでは，クライエントに，自らが真であると仮定しているもの，自らが信じており決して疑問を持っていないもの，または自明であると考えている真実について，1週間ほど時間をかけて考えるように指示する。例えば，クライエントは，家庭生活について考えるかもしれない。「私は子どもが『抱っこして』と言ったら決してそれを断ることはない」「子どもはそれぞれ唯一無二の個人として扱われる」「可能なかぎり，家族は一緒に夕食を食べるものだ」「両親が私をしつけたようなやり方で子どもをしつけることを，決して私はしない」。クライエントがこの宿題をやってきたら，臨床家は，クライエントと，こういった自明のことが意味することや，そのテーマについての議論を行い，クライエントの持っている根本的な仮定――最も基本的な人生の意味の了解――を明らかにする手助けをする。クライエントに対して，自らが自明のことと感じていることについて，完全に正直であるようにと促し，エンパワメントするためには，こういった仮定や了解の正当性を疑う必要が出てくる。上記の子育ての例で言うと，そういった自明のことは，賞賛に値することではあるが，「絶対」という言い回しは，多くの場合，何かに対する反応としての「自明のこと」――つまり，未解決の

苦痛の結果として生み出されたものである場合が多いのである。このことは，「両親が私をしつけたようなやり方で子どもをしつけることを，決して私はしない」という「自明のこと」の場合に最もよくわかる。そもそもそういうしつけの方針がいい考えかどうかわからないが，少なくとも，その「自明のこと」の「絶対に」というところはおそらく失敗につながりがちであるし，さらには子どもの行動に対して効果的かつ合理的な対応をしづらくさせる。このようにして，セラピストやコーチは，クライエントが，世界に対する基本的な了解を発見し再考することを支援するための素晴らしいリソースになりうるのである。

2. **価値のワーク**（values work）。ACT の立場と人生の意味の立場とで，両者に共通する目的は，人が最も深く気にかけていることに合わせて生きようとすることを支援し，鼓舞するということである。これは，その人自身の価値を探求することなしには困難である。行動は，思ったほどには実際にされることが少ないものである。ここでは，クライエントに価値を考えてもらうための具体的な方法として，Schwartz, Kurtines, Montgomery（2005）の方法について記述する（さらに多くの活動については Shin & Steger, 2012 を参照のこと）。

クライエントが過去に直面した重要な人生の選択肢やジレンマを 1 つか 2 つ選び出すように指示する。そのような状況が何のせいで困難であったかを説明するようにクライエントに指示する。例えば，多くのクライエントは，仕事と家族のどちらに自分の時間と労力をかけるかという困難な選択に直面している。多くの場合，クライエントは，「良い選択などなかった。どちらに決定しても誰かを失望させていた」と言うだろう。出てきたテーマは心に留めておき，まだ対処はしない。こういった理由づけは，クライエントの価値についての強力な手がかりをもたらす。次に，クライエントがどんな選択をしたか話す

ように指示する。そして，特に，その選択をしてどう感じたかを話すように指示する。その後，クライエントとの作業には，好みに応じて2つの方法がある。1番目の方法は，クライエントが，その選択から生じた感情と，どうしてその選択がそんなに難しかったかということに対してクライエントが出した理由づけとの間に，関連性を見いだす支援をするというやり方である。仕事ではなく，家族に集中することを選択したクライエントは，「自分が家族を選んだのは，『親であることは，人がなしうる仕事のうちで最も大切な仕事である』という考え方で育てられたから」と言うかもしれない。重要なキャリアの機会を見送ることを選択した直後に，クライエントは，大きな誇りを感じただけでなく，友人や家族が，自分のことを「愚かな決断をした」とか，「潜在能力を発揮できなかった」と感じただろうと思ったかもしれない。この場合には，このクライエントがどんなに強く深く，キャリアの追求よりも親であることを，そして他者の意見の重要性よりも自己決定を，実際に価値があると考えたのか，クライエントが探求するのを支援することができる。2番目の方法は，クライエントが，どうしてそのように感じたのか，そして，その選択に関して現在どのように感じているかを，クライエントと一緒に探求するというやり方である。同じ例について見ていくとするなら，このクライエントは，現在，家族によって窒息しそうな自分と，仕事の成功の成果を自慢する友人とを比較して，不全感を感じているのかもしれない。ここでは，クライエントとの作業は，他者の期待というものをどの程度重視するかということ，そして，そういった期待というものが，一見したところ，親であることに価値を置いているクライエントに対して，どれだけ強い影響を与えているかということに，さらに焦点を当てたものになるかもしれない。どちらのアプローチの仕方が自分に合うにせよ，大切なのは，クライエントが自らにとって大切なことを見つめる支援をするということである。なぜなら，それこそが，クライエントの決

定と，その後に生じた感情とを生み出したものだからである。

　治療者の助けを借りずに価値を見つけるだけの洞察力を持っていないクライエントもいる。彼らは，機械的または具体的に自分が自明と考えていることと意思決定とを関連づけることがある（「私には選択肢がなかった。刑務所に行きたくなかったんだ」）。彼らは，それと同じぐらい具体的な言葉で，価値を探求するように導かれる必要がある（「家族のことを考えると，刑務所に入っている場合ではなかったということ？」）。クライエントが価値を探求し，その価値にコミットすることを支援する際には，我々臨床家が，クライエントの持つ価値と対立（conflict）する価値を持っているかもしれないということに，常に注意を払う必要がある。著者らは，Luomaら（2007）によって開発されたエクササイズを推奨している。それは，臨床家としてのあなたに，あなたが最も上手にやっていることは何か，あなたが最もクライエントに与えたいと思っているのは何か，あなたが最もクライエントに及ぼしたいと思っている永続的な影響とは何かを尋ねるというものである。このエクササイズは，あなたがクライエントとともに，クライエントの価値を探求する作業をする際に使える言語を与えてくれる。その共同作業には，あなたの価値と，クライエントの価値とが対立する瞬間も含まれている。その対立をうまく管理するために必要なのは，緊張に耐えること，自らに正直であること，そして，クライエントが我々臨床家に話すことを解釈するうえで，我々自身の価値がどんなふうに影響を与えているかについてクライエントと率直に対話することである。

　最後に，我々は，人の価値観のなかには，道徳的に不快なものもあるという可能性に直面しなければならない。この章の著者のひとりであるStegerが好む言葉に「聖人は神聖な目的を持っており，馬鹿は馬鹿げた目的を持っている」というものがある。これまでの研究によれば，たいていの人はかなりまともな目的を持っているし，なかには，畏敬の念を起こさせる目的を持っている人もいるものの，少数の，恐ろしい目的を持っている人々もいる。

そういったグループを臨床的に支援することは困難であり，その場合の治療は，そこそこ社会に適合した価値や目的をどうやって持てばよいかわかることが，結局はクライエントの利己的な利益にもかなうということを示しながら進めていく必要があるかもしれない。

◆マンディは人生の意味を見いだす

　マンディは，自分も昔は大きな夢を持っていたとセラピストに言う。彼女は，高校や大学では優秀な生徒で，みんなから好かれていると感じていた。彼女が元夫と出会ったときには，すでに不動産業界で仕事をすることを決めていた。最初は不動産エージェントとして働いていたが，その後に第1子が生まれた。子どもが生まれた最初の1年は育児のために家にいることにした。不動産保険会社でパートタイムとして働きはじめ，娘たちが成長し，学校にいくようになってはじめて昇進した。マンディは，不動産市場が壊滅的になったことで，将来成功するとはとても思えないという。最近では，ちょっとした額のお金をかせぐのにも，何度も行き詰まることがある。つまり，評価額が下がったり，銀行が手を引いたり，取引が最後のところで成立しなかったりするのである。それ以外のことは何ひとつしていないので，彼女は自分がもうすぐ貧困層に陥ると確信している。彼女は，「すっかり娘たちの生活を壊してしまったので，娘たちは私を許さないだろう。元夫と一緒のほうが娘たちは良い生活を送れるから，もういい加減に私は親権を放棄すべきだ」と述べている。

　ここから，マンディが「物事が過去にどうであったか」ということに硬直化した執着をしているために，新しい現実に直面して，絶望的な麻痺にまで至ってしまっていることがわかる。マンディは，現在の状況で立ち往生してしまっているというよりは，自分が本当は誰なのかを理解し，そしてどうし

たら自分の人生が「正常に戻る」のかという答えを出すために悪戦苦闘しているようである。彼女が今の状況を言い表すときには，「してはならないこと」や，「この先に待ち受けている失敗」が，その大部分を占めている。

彼女の問題へのひとつの見方は，彼女が離婚前に持っていた了解の体系——自己，世界，そして世界のなかにおける自己についての信念のネットワーク——がこなごなになってしまい，この困難な出来事の影響に対して適応することに失敗している，というものである。著者らは，別の論文において，困難なことが起きたときに，予後が最もよい了解の体系は2種類あると推測した（Steger & Park, 2012）。1番目の了解の体系は，非常に硬直した，万人に全く同じやり方を適用する意味の体系である。その体系においては，人は比較的単純な了解の体系によって，すべてのライフイベントを説明することができるという絶対的な自信を持っている。その1つの例は，宗教的な了解の体系であり，そこでは「それは神の意志である」という信念が，すべてを説明するために用いられるのである。このような体系は，何も修正しなくともネガティブなライフイベントの重大な影響に耐えることができるかもしれない。しかし，このような了解の体系を粉々にするような出来事があると，経験を理解し統合する方法は無傷ではいられず，人に壊滅的な影響を与えると考えられる。

2番目の了解の体系は，柔軟で反復的で，ライフイベントにダイナミックに応答する体系である。人は，人生を生きることで，フィードバックを受け取り，それに沿って自らの了解を適合させる。こういった体系は，ネガティブなライフイベントに直面したとき，よりレジリエンスが高いかもしれない（Kashdan & Rottenberg, 2010）。しかし，その理解の方法は人を考えすぎる傾向に陥らせ，人生における重要なプロジェクトを成し終えるためのコミットメントの欠如をもたらすかもしれない。それはちょうど，完璧主義であるこの章の著者が原稿を何度も推敲するのをやめることができないのと同じである。

マンディは離婚の意味を考える必要があるようだし，おそらく自らの了解

の方法を再検討する必要があるようである。認知療法においては，これと同じような課題に対して取り組む際に，すでに認知再構成法が用いられているし，ナラティブセラピーにおいては，クライエントが自らの物語を語り直すのを助けるためのテクニックがいくつか存在している。そしてこの章の著者Stegerらは，人が了解の体系をはっきりとさせることを助けるため，さらに別の方法に取り組んでいる。著者らは現在，以下に述べるようなアプローチを研究しているのだが，そのアプローチが大部分は言語を超えたところにあるために，それをACTの文脈で使用することに興奮してわくわくしている。そのやり方は，クライエントが，すでに持っている価値や了解の体系を図表化するのを助けることにも適しているかもしれないが，我々は，それが，ネガティブな出来事をきっかけにして新たに出現した了解の体系を改定し明確化するのにも役に立つと信じている。我々はこの介入を，「フォトジャーナリスト（photojournalist）」と呼んでいる。我々は，クライエントから成長のナラティブを聞き出すという，もうひとつ別の方法も提案している。この方法を用いることで，了解の体系を変更したり，再構築したりすることができるのである。

1. **フォトジャーナリスト**。この介入の最も基本的な方法では，参加者はデジタルカメラを与えられ，「あなたの人生を有意義にしていること」について10～12枚の写真を撮るように指示される。誰もが人生を有意義にしているものの近くに住んでいるわけではないので（子どもは家から独立しているかもしれないし，誰もが理想的なバカンスの場所の近くに住んでいるわけではない），著者らは，記念となるものの写真などでもよいと伝えている。カメラを返してもらい，写真をコンピューターにアップロードし，1ページに1つの写真という形式で印刷し，余白に書き込めるようにする。写真が印刷されたあと，クライエントは，その写真がどのように人生の意味と関係しているかを説明するよう指示される。著者らの研究室では，クライエントの人生の

意味の中心にどれだけ近いかで写真をランクづけしてもらっている。こうすることによって，クライエントが自分の価値や目的について話していることと，その価値や目的に合っているはずの写真のランクづけとの矛盾を測定することができる。ネガティブなライフイベントから意味を見いだすことを目的とする場合には，著者らは，クライエントに以下のどの写真を撮るかを選んでもらうというように，指示を改変することを推奨している。人生を意味のあるものにするもの，過去において人生を意味のあるものにしていたもの，またはいつか人生を意味のあるものにするものの3つである。最終的な目的は，クライエントが撮ることを選んだ写真は他の2つの選択肢と何が違うのかという議論に，クライエントを導いていくことである。ひょっとしたら，新しい了解の体系は，現時点で意味があるものから組み立てられているかもしれないし，過去において意味があったものの新しいバージョンが見つかるかもしれないし，了解の体系が，過去において意味があったものはもう必要ないという形で組み立てられているかもしれない。そしてもちろん，大切なことは，クライエントが，いつか自分の人生に意味を与えるだろうと信じているものを，自らの人生のなかにもたらすことを支援することである。すべてのクライエントが希望と意味に満ちあふれた未来を見ることができるわけではない。それが，我々がこれらの3つの選択肢を提供する理由である。

2. **成長のナラティブ**（growth narrative）。この介入では，クライエントに，子どものときからの人生を振り返ってもらい，自分が成長したと思う2つの領域を挙げてもらう（例えば，クライエントが，より新しく，適応的で，成熟した自己意識，洞察力，ポジティブな自己変革を獲得し成長した領域）。治療者は，成長した2つの領域について，人生における具体的な例を挙げるようにクライエントに指示する。治療者は，クライエントに詳細について尋ねながら，クライエントがテ

ーマを見つけ出し，自らが達成した成長が，どのように自らの価値と一致しているのかを見ていく支援をしていく。最後に，クライエントは，未来における成長がどんなものになるか，仮想的に例を挙げて示すように指示される。その未来における成長に含まれるものとしては，どんな領域で成長が起こる必要があるか，そして，クライエントの活動，内的な体験，社会的な環境がどんなふうになりそうかということがある。

上記2つの介入は，クライエントが，現在および将来の了解の体系の様子を探求することを支援するのに役立つことだろう。しかしながら，この段階にとどまることで，クライエントは，「全体像」「本当の人生」「人生の意味」といった，自らの概念化によって支配された人工的な世界から，抜け出せなくなってしまうおそれがある。そこで，決定的に重要な次のステップは，クライエントが人生の意味を行動に結びつけることを支援することである。これは目的（purpose）を介して行われる。

◆マンディを動かす

セラピストが，「あなたが人生で達成したいことは何ですか？」と尋ねても，マンディははっきり答えることができない。彼女は，「娘に幸せになってほしい。自分ももう一度成功したい」と言う。しかし，もっと詳しく話すようにと言われると，諦めた様子で，「元夫が自分のしたことに対して償ってくれればそれでいい」と述べる。マンディは，「私は善人で，まだ他人を信頼しているけど，今回のことで弱っていて，『自分らしくない』と感じている」と述べる。彼女は「元夫の新しい生活について考え続けてしまって，自分と，元夫の新しい奥さんとを比較して，いらいらしてしまう」という。「何を達成したいのか，もうわからないけど，今の私に一番大切なのは，娘たちにとって，私が良いロー

ルモデルとなること」と述べる。それには，自分が強くなって，挫折から回復することが大事だという。

　マンディは自分の最も大切な価値（core values）のいくつかに気づいている。具体的には，彼女は自分の娘たちのために忍耐できるし，娘たちに良い生活を与えることを望んでいるという点では首尾一貫している。苦境に耐えることは崇高な目的であるが，それは本質的に崇高な目的というわけではなく，あくまでも限定的なものである。耐えるとはどうすることなのか？　強くなるとは，どのような目的に役に立つのか？　挫折から回復するとはいったい何を意味するのだろうか？　耐えたあとどうなるのか？　マンディは，娘たちのそばで，きちんとやりたいと思っているが，それがどんなことなのかは本当にはっきりしない。そして，このように明確さが欠けていることから生じたすきまに，復讐したい気持ちや，自分が力不足だという気持ちが，そっとしのび込んでくる。つまるところ，我々の価値は，その価値のために我々が立ち上がり，行動に移したときにだけ，我々を形作ることができるのである。ACTでは，自らの価値をはっきりさせないこと，自らの価値としっかり接触していないことは，病的なプロセスであるとしている。なぜなら，価値を知らないと，短期的なニーズが優勢を占めてしまうからである。マンディは，その場で足踏みしていることをやめて，前に進むための何かを見つける必要がある。著者らは，「目的（purpose）は未来に向けて我々を引っ張ってくれる碇(いかり)である」という言い方を好んでしている。マンディには目的を見極めるための支援が必要である。

　目的を見極める基本的なプロセスにおいては，人生の意味における了解という側面を，慎重かつ誠実に探索することが必要である。この探索によって，静的な知識は，人が世界においてどう行動すべきかを示す知識に変化するのである。そしてこの時点で，了解の力を借りて，人は，自分の本質が何か，自分が得意なことは何か，世界が必要としていることは何か，目標を達成するために自分の周りの世界を上手に進んでいく方法は何か，といった感

覚を手に入れることができる。マンディのケースでは，「あなたは何を達成したいと望んでいるのか？」という直球の質問では十分ではなく，もっと受け入れやすいようなやり方が必要だった。著者らは，クライエントが目的を見極める支援をするための2つの介入方略を提案したい。

1. **価値を動かす**。価値を探求し，明確化したあとで，多くのクライエントが抱く疑問は，「じゃあそれでどうするのか？」というものである。現実には，どれくらいの頻度で，人は自らの価値のために本当に行動を起こしているのだろうか？ この介入の目標は，自らの価値を持つことの「核心（point）」は，その価値を行動に移すことにあると示すことによって，「じゃあそれでどうするのか？」という質問に答えることである。価値のワーク（例えば，著者らが上記で提案した活動とか，ACTマニュアルが推奨する活動などの，治療者が安心してクライエントに勧められる活動）がすでに行われている場合には，その活動から生み出されたものを用いることができる。または，クライエントに，何のために戦っているのか，何を信じているのか，そして何があなたの行いを誇らしくしているのかなどと尋ねてみることもできる。そのあとで，クライエントに，どうやったら，世間に向けて，そういったものが重要な価値であると示していくことができるか，尋ねてみることもできる。つまるところ，クライエントが言語化しないかぎり，クライエントが何のために戦っているのかなんて，わかるわけがないからである。こうした質問を続けることで，クライエントが，価値を活性化させるためにすでに用いている行動を見つけ出すことができるかもしれない。また，こうした質問の続きとして，クライエントに，「あなたが本当に得意なことは何か？」「人があなたをほめることは何についてか？」「あなたがしていることのなかで，一番本格的だと感じていることは何か？」などと尋ねることもできる。言い換えるなら，クライエントに，個人的な強みを尋ねるのである。最後

に，クライエントに，自分の価値が世界に伝わるよう，価値を行動に移していくために，自らの強みを用いるとしたら，いったいどんな気持ちになるだろうかと尋ねてみることもできる。こうして質問していくことで，クライエントは，こうしたことの最終結果がどんなふうになると思うか話さざるを得なくなるだろう。もしも自らが本当に価値があると信じているものを行動に移すために，精一杯頑張るとすれば，その理由は，自らのなかから生じた目的のためであろうからだ。

2. **いま世界が必要としていること。**この介入方略は方程式の反対側で開始される。つまり，クライエントの価値や，クライエントがベストを尽くすことからではなく，世界が必要とするものから始める。支援者は，クライエントが，世界について変えたいと思っていること，あるいは，最近読んだニュースで本当に感動したもの，あるいは，自分の体験のなかで一番自分の子どもたちや最愛の人たちに残しておいてあげたいものを1つか2つ挙げるようにクライエントに指示する。こうすることで，人が，自らの目的の一部として，そこに向かって働いていきたいような，いくつかのことが明らかになる。対話を続けていくことで，世界が必要としていることのなかで，最もクライエントを引きつけることは何かを，クライエントが見つける手助けをすることができる。この介入は，「価値を動かす」介入と組み合わせることで，クライエントが，自らが大切にする目的を見つけ，その目的をどのように追求するのかについて，大まかなアイデアを明確化することを支援することができる。

◆マンディを動かしつづける

　マンディは下り坂の不動産市場において，不動産保険会社での仕事を成功させるために，必要なことを行おうと頑張ってきた。彼女は，今は

もうそれが意味があるとは思えなくなっている。景気が良かったときには，マンディは，好景気のもたらす興奮が好きだったし，夫と同じくらいお金を稼ぐことも好きだった。今では，仕事が無意味な重労働のように思える。マンディは，セラピストと一緒に，自分の停滞気味のキャリアについて話し合っているうちに，不動産保険会社での仕事は，絶頂期には楽しんではいたものの，最初から自ら進んで選んだ仕事というよりは，やむを得ず選んだ仕事だったことがわかった。それが，仕事をしているうちに，マンディは自分の才能を高く評価するようになったし，仕事の一部分を楽しむようにもなったのである。ところが今では，娘たちによりよい生活を提供するという彼女の価値に対して，今の仕事においてマンディがしていることが，何か役に立っているかどうか，彼女にはわからなくなってしまったのだ。マンディが元夫と競争したい，そして元夫を傷つけたいという欲求を放棄するにつれて，彼女は，自分なりの価値，才能，および利益を探しはじめるようになる。マンディは，自分が娘たちのためによりよい世界を提供することができること，そしてそれは自分が元夫と同じくらい稼ぐかどうかとは何の関係もないことを認識するようになる。すると必然的に，マンディの娘たちは，家族に起こったことを理解するようになるし，必然的に，娘たちは，マンディが傷ついてはいるものの，強さを持ったままであること，そして，ポジティブな価値で娘たちを育て，娘たちの夢を応援していることを理解するようになる。仕事においては，マンディは，簿記の技能を活用し，安定した雇用を維持しながら，週末はキャリアアップを目指す専門職のためのロースクールで，財産法の授業に出席することができると考えている。マンディは，「娘たちのためにより良い未来を」という価値を持つようになり，そして，離婚したことで安定性と永続性を求める気持ちが強まったので，新しい目的を持つようになった。それはすなわち，保全地役権（conservation easement）と農業地役権（agricultural easement）を用いて，未来の世代のために，景観を保存するという仕事で

ある。

　マンディが見いだした多数の価値のうち，いくつかは，一貫して重要であった。それは，娘たちの未来や，仕事における多様性と成長であった。また，離婚を経験したことで，永遠性，永続性，良いものの保存といったことに価値を置くようになった。この時点におけるマンディの主な課題は，いくつかの目的にコミットすること，そしてそれを追求する助けとなる活動に専念（engage）することだった。ACTは，行動しないこと，衝動的であること，回避が持続することが有害であると指摘している。人が，こういった有害なプロセスにとらえられてしまっている場合には，人は自らが決定したやり方で行動することをやめ，散発的に，おそるおそる行動するようになってしまう。日々の活動を，自らの目的に合致したものにできれば，それが解決手段になりうる。しかし，目的がはっきりわかることと，目的を追求することとの間には，大きな違いがあるのである。このセクションでは，クライエントが，プラン作り，ゴール設定，進捗管理，障害物への柔軟な対応を通して，自らの目的に専念することを支援するための方法をいくつか提案する。

1. **進歩のサイン**。人の目的というものは，時に嫌になるくらい抽象的なことがある。「世界をよりよいものにする」「良い親になる」「苦しみを癒す」などである。こういったことを試みるには数えきれないほどの方法がある。多くの場合，クライエントが目的を追求するという大きな課題（task）をばらばらにして，進歩がわかるような小さなステップの集まりにしていくためには，支援が必要である。それは，まず何よりも，目的というものは簡単には達成できるものではなく，だからこそ，目的というものは，達成できなくとも素晴らしいものでありうる，ということをクライエントに受け入れてもらえるように支援することである。すなわち，目的というものの最もよい定義は，完了されるべき最終地点を示すのでなく，方向性を示すような，中心的で自

己組織的な，人生における目標（central, self-organizing life aim）なのである。それは例えば，愛情深い父親でありたいという欲求（一生かかる旅路）であって，毎週末の土日のうち少なくとも1日は娘と一緒に過ごすようにし，大学まで行けるように支援することに関与すること（具体的に的をしぼった成果）ではない。著者らは，どうしたら目的を達成して，チェックリストから消していけるかなどということにクライエントに集中してもらいたくはない。そうではなくて，著者らは，目的というものが，クライエントの価値や自己を，周りの世界において常に新しいやり方で表現していくための方法であるという見方をクライエントにしてもらいたいのである。だから，あなたのクライエントには，逆向きに作業するように勧めてほしい。クライエントの目的が何であれ，目的に向けての歩みを示すような，次の5年間に達成しうることは何だろうか？　その5年間の期間のあいだに，はっきりした進歩を示す道標となるようなものは，何があるだろうか？　その道標に付け加えることのできる，3つから5つくらいのゴールがあるとしたら，何だろうか？　そのゴールの最初の1つを達成するためには，どんな活動をすることが必要だろうか？　そういった活動はどうしたら今月実行に移すことができるだろうか？　今週は？　今日は？

2. **ルート変更**（rerouting）。ACTの中心となる，心理的柔軟性（psychological flexibility）という概念がある。これは，価値づけられたゴールを最もうまく追求するために，「今，この瞬間」へのしっかりした理解に基づき，自らの行動を調整するという能力である（Kashdan & Rottenberg, 2010）。柔軟性は目的の追求が成功し，持続したものになるための中心となる部分である。目的は，達成すべき結果としてではなく，旅として定義されなければならない。こうすることで，クライエントは目的というものを，獲得に至る道筋の数には限りがないものと

して考えることができるようになる。この介入において，このテーマはメタファーを使用することによって強化される。著者らはGPSユニットのメタファーを好んで用いているが，それは，常に目的地を念頭に置いてはいるものの，曲がるところを間違えたり，道が通行止めになっていたり，寄り道をしたりするたびに，コースを再検索して表示しなおすことができるというものである。クライエントが学ぶべき鍵となるスキルは，自らの行動がどのように目的を反映しているか，マインドフルに気づいていることである。この気づきによって，クライエントは目的の追求に障害が発生した際に，それを知ることができ，ルート変更することができる。治療者は，障害に対する効果的な反応に関する思考実験を行うことで，クライエントの理解を助けることができる。脱フュージョンのためのACTのテクニックが，ここで決定的に重要である。目的に至るには多くの道筋があり，そして，その道筋のひとつに障害があったら，危険だと判断しがちであるが，それは実は，あるひとつの道の上の，たったひとつの障害にすぎないのである。

マンディのケースでは，彼女がキャリアに対する目的を特定したあとで，それが別の目的と相反することが明らかになった。マンディは，ウィークデイに，全日制のロースクールに出席することと，娘たちと一緒にいることを両立することができなかった。諦めて，自分の目的が手に入れられないとみなす（そして自分自身を価値がないとみなす）かわりに，マンディは別の方法を見つけた。マンディは，全日制でないロースクールの週末のクラスに登録して，保全地役権という自ら選んだ領域で効率よく働くための技能と資格を手に入れることにした。この決定を行うに際して，彼女は創造性を発揮し，（ほかの人の目から見て）表面的に見栄えが良いというニーズを手放す必要があった。そうすることで，マンディのキャリア上の目的にとっては遠回りになるが，選んだ道に沿って，人生の2つの目的の両方と出合える方法

を発見することができた。

ACTを人生の意味や目的とさらに合体させる

マンディのケースを用いて，概念としての自己への執着といった，ACTの理論によって特定された病的なプロセスに対し，人生の意味に由来する手法で対処する方法を議論することができた。こういった病的なプロセスだけが，ACTと人生の意味とを同時に適用することができる唯一のものではない。そのほかの2つの領域として，マインドフルネスと自殺とがある。

マインドフルネス

ACTはマインドフルネスに強く注目しているが，人生の意味の研究やその臨床応用では，マインドフルネスにほとんど何も言及していない。「今，この瞬間」に立ち現れるものを受け入れる姿勢を維持することは，一見したところ，人生の意味を見つけることにつながるように見える。しかし，ある調査研究によれば，6週間の対人マインドフルネストレーニングにより，参加者が人生の意味を探す傾向が減少することが見いだされた。常に人生の意味を探している人は，一般的に言ってあまり幸福ではない（Steger, Kashdan et al., 2008）ということを考え合わせると，このことは興味深い結果である。しかし，いずれにせよ，そもそも研究が非常に少ない領域であるので，我々はマインドフルネス，ACT，人生の意味の理論的なつながりの探求を続けることにする。

マインドフルネスは，我々の体験の内的，外的な性質に対して，判断を加えずに，注意を払う方法と定義されている。人生は我々が注意を払うものである。したがって，注意を払う能力を精緻化することによって，人がよりよい人生を送るための鍵となる方法を与えることができるかもしれない。実際，マインドフルネスは，体験に明瞭さと鮮やかさを加えることで，ウェル

ビーイングと幸福に直接的に寄与することができるかもしれない (Brown & Ryan, 2003)。しかし，東洋における瞑想実践に根差す歴史があり，臨床介入にマインドフルネスを統合するための新たな試みもある (Baer, 2003) にもかかわらず，マインドフルネスは単独の治療ツールとして用いるにはまだあまり人気があるとはいえない。この意味では，マインドフルネスは，「もっとケール（青汁の原料）を食べよう」というスローガンの心理学版といえる。すなわち，誰もが良いことだと知ってはいるが，実際に行動できるのは少数なのである。

　ACTにおいては，マインドフルネスを，ACTが個別に対象とすることができる明確なプロセスに分解することにより，クライエントにとって行いやすいものにしているが，そのどのプロセスも，瞑想というタスクとは関連づけられていない。その明確なプロセスとは，「今，この瞬間」との接触，アクセプタンス，脱フュージョン，文脈としての自己である。マインドフルネスは心理的柔軟性を獲得するための方法というだけでなく，概念としての自己が脱ぎ捨てられ，より広い文脈としての自己が採用されたあとに，実存的な強さを獲得し，自己の可能性を広げることのできる方法でもある。自らの自己を定義しなおすことには，人生の実存的なジレンマと格闘することが含まれる。その例として「死という実存的なジレンマへの1つの答えは，自らの死すべき自己を超越することだ」(Steger & Shin, 2010, p.98) という言葉を挙げることができるだろう。

　それなら，人生の意味の研究が，マインドフルネスの概念を通して，ACTに寄与することができるものは何であろうか？　人生の意味においてもACTにおいても，マインドフルネスによって，自己の現実に対する理解と，より普遍的なアイデンティティの涵養が促進され，我々の人生の定義づけを狭めている物語や思考から離れることができるというところが高く評価されている。ACTにおいては，はっきりと，望ましいアウトカムは，価値と一致した行動を起こすことであると述べられている。そして，マインドフルネスは，そのゴールを達成するための方法として，ACTのヘキサフレッ

クスモデルのなかに組み込まれている。ACT はよく生きるためのツールであり，生きることの代用になるものではない。マインドフルネスによって，クライエントは，自らが行っていることが，中核となる中心的な価値と整合しているかどうかに注意を払うことができ，それにより，自らの行動や活動を，自らを定義づけるような価値と一致したものにすることができる。もちろん，行動を価値や目的と整合させることは，人生の意味の理論と実践における中心的な目標のひとつである。だから，人生の意味に焦点を当てる人は，ACT のアプローチを，マインドフルネスに組み込むことを検討する必要がある。同時に，人生の意味の理論は，自己超越（self-transcendence）を重視するがゆえに，マインドフルネスに一目置くことにもなる（Reker, 2000）。人生の意味の理論家のほとんどは，どんな種類の意味が「最もよい」のかということについては，不可知論の立場をとっていたが，なかには，人が成熟するにつれて，その人の人生の意味は，一時的な，個人的な欲望を超越し，より大きな善に向かっていくと主張する理論家もいた。この「自己超越」という概念は，しばしば，マインドフルな心の状態を経験した人を指すために用いられる（Brown, Ryan, & Creswell, 2007）。

　しかしまた一方で，ACT がこれまでに焦点を当ててきたことと，人生の意味がこれまでに焦点を当ててきたことには，差異があることもわかる。ACT が焦点を当ててきたことは，人が，過去や未来について硬直化した概念化をすることをやめさせることであるし，人生の意味が焦点を当ててきたことは，人が，日常生活のせかせかした気晴らしに夢中になるのをやめさせることである。さらに，ACT と人生の意味との間には，一見矛盾があるようにも見える。ACT が，「今，この瞬間」の体験に，予断を交えたり，判断を加えることなく気づいているよう促すのに対し，人生の意味のほうは，今現在の活動が，自らの目的と整合性があり，将来のある時点で自らの目的を達成するうえで有用であるかどうかを判断することを求めるものである。ACT は，現在の行動が価値と整合性があるか，評価するよう促すものであるが，その価値は必ずしもある特定の将来の状態を引き起こすようなもので

はない。人生の意味は，自らの未来と，自らの目的を達成する可能性に対して，焦点を当てるように，人を促す力を持っているように見える。ACTの考え方を取り入れることができれば，人生の意味を追求する際，ほどほどのちょうどよい分量だけ，「今，ここ」に集中することができるようになるし，人生の意味の考え方を取り入れることができれば，人が，自らの価値を，人生における目標と結びつけるのを支援することができるだろう。

　ACTに一貫して流れている根底的な主題は，人は訓練を積むことで，人生を，批判的で，回避的で，恐怖におびえ，硬直した言葉を用いて表現してしまうという自動的な傾向を和らげることができるということである。マインドフルネスがあれば，この自動的な傾向を手放すことさえ可能なのである。もちろん，こういった言葉が全く消えてしまうわけではないが，もはや日常の生活を支配することはなくなるのである。ACTにおいて，マインドフルネスには，以下のような2つの目標がある。(a)（脱フュージョンや文脈としての自己のワークを通して）役に立たない言葉のプロセスへのとらわれを解きほぐす，(b)（価値の明確化と，その価値に対する行動的なコミットメントを通して）単なる言葉を超えた，体験の世界というものに，人がより広く接触できるようにする。

　言葉自体を変化させることで，人生の意味（すなわち，〔a〕了解と，〔b〕人生の目的）の重要性に対して，より注意が払われるようになると，著者らは主張したい。人生について語る言葉は，必死の回避や，神経質で硬直した姿勢や，いわゆる「良い人生への秘密の鍵」の絶え間ない追求から生ずるものであってはならない。そうではなくて，大切な価値や，これまで検証してきた信念や，自らの能力や欠点の明確な認識や，一度きりの人生に対する究極的な熱望から生ずるものであるべきである。もしも，人が世界と出合うために用いる言葉のなかに，意味を織り込んでいくなら，マインドフルネスは，自らの目的に沿って生きたいという願望と，必ずしも矛盾することはない。マインドフルネスは，「今，この瞬間」において，人が人生について了解していることについて，やさしく「それでいいんだよ」と安心させてく

れ，そして，人が自らの目的に向かって進むようにそっと促してくれるのである。

　人生の意味というアプローチによって，ACTにおいて，そういった「もっともっと大きなパターン」を概念化することができるようになる。人生の意味の研究により，行動と価値とが，ひとつの大きなかたまりとして，より大きな目的のために用いられることで，いかに人の人生に調和をもたらすかが直接的に示されるのである。ACTのモデルと合わさることで，人生の意味は，クライエントに対し，人生の瞬間，瞬間に価値と目的を染み込ませ，より大きな凝集性を与えてくれる。

自殺，人生の意味，およびACTを用いた早期介入

　自らの人生がほとんど無意味だから，自殺することが正当化できると人が考えているとき，何が起こるだろうか？　自殺（suicide）に関する研究によれば，他人とつながりがあり，自らが役に立っていると感じる人は，そうでない人より生きる意志が強いという（Joiner, 2005）。この2つのこと，すなわち他人とのつながりや，自分が役に立っているという感覚が，了解や目的などの，人生の意味のさまざまな側面と関連してくる。了解の重要な構成要素のひとつは，自らの周りの世界をどう理解するかということである。これまでの研究で，環境のなかで最も重要な要素は他の人々だということ，つまり，他の人々が，我々の生きている環境，すなわち文脈を作るのだということが，一貫して示されてきた（Baumeister & Leary, 1995）。人が世界を了解する方法に注意を向けるということは，自動的に，その人の帰属感やつながり感に注意を向けることになるし，研究によれば，人とのつながりに投資している人は，そうでない人と比べて，人生の意味をより多く体験することが示されている（Steger, Kashdan, & Oishi, 2008）。自分には力があるという感覚，すなわち，自分という存在が人生の重荷でなく，人生に貢献するものになっているという見方は，人生の意味の，目的という側面と関連している。目的のお

かげで，自分が役に立っていて，正常に機能していて，世界の重要な一部になっているという感覚，すなわち自分が「いい線いっている（have a point）」という感覚を，人は持つことができる。こうした，貢献している，役に立っているという感覚が失われることが，自殺企図の原因のうち，一番初めに発見されたもののひとつであった（Durkheim, 1897/1953）。治療関係において，クライエントが，自分の人生には意味があるという感覚を持てるようにしていくことが，自殺念慮を減らすために有望な方法であるし，自殺予防にも有効である可能性がある。

　研究によれば，自殺は，絶望，将来についての否定的な見方（Beck, Rush, Shaw, & Emery, 1979），人生の意味を見失うこと（例えば，Rothermund & Brandtstädter, 2003）と関連がある。不幸なことに，自殺リスクが高い集団において，人生の意味に基づいた介入について検討した実証的な研究はほとんどない。EdwardsとHolden（2001）は，人生の意味が，人のストレス対処スタイルと，希死念慮との間の緩衝材として機能することを示唆しており，彼らは，自殺傾向を予測する精度を上げるために，人生の意味を，着目する変数として追加してはどうかと主張している。生きる理由があること，そして／または，意味がある人生を送っていることは，自殺と並び立つことはない。この考え方は，希死念慮のある早期退職者を個人的ゴール管理プログラム（personal goals management program）に参加してもらうという研究によって，正しいことが示された（Lapierre, Dubé, Bouffard, & Alain, 2007）。プログラムが終わったあとで，参加者たちは，ゴールを達成し，心理的なウェルビーイングが増大したことで，自己効力感（self-efficacy）が増大したと報告した。人生の意味とは，要は，ゴールを，より大きな人生の目的に結びつけることなのである。

結　論

　この章で論じてきたように，ACTのコアプロセス——本当に人生で得た

いことを考えるようにクライエントを励ますこと，回避方略やコントロール方略について省察すること，重要な個人的価値に気づき，その価値に基づいて意思決定を行うことに焦点を当てること——は，人生の意味によってさらに補強される。そして，ACTのコアプロセスは，こうやって人生の意味により補強されることと，単に矛盾しないにとどまらず，むしろ完璧に適しているのである。多くの文献が示すように，ACTのうつ病患者に対する臨床効果は，効果量（effect size）が中から大であり（例えば，Bohlmeijer, Fledderus, Rokx, & Pieterse, 2011），他の精神障害に対するACTの効果についても，研究結果が次々に現れている。著者らは，ACTを人生の意味の包括的な観点と組み合わせて適用することで，クライエントが自らの欲する人生を生きる支援をするための，より効果的な治療方略が開発できると示唆したい。クライエントの個人的な価値を，その人の人生の総合的な了解のなかにしっかり結びつけること，そして，価値づけられた人生の目標の追求を柔軟に行うことに対するウィリングネスを，目的（purpose）のなかにしっかり結びつけることによって，クライエントは，周りの人に貢献するという，ポジティブで希望に満ちた未来に向けて進んでいくことが可能になるのである。

第12章

天分を育てる：
心理学の根本的目的に対処するために
関係フレーム理論を用いる

ブライアン・ローチ（アイルランド国立大学メイヌース校）
サラ・キャシディ（アイルランド・ミース州　スミスフィールドクリニック）
イアン・スチュワート（アイルランド国立大学ゴールウェイ校）

　著者らはこの章において，心理学者がいかにして，史上初めて，エビデンスベースで，文字通り子どもの「天分を育てる（nurture genius）」研究と実践に取り組むことができるようになったかについて，見解を述べていきたい。ここで言及するのは，単に不利な立場にある子どもたちに学業的な潜在能力を確実に発揮させるための早期重点的教育介入プログラムや，既存のものより効率的，効果的な指導方法の使用だけではない。著者らは，最近の先鋭的な人間行動の実験的分析の発展について取り上げる。この発展により，これまで不可能と考えられていたほどに知能指数（IQ）を引き上げられる可能性がでてきた。というのも，関係フレーム理論（relational frame theory: RFT）（Hayes, Barnes-Holmes, & Roche, 2001）の領域における最近の研究から，関係フレームをトレーニングする介入を行うことで，子どもの知的能力

＊著者注：知的能力を改善するためにデザインされたオンラインの関係フレームトレーニングが，RaiseYourIQ.comにて閲覧可能である。

に実際大きな差が生じうることが示唆されているからである。もちろん，このRFTによる介入は何もないところから突然生じたものではない。20年にわたる言語と認知の研究と，知能が意味するところは何か，そしていかにしたら知能を上げることに取り組むことができるのか理解しようとする努力から出現したものである。実際，著者らの目標（mission）は，専門的職種としての心理学が元来目指しており，最近になってポジティブ心理学が再び着目している目標と一致している。それはすなわち，**天分を育てる**ことである (Seligman & Csikszentmihalyi, 2000 を参照)。

この章で，著者らは知的発達に対する行動分析的アプローチの大まかな歴史に触れ，近年になって開発されたRFTによる介入がどのように形づくられてきたかを示していく。次に，知能そのものの概念を検討するステップに進み，それがRFTの基礎となっているSkinnerの分析的視点から見ればどうなるのかを考えていく。最後に，RFTアプローチそのものを取り上げ，そのアプローチを用いることで，いかにして知的能力を最大に発揮させるように環境を整え，介入を行うことができるかを示していく。

行動主義者から見た知能

人間の知能発達に対する現代の行動分析的アプローチは，人間の知能発達の限界よりも人間の潜在能力の探求に焦点を当てている。著者らの視点からすると，IQテストは，現在の文化における教育的達成度に関連したタスク（足し算をする，比喩を理解する，情報を暗記する，3次元の立体を扱う，など）を実行する速度や正確さを測定しているにすぎない。つまり，知能という概念は個人の定量的評価をするために用いるものではなく，さまざまな領域における個人の技能レベルを指し示すものでしかないのである。

著者らは，行動分析家として，「心理学者は，知能への視点を広げ，知能が介入可能と考えることが必要である」（Duckworth, Steen, & Seligman, 2005）というポジティブ心理学の主張に賛成である。実際，Sternberg（2003）は，知

能に対する従来の見方について，それが一種の「ネガティブ心理学」，つまりは知的な潜在能力よりもその**限界**を測定するものであると述べている。この従来の見方に立つかぎり，知能の計測は制度（institution）の役には立つが，個人の役には立たないのである。興味深いことに，Sternberg はまた，個人に潜在能力を発揮させるようにデザインされた介入の効果を，はっきりとエビデンスベースで示す研究が必要であると力説している。ムーブメントとしてのポジティブ心理学が，真面目な科学者から「検証不能」なソフトサイエンスとみなされないようにするためである。計測可能なレベルで知的達成度を向上させるようデザインされた最新の行動分析的介入は，まさにそのような説得力のあるハードサイエンスになっているのである。

　Seligman, Ernst, Gilham, Reivich, Linkins（2009）は，教育的な介入こそが，ポジティブ心理学者がその目的を達成するための鍵であると考えている。Seligman らは，学校における介入は全人口に効果を及ぼすための極めて良い機会であって，コミュニティ全体の生活を向上させる強力な方法であるとしている。特に，個人の生活の中でポジティブ感情の頻度を高めるのに役立つあらゆる介入が，学習を促進するのに役立つと彼らは示唆している。より具体的に言うならば，ポジティブ感情は認知の範囲を広げることに関連しており（例えば，Basso, Schefft, Ris, & Dember, 1996），学習状況における創造性と洞察の向上にも関連している（例えば，Estrada, Isen, & Young, 1994; Isen, Daubman, & Nowiki, 1987）。要するに，「ウェルビーイングと良い学びには正の相乗的関係がある」（Seligman et al., 2009, p.294）のである。そして，良い学びは従来教育の目標（aim）でもある。しかしながら，ウェルビーイング自体が目的（end）である一方で，ウェルビーイングが知的能力に及ぼす潜在的な影響も非常に重要であることには留意しておく必要がある。なぜなら知的能力は大まかに言って教育的成功の予測因子であり（Deary, Strand, Smith, & Fernandes, 2007），さまざまな人生上の良好なアウトカムに関連している（Schmidt & Hunter, 1998）からである。ある研究（Frey & Detterman, 2004）では，IQ とアメリカの Standard Aptitude Test（SAT）スコアの間に，0.82 という高い相

関が認められたとしている。SATスコアは大学入試や，訓練，雇用の際の選抜基準として広く用いられている。別の報告（Deary et al., 2007）では，IQとイギリスのGCSEスコア（イギリスの全高校卒業生に対して導入されている教育的成功の指標）の間に0.81という相関が見いだされた。まとめると，これらの所見は，あらゆる知的スキルの向上は個人の教育的および雇用的チャンスを広げることになるということを強く示唆するものである。

　ここで，個人のIQが目に見えて上昇する可能性について著者らが自信を持って述べるとしたら，読者は驚くかもしれない。なぜなら，IQは，不変の特性（trait）の指標だと多くの人が考えているからである。しかしながら，知的能力というのは生涯を通じて**実際**に変動するものであり，そのことは，心理統計学者がIQスコアの統計的計算においてしばしばみられる変動を補正しようとどんなに努力してもうまくいかないことを見ればわかる。実際，近年では，集中的な教育プログラムは，すべてIQ向上につながる可能性がある（Ceci, 1991）とされている。そのうえ，科学雑誌*Nature*に掲載された最近の論文における新たなエビデンスによれば，IQは10代での環境的影響に応じてかなり変動する可能性がある（Ramsden et al., 2011）。だから，目下の研究における挑戦的課題は，単にIQを上げるだけではなく，全検査IQスコアを新たな質的領域へ（例えば，正常以下〔subnormal〕から正常〔normal〕へ）引き上げるとか，1標準偏差（約15ポイント）を上回るくらいの幅で知的スキルを改善するということである。この目標の達成のためにRFTがどんなふうに我々の役に立つのかを検討するまえに，まずは過去に行われた，IQを上げるためのいくつかの試みについて振り返っておく必要がある。

IQ向上のためのこれまでの試み

　これまでに数多くの論文やオンラインソフトウェア会社が，さまざまな介入について，それが知的レベルを引き上げるという主張を行ってきた。それ

らのほとんどは効果が疑わしいものである（例えば「モーツァルト効果」については Rauscher, Shaw, & Ky, 1993; ただし，Chabis, 1999; Lorant-Royer, Spiess, Goncalvez, & Lieury, 2008; McKelvie & Low, 2002; Newman, Rosenbach, Burns, Latimer, Matocha & Vogt, 1995; Steele, Bass, & Crook, 1999 も参照のこと）。しかし，「認知トレーニング（cognitive training）」による知的刺激は高齢者や認知症，アルツハイマー病の者において認知の衰えを鈍化させるのに役立つ可能性があるとする優れた研究も存在する（Belleville, Gilbert, Fontaine, Gagnon, Menard, & Gauthier, 2006; de la Fuente-Fernandez, 2006; Spector et al., 2003; Willis et al., 2006; Wilson et al., 2002）。しかしながら，ニューロン新生（neurogenesis）（刺激により脳神経が成長すること）が存在の確立された現象である一方で，認知エクササイズを行うことと全検査IQ（すなわち，標準化されたフルIQテストによって評価されたIQ）の改善との間の関連性は知られていない。とはいえ，近年，流動性知能（fluid intelligence）[*1] として知られる，知能のひとつの側面においては，その改善が報告されるようになってきている（Jäeggi, Buschkuehl, Jonides, & Shah, 2011）。

　脳トレーニング（brain training）の効果を示すエビデンスのほとんどは，脳卒中からの回復や，老年期認知症のマネジメントへの，脳トレーニングの影響を調べた研究に由来している（例えば，Smith et al., 2009）。このようなトレーニングによって改善するスキルは記憶や注意のような一般的なスキルであり，このことはすでに以前から十分に立証されてきたものである。例えば，**高齢者向け先進的認知トレーニング**（the Advanced Cognitive Training for Independent and Vital Elderly: ACTIVE）の臨床試験は，認知トレーニング，つまり「脳」トレーニングの効果に関するアメリカでの最大規模の研究である。Ball ら（2002）は，このプログラムが年齢に関連する認知的衰えを食い止めるのに十分なほど，認知能力における改善を生み出しうることを見

[*1] 著者注：流動性知能…最初に定式化を行ったCattellの定義（1963年）では，流動性知能とは，「新たな状況に適応するために有用な，生体の生理的統一性を反映する」とされた（Lohman, 1989, p.339）。

いだした。その研究では，さまざまな認知に関わる課題を5週にわたり，週に一度，規則的なトレーニングとして行うことが，記憶，論理的思考と情報処理速度においてかなりの改善につながることもわかった。しかし，そのような介入が，単に実践されたタスクそのものに関するスキルを改善するだけではなく，それ以上の効果があると証明できるかどうかは大きな課題である。あるタスクに関するトレーニングが実生活における状況（例えば問題解決や想起を含む）などの認知機能の側面にも般化（generalize）できるというエビデンスが求められている。

認知トレーニングの般化効果に対する前途有望な研究プログラムが，ミシガン大学のSusanne Jäeggi, John Jonidesらの研究チームによって行われている。彼らは，二重nバック課題[*2]（dual n-back task）として知られる，高度の集中力を要する記憶タスクが，流動性知能（それまでに獲得された知識とは独立に，推論を行ったり，新たな問題を解決するための能力であり，Gfと表記される）(Jäeggi, Buschkuehl, Jonides, & Perrig, 2008を参照）の向上につながることを発見した。この研究では，流動性知能（フルスケールの知能ではなく）が，レーヴンマトリックス検査(Raven, Raven, & Court, 2003)を用いて測定された。その所見からは，実際，認知トレーニングがトレーニングの際に用いられたタスクのタイプそのものを超えた一般的な効果を示すことが示唆された。この結果が特に興味深いのは，流動性知能(Rohde & Thompson, 2007)と記憶能力(Pickering, 2006)の双方が教育的成功に関連するからである。

後に，Jäeggiら(Jäeggi, Studer-Luethi, Buschkuehl, Su, Jonides, & Perrig, 2010)はnバック課題（n-back task）のパフォーマンスはワーキングメモリーの測定値よりもGfの2つの測定値とより強く相関することを見いだした。2010

[*2] 著者注：nバック課題…このタスクで，被験者には手紙，単語や写真など相互に関連のない刺激が連続して1つずつ提示される。タスクの目的は，スクリーン上の刺激が一定の数だけ前に提示されたものと同じであれば合図をすることである。例えば，3バックタスクであれば，被験者はスクリーン上の刺激が3つ前の刺激である場合に反応するよう求められる。最近になって，二重nバック課題が開発された。これは，同時に2つのnバックタスクの提示を行うもので，通常は視覚と聴覚など，異なるタイプの刺激が用いられる。

年に報告された彼らの次なる実験では，学生が2群に分けられ，通常のnバック課題，または二重nバック課題による介入によって，4週間のトレーニングが行われた。コントロール群はトレーニングを受けなかった。結果，どちらのnバック課題の実践後にも，コントロール群と比較して，ワーキングメモリーにおける改善よりもGfにおける改善がより顕著であったと研究者らは報告した（3ヵ月の追跡期間を通じてGfが維持されることを示した同様の研究として，Jäeggi et al., 2011 も参照のこと）。

ここで重要なのは，流動性知能が知能全体の一部分にすぎず，流動性知能における改善は全検査IQの改善と誤解されるべきではないと理解しておくことである（Flynn, 1987を参照）。さらに，流動性知能はワーキングメモリーや，情報処理速度のような注意スキルに強く関係している。一方，全検査IQは，これよりも広い領域のスキルを通して測定される。そのうえ，全検査IQのテストにおいて，被験者が注意欠如症があると臨床医もしくは心理検査員が判断すれば，ワーキングメモリーと情報処理速度を測るタスクの（ウェクスラー児童用知能検査〔WISC〕などの）得点は，全検査IQを計算する際に無視してもかまわないのである。しかしながら，記憶と注意に関するスキルは教育現場において重要であり，nバック課題トレーニングは，こういった記憶と注意のスキルを改善し，それによって，問題に対する非常に重要な側面，つまり自分がすでに解答を持っている場合に，それに気づいて思い出す能力を高めるのである。

行動心理学者は時に知的行動スキル（つまりはIQスコア）を改善するための努力も行ってきた。そしてそれは通常，特別支援の必要がある集団に対してであった。故O. Ivar Lovaas（1987）は，自閉症児に対して3年間の応用行動分析（applied behavior analysis: ABA）による介入を行ったところ，30ポイント（およそ+2標準偏差）のIQ上昇がみられたと報告した。その研究における自閉症児らのおよそ半数は，3年間のプログラム後には標準的機能をもつ児らと知的にほぼ同じになった（Reed, Osbourne, & Corness, 2005）。しかし，同じ行動分析の学派のなかからも，そのようなIQ上昇の信頼度は

低いのではないかとの懸念が挙がった（Connor, 1998; Gresham & MacMillan, 1997; Reed et al., 2005）。例えば，MagiatiとHowlin（2001）は，以下のような点に関して方法論的な問題があるとして，本研究を批判した。それは，対象者の選定や治療条件の割り当ての点，介入群とコントロール群で治療期間が異なっていた点，治療群がすでに介入前から高い機能レベルの知的能力を有していた点である。彼らはまた，ベースラインとフォローアップにてしばしば異なるIQテストが用いられていた点も指摘した。しかしながら，SallowsとGraupner（2005）は，Lovaasの研究とは独立した追試実験を行い，自閉症児らにおいて同程度の有意なIQ上昇があったとしている。さらなる追試研究も行われ，Smith, Eikeseth, Klevstrand, Lovaas（1997）が，ABAに基づく治療プログラムを用いて，自閉症の特徴をもつ重度精神遅滞の児らの言語表出と適応行動の改善を試みた。フォローアップ時にはIQも計測された。治療群もコントロール群も，いずれも行動上の問題は軽減したが，治療群の児らはフォローアップ時に，より高い平均IQを呈し，コントロール群の児らよりもより豊かな言語表出を示していた。

　このような研究は，IQが広範囲の集中的な行動的介入により影響を受けることを強く示唆するものである。これらの研究が，全体的な知能を特に介入のターゲットとしたわけではなく，より広い領域の評価尺度の一端としてIQという尺度を採用しただけであることは，忘れてはならない。しかしながら，以下においては，現代の行動分析的研究プログラム，それも，いかにして教育的介入を行うことで高IQと関連するスキルを確立するかを理解するためにデザインされた研究に的をしぼって，概説を行うことにする。

天分を育てるための関係フレームアプローチ

　関係フレーム理論は，人間の持つ，刺激関係（stimulus relation）を派生（derive）させる能力を説明するものである。例えば，言語的能力のある子どもであれば，何かAというモノがあったとして，それが次のBというモ

ノよりも大きく，次にBがCよりも大きいとなれば，CがAよりも小さいに**違いない**ということがたいていは理解できるだろう。この最終的な結論は子どもによって派生されたものであり，学習により得られるこの特殊なスキルは派生的関係反応（derived relational responding）（もしくは，恣意的に適用可能な関係反応〔arbitrarily applicable relational responding〕）として知られている。さまざまな研究者（例えば，Sidman, 1971; Sidman & Tailby, 1982）が，この能力を異なる専門用語（**刺激等価性**〔stimulus equivalence〕のような）を用いて説明してきたが，RFTは派生的関係反応の3大特徴の同定に成功した。それは，**相互的内包**〔mutual entailment〕，**複合的内包**〔combinational entailment〕と**機能の変換**〔transformation of function〕である（Hayes, 1994）。

　相互的内包：恣意的に適用可能な関係とは常に双方向的である。ある刺激（A）が別のあるもの（B）に関係している（例：より大きい，より早い，など）ならば，2つの刺激間の次なる関係（つまり，BからAへ）は自動的に内包される。内包される関係のタイプは，2つの刺激間の関係性に依存する。例えば，AがBの反対であれば，BもまたAの反対である。この場合には，同じ関係づけが内包される。しかし，AがBよりも大きければ，BはAよりも小さい，という具合に，新たな関係づけが内包されることとなる。

　複合的内包：刺激AがBに関係していて，BがCに関係しているならば，AとCの間の関係が複合的に内包される。またしても，複合的内包の関係性は関係づけに依存する。例えば，AがBよりも多く，BがCよりも多ければ，AはCよりも多い（つまり，同じ関係づけが派生する）。しかし，AがBの反対で，BがCの反対であれば，AとCの間には対等もしくは同一関係が複合的に内包される（つまり，関係づけられたものとは異なる関係）。

　機能の変換：刺激Aが別の刺激Bと関係していて，Aに対する反応機能が確立されていれば，刺激Bの機能は，（文脈上適切な手がかりが与えられれば）AとBの関係に従って変換されることになる。例えば，Aが刺激Cと複合的内包関係にあって，Aが文脈Xにおいて恐怖反応を引き出すなら

ば，Cもまたその文脈で同様の恐怖反応を引き出すことになる。

　おそらく，RFTの最も重要な特徴は，関係フレームに従って関係を派生させる能力が後天的スキルであるとする見方にある。つまり，RFTでは，人間が，刺激どうしが関係しうるさまざまな形式を学習しなければならないと主張されているのだ。この能力は，おそらく，子どもが養育者と通常の社会的交流を行う早期発達の期間に確立されるものである。例えば，ある母親が，人形を見せたときに「にんぎょう」という単語を言うよう子どもに教えたいと考えているとしよう（人形が最初で，単語は後）。このためには母親がまず人形を持ち，「にんぎょう」という単語を声に出して言い，子どもにその単語を繰り返すように指示するといった，モノ-単語の関係の複数範例（multiple exempler）が必要となるだろう。

　それでは，その母親が他の複数範例を通じてこの関係を反転させるところを考えてみよう。具体的には，母親は最初に「にんぎょう」という単語を口にして，子どもに人形の方を指さすように求める（単語-モノの関係）。いったん，この単語-モノの関係がしっかり確立されてしまえば，その関係は**双方向的**なものとなる。ここで重要なのは，その関係は子どもによって派生されたものではなく，両方向ともに**母親**によって確立されたものであるということである。膨大なモノと単語の間で確立された，十分な数の上記のような直接的な双方向性の関係づけを通じて，自発的な双方向的関係反応のパターンは，新たなモノや単語に対しても現れるようになる（Hayes, Fox, Gifford et al., 2001, pp.26-27を参照）。例えば，母親は新たなモノ（例：ネコ）を指さすことにより子どもに新たなモノ-名前の関係を子どもに教えようとして，その名前を呼び，子どもにその名前を復唱するように促す（例：「これはネコ。『ネコ』って言ってみて？」）。このことは，「モノ」から「名前」への関係を訓練するものとなる。母親が続けて「ネコはどこ？」と尋ねれば，子どもは自らその動物を指し示すかもしれない。こうして，派生した，言い換えるならば，訓練されたものではない「名前-モノ」（つまり逆の）関係が示される。派生は，反対向きにも起こりうるので，その結果として，新たな名前

（例：「チョコレート」）を与えられ，正しいモノ（例：チョコレートバー）を選ぶように教えられることは，訓練されたものではない反応を生む。つまり，モノが与えられると（例：TVで似たようなチョコレートバーを見る），正しい名前を当てはめられるようになる（例：促さなくてもその子どもが「チョコレート」と言う）。

　行動的研究は，このようなやり方で刺激間の関係を派生させる能力が，おそらくは言語習得にとって非常に重要なスキルであると長らく示唆してきた（例えば，Barnes, McCullagh, & Keenan, 1990; Devany, Hayes, & Nelson, 1986）。これは，言語が完全に恣意的な単語–音の関連性に満ちているからである（つまり，子どもは「イヌ」という音が，字で書くとどうなるのかはわからない。なぜなら，それは恣意的な音であり，「イヌ」という書かれた文字との関係は，教わらなければわからないからである）。刺激関係の派生能力が優れていれば，広範な語彙の獲得や，迅速に，そしてよりよく単語の意味を記憶する能力が期待できる。なぜなら，関係を派生させる能力（そして必要に応じて「再派生（re-derive）」させる能力）が，こうした能力をサポートするからである。

　関係フレーム理論の研究者らは，理論面と実証的研究の双方の観点から，関係を派生させる能力は学習することで生まれる（つまり，生得的な能力ではない）と主張している。RFTは，この学習がどのようにして起こるのかについて説明し，知能面，行動面および情動面での発達に関わる最も重要なタイプの関係フレーム（例：多い，少ない，前，後，反対，異なる）を同定しようとするものである。大それたことのように思われるかもしれないが，RFTの研究者らは，実に多様な認知スキル（例：言語，演繹的推論，問題解決）を，比較的狭い範囲の関係フレームで理解しようと試みている。RFTの視点からすると，標準的なIQテストで測定されるものの多くは，関係フレームの観点から理解可能である。どの関係（あるいは関係の組み合わせ）が，どのタイプの知的スキルに関係しているかを正確に理解するのは，理論的問題でもあり，また実証可能な問題でもある。それでもなお，我々が

すでに知能の行動的基本単位を発見しているかもしれない（すなわち関係反応のこと）と考えることは，控えめに言っても刺激的なことである。このことからすぐに導き出せることは，これらの基本的な関係フレームスキルを高めることにより，知的スキルの能力的範囲全体を，単一の介入によって動かしうるということだろう。

　ここで重要なのは，新たな単語とモノとの間で関係を派生させる能力は**文脈的コントロール**（contextual control）の下にあるので，2つのアイテム（item）の間の関係は，常に，（例えば「同じ」などの）手がかりによって示される（specified）ということである。つまり，会話のなかで，我々が2つのモノの間の関係や，単語−モノの関係（例えば「**あなたの人形よりも大きなものを何か見せて**」）に言及するときには，どの関係について話しているのかを子どもに示す（specify）ために，常に関係フレームラベルのなかのひとつを（何らかの方法で）用いているのである。

　社会−言語コミュニティへの絶え間ない接触と，それとの相互関係を通じて，関係フレームづけの流暢化，抽象化が進むことにより，物事を関係フレームづけする能力は，特定の単語，モノからどんどん切り離されたものとなる。どのようなアイテムの集まり（例：羊，りんご，スマートフォンのアプリ）にも恣意的に適用可能な十分に抽象化された関係の例として，数学的関係（例：3＋5は8と同じ）を読者に考えてもらうことが有用かもしれない。簡単に言えば，派生的関係反応のルールをたった今学んだばかりの子どもでも，そのルールを述べることができるのである。そのルールを学んだあとであれば，子どもに，例えば「y個のモノよりも多い，x個のモノを想像してみて」と言うことができる。この場合，xとyという代数用語を使用することで，派生的関係反応の関係やルールが侵犯されることもないし，特定の刺激が示されることもないのである。

　派生的関係反応の能力は，すべての認知課題に対して非常に根本的なものであるので，RFTの理論家たちは，それが知能そのものの根底にある可能性を示唆してきた（Barnes-Holmes, Barnes-Holmes, & Roche, 2001; Barnes-Holmes,

Barnes-Holmes, Roche et al., 2001; Cassidy, Roche, & O'Hora, 2010 を参照)。この研究を支持する研究がいくつか発表されている。例えば，ある研究では，関係反応の能力が，IQ のいくつかの指標のパフォーマンスを予測することが示された。具体例を挙げよう。O'Hora, Pelaez, Barnes-Holmes (2005) は，人が，派生等位 (同じ) 関係反応と，時間的 (前/後) 関係反応のパターンの観点から概念化を行ったあとに，複雑なルールをどのくらい説明できるかという能力の評価を行った。その結果，必要な派生関係プロトコルを無事に完成できた 31 人の被験者は，そのタスクに失敗した 44 人よりも，WAIS-Ⅲの**語彙**と**計算**の下位検査において有意に成績が良好であった (派生関係プロトコルの完成度は，**符号テスト下位スコア**とは関連がなかった)。さらに，**反応前/後**のパフォーマンスと，語彙 ($r=0.342, p=0.002$)，計算 ($r=0.231, p=0.003$) との間に相関が認められた。フォローアップ研究では，O'Hora, Pelaez, Barnes-Holmes, Rae ら (2008) は，関係能力の**前/後**のパフォーマンスと，全検査 IQ ($r=0.437, p<0.0005$)，言語性 IQ ($r=0.302, p=0.006$)，動作性 IQ ($r=0.419, p<0.0005$) との間にさらなる相関を見いだした。最も強い相関が認められたのは，WAIS-Ⅲ検査における言語理解 ($r=0.40$) と知覚統合 ($r=0.41$) の要素においてであった。その研究では，また，関係反応と，言語理解のスコア ($r=0.403, p<0.0005$)，知覚統合インデックス ($r=0.409, p<0.0005$) との間に，中等度の有意な相関が認められた。ワーキングメモリとの相関 ($r=0.052$) や，処理速度インデックスとの相関 ($r=0.203$) は有意ではなかった。

O'Toole と Barnes-Holmes (2009) は，暗黙的関係評価手続き (Implicit Relational Assessment Procedure: IRAP) (Barnes-Holmes, Hayden, Barnes-Holmes, & Stewart, 2008) と呼ばれる複雑な関係課題を用いて，前/後および同類/相違の関係反応の流暢性を調べた。彼らは，このタスクにおける流暢性がカウフマン簡易知能テスト (Kaufman Brief Intelligence Test) (Kaufman, 1990) で測定される IQ と相関することを見いだした。特に，前/後反応流暢性では $r=0.38$，同類/相違反応流暢性では $r=0.35$ という相関が認められた。

最後に，Gore, Barnes-Holmes, Murphy（2010）は，直示的関係（deictic relation）（つまり，「私」と「あなた」，「ここ」と「あそこ」という関係を含む視点取得の関係）の検査のパフォーマンスと，ウェクスラー知能検査短縮版（Wechsler Abbreviated Scale of Intelligence: WASI）(Wechsler, 1999) における全検査IQ（r=0.43），言語性IQ（r=0.45），動作性IQ（r=0.45; p.12）との間に有意な相関を見いだした。

関係フレームと，その知的行動における役割

　このセクションでは，特定の派生的関係反応や一般的な派生的関係反応のあらましを述べることによって，知能の，RFTによる非常に基本的な説明を行う。まずは，最も一般的な関係のみを扱うこととする。直示的関係や関係間関係（relations among relations）のような，より複雑な関係もまたより高次の認知機能において重要な役割を果たす(Cassidy et al., 2010を参照)。

　等位のフレーム（frames of coordination）。等位のフレームは，本質的には，同一という関係である。著者らはこれこそ最もシンプルな関係フレームであると考える。なぜならば，概してそれは行動のレパートリーにおいて最初に現れるものであり，また，このフレームに従って派生したすべての関係は，等位のフレームと同種であるからである。例えば，AがBと同一であって，BがCと同一であるということは，CとAの間の関係もまた同一のものであることを意味する。実験結果からも，**同一**という関係の派生に要する反応時間は他の関係派生よりも短いことが示されている(O'Hora, Roche, Barnes-Holmes, & Smeets, 2002; Steele & Hayes, 1991を参照)。このことは，同一性を理解することは最も基本的かつ初期に現れるタイプの関係能力であることを裏づけている。これは驚くべきことではない。なぜなら，子どもが言葉に初めて出くわすときに，それは常に物事や他の単語を表す（つまり，……は〜と同じ，など）ものとして教えられるからである。例えば，親は子どもに，（リンゴを指さして）「これ」は人形とは**違う**ものだと教えるまえに，（人形

を指さして)「これ」は「人形」であると教えるだろう。したがって，等位のフレームは初期の言語トレーニングにおいて決定的に根本的なものなのである。

　等位のフレームに反応し，それを派生させるための研ぎ澄まされた能力は，幅広く，組織化された語彙を獲得するうえで極めて重要である。ほとんどのIQテストは，何らかの形式で，語彙の検査を行っている。語彙は正常な言語発達のための欠かせない基本的な条件であるので，語彙の発達の程度によって，全体的な知能がどの程度かを予測もできるし，その逆もまた真である。

　反対のフレーム（frames of opposition）。反対という関係に対する子どもの理解がどの程度かを判断するには，彼／彼女がさまざまなモノや単語に対して，反対の刺激だけではなく，それらの刺激と同一であったり別の関係にある刺激を選択できるということが重要な指標になる。具体的に言うと，子どもが常に提示された刺激の反対のものを選ぶ（例：「冷たい」という単語を提示されて，単語配列の中から「熱い」という単語を選ぶ）からといって，その子どもが「反対」が何を意味するのかを理解していると自信を持って結論づけることはできない。なぜなら，子どもというものは，我々が関心のある関係を同定するために提示する指示とは関係なしに，同じ選択をしてしまうかもしれないからである。例えば，彼／彼女はこちらのサンプル刺激と**同じ**刺激を選ぶように指示されたときに，それとは反対の刺激を選んでしまうこともあるかもしれない。「反対」という単語が，特定のタイプの関係反応に対する手がかりとなっていることを十分に立証するためには，「反対」という単語を使用した場合の効果を，「同じ」のような，他の関係を示す単語を使った場合の効果と比較する必要がある。IQテストにおいては，1つのアイテムに対して，そういった「同じ」や「反対」といった手がかりとなる単語に対する反応が，どのように異なっているかが確認できるのである。例えば，Heim AH4 知能検査（Heim, Watts, & Simmonds, 1968/1975）には次のような課題がある：「Nearと反対の意味を持つのは，1）close，2） road，3）speed，4）far，5）distance のうちどれか」。「同一」と「反対」という単語の違いがあっても，反応がほとんど変わらない（つまり，単純に言えば，その単語をよく理解していない）者は，常に等位反応をもってして（つまり，「反対」という関係の手がかりを無視して），このテスト項目に反応してしまうだろう。本ケースでは，被験者は near の反対として close と反応するかもしれない。しかし，もしも被験者が，さまざまな範例（exemplar）に対し，「反対」という手がかりがある際に，同一関係に優先して確実に「反対」に対して反応することができれば，それは等位と反対という2つの反応レパートリーが十分に確立されていることを強く示唆するものである。これは語彙がしっかり確立されていることを示す。なぜならば，単語が単なる意味を持つだけではなく，互いの関係のなかではっきりと意味をなすからである。

比較のフレーム（frames of comparison）。Cassidy ら（2010, p.44）は，比較のフレームという関係を，「新奇刺激（novel stimulus）に対し，既知の刺激からの方向変位（directional displacement）という観点で反応するために必要とされるもの」と定義している（例：〜より多い／少ない，〜の半分，〜の上／下）。そのようなフレームは，標準的な IQ テストで測定される計算スキルと特に関連があるようである。例えば，英国版 WISC-Ⅲ の**計算**に関する下位テストでは，数字の間で関係の比較の適用が必要ないくつかの引き算（例：どちらがどちらより大きいか）問題が課される。1〜5の数字を例として考えてみよう。子どもがこの1〜5の範囲にある数字どうしの引き算に関する質問に答えることができるためには，1から5までの数字配列が，過去の無数の範例を通して十分に確立・構成されている必要がある。数字どうしの関係が本当にわかったうえで1から5まで数えるという課題は，非常に幼い子どもや多くの動物が行っているような，数字配列を「オウム返しする」のとは異なり，読者が考えているより複雑なことである。図1は1, 2, 3, 4, 5という数字の間に確立している多数の比較関係のうち，わずかばかりの例を示すものである。5つの数字だけを用いて作り出せるものの

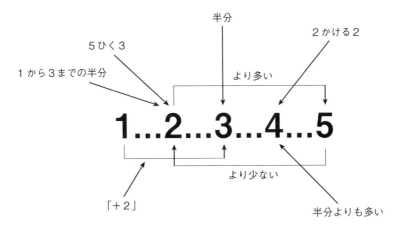

図1：1〜5の数字に内包される比較の派生関係フレームのいくつかの例。ここでは，前の数字から1単位ずつずらしながら，その領域の各数字が，方向変位として訓練される。

うち，答えがマイナスとならないような2つの数字の引き算は15題考えることができる（マイナスの答えとなるものを含めると，もっと多くの問題が存在する）。もしも，ある子どもがこれらのプラスの答えとなる問題すら正確に回答できないならば，その子どものなかには，この数字の範囲で，比較の関係フレームが未だ十分に確立・構成されていないと言い切ることができる。

　機械的にこの5つの数字の間の相互関係を教えるのは非効率的であることは明らかである。フレームづけのスキルそのものを教えるほうがはるかに効率的であり，そうすれば，1〜5という数字に加え，100〜105，1,000〜1,005，1000,000〜1000,005などの数字にも同様の関係反応を応用することが可能となる。このことは，この範囲の数字を用いた引き算を子どもに教える際，さまざまなモノ（例：コイン，カップ，トランプなど）を用いる複数の範例による訓練（multiple exemplar training: MET）を利用することで実現可能である。世話をする方からすれば見逃しがちなことかもしれないが，広い領域の刺激となる物体を用いれば用いるほど，フレームづけ反応の汎化は確立されていくだろう。引き算の反応を，100〜105，1,000〜1,005とい

う数字において汎化させる訓練では，もっとそれが必要となるだろう。そうすれば，最終的には同様の関係的特徴を持つどんな配列に対しても汎化が起こることとなる。

　もちろん，実際には，子どもたちは四則演算を機械的に学習する。そして，それは日常場面において数字を扱う基本的な能力を確立するために有用である。一方，真の関係反応は，汎化された関係反応だけを用いて達成することができる。それは例えば，数学者が学校での機械的手順による学習のなかでは扱われない領域や普通ではない課題（例：大きな数字の二乗根や三乗根の計算や，素数を際限なく心の中で数える）の数字を扱う際に用いるものである。

　最初に示した小さな数字の事例において，複数の範例による訓練の使用が関係的能力の基礎を築くことには疑いの余地がないが，そのスキルはより高次領域のいかなる数字にも恣意的に適用可能（適切な文脈の中においてだけではあるが）である。例えば，1〜10の領域の数字の間で相互関係が十二分に確立されていれば，同様のやり方で100と200の範囲で方向変位を想像することが可能となる[*3]。

　数字に関わる関係スキルがさまざまな刺激にわたって十分に汎化されてしまえば，子どもであっても，答えから質問（つまり，割り算という文脈）を同定することが可能となるだろう（つまり，「数字が36と4で，答えが9であれば，質問は何か？」）。後者のこのスキルは，我々が高いレベルの問題解決に用いている遂行機能に関連する高次のスキルであり，**実用的言語分析**（pragmatic verbal analysis）と呼ばれている。実用的言語分析を概説することはこの章の範囲を超えるものであるが，興味のある読者はHayes, Gifford, Townsend, Barnes-Holmes（2001）を参照されたい。

[*3]　著者注：近代の西欧諸国においては10進法に基づいた数的体系を用いているので，完全な数的能力のために必要なのは，1から10までの数字における流暢性の確立であることに読者は留意すべきである。もしも我々が5進法の数的体系に切り替えれば，1から5までの数字で完全な関係的流暢性を築き上げるだけで，無限に数えたり，現在10進法において行っているのと全く同じやり方で数学の問題を効果的に解くことができるだろう。

さらに複雑な数学的問題には，同時，または連続する複数の文脈的手がかりによるコントロールが関係してくる。例えば，子どもに対する次のような質問である。「お菓子が6個あります。そのうちの半分を人にあげ，次に，残った数の3倍のお菓子をもらいました，最後にはいくつ持っているでしょう？」。このような問題では，割り算と掛け算を順に行う必要があり，正常な機能的水準の成人の多くにとっても難しい課題となる。

　時間の関係フレーム（temporal relational frame）。ある出来事に対する，他の出来事からの時間の変位という観点からの反応とは，前／後のような，時間関係に従う反応のことである。通常，我々はこれらの関係を比較の関係として理解するが，これは経験に基づいてというよりも概念的便宜のためである。いくつかの一般的なIQの下位検査は，前／後という反応の流暢性を計測する。例えば，WISCにおいて，**知識**の下位検査は年のなかにおける月，週のなかにおける曜日の間の前／後関係を調べる（例：「4月の後にくるのは何月ですか？」）。下位検査の検査項目について注意深く考えてみると，前／後の反応が，違う文脈においても検査されているのは明らかである。例として，前／後の関係反応に対する自然な検査は，WISCの下位検査である絵画配列において見ることができる。WISC-Ⅲ（英国版）では，被験児は画像が描いてある多数のカードを並べ，意味のある物語とするように指示される。カード上のすべての画像（例：お金，財布，自動販売機，チョコレートバー）は，子どもの観点からは事実上ランダムに提示されるものであり，その子どもが過去にその刺激課題のやり方を教えられていなければ，彼／彼女は初めてその刺激セットを用いて前／後の関係フレームを生み出すことになる（つまり，フレームは恣意的に適用可能である）。

　階層の関係フレーム（hierarchical relational frame）。階層の関係反応は大まかには，互いに高次または低次にある関係という観点で物事に反応することとされている。最も一般的な例は，ある分類の一員として考えたり，カテゴリー化したりすることだろう。例えば，バラは花の一種である。この場合，バラは花に対する低次の関係にあるものとして反応される。この場合に

おける相互的内包関係はこれまでに確立されたものと同じではない。つまり，この例で言えば，花はバラの一種であるとは言えない。この種の関係反応は，ピアジェ派の研究者らによって広く研究されてきた。彼らは発達の過程におけるその展開を**分類の操作**（operation of classifications）の出現と呼んでいる。興味深いことに，典型的には階層化のパターンは子どもの発達のなかで比較的後期（7から8歳の間）に出現する。そのことは階層化の相対的複雑性，つまり，階層化のためには基本的な関係を含めいかに多くの関係的レパートリーがまず最初に確立されていなければならないか，階層化にある程度流暢となるためにいかに多くの訓練を要するかということを示唆している。

　階層の関係は言語自体（それ自体が分類化された単語の集まりである）の組織化の理解にとって極めて重要なものであるし，十分に抽象化された形式は数学においては普通のことである（例：xはyという集合の要素である）。それらはまたモノの属性を説明する際にも用いられ，それゆえに，複雑な機能変換のコントロールにおいて非常に重要である。例えば，WISCには「ガラスを作るために使用される主な材料は何か？」という質問がある。もちろん，この質問に正しく答えるために，子どもはガラスが砂から作られるとして，そして，砂がガラスから作られるわけではないとして反応する必要があるだろう。しかし，より興味深いことに，いったんその関係が適用されれば，ガラスに対する心理学的反応は変化し，今度は砂が普通作り出すのと同じ反応のいくつかを呼び起こす。例えば，子どもはガラスを見るたびに砂やビーチを思い出すかもしれないし，窓のガラスの内側が砂のような触感があるかもしれないと考えるかもしれない。後になって，子どもは砂自体がガラス作りの過程において完全に形態が変化することを学ぶだろう。そして，このことは次々にさらなる階層のフレームに影響を与えていく。例えば，砂は石から作られ，高温で溶ける，などである。そして，ガラスや砂から生み出される心理学的機能に対して，透明性のような，さらなる固有の属性（つまり，その文脈で特定される反応機能）を含む別の階層に関するフレームが適

用されることで，そういった心理学的機能がより豊かで相互的なものとなる。そして，何らかの刺激に関して適切な特徴を適切な文脈のなかで反応として返す（例えば，ガラスは透明なものだが，砂と石はそうではない）ためには，よりいっそう洗練された文脈のコントロールが必要とされる。

要　約

　この章で分析したよりも，多くのタイプの関係フレームがある（例：直示的な，言い換えるなら視点取得的な関係や，類推的関係など）ことは明らかである。しかしながら，これまでに述べたタイプの関係フレームは，RFTが発展させた用語体系と概念を前提としたときに可能な種類の，解釈的分析を説明することが目的だった。そういった分析は暫定的なものであり，これから実証的な分析による修正がなされることと思われる。しかしながら，読者に覚えておいてほしい重要なポイントは，IQテストや他の形式の教育的アセスメントによって測定される知的能力というものを，関係フレームづけする能力としてとらえるならば，少なくともある程度は，この能力を改善する可能性がたちまち出てくるということである。少なくとも，もしも関係づけのスキル自体を教えたり拡張したりすることができるのであれば，であるが。

関係づけのスキルを伸ばす

　確立を目指すスキルの複数例を訓練することで，関係づけのスキルを教育するという方略は，**複数の範例による訓練**（multiple exemplar training: MET）として知られている。フィードバックと反応修正（例：子どもに関係づけ問題への正しい答えを示す）を用いた関係フレームのMETは，プロンプトやフィードバックのない通常のテストにおいて，子どもが，本質的には同じではあるが新しい刺激を含む問題に，すべての場合において正しい反

応を与えることができると示されるまで，無限の範囲の刺激について，いつまでも継続可能である。例えば，子どもに「AはBの反対で，BはCの反対である」（ここで，A，B，Cはランダムに選ばれた刺激で，互いに物理的な関係はないものとする）という形式の，どんな文章でも，「AはCと同じで，BはAの反対で，CはBの反対である」ということになると教えるとしよう。この類の問題はその刺激の形式を見ただけでは解くことができない。なぜならば，それらはランダムに選ばれ，互いに無関係だからである。むしろ，問題において提示されている刺激間の関係だけが唯一解答への糸口となりうる。そのタスクは抽象的で，完全に関係的である（代数学の場合のように）。もちろん，非恣意的に選択された刺激を用いて，基本的なスキル一式を確立する必要がある場合もある。例えば，大きなAというボールが小さなBというボールよりも大きいならば，BはAよりも小さいに違いないということを子どもに示すことにより，比較のフレームを教え始めるということもあるかもしれない。しかし，この場合には，刺激のセットに対するこのような形式の非恣意的な関係反応を般化するために，別の範例が必要となる。なぜなら，非恣意的な関係がもはや正しい反応へのガイドとはならない場合（例：同じサイズのコインだが，価値が異なる）（Vitale, Barnes-Holmes, Barnes-Holmes, & Campbell, 2008 を参照）があるからである。

　MET による介入が派生的関係反応のレパートリーを強化するために採用され成功したことを示す基礎的文献はすでに数多くある。例えば，Barnes-Holmes, Barnes-Holmes, Roche（2001）は範例による訓練を用いて，対象となった幼少期の子どもたちに相互的内包に一致した関係スキルの般化を試みた。より具体的には，子どもたちは4つの実験にわたり（METを含むいくつかの方法を用いて），行動-モノという関係を逆転させる（つまり，モノを見て，行動を起こす）ための訓練を受けた。この効果は，Barnes-Holmes, Barnes-Holmes, Roche, Smeets（2001）によって再現され，Gomez, Lopez, Martin, Barnes-Holmes, Barnes-Holmes（2007）により拡張された。また，Luciano, Becerra, Valverde（2007）が同様の所見を報告している。

「同じ（same）」と「反対（opposite）」を含む，より複雑な派生的関係反応の般化もまた，子どもを対象とし，METの手順を用いて実証的に示されてきた。ある研究（Barnes-Holmes, Barnes-Holmes, & Smeets, 2004）では，子どもたちはいくつかの刺激のセット，それも単に2つではなく3つの刺激を含んだものの間で，反対の関係にある刺激を結びつけ，新たな**同じ**と**反対**の関係を派生させるように訓練された。特に，テストに用いられた派生関係の特徴は，先に著者らが複合的内包として定義したものであった。つまり，もし2つの刺激が3番目の刺激と反対のものであれば，それらは互いに同じであるに違いないということである。このことは，十分に発達した多くの成人においてでさえ厳密には確立されていないことがある概念である。しかし，先に取り上げた，Barnes-Holmesら（2004）の研究においては，子どもたちは複数回のテストトライアルにわたって訓練を受けることで，新たな刺激との間でそのような複合的派生関係を派生させることに関して，ほぼ完全なレベルの流暢性を得ることができた。

別の研究では，**より多い**（more than）と**より少ない**（less than）という関係反応レパートリーを示すことができていなかった幼少期の子どもたちに，その関係反応レパートリーを確立することができた（Barnes-Holmes, Barnes-Holmes, Smeets, Strand, & Friman, 2004；般化された比較の関係フレームを確立するためにMETを用いたさらなる例としては，Berens & Hayes, 2007 と Vitale et al., 2008 も参照のこと）。

上述のことから，関係フレームスキルの流暢性向上を確立するためにMETを用いることが，比較的成功した取り組みであることは明らかである。一方，ここでの中心的な疑問は，そのような改善が知的能力の全般的な向上によるものか，それともある特定の知的能力の向上によるものか，ということである。このことは，正常発達の子どもたちと教育的に困難を抱えている子どもたちの双方で2つの実験を行い，大規模な関係フレームトレーニングバッテリーの効果を調べた，最近のある研究の目的でもあった。Cassidy, Roche, Hayes（2011）による研究における1つ目の実験では，4人の子ど

もが刺激等価性（シンプルな等位のフレーム）についての複数の範例による訓練を受け，その後，数カ月にわたる数回の定期的なセッションのなかで，**同じ，反対とより多い／より少ない**という関係反応に対する MET のバッテリーを体験した。訓練にはコンピューターのソフトウェアを用いた。新奇刺激を用いた等価性と関係フレームのテストは，正誤のフィードバックなしで 100％正確なレベルの反応があれば，成功とみなすこととした。テストブロックで誤答があれば，間違ったテストに登場した刺激セットを含むトレーニングが再提示された。実際には，子どもたちは，フィードバックなしで関係を派生させることに失敗したテストのなかに登場した，まさにその刺激について（段階を追ったトライアルというフィードバックにより）関係を形成するように訓練されていたことになる。再トレーニングのあとは，さらなる新たな刺激によるトレーニングが提示され，その後もまた別の新たな刺激セットを持つテストが続くという具合であった。この，トレーニング–テスト–再トレーニング–再テストというサイクルは，フィードバックなしで，新たな刺激セットを含むテストにおいてその子どもが 100％正しい派生的関係反応を作り出すことができるまで続いた。5つの派生的関係スキルのそれぞれが，このようにして順に確立された。

　ベースラインの IQ スコアは英国版 WISC-Ⅲ を用いて計算された。また，IQ スコアは，刺激等価性のトレーニング（Time 2）と，関係フレームのトレーニングバッテリー（Time 3）の後にも再評価された。テストは少なくとも3カ月の間隔をあけて行われたため，再テストの学習効果によるスコア上昇の可能性は1標準偏差以下であった。4人の被験者らは，治療を受けていない対照群とマッチングされた。治療グループは，刺激等価性トレーニングの後に全検査 IQ において有意な改善を示したが，関係フレームトレーニングバッテリーの後には，IQ の指数関数的な上昇を示した。表1は，参加者の time 1, 2, 3 における全検査 IQ と，その構成要素である言語性 IQ と動作性 IQ の各計測時点の結果を示したものである。この表によれば，関係フレームトレーニング後に，平均の全検査 IQ，言語性 IQ，動作性 IQ のい

表1

		対照群			介入群		
		平均	標準偏差	範囲	平均	標準偏差	範囲
全検査IQ	ベースライン	106.50	3.32	104-111	105.50	10.66	96-119
	刺激等価性トレーニング	107.25	4.79	101-111	110.25	5.74	105-118
	関係的トレーニング	104.25	3.86	99-108	132.75	4.03	128-137
言語性IQ	ベースライン	108.25	4.86	101-111	109.25	8.88	101-120
	刺激等価性トレーニング	107.50	6.66	98-113	107.75	9.03	100-120
	関係的トレーニング	108.50	8.85	99-117	127.00	12.99	111-139
動作性IQ	ベースライン	102.75	6.13	94-107	100.25	11.24	91-115
	刺激等価性トレーニング	105.00	7.07	96-113	111.50	3.32	107-115
	関係的トレーニング	98.75	8.58	88-109	132.75	2.99	130-137

Cassidy et al. (2011) の実験1における，ベースライン，刺激等価性 (SE) トレーニングと関係フレームトレーニング後におけるコントロール群と介入群の平均，標準偏差とIQの範囲

ずれもがベースラインから類をみないほど上昇しており，それは1標準偏差を十分に超えていた。IQテストが，偶然や一過性の環境的条件だけでそのようなことが起こらないように十分注意してデザインされていることを考えると，このことは格別印象的なことである。

実験2では，さらに，教育的困難を抱え標準よりも低いIQレベルにある8人の子どもが，若干の修正を加えたMETベースの関係フレームトレーニングによる介入を受けた。対照群は設定しなかった。なぜならば，著者らの研究のこの段階において，学習に困難を抱えた子どもに実施可能な治療と考えられるものを施行しないのは非倫理的であると考えたからである。時間的，金銭的資源からも完全なマルチベースラインデザイン（multiple baseline design）を採用することができなかったため，シンプルな A–B デザイン（ベースラインにおける IQ 測定と，その後の関係的トレーニングによる介入）が用いられた。この研究では，8人の子どものうち7人において，英国版 WISC-IV により測定された全検査 IQ の，少なくとも1標準偏差の上昇が認められた。この変化は集団レベルでも有意であった（表2を参照）。これらの IQ 上昇をわかりやすく言えば，関係フレームトレーニングによる介入は，大部分，すなわち8人中7人の（例えば，平均以下から平均，もしくは平均以上へと），学習上の困難を抱える子どもの IQ を増加させることに成功したということになる。

　その後，関係的トレーニングによる介入を終えてからほぼ4年後，8人の子ども全員がフォローアップの IQ テストを受けた（表2を参照）。これだけ非常に長いフォローアップ期間があっても，すべてのケースにおいて IQ の上昇は十分に維持されていた。4つの IQ 領域のうちのひとつ（処理速度）におけるスコアのみが，フォローアップ時に低下していた。残る3つの IQ 領域のスコアは，（これだけ長期間のフォローアップ期間があっても，グループレベルで）上昇していた。全検査 IQ は介入後評価時点よりもわずかに低下していた（つまり，処理速度スコアの低下によって）が，それでもベースライン時点よりかなり高いものであった。

　興味深いことに，処理速度は厳密な時間的制約のもとで，視覚的課題に集中し，すばやく作業をし，その作業を最後までやり遂げるための能力を測るものである。この尺度は，比較的変化しにくいモチベーションや注意の維持の影響を受けやすいのと同様に，一過性の問題の効果の影響も非常に受けやすい。実際，臨床家の主な関心が全体的な認知能力にあり，注意についての問題がその全体の指標の価値を落としてしまうかもしれないと感じるときには，全検査 IQ スコアは，処理速度の指標（そして／またはワーキングメモリーの指標）抜きでも算出可能である。それゆえ，表2に示されたフォローアップデータが示唆するのは，認知能力の観点からすれば，中核的な IQ 領域におけるスコアは介入後，時間とともに上昇を続けたが，介入によって直

表2

	ベースライン			介入後			4年後のフォローアップ		
	平均	標準偏差	範囲	平均	標準偏差	範囲	平均	標準偏差	範囲
全検査IQ	82.9	8.3	70–92	95.9	10.6	76–111	102.57	12.19	91–126
言語理解	82.3	7.3	73–93	92.4	9.2	83–110	100.86	6.91	90–112
知覚推理	82.1	10.3	65–96	94.5	6.7	84–106	103.14	16.12	83–123
ワーキングメモリー	94.9	16.6	59–116	97.5	12.3	77–116	88.14	14.78	65–103
処理速度	91.0	9.8	83–109	107.0	15.6	78–121	98.86	10.33	86–114

Cassidy et al. (2011) の実験2から報告された，ベースラインと介入後における，4つのIQ領域，全検査IQの平均，標準偏差と範囲。これまでに公表されていなかった，8人中7人から得られた4年のフォローアップ時点における全4つのIQドメインのIQスコアも表の一番右に挙げられている。

接的に対象とされていない領域においては悪化が認められたということである。フォローアップの時点で，すべての子どもが，1年の間，学校環境から離れ，職場での体験をしていたことも関係しているかもしれない。ゆえに，通常の教育的環境のないこの期間において，注意機能が悪化していたのはもっともなことであろう。それでもなお，純粋な関係的能力を表すIQ領域におけるスキルは，介入以後，時間とともに成長し，発達しつづけていた。このことは関係フレーム理論の見方からすれば何ら驚くべきことではない。関係的トレーニングによる介入により，学習が教示や体験に対してより感受性の高いものになりつづけることが，大いに期待される。つまり，関係フレームトレーニングによる介入の効果は，即時的であると同時に累積的でもあるのである。Cassidyら (2011) の研究の実験2においては，全検査IQの改善が時間が経過したあとでも維持されていたということが報告されている。このことからは，関係的トレーニングによる介入が，子どもの現在進行中の知的および教育的活動における永続的に重要なスキルをターゲットとすることに成功していたことが強く示唆される。

上記に概説した2つの実験において関係的トレーニングによる介入がもたらした大きな影響を考えると，知的障害に対する治療への関係フレームアプローチは，支援を必要としている子どもや家族を支援するだけではなく，実際に目に見えるようなレベルで生活を変えるほどの可能性を秘めているように思える。もちろん，どちらの実験においてもサンプルサイズは小さなもので，マルチ・ベースラインデザインや盲検化されたランダム化比較試験といった手法でなく，集団トレーニングを用いたことなど，サンプルサイズの他にも方法論的な欠陥があった。しかしながら，IQデータは劇的に改善しており，その所見にはあいまいさなどほとんどない。

教師，親，臨床家のための
関係的トレーニングエクササイズ[*4]

　ここまで，著者らは知能の関係フレーム分析を概観し，知能が十分に確立された関係スキルのレパートリーから成るという可能性を示唆してきた。また，これらのスキルは高められうること，関係スキルの改善が直接的に知的レベルの向上をもたらすかもしれないということも示してきた。しかしながら，これまでに著者らが考えてきた関係スキル向上のための方法はもっぱら実験ベースであり，コンピューター制御による課題提示を行うものであった。もちろん，そのような研究方法をとることは良質な科学の実践に必要不可欠なことであるが，これらの実験用のテクニックの多くは，印刷された題材や，話し言葉を用いることによって代用することで，より日常的に家庭で使用可能である。著者らはこのセクションで，親や教師や臨床家が，どのような文脈においても，また短期間であっても長期間であっても，日常的にあらゆる子どもに用いることができる，簡単ないくつかのエクササイズを提案したい。これらのエクササイズは，概ね8歳から14歳程度の子どもに適し

[*4] 著者注：オンラインでの関係フレームトレーニングのソフトウェアについては，RaiseYourIQ.com にアクセスしてほしい。

ている。これから述べるエクササイズのそれぞれにおいて，（例えば発達段階や年齢などのせいで）子どもが正しい答えを出すのが難しい場合には，非恣意的な関係的刺激を，これから提案する恣意的なタイプの関係刺激の代わりに用いてもよい。著者らが**表3**にあらましを述べたように，非恣意的な刺激を用いた範例を提供することは，エクササイズによる流暢性の向上のための基盤となる。例えば，比較の関係フレームの場合には，互いに実際の大きさが異なるモノ（例：1ペニー硬貨，サッカーボール，家）の名前を，恣意的な関係刺激（つまり，異なる価値の硬貨）の代わりに用いて，ほんの少数の提示から派生可能な関係が多数あること，そして提示されたなかに用いられていない他の関係もまた派生される可能性があることを説明することができる（例：AはBより大きく，BはCより大きいという関係があれば，CはAより小さいという関係が内包される）。

　ここで必要不可欠なことは，正答すれば褒められ，ポジティブフィードバックが与えられること，間違いがあったときにはすぐその子どもに正答が与えられることである。子どもは自分がうまくやれる範囲のペースでこれらのレベルの関係フレームを経験していくべきであって，ペースが速すぎて努力しても罰しか与えられないようではいけない。機会があるごとに，日常会話において，さまざまな文脈で，そしてさまざまな刺激とともに，これらのエクササイズを実践してみるとよい。子どもの流暢性が（数週間かけて）向上してくるにつれ，より簡単な質問からより難しい質問（つまりは，レベル）へと変えていき，概ねここで示すような順番で（つまり，1から6のように），より基本的な関係からより複雑な関係に取り組みながら，できるかぎり多くのエクササイズを提供するべきである。それぞれのエクササイズで例示されている色，刺激となる名前や単語に関しては，施行する人がそれぞれ独自の刺激を提供する必要があること，そして，それぞれのケースにおいて，子どもが継続して同系統ではあるが異なる刺激に曝露されるように，毎回のエクササイズで用意する刺激を変化させる必要があることを忘れてはならない。

表3：親, 教師, 臨床家のための関係的トレーニングエクササイズの例

1. 等位（同一性）の関係フレーム	2. 比較（より多い／より少ない）の関係フレーム
刺激：異なる言語の, 意味が同一の話し言葉	刺激：さまざまなレベルの恣意的な価値を持つもの （例：金銭的, 美的など）[*5]
レベル1.「Manzana」はスペイン語でリンゴを表す単語である。リンゴはスペイン語で何か？	レベル1. 10セント硬貨は5セント硬貨よりも価値がある。5セント硬貨は10セント硬貨よりも価値が高いか低いか？
レベル2.「Madra」というアイルランド語はフランス語の「Chien」である。フランス語の「Chien」は英語の「Dog」である。「Dog」はアイルランド語で何か？	レベル2. 10セント硬貨は5セント硬貨よりも価値が高く, 5セント硬貨は1セント硬貨よりも価値が高い。10セント硬貨は1セント硬貨よりも価値が高いか低いか？
レベル3.「Coche」というスペイン語は英語の「Car」である。英語の「Car」はスウェーデン語の「Bil」である。スウェーデン語の「Bil」はイタリア語の「Auto」である。「Auto」はスペイン語で何か？	レベル3. A, B, C, Dという4つのモノを持っている場面を思い浮かべなさい。AがBよりも大きく, BはCよりも大きく, CはDよりも大きい。DはAよりも小さいか大きいか？
レベル4.「Car」という英語はスウェーデン語の「Bil」である。「Car」はまた, イタリア語の「Auto」である。スペイン語の「Coche」はイタリア語の「Auto」である。「Coche」はスウェーデン語で何か？	レベル4. A, B, C, Dという4つのモノを持っている場面を思い浮かべなさい。BはCよりも大きく, AはBよりも大きく, DはCよりも大きい。DはAよりも大きいか小さいか？

[*5] 著者注：この特定の例では, より大きなサイズのコイン（例：5セント硬貨）が, 物理的により小さなサイズのコイン（例：10セント硬貨）よりも価値が低く, よって刺激の金銭的な価値はコインの形の上でのサイズ（つまり, それらの非恣意的特徴）からでは確かめられないということに注意すること。これらのエクササイズを用いる際,「コイン」の無限の多様性を創り出すために, コインは色紙から丸く切り出したものにするとよい。

(表3は次ページにつづく)

表3：親，教師，臨床家のための関係的トレーニングエクササイズの例（つづき）

3．反対の関係フレーム	4．時間の関係フレーム（前／後）
刺激：反対の意味や指示を持つ単語の組み合わせ	刺激：任意の時間的関係にある出来事
レベル1．私はアーロンとバートという2匹の犬を飼っている。アーロンはすごく大きくて，バートとは反対だとすれば，バートはどのような特徴を持つか？	レベル1．火曜日が木曜日よりも前に来るならば，木曜日は火曜日の前に来るか，後に来るか？
レベル2．ジャックはとても背が高く，ポールとは反対であり，ポールはチャーリーとも反対であるとすれば，チャーリーはどのような特徴を持つか？	レベル2．火曜日が木曜日よりも前に来て，木曜日が金曜日よりも前に来るならば，金曜日は火曜日よりも前に来るか，後に来るか？
レベル3．AがBと反対で，BはCと反対で，CはDと反対である。AとDは同じか，反対か。AとCではどうか？Aがすごく大きいとすれば，Dはどうか？	レベル3．週のそれぞれの日に色のラベルが付いていると想像しなさい。青の日が赤の日よりも前に来て，赤の日が紫の日よりも前に来るならば，紫の日は青の日よりも前に来るか，後に来るか？
レベル4．AがBと反対で，DはCと反対であり，BはCと反対であれば，AとDは同一か，反対か？ CとAではどうか？ もしもDが熱いならば，Aはどうか？	レベル4．週のそれぞれの日に色のラベルが付いていると想像しなさい。青の日が赤の日よりも前に来て，赤の日が紫の日よりも前に来る，そして黄色の日が紫の日の後に来るならば，黄色の日は青の日よりも前に来るか，後に来るか？

（つづく）

表3：親，教師，臨床家のための関係的トレーニングエクササイズの例（つづき）

5．階層の関係フレーム	6．直示的な関係フレーム
刺激：カテゴリーのラベルと，カテゴリーに属するものの名前	**刺激**：私，あなた，ここ，あそこ，今，その時，などの単語
レベル1．ソラマメが豆の一種であるとすれば，豆はソラマメの一種か？	**レベル1**．私がここにいて，あなたはあそこにいる。あなたはどこにいて，私はどこにいる？
レベル2．シェパードは犬の一種で，犬は哺乳類の一種である。シェパードは哺乳類の一種か？ 哺乳類は，シェパードの一種か？	**レベル2**．私がここにいて，あなたはあそこにいる，そして私があなたで，あなたが私であったなら，あなたはどこにいるだろうか？ 私はどこにいるだろうか？
レベル3．モノAがモノBの一種であり，モノBはモノCの一種であるとすれば，モノAはモノCの一種か？	**レベル3**．もしも昨日私が悲しいと感じ，今日は幸せと感じていて，そして今がその時で，その時が今であったとすれば，私はその時にどう感じていただろうか？
レベル4．ソラマメが豆類の一種であり，エンドウは豆類の一種である。ソラマメはエンドウの一種か？（これはひっかけ問題であり，この質問に答えることは不可能である）	**レベル4**．私は悲しいと，あなたは幸せと感じていて，私があなたで，あなたが私であったとして，そして悲しみが幸せで，幸せが悲しみであったなら，あなたはどう感じるだろうか？ 私はどう感じるだろうか？

第12章　天分を育てる　337

　これらのエクササイズには読者がつくることのできる多くの異なるバリエーションがあり，その場で臨機応変に創り出される，数えきれないほどの他のレベルの複雑性が存在する。取り組むことのできる関係は他にも存在するが，手始めには表3に挙げられている関係的な領域があれば，ほとんどの子どもには十分である。多くの子どもはより高いレベルの問いかけを難しいと感じ，階層的および直示的（deictic）関係のエクササイズにおいて100％の正確性には到達できないかもしれないことに留意されたい。しかしながら，課題としたレベルの複雑性と，課題とした関係フレームにおいて，流暢性が獲得されたときにのみ先に進むというように，ゆっくりと体系的にエクササイズをこなしていけば，その子どもは最終的にはすべてのエクササイズを終えることができるだろう。そしてその実践には，定期的に訓練をしても，通常数カ月を要することになるだろう。

　表3に，エクササイズにおけるさまざまな質問提示方法を挙げた。単語やモノの間の関係性についての詳細な質問もあれば，正誤判定問題（RFTでは関係的評価として知られている）もある。自分自身や子どもに合うように，訓練の形式および方法は自由にアレンジしていただいてかまわない。

結　論

　この章では，行動分析の手法とRFTの枠組みを用いた知能の概念化について検討した。そして，その概念化によって，どのようなスキルセットをIQテストが測定するのかについて，どれだけ正確に理解しやすくなるのかについて実践的な用語を用いて解説した。それにより，知能レベルを上げる可能性のある介入方法への道筋を指し示すことができた。これは，これまで心理学者からは不可能だと考えられていたことである。もちろん，著者らの分析はいくらか推測的で，完璧からは程遠いものである。他の研究者たちが，彼ら自身の刺激的な研究や分析に着手できるようなスタート地点が示されただけである。このことは，行動的，教育的心理学における革命の可能性

の始まりにすぎない。もちろん，研究が進めば，データが蓄積され，それによって分析は精緻なものになっていくだろう。現時点では，著者らはポジティブ心理学に取り組んでいる仲間と共に，人間としての条件（human condition）をただ保つだけではなく高めるという課題に取り組むためのスタート地点に立っているのである。

　この先には，ここで概要を述べた関係的トレーニングによる介入に磨きをかけるための多くの課題がある。多くの変数（variable）がこのような介入の機能に影響を与えてしまう。それには，食事，睡眠，意欲といった生物学的変数と，家族構成，学校教育システムの質，社会的スキルのレベルのような社会的変数が含まれる。例えば，子どもの学校の成績評価の予測に関して，その子どもの自己規律のレベルは，IQの2倍優れていると言われている（Duckworth & Seligman, 2005）。したがって，今後の研究において関係的トレーニングによる介入効果を十分に査定するためには，いくつかの従属的な評価（尺度）を考慮する必要がある。それには，標準的な教育の評価，学校の成績評価とレポートと同様に，さまざまな領域にわたる特異的な適性検査のスコアが含まれる。とはいえ，見通しは良好である。関係反応の流暢性とIQとの関係についての，さまざまなRFT研究の流れが合流してより大きな流れになっていくことは，まず間違いがないだろう。この研究は少なくとも，我々が他者の生活に改善をもたらすために向かうべき方向を示してきた。Cassidyら（2011）による最近の知見は，さらに明るい展望をもたらすものであり，それによれば，おそらく心理学の歴史において初めて，我々は文字通り**天分を育てる**ことができる技術の概略をつかんだことが示唆されるのである。

第13章

本物の会話

スティーブン・C・ヘイズ（ネバダ大学）

　今あなたの手の中にあるのは，会話（conversation）の始まりである。つまり，本書により，ポジティブ心理学と，アクセプタンスとマインドフルネスに基づく心理学という，心理学の2つの学派（tradition）の間の対話（dialogue）がスタートしたのである。アクセプタンスとマインドフルネスに基づく心理学とは，文脈的行動科学（contextual behavioral science: CBS），そしてその下位構成要素であるアクセプタンス＆コミットメント・セラピー（ACT）と関係フレーム理論（relational frame theory: RFT）が代表的なものであり，それ以外にも，マインドフルネス認知療法（mindfulness based cognitive therapy: MBCT）や弁証法的行動療法（dialectical behavioral therapy: DBT）などのアプローチが含まれる。

　会話や対話というのは，2人（ないしそれ以上）の人間が思考，意見，感情を交換することであるが，それには2種類ある。機械的（rote）な会話と本物（genuine）の会話である。機械的な会話というのは，2人が順番に言葉を発し，一方の側がありがちな考え（idea）を述べ，続いてもう一方の側も，別のありがちな考えを述べるというものである。これに対し，本物の会話は，視点取得（perspective taking），分かち合い（sharing），変化のリスク（risk of change）を含むものである。つまり，進んで他者の目で世界を見つめること，進んで自らのものの見方を相手と分かち合うこと，そして進んで相手との類似点，相違点，新しい考えをあらわにしていくことを含むの

である。それも，会話している双方が以前抱いていたものの見方を変えるほどの誠実さをもってである。

会話を社会的交流（social interchange）として捉えた場合，機械的な会話においては，会話する両者はほとんど変化しないが，本物の会話においては，両者に成長と変化の機会がもたらされる。政治の場における会話というものは，ほとんど常に機械的なものであり，それは現代の政治において語られる言葉を観察すれば，誰もが間違いなく気づくことである。そしてそれには理由がある。政治の場で会話をしている人は，学ぶことよりも，自分が正しいこと（そしてそのように他者から見られること）に関心があるからである。夫婦間のありがちな喧嘩のような，対立的な社会的交流としての会話も，たいていは機械的な会話であり，その理由も上と同じである。本物の会話はこれと異なっている。本物の会話は，自分が正しいことや，相手よりも上位に立つことは関係ない。権力や政治とも関係ない。誰が何かを最初や最後に思いついたかも関係ない。本物の会話とは，相互理解を通して何が得られるか見てみることなのである。

複数の著者による本は，会話となることを意図して編集されているはずだが，その大多数は，構造上の理由から，比較的機械的なやり方で構成されている。つまり，本というものは直線的なものなので，著者が，自らが以前に述べたことをもう一度述べることは簡単である一方で，別の著者の考え方を別の見方で考えてみることは，必要ではあるが困難である。しかし，著者が，そしてさらには読者が正しい態度で臨むなら，直線的に並んだ活字の列からでも，本物の会話を生み出すことが可能である。著者が自らのものの見方を擁護したり，読者がもともと持っている信念を著者に正しいと証明してもらったりするのでなく，著者が別の著者のものの見方について全力を注いで考えてみることもできるし，読者が，開かれた態度で，一冊の本のなかにある連続した「独唱（monody）」を読み，それによって，連続した「独唱」を，より大きな「会話（conversation）」へと統合していくこともできるのである。

こうしたプロセスを用いるならば，対話のポジティブな潜在力が高まり，アイデアの交換が始まるまえでさえ，真の会話が成立する可能性が高まる。そして，著者や読者が，もしも，ポジティブ心理学に関心を持っていたり，あるいはアクセプタンス，マインドフルネス，価値に関心を持っていたりするならば，そういった本物の会話が成立する可能性がさらに高まるだろう。ポジティブ心理学もACTも，本当の社会的交流の核心となる，価値，関係性，共感性，コンパッション，視点取得といった問題に取り組んでいるからである。

私は，この短い最終章において，他の章について考える機会，そして，本書の編纂というこのプロジェクトが将来どういった意味を持つかについて熟考する機会をいただいた。私の感覚では，本書の著者ら，そして編者らは，ひとつながりの本物の会話を作り上げており，もし読者が本書のページに，さまざまな可能性に対して開かれた態度でアプローチするならば，その体験から得られるものは大きいであろう。本書のほとんどの章では，こういった異なったアイデアや学派の間の相互関連について考える真剣な試みがなされており，しかも，読者がそれに基づいてさらに考えることができるように，透明性も確保されている。しかしながら，読者の側の開かれた態度があってはじめて，可能性としての本物の会話が，実際に実現されるのである。

これまでの章を広く見渡して，いくつかの領域における重なりとつながりを見いだすことができたので，この章ではそれについて考えてみたい。細かい点にまで立ち入らず，より一般的な話をし，実践家と研究者が将来行う可能性があることに焦点を当てることで，議論を地に足がついたものにしてみたい。本書は特に，教師，セラピスト，コーチ，医療関係者を支援するために書かれたものである。本書が現在に関して，そして未来に関して述べていることは何だろうか？

ACTがポジティブ心理学に伝えることができるもの：ポジティブな形式でなく，ポジティブな機能

　ポジティブ心理学という学派は，その最初期においては（例えば，Seligman & Csiksentmihalyi, 2000），応用心理学がほとんど強迫的なまでに疾病（disorder）や機能不全（dysfunction）に焦点を当てていることに背を向け，ポジティブな人間の特性（traits）や美徳（virtue）に関心を向けている学派であった。「どのように不安やうつを取り扱うかを考えるのでなく，例えば，持続的幸福（flourishing）や意味（meaning）について研究することにしよう」，「異常を中心に取り扱うのでなく，正常の持つポジティブな可能性について取り扱うことにしよう」という具合であった。
　ポジティブ心理学の創設者たちは，ある種の特性が**本質的に**（inherently）「ポジティブ」であると示すことによって，こういう特徴づけを招いてしまっていたのである。

　　　主観的なレベル（subjective level）でのポジティブ心理学のフィールドは，価値づけられた主観的な体験である。すなわち，（過去における）ウェルビーイング，満足，充足，（未来における）希望と楽観主義，（現在における）フローと幸福である。個人的なレベル（individual level）では，ポジティブ心理学のフィールドは個人的特性である。すなわち，愛と天職についての能力，勇気，対人的能力，美的感覚，忍耐，赦し，独創性，未来志向，スピリチュアリティ，高い才能，知恵である。集団のレベル（group level）においては，ポジティブ心理学のフィールドは，市民としての美徳，個人をよりよい市民らしさへと動機づける制度（institution）である。すなわち，責任，愛情を込めて世話をすること，利他主義，市民性，中庸，寛容，労働倫理である。

　　　　　　　　　　　　　　　（Seligman & Csiksentmihalyi, 2000, p.5）

ここに挙げた引用にもかかわらず，ポジティブ心理学は，決して，いわゆるポジティブな特性の単なるリストではない。それは，たとえ「ポジティブ心理学1.0」と Steger, Sheline, Merriman, Kashdan が本書の第11章でいみじくも名づけているものであってもそうである。ポジティブ心理学においては，これまでも常に，例えば，いわゆるネガティブ感情が重要だという認識はあったのだが，公式的には，ネガティブ感情に力点を置いている一般的な心理学とバランスを保つため，ポジティブな特性が強調される傾向，あるいは強調されすぎる傾向があった（Duckworth, Steen, & Seligman, 2005）。

　しかしながら，健康と持続的幸福（flourishing）が単に疾病（disorder）と機能不全（dysfunction）の対極ではないのと同様に，ポジティブな体験は，ネガティブな体験の単なる対極ではない。Ciarrochi, Kashdan, Harris が本書の第1章で指摘しているとおり，ポジティブ心理学のいくつかの学派の考え方には，時にポジティブな方向への行きすぎがあったことは確かである。しかし，これらの体験や行為について，文脈的行動科学を用いて，ポジティブとネガティブの間の最適解を見つけることによって，その行きすぎを正すことが可能である。ポジティブな感情であってもネガティブな感情であっても，それと付き合うための健康的なやり方というものがあり，そしてそのやり方は，文脈依存性である。行動するにも健康なやり方というものがあり，そして時にはそのやり方は，単に「美徳があればあるほどよい」というものではなく，文脈によって決まるのである。あらゆる領域において，意味（meaning），目的（purpose），文脈（context）が大事なのである（Steger et al., 本書第11章）。

　このことの正しさを示している文献は多数ある。McNulty と Fincham（2012）による最近の論文は，この事実を詳細に記載している。例えば，赦し（forgiveness）によって，通常は，関係性の修復がなされることが期待される（例えば，Toussaint, Williams, Musick, & Everson, 2001）が，文脈によっては，赦しが病的（pathological）なものになってしまう場合もある。DV 被害者の

うち，加害者への赦しのレベルが高い女性は，虐待的な配偶者のもとへ帰っていく確率が高く（Gordon, Burton, & Porter, 2004），そしてそこで再び，もっとひどい心理的・身体的攻撃を体験してしまう。これは，加害者への赦しのレベルが低い女性の場合，虐待的な配偶者のもとに帰っていっても，攻撃を受ける割合が低くなるのと対照的である（McNulty, 2010）。利他主義（altruism）にも文脈的な限界というものがあり，時には病的となりうるのである（Oakley, Knafo, Madhavan, & Wilson, 2011; Vilardaga & Hayes, 2011）。McNulty と Fincham（2012）は，これと同様の文脈的な限界というものを，楽天主義（optimism），博愛（benevolence），親切（kindness）といったいわゆるポジティブな特性について記載している。それぞれのケースで，これらの特性は，一般的には，ウェルビーイングや良い関係性と関係しているのだが，文脈によっては，問題を起こすことになる。楽天主義者は，経済的な損失があっても，ギャンブルをしつづける（Gibson & Sanbonmatsu, 2004）。博愛的な人が重度の人間関係の問題を抱えている場合，満足度が下がり続けるのだが，それは，博愛度が低い人に比べて，問題の改善がなされにくいからである（McNulty, O'Mara, & Karney, 2008）。問題を解決しようとしている最中の妻がやさしさのない行動（例えば，拒絶，批判）をとると，4年後において，夫婦の双方において，関係性の満足度が，そうでない場合と比べて，より安定するということがわかった（Karney & Bradbury, 1997）。以上から，実質的にどんな「ポジティブ」な特性でも，文脈によってはネガティブな機能を持ちうるし，いわゆるネガティブな特性の多くが，文脈によっては，ポジティブな機能を果たしうる，と結論づけることができる（Biswas-Diener, Kashdan, & Minhas, 2011）。本書の第10章で Malouf, Youman, Harty, Schaefer, Tangney が，この分野において深い教訓をもたらすような素晴らしい例を挙げている。すなわち，罪悪感のようなネガティブ感情が，社会的にポジティブな役割を果たしているのである。アクセプタンスとマインドフルネスの学派は，このことを実証的に示すことに一役買っている（例えば，Luoma, Kohlenberg, Hayes, & Fletcher, 2012）。

　この種の論文は，現在も量産され続けており，心理的な体験や特性を，そ

の形式から「ポジティブ」と「ネガティブ」の山のどちらかに分類することができるという見解を支持することはもはや不可能になっている。もし以前には知的な信念としてそうだったとしても，科学によって誤っていると証明されてしまっているのである。もし我々が体験，特性，行為の**機能**について興味を持つなら，**所与の文脈において**その体験，特性，行為が与える影響に注意を払わなくてはならない。言い換えると，単なるポジティブな形式対ネガティブな形式という問題ではなく，文脈依存的な，ポジティブな機能対ネガティブな機能という問題なのである。

　この領域に関して，アクセプタンスとマインドフルネスの学派は，ポジティブ心理学が「ポジティブ心理学 2.0」（Wong, 2011）に移行するに際し，有益な助言をすることができる。文脈的行動科学者とその実践家は，この種の仕事に適役である。なぜなら，彼らは文脈に焦点を当てることで，人間の体験に対して，よりダイナミックで，非批判的なアプローチをすることができるからである。ACTと文脈的行動科学は，多くの文脈において，**いわゆるネガティブな出来事に**，**機能的にポジティブなやり方で関わることができる**ことを示すのに役立つのである。

　ACTを支えている心理的柔軟性モデルは，感じられた感情が，「ポジティブな」ものであれ「ネガティブな」ものであれ，そのままの形で気づき，体験される価値があることを示唆している。開かれた好奇心を持って，体験を詳細なプロセスにすることが役に立つ文脈もある。例えば，困難な感情を，長いこと避けたり，否定したりしていたとしたら，その感情の中に意識的に飛び込み，その感情のうねりを観察し，その際に自分の身体がどうなるか観察することが役に立つだろう。その感情と関連して，どんな記憶が浮かび上がったり，その感情と一緒にどんな衝動が生じるかに気づいてみるのも役に立つだろう。その一方で，気づきや体験を非常に簡潔なプロセスにすることが役に立つ場合もある。例えば，しばしば感じ，よくわかっている感情（例えば，講演をする前の不安の高まり）が再び起きていることに気づく場合，その気づきを，ちょうど「昔からの友人」に会ったときに，ちょっと帽子に

手をやって挨拶をするのと同じように，あっさりとしたものにとどめておいて，目前の課題（task）の目的（purpose）（例えば，講演をすることに含まれる価値と行為）に注意を向けるような場合である。気づき自体が役に立たないような文脈すらあるかもしれない。例えば，救急医療に携わる職員や，命にかかわるような病気を抱えた子どもは，今やるべきことに集中したほうが，自分の感情に注意を払うより，（少なくとも中程度のタイムスパンでは）うまくやれるかもしれない（Mitmansgruber, Beck, & Schüßler, 2008; Phipps, 2007）。どのくらい長く，そういった対処法を副作用なしに使い続けられるかは明らかではないが，それはまた別の話である。

　困難な感情をどのように扱えばよいかという，アクセプタンスに関する問題は，心理的柔軟性モデルの他の5つの側面があってはじめて，対処が可能となる。困難な感情を扱うというこのアクセプタンスに関するプロセスが，意識され選択されるためには，感情とつながって出現する自動思考から，ある程度脱フュージョンをしている必要がある。思考がフュージョンしていると，まるで感情が注意を**要求**（demand）するように見える。つまり，感情がそこに注意を向けるよう，**独裁者のように命じる**のである。マインドフルネスのスキルがあれば，人が感情という独裁者の声を，単に多くの考え方，視点のひとつにすぎないものとして聞くことができるようになる。そして，世界は感情の命令によって構造化されたものではなく，心のプロセスこそがその構造を作っているということに気づくことができるのである。

　同様にして，「今，この瞬間」に対する柔軟な注意を学ぶことは，**選択**（choice）としての注意を育てることになる。アクセプタンスは，何かに溺れること（wallowing）とは異なる。本書の第7章でParksとBiswas-Dienerが，「アクセプタンスを基盤としたアプローチは，クライエントの体験を変えようとする試みをしていない」と言っているのは，多少誤解がある。アクセプタンスを基盤としたアプローチは，クライエントの体験を，2つの抜本的なやり方で変化させるのである。1つ目の変化としては，クライエントの取り組んでいる感情は，その瞬間に心を開いてそれを抱きしめること

で，もはや**機能的には**同じものではなくなるということである。その感情は，同じ名前で呼ばれることはあるかもしれないが，もはや同じ体験ではないのだ。皮肉なことに，機能的な変化は，即座に感情の形すら変化させるのである。2つ目の変化としては，開かれた心と好奇心を持って，現在そこにあるものと共に在ることで，他の反応が起こってくるということである。反応のレパートリーを狭めてしまう，回避とフュージョンはおさまり，外的状況や内的状況によって選択された目的に向けて，注意がよりたやすく流れる（flow）ようになる。このことはクライエントの体験にとっても，同じように大きな変化であり，そしてそのことにより，ポジティブ心理学による学びが健全な方法で応用されるようになる。選択された目的というのは，まさに「ポジティブな」体験が存在する領域である（Steger et al., 本書第11章）。意味や目的と深くつながることは，本質的にポジティブなことであり，ポジティブ心理学が始まって以来，ずっとその焦点となっている。

別の言い方をするなら，ACTと心理的柔軟性モデルがポジティブ心理学に対して提案することができることのひとつは，**機能的な意味で**ポジティブであるためのより確実な方法である。ネガティブ感情が，開かれた心と好奇心を持って，判断することなく，そのままのものとして気づかれるとき，その感情の機能は，開かれた心と好奇心という態度によって与えられる，より大きな柔軟性によって，より自発的に決定される。そしてその心理的柔軟性は，行動面で重要となる。なぜなら，それに続いて，価値づけられた行為に向かって注意が向けられることになり，抑圧や回避という不健康な行為につながることがないからである。クライエントの体験のこの2つの変化は，長い目で見ると重要である。なぜならいわゆるネガティブ感情は，ポジティブな価値の種になるからである。愛する人に裏切られることの悲しみは，価値としての愛と忠誠の種である——深い意味で痛みに近づかないかぎり，愛は不可能だからである（Walser, 本書第3章を参照）。人付き合いでの失敗に対する不安は，価値としての社会貢献の種である——どこで傷つき，恐れるかということを知らなければ，どこをケアをすべきか知ることが困難だからであ

る。ちょうどヘンゼルとグレーテルの童話に出てくるパンくずのように，痛みは我々に道を教えてくれる。トラウマでさえ，我々の成長を促してくれるのだ（Park & Helgeson, 2006）。心理的柔軟性モデルは，たとえネガティブ感情が存在していても，どうしたら機能的な意味でそのネガティブさをなくすことができるかを指し示してくれる。我々はネガティブ感情を体験し，その感情から学び，それでいてその感情に支配されずにいることができる。それどころか，ネガティブ感情は，価値に基づいた生活を創造するうえで我々の盟友（ally）となりうるのである。

　このことは，ポジティブ心理学にとって重要である。なぜなら，まさにそのプロセスこそが，ポジティブ感情を健全なやり方で感じるために必要なプロセスだからである。体験の回避と，心理的非柔軟性は，ネガティブ感情の有害な影響を増大させるだけでなく，ポジティブ感情を体験する能力をも損なうという証拠が相次いで発表されている（Kashdan & Breen, 2008; Kashdan & Steger, 2006）。こういった知見は，「ポジティブな介入は，ネガティブな体験を，ポジティブな体験に**置き換える**ことを目指している」（Parks & Biswas-Diener, 本書第7章）という常識的な考え方に対して，警告を発しているといえるだろう。**どうしたら**ネガティブな出来事がポジティブなものになるかということが大事である。ネガティブな出来事を別なものに置き換えたいという気持ちはわかるが，そういう態度から，回避と抑圧という，ネガティブさを作り上げ，ポジティブ感情を体験することを損ないがちな態度まではほんの一歩なのだ。ACT の見地からすると，置き換えというアジェンダと結びついたポジティブさは，必要以上に危険である。開かれた選択（open choice）というアジェンダと結びついたポジティブさは，それに比べればずっと安全であるが，そのアジェンダですら，困難な体験が起きたときに，どうしたら開かれた選択が可能な心理状態になれるかを知ることなしには開始できないのである。

　この大切なメッセージを覚えやすくするために，ポジティブとネガティブを，足し算（additive）と引き算（subtractive）として考えてみよう。心理

学が，あまりにもネガティブなことに焦点を当てすぎてきたのと同じように，心理学は，体験に対して引き算的なアプローチに焦点を当てすぎてきたといえる。体験から何かを取り除こうとする引き算をしようといくら努力したところで，目的が何であれ，その努力がポジティブな機能を持つことはめったにない。アクセプタンスとマインドフルネスの技法により，人は，どうしたらより足し算的に，つまり「ポジティブに」，生きることができるかを知ることができるのである。そして，そうすることによって，現在の出来事が，ポジティブなものもネガティブなものも，本当の意味で「今，ここ」に存在するようになるのである。そこで重要となるのは，「次に何を足せばよいのか」という問いである。皮肉なことに，ネガティブ感情はマインドフルネス，好奇心，判断することなしでの気づきといった「足し算的な」心理的スキルを学ぶための優れた舞台となりうるが，これらのスキルは，ポジティブ感情にも同じように適応可能なのである。ポジティブ感情をしっかりセイバリング（savoring）することが役に立つような文脈もあれば，ポジティブ感情に対し，ちょうど古い友人に対して軽く挨拶するように，さっと注意を払うだけにして，次の挑戦，次の機会に向かって進むほうがいいような文脈もある。上座部仏教の指導者で，アメリカのヴィパッサナー瞑想の拠点であるInsight Meditation Societyの創始者のひとりであるJack Kornfieldが彼の本の題名にしたごとく，「エクスタシーの後には洗濯」（2001）が待っており，聖と俗，ハレとケ，陶酔と覚醒のように，人間にはさまざまなモードが必要なのである。

ポジティブ心理学がACTに伝えることができること：ポジティブな変化の確立

　本書の第6章でMcCrackenがいみじくも指摘したように，コミットされた行為は，心理的柔軟性モデルのなかで，最も実行されることの少ない要素である。それには理由がある。ACTは30年前の行動分析に基づいて作られ

ている。行動変化の技法は，その時代にしては比較的よく開発されており，そういった技法は，所与のものとして疑問を持たれることなく受け入れられていた。ACTの目標は，感情と認知における開かれた態度，現在の瞬間に対する意識的な気づき，選択された価値を，行動変化のプロセスにつなげることにあった。その後，「コミットメント」という概念が付け加えられた（つまり，その行動変化が，価値に基づいた行為を確立するという自己拡大的なプロセスに，意図的に結びつけられた）が，どのようにコミットされた行為をしたらいいかは，また別の機会に考えることとされた。

　しかし，時代は変わった。ACTにおいて，30年前にはほとんど触れられることのなかったすべての領域が，苦労の甲斐あって進歩を成し遂げた。それは例えばアクセプタンス，マインドフルネス，注意の柔軟さ，などである。こういったプロセスは万能薬ではないが，行う価値があり，エビデンスも強固であるので，例えば今から30年後の応用心理学の学生であっても，これらの事項をしっかりと取り扱う必要がきっとあるだろう。それに比べてあまり開発されていないのは，どうしたら価値のワークを行動変化につなげることができるのかという部分である。

　そもそも，ACTは，その名前からして，価値を行動変化に結びつけるという領域にコミットしており，価値を理解することにかけては相当の進歩を遂げてきてはいるものの，どのようにして変化に関してポジティブなアジェンダを構築するかということにかけては，ポジティブ心理学のほうが，多くの有益な先例を示してくれている。以下に具体的な例を挙げよう。

　本書の第2章でGarlandとFredricksonが記述している拡張−形成理論（例えば，Fredrickson, 2004）を用いることで，実践家（practitioner）は，ACTのアプローチでは抜けていた一種の空白地帯（content vacuum）を埋める成長の機会を得ることができる。

　私が空白という言葉で何を言おうとしているかを説明するには，ACTの臨床家が埋め方を知っている空白の例を挙げることが役に立つだろう。不安障害（例えば，パニック障害や広場恐怖など）の患者におけるACTのエク

スポージャー・ワークにおいて，そのエクスポージャーの目標は，不安自体の減少ではなく，反応の柔軟さである。エクスポージャーの最中には（例えば，ショッピングモールの中にいるとき），臨床家は，まず，「今，この瞬間」に対する気づき，アクセプタンス，脱フュージョンに取り組むのだが，開かれた態度があれば，臨床家は新たな反応を引き出せるか試すこともできる（例えば，ここで何を一番買ってみたいですか？　とか，誰の服に一番興味を引かれますか？　など）。何を尋ねるかは決まっていない——それは治療者の創造性とクライエントの自発的なコメントに任されているのである。

　開かれた態度で新たな反応を引き出そうと努めることは，ここに挙げたケースでは難しくないだろうが，私が強調したいのは，それによって空白地帯に気づくことができるということである。この例から論点を拡大することで，この点がどれだけ幅広く適応可能か，そしてポジティブ心理学が有益な手がかりを出すことで，どれだけ心理的柔軟性モデルを支え，強化することができるかに気づくことができるだろう。ACTの実践家が，うつ状態のクライエントに，アクセプタンス，脱フュージョン，マインドフルネスのワークを通じて，「今，この瞬間」にしっかり関わること，それも，感情的，認知的柔軟性を持って関わることに熟達できるように支援する，という場面を想像してみてほしい。その次のワークはどんなものになるだろうか？　普通の答えは，「価値がガイドになる」というものだろう。もちろんそれもよいアイデアだが，そういったときには，近道を探すことが役に立つ。つまり，感謝，コンパッション，愛，美への感動といったポジティブ感情に焦点を当てた行為のワークが，とても役に立つことがある——それは，ポジティブ感情がネガティブ感情に取って代わるからではなく，ポジティブ感情が，その行為を重要なものにしてくれるからである。ポジティブ心理学のエクササイズや方法論は，こうしたアクセプタンスとマインドフルネスのワークに，うまく当てはまる場合が多い。適切な時に，感謝の日記や，赦しのエクササイズや，美への感動に焦点を当てることや，意識的にコンパッションの訓練をすることで，アクセプタンスとマインドフルネスのワークからしばしば生じ

る心理的柔軟性の高まった状態を活用することができるのである。

　古典的な認知再構成法による再評価（cognitive reappraisal）ですら，機能的なポジティブさを損なうような，引き算的なアジェンダを取り除きさえすれば，ここで出番がある。上手に扱えば，本書第2章でGarlandとFredricksonが記述した「マインドフルな再評価（mindful reappraisal）」や，「ポジティブな再評価（positive reappraisal）」は，機能的文脈主義の考え方にぴったりおさまる。ACTの臨床家は，常に再評価（reappraisal）という言葉を認知の柔軟性（cognitive flexibility）という意味で使ってきた（例えば，Hayes, Strosahl, & Wilson, 1999, pp.196の「アイデンティティを選ぶ」エクササイズや，Hayes, Strosahl, & Wilson, 2011, pp.227-228[*1]の筋書きのエクササイズなど）。ACTの臨床家は，これまでずっと，「『正しい』考え方とか『本当の』考え方というものがあり，そういう考え方をしさえすれば，扱うのが難しい思考を減らしたり，消去したりできる」というメッセージを伝えて，クライエントの心を抑圧してしまうというありがちなパターンを避けようとしてきた。この問題は，進化論的科学でいうところの変異（variation）と選択（selection）の問題として考えると一番理解しやすい。進化論的科学では，多様な変異のなかから選択が行われることで進化が起こると説明される。それと同じように，認知再構成法による再評価を，多様な考え方のうちのひとつの健全な変異として考えるなら，それが，有効性（workability）に基づいた，価値に基づく選択をクライエントが行うことにつながる可能性もあるだろう。そういった種類の「マインドフルな再評価」であれば，実際に，ACTのアプローチとして推奨することができるだろう。

　ポジティブ心理学の考え方がACTのアプローチを広げることに役立つ，さらにもうひとつの分野がある。それは予防の分野である。うつ状態のクライエントに対するACTの効果は，さまざまな論文を見てもほぼ同じようにはっきりしているが，予防については，事情は異なっている。創造的絶望

[*1]　訳者注：邦訳書『アクセプタンス&コミットメント・セラピー（ACT）第2版』武藤崇，三田村仰，大月友 監訳，星和書店，2014. pp.359-360.

（絶望から始めよう）などの古典的なACTの手法を，うまくやれている人に用いることはできない。では何を用いればよいのだろうか？

ポジティブな介入法が，ここにぴったりおさまる。そして，ポジティブな介入法を，心理的柔軟性のアジェンダに使うことができるのなら，ACTの実践家がそれを使うのに反対する理由はないだろう。そしてこのことは，予防についてのACTの臨床試験のうち，成功したものを見てみれば，実際すでに起こっていることである。例えば，Fledderus, Bohlmeijer, Pieterse, Schreurs（2011）は，ACTの予防的介入を作成し，それに「ポジティブメンタルヘルス」という名前を充てている。また，成功しているACTの集団プログラムには，たいてい，Biswas-Dienerが，「マイクロカルチャー」と呼んでいる，成長を支援するような集団的なプロセスが含まれているのである（本書第9章）。

文脈的行動科学によるアプローチを確立すること

上述のように，ACTはポジティブな研究プログラムとみなすこともできる。それでは，ACTより重要な関係フレーム理論（RFT）や，RFTより重要な文脈的行動科学（CBS）についてはどうだろうか。ポジティブ心理学と，ACT, RFT, CBSとの間の本物の会話の一部として，CBSのアプローチが俎上に載せ，我々の進歩への希望を担っている3つの主要な特徴がある。それはすなわち，文脈的なアプローチをすること，ミドルレベルの用語と分析抽象理論（analytic-abstractive theory）を実地で用いること，ボトムアップの説明に対して関心を持つこと，である。

ポジティブ心理学は，要素的実在主義者（elemental realist）の考え方（assumption）に基づいている場合も多い（Ciarrochiらによる本書の第1章を参照）。そしてそのせいで，ポジティブ心理学的な特性の文脈的な限界を示す研究があっても，それをポジティブ心理学者が受け入れることが困難であった（McNulty & Fincham, 2012; Sheldon, Kashdan, & Steger, 2011）。要素的実在主義に

限らず，人の根底にある考え方というのは，自ら評価することなど本当にはできるものではない。しかしそうであっても，「すべての概念は，文脈のなかにおいて存在しているものである。したがって，概念は目的（purpose）とどういう関連性があるかで評価すべきである」という機能的文脈主義の立場に立つことで，ポジティブ心理学の文脈的な限界を理解するのが大変容易になる（Hayes, Hayes, Reese, & Sarbin, 1993）。あらゆる文脈において，ある特定の考え方が，いつでも同じようにうまくいくという保証はない。そして要素的実在主義者の考え方について言うと，応用心理学の世界では，その考え方に，はっきりした限界があるという十分なエビデンスがあるようだ（Biglan & Hayes, 1996）。そして，限界があるひとつの理由としては，こういった要素的実在主義者の考え方のなかに，「さまざまな概念について，それが体系的な変化をもたらすうえで有用かどうか，吟味する必要はない」という実在論的な確信（ontological assurance）が含まれているからということがある（Hayes et al., 2011）。要素的実在主義者の立場では，正しいが役に立たないということも比較的容易にありうるのだが，機能的文脈主義の立場のように，「正しい」ということが「この文脈で役に立つ」ということを意味するのであれば，そういった全然役に立たない最終結論になることはありえないのである。

　実践家は，世界を単純化するモデルを必要としているが，そういったモデルを，基礎原理，つまり，正確性（precision）と範囲（scope）がいずれも極度に高度な言語だけを使ってつくり上げることは困難である[*2]。文脈主義的な考え方をすることで，理論がさまざまなレベルで役に立つようになるのだが，それは，真理というものが文脈的な実行可能性の問題だからである。

＊2　訳者注：機能的文脈主義は心理的な出来事に対する，正確性，範囲，そして深度を持った「予測と影響」を分析的ゴールとしている。「正確性」は，説明が，関連する変数をどれだけ具体的に特定できるかを示す。「範囲」は，説明理論の知的経済性，つまり，いかにより少ない概念でより多くを説明できるかの程度を示す。（Hayes et al., 2011，邦訳書『アクセプタンス＆コミットメント・セラピー（ACT）第2版』武藤崇，三田村仰，大月友 監訳，星和書店，2014，pp.49-50.）

野球のプレーヤーに打ち方を説明しているコーチは，打たれたボールの放物線的な経路を表す数学的な公式を必ずしも知っている必要はない。それは，ちょうど，飛んでいるボールの経路を描写する数学的公式に興味を持っている科学者が，相対性理論がどのように重力に適用されるかを必ずしも知っている必要がないことと同様である。しかし，科学的な体系では，こういった異なるレベルのすべてにおいて，知の統合がなされている必要があるのである。

そういった知の統合を追求するボトムアップのアプローチは，文脈主義に結びつけられたときに，特に役に立つようである。応用心理学は基礎原理を重視する必要があるということには，ほとんど誰もが同意するだろうが，基礎原理は，機能的文脈主義の視点と結びつけられることで，基礎研究や構成要素的研究における介入の試みが成功するための，高度な正確性と範囲をもつ言語的ガイドになりうる（Levin, Hildebrandt, Lillis, & Hayes, 印刷中）。そしてその際に，実践家が基礎的な原理の詳細を理解する必要はないのである。本書には，まさにこのプロセスの好例が含まれている。例えば本書第12章のRoche, Cassidy, Stewartの「天分を育てる」というプログラムとか，本書第5章のStewartとMcHughの視点取得へのアプローチなどである。仮説-演繹による理論の代わりに，上に述べた研究者たちは，視点取得や知的行動といった，実践的に鍵となる特徴を抽象化した理論を確立している。

そういった原理を，他のアプローチを理解するために用いることも可能である。本書第8章でFoody, Barnes-Holmes, Barnes-Holmsは，ポジティブな介入における一組の問題を用いて，そのことを行っている。ここで残された短い時間を使って，コンパッションとセルフ・コンパッションの問題（NeffとTirchによる本書第4章を参照）に対して，そういった広い概観をしてみたい。ここでは，セルフ・コンパッションに対するACTの影響を調べたランダム化比較試験を行ったYadavaiaの論文（Yadavaia, 2012）に基づいて議論を行う。

Neff（2003b）は，セルフ・コンパッションを，主として仏教徒の視点から現れる3つの構成要素からなるものとして定義している。それは，自らにや

さしくすること，共通の人間性，マインドフルネスである。

> セルフ・コンパッションは……自らの苦しみに心を動かされること，そしてその自らの苦しみを避けたりつながりを絶ったりすることなく，自らの苦しみに対して心を開いていること，苦しみを和らげ，自らを慈しみの心で癒そうという気持ちを抱くことを意味する。セルフ・コンパッションはまた，自らの痛み，不十分さ，失敗を，判断を下すことなく理解し，それによって，自らの体験を，より大きな人類全体の体験の一部としてみなすことを意味する。(同書 p.87)

ここで述べられている3つの要素は，重要であり，比較的健全な自己との関係性の持ち方だと考えられている。このように定義されたセルフ・コンパッションについての大部分の研究は，「セルフ・コンパッション・スケール (Self-Compassion Scale: SCS)」(Neff, 2003a) を用いているが，それによると，本書第4章でNeffとTirchが立証しているように，セルフ・コンパッションの恩恵は相当なものである。

ACTを支える心理的柔軟性モデルの見地からすると，セルフ・アクセプタンスとセルフ・カインドネスは，かなり明確に重なる部分があるといえる。体験に対して，心を動かされ，開かれた態度を取り，回避を行わず，つながり続けることで，治癒しよう，あるいは完全であろうと（「治癒する〔heal〕」の語源は「完全にすること〔make whole〕」である）優しく努力することは，ACTにおけるアクセプタンスの定義としてかなりいい線をいっているといえよう。セルフ・カインドネスは，慈悲の態度を意味しており，自己批判したり，厳しい自己判断をしたりしないという特徴がある。こうしたセルフ・カインドネスの特性は，脱フュージョンというACTの姿勢や，自らの体験を抱きしめることを選択することに通じるものがある。

マインドフルネスについても同じことが言える。Neffのマインドフルネスに対するアプローチ（例えば，批判せずにいること，「今，この瞬間」に

いること）は，ACTだけでなく，マインドフルネスに基盤を置く他のアプローチの大部分とも共通している。その文脈で言うと，本書第4章で，NeffとTirchが，セルフ・コンパッション・スケールと，ACTの最もよく用いられている尺度であるAAQ（Acceptane and Action Questionnaire）(Hayes et al., 2004; Bond et al., 2011) との間に0.65の相関関係があったと報告していることは驚くべきことではない。我々の研究室でも，上記2つの尺度の間には同様の結果を認めている。

　私が言いたいのは，セルフ・コンパッションがACTに何も新しいことを付け加えてくれないということではない。そういった主張は，言語に対する文脈的なアプローチとは相容れない。似た内容であっても，異なった言い方をすることで，新しい気づきの機会が与えられるのである。例えば，私は「セルフ・カインドネス」についてクライエントと話してみて，それが，ACTが育てようとしているアクセプタンスの姿勢を伝えるうえで，非常に役に立つ方法だと感じている。

　私がここでセルフ・コンパッションとACTを結びつけて論じている理由は，（例えば）アクセプタンスやマインドフルネスをRFT分析する作業は，セルフ・コンパッションをRFT分析する作業と，このように直接関連しているべきであるからだ。私が知るかぎりでは，セルフ・コンパッションの理論は，実験科学に基づいたものではないので，理論のしっかりした文脈的行動科学と結びつくことで，結果として，非常に使い勝手が良いものになることだろう。

　このことは，最も直接的には，セルフ・コンパッションの3つ目の属性である，共通の人間性（common humanity）についていうことができる。Neffは，この特性を，人類全体とつながっている感覚を含むもの，そして，自分の体験を，痛みをともなうものも含めて，人間としての条件，人間のありよう（human condition）の一部として共有されるという感覚を含むものとして論じている。

　ここで，本書第5章でStewartとMcHughにより記述された，直示的な

関係フレームについての研究が，一歩前進する方法を与えてくれる。「共通の人間性」といった概念は，もともと中間レベルの理論的用語であるが，基本的な分析を行うことで，理解が促進されたり，実験的行動科学の進歩に寄与したりする可能性が出てくる。視点取得のスキルを，自分自身の体験や他者の体験に向ける際に，「共通の人間性」という用語を用いることで，非常に正確に，共通の体験ということを理解することができる。こうして，本書でなされている本物の会話によって，文脈的行動科学のアプローチに対し，すべての人の向上のための，新しいデータ，新しい介入のアイデア，新しいつながりが付け加えられることになるのである。

本当の関わり合い

　本書第 7 章の冒頭において，Parks と Biswas-Diener は，ポジティブな介入と ACT の違いは何かと尋ねられたというエピソードを紹介している。引用すると，「この礼儀正しい婉曲的な発言で**本当**に尋ねたかったことは，『ポジティブな介入に新奇性はあるのか？』 ということである」。Parks と Biswas-Diener は，そこで，ポジティブな介入が，どのように他と違って新しいものかを示そうとしている。

　しかし，私は次のように考えたい。質問者は，「違いはどこか？」という質問を，「あなたの正当性を証明してください」というつもりでしたのではないと。このやりとりを「質問した人は，ポジティブな介入と ACT との間に深い関係があることを見て取ったので，『ポジティブな介入と ACT とはうまく適合するのではないか？』 つまり，『この 2 つは統合したら有用ではないか？』『お互い良い旅の道連れになるのではないか？』と感じたのだ」と考えたほうが，話が面白くなるであろう。

　本書は，これら 3 つの質問に対する答えを与えてくれる。それは，「場合による」「たぶんそうだ」「どうなるか見てみよう」である。

　もし，ポジティブな介入が，本当にネガティブ感情を別のものに置き換え

ることにコミットしており，（内容でなく）形式が「ポジティブ」なものについては何であれ，「多ければ多いほどいい」という哲学にコミットしているのであれば，ポジティブな介入とACTは，互いに役に立つものを借入するという以外には，うまく適合するということはないだろう。しかし，もし仮に**「ポジティブなものは多ければ多いほどいい」**ということがポジティブ心理学のアジェンダであるにしても，私が外部から見たところでは，ポジティブ心理学の研究文献においては，急速に，そういう見方は縮小してきているようにみえる。科学の目によって不要なものの剪定(せんてい)を行う「刈り込みバサミ（pruning shears）」は，痛みを伴うかもしれないが必要なものである。私が思うに，その「剪定」はすでに起こっており，それは本書のいくつかの章で見て取ることができる。ポジティブなものは多ければ多いほどいいというアジェンダは，人間の心理について知られていることとうまく適合していないと私は考えている。そして，ポジティブ心理学が成熟するにつれて，ポジティブな機能とポジティブな形式とは（そしてネガティブな機能とネガティブな形式も）異なるものであるという認識が徐々に育ってきている。そして，そう認識した瞬間に，アクセプタンスとマインドフルネスに基づく学派，その中でも特にACT，関係フレーム理論，文脈的行動科学が，「ポジティブ心理学2.0」としっかり関わり合うことに向けて，一歩踏み出したことになるのである。

　アクセプタンスとマインドフルネスの学派と，ポジティブ心理学が，役立つように統合され，次第に互いに助け合える旅の道連れとなりうるかということは，いまだ疑問のままである。この本物の会話が，一種の本当の関わり合い——つまり，共通の利害，共有された視点，相互の尊敬——にまで花開くという可能性はあるのだろうか？

　私自身としては，そうなることを希望している。これら2つが，お互いから得られるものはたくさんあると考える。未来にどうなるかはわからないが，まずは今いるところから始めよう。希望と楽天主義は，今，ここ，この瞬間にあり，あなたが今開いているこのページにあふれている。本書の最後

のこの文章にまで到達した読者こそが，希望と楽天主義が，将来実際に実現できるかどうかを決定する人となるのだろう。結果はいずれわかるが，まずは「今，この瞬間」を味わい（savor），感謝（appreciate）しようではないか。本物の会話はそのための素晴らしい出発点なのだから。

文　献

第 1 章

Baker, L., & McNulty, J. (2011). Self-compassion and relationship maintenance: The moderating roles of conscientiousness and gender. *Journal of Personality and Social Psychology, 100*, 853-873.

Barlow, D. H. (2002). *Anxiety and its disorders: The nature and treatment of anxiety and panic* (2nd ed.). New York: Guilford Press.

Beck, A. T. (1983). Cognitive therapy of depression: New perspectives. In P. J. Clayton & J. E. Barrett (Eds.), *Treatment of depression: Old controversies and new approaches*. New York: Raven Press.

Beck, J. S. (1995). *Cognitive therapy: Basics and beyond*: New York: Guilford Press.

Bishop, S. R., Lau, M., Shapiro, S., Anderson, N., Carlson, L., Segal, Z. V., et al. (2004). Mindfulness: A proposed operational definition. *Clinical Psychology: Science and Practice, 11*, 230-241.

Biswas-Diener, R., Kashdan, T. B., & Minhas, G. (2011). A dynamic approach to psychological strength development and intervention. *Journal of Positive Psychology, 6*, 106-118.

Brown, K. W., & Ryan, R. M. (2003). The benefits of being present: Mindfulness and its role in psychological well-being. *Journal of Personality & Social Psychology, 84*(4), 822-848.

Buckingham, M., & Clifton, D. O. (2001). *Now, discover your strengths*. New York: The Free Press.

Cassidy, S., Roche, B., & Hayes, S. C. (2011). A relational frame training intervention to raise intelligence quotients: A pilot study. *Psychological Record, 61*, 173-198.

Ciarrochi, J., & Bailey, A. (2008). *A CBT-Practitioner's guide to ACT: How to bridge the gap between Cognitive Behavioral Therapy and Acceptance and Commitment Therapy*. Oakland, CA: New Harbinger Publications.

Ciarrochi, J., Hayes, L., & Bailey, A. (2012). *Get out of your mind and into your life for Teens*. Oakland, CA: New Harbinger.

Ciarrochi, J., Heaven, P. C., & Davies, F. (2007). The impact of hope, self-esteem, and attributional style on adolescents' school grades and emotional well-being: A longitudinal study. *Journal of Research in Personality, 41*, 1161-1178.

Ciarrochi, J., Kashdan, T. B., Leeson, P., Heaven, P., & Jordan, C. (2011). On being aware and accepting: A one-year longitudinal study into adolescent well-being. *Journal of Adolescence, 34*(4), 695-703.

Ciarrochi, J., & Robb, H. (2005). Letting a little nonverbal air into the room: Insights from acceptance and commitment therapy: Part 2: Applications. *Journal of Rational-Emotive & Cognitive Behavior Therapy, 23*(2), 107-130.

Cohen, G. L., Garcia, J., Apfel, N., & Master, A. (2006). Reducing the racial achievement gap: A social-psychological intervention. *Science, 313,* 1307-1310.

Cormier, L. S., & Cormier, W. H. (1998). *Interviewing strategies for helpers: Fundamental skills and cognitive behavioral interventions* (4th ed.). Pacific Grove, Calif.: Brooks/Cole.

Duckworth, A. L., Steen, T. A., & Seligman, M. E. P. (2005). Positive Psychology in clinical practice. *Annual Review of Clinical Psychology, 1,* 629–651.

Dunning, D., Heath, C., & Suls, M. (2004). Flawed self-assessment: Implications for health, education, and the workplace. *Psychological Science in the Public Interest, 5,* 69-106.

Eisenberg, N. (2003). Prosocial behavior, empathy, and sympathy. In M. H. Bornstein, L. Davidson, C .L. M. Keyes, & K. A. Moore, (Eds.), *Well-being: Positive development across the life course. Crosscurrents in contemporary psychology* (pp. 253-265). Mahwah, NJ: Lawrence Erlbaum.

Eisenberg, N., Murphy, B. C., & Shepard, S. (1997). The development of empathic accuracy. In W. J. Ickes (Ed.), *Empathic accuracy* (pp. 73-116).

Emmons, R. A. (1996). Striving and feeling: Personal goals and subjective well-being. In P. M. Gollwitzer, J. A. Bargh (Eds.), *The psychology of action: Linking cognition and motivation to behavior* (pp. 314-337). New York: Guilford Press.

Feather, N. T. (2002). Values and value dilemmas in relation to judgments concerning outcomes of an industrial conflict. *Personality and Social Psychology Bulletin, 28,* 446-459.

Fredrickson, B., & Losada, M. (2005). Positive affect and the complex dynamics of human flourishing. *American Psychologist, 60,* 678-686.

Gable, S. L., & Haidt, J. (2005). What (and why) is positive psychology. *Review of General Psychology, 9,* 103-110.

Gollwitzer, P. M., & Schaal, B. (1998). Metacognition in action: The importance of implementation intentions. *Personality and Social Psychology Review, 2,* 124-136.

Hayes, S. C., Luoma, J. B., Bond, F. W., Masuda, A., & Lillis, J. (2006). Acceptance and commitment therapy: Model, processes and outcomes. *Behavior Research and Therapy, 44*(1), 1-25.

Hayes, S. C., Strosahl, K., & Wilson, K. G. (1999). *Acceptance and Commitment Therapy: An experiential approach to behavior change*. New York: Guilford Press.

Hayes, S. C., Strosahl, K., & Wilson, K. G. (2011). *Acceptance and Commitment Therapy: The process and practice of mindful change* (2nd ed.). New York: Guilford Press.

Heaven, P., Ciarrochi, J., & Leeson, P. (2010). Parental styles and religious values among teenagers: A 3-year prospective analysis. *Journal of Genetic Psychology, 171*, 93-99.

Heaven, P. C. L., & Ciarrochi, J. (2007). Personality and religious values among adolescents: A three-wave longitudinal analysis. *British Journal of Psychology, 98*, 681-694.

Hitlin, S. (2003). Values as the core of personal identity: Drawing links between two theories of the self. *Social Psychology Quarterly, 66*, 118-137.

Hobbes, T. (1651/2009). *Leviathan, or the matter, forme, and power of a commonwealth, ecclesiasticall and civill.* Yale Uni: Project Guenberg Ebooks.

Houben, K., & Jansen, A. (2011). Training inhibitory control. A recipe for resisting sweet temptations. *Appetite, 56*, 345-349.

Jaeggi, S., Buschkuehl, M., Jonides, J., & Perrig, W. (2008). Improving fluid intelligence with training on working memory. *Proceedings from the National Academy of Sciences, 105*, 6829-6833.

John, O. P., & Gross, J. J. (2004). Healthy and unhealthy emotion regulation: Personality processes, individual differences, and life span development. *Journal of Personality, 72*(6), 1301-1333.

Kashdan, T. B., Barrios, V., Forsyth, J. P., & Steger, M. F. (2006). Experiential avoidance as a generalized psychological vulnerability: Comparisons with coping and emotion regulation strategies. *Behavior Research and Therapy, 44*, 1301-1320.

Kashdan, T. B., Biswas-Diener, & King, L. A. (2008). Reconsidering happiness: The costs of distinguishing between hedonics and eudaimonia. *Journal of Positive Psychology, 3*, 219-233.

Kashdan, T. B., & McKnight, P. E. (2009). Origins of purpose in life: Refining our understanding of a life well lived. *Psychological Topics, 18*, 303-316.

Kashdan, T. B., & Rottenberg, J. (2010). Psychological flexibility as a fundamental aspect of health. *Clinical Psychology Review, 30*, 865-878.

Koestner, R., Lekes, N., Powers, T., & Chicoine, E. (2002). Attaining personal goals: Self-concordance plus implementation intentions equals success. *Journal of Personality & Social Psychology, 83,* 231-244.

Kristiansen, C. M., & Zanna, M. P. (1994). The rhetorical use of values to justify social and intergroup attitudes. *Journal of Social Issues, 50,* 47-65.

Linley, A. (2008). *Average to A+: Realising strengths in yourself and others.* Coventry, UK: CAPP Press.

McHugh, M., McNab, J., Symth, C., Chalmers, J., Siminski, P., & Saunders, P. (2004). *The availability of foster carers: Main report.* Sydney: Social Policy Research Centre, University of New South Wales.

McKnight, P. E., & Kashdan, T. B. (2009). Purpose in life as a system that creates and sustains health and well-being: An integrative, testable theory. *Review of General Psychology, 13,* 241-251.

McNulty, J., & Fincham, F. (2012). Beyond positive psychology? Toward a contextual view of psychological processes and well-being. *American Psychologist, 67*(2), 101-110.

Niemiec, C. P., Brown, K. W., Kashdan, T. B., Cozzolino, P. J., Breen, W., Levesque, C., et al. (2010). Being present in the face of existential threat: the role of trait mindfulness in reducing defensive responses to mortality salience. *Journal of Personality & Social Psychology, 99,* 344-365.

Norem, J. K. (2002). Defensive self-deception and social adaptation among optimists. *Journal of Research in Personality, 36*(6), 549-555.

Oettingen, G., Mayer, D., Sevincer, T., Stephens, E. J., Pak, H.-J., & Hagenah, M. (2009). Mental contrasting and goal commitment: The mediating role of energization. *Personality and Social Psychology Bulletin, 35,* 608-622.

Park, N., Peterson, C., & Seligman, M. (2004). Strengths of character and well-being. *Journal of Social and Clinical Psychology, 23,* 603-619.

Peterson, C., & Seligman, M. E. (2004). *Character strengths and virtues: A handbook and classification.* Oxford: Oxford University Press.

Rohan, J. (2000). A rose by any name? The values construct. *Personality and Social Psychology Bulletin, 4,* 255-277.

Rousseau, J. J. (1783/1979). *Emile, or On Education* (A. Bloom, Trans.). New York: Basic Books.

Schwartz, S. H., & Bilsky, W. (1987). Toward a universal psychological structure of human values. *Journal of Personality and Social Psychology, 53,* 550-562.

Schwartz, S. H., & Bilsky, W. (1990). Toward a theory of the universal content and structure of values: Extensions and cross-cultural replications. *Journal of Personality and Social Psychology, 58*, 878-893.

Seligman, M. (2011). *Flourish: A visionary new understanding of happiness and well-being.* New York: Free Press.

Seligman, M. E., & Csikszentmihalyi, M. (2000). Positive psychology: An introduction. *American Psychologist, 55*(1), 5-14.

Sheldon, K., Kashdan, T. B., & Steger, M. F. (2011a). *Designing positive psychology.* Oxford: Oxford University Press.

Sheldon, K., Kashdan, T. B., & Steger, M. F. (2011b). *Designing positive psychology: Taking stock and moving forward.* New York: Oxford University Press.

Sheldon, K. M., & Houser-Marko, L. (2001). Self-concordance, goal attainment, and the pursuit of happiness: Can there be an upward spiral? *Journal of Personality and Social Psychology, 80*(1), 152-165.

Silvia, P. J., & Kashdan, T. B. (2009). Interesting things and curious people: Exploration and engagement as transient states and enduring strengths. *Social and Personality Psychology Compass, 3*, 785-797.

Steger, M. (2009). Meaning in life. In S. J. Lopez (Ed.), *Oxford handbook of positive psychology.* Oxford, UK: Oxford University Press.

Taylor, S., & Brown, J. (1988). Illusion and well-being: A social psychological perspective on mental health. *Psychological Bulletin, 103*, 193-210.

Wells, A. (1997). *Cognitive therapy of anxiety disorders: A practice manual and conceptual guide.* Hoboken, NJ: Wiley.

Williams, J. M. G. (2008). Mindfulness, depression and modes of mind. *Cognitive Therapy and Research, 32*, 721-733.

Wilson, K., & Murrell, A. (2004). Values work in acceptance and commitment therapy: Setting a course for behavioral treatment. In S. C. Hayes, V. Follette, & M. Linehan (Eds.), *Mindfulness and acceptance: Expanding the cognitive-behavioral tradition.* New York: Guilford Press.

Wong, P., & Fry, P. (1998). *The human quest for meaning: A handbook of psychological research and clinical application.* Mahwah, NJ: Erlbaum.

Young, J. E. (1990). *Cognitive therapy for personality disorders: A schema-focused approach.* Sarasota, FL: Professional Resource Exchange.

第 2 章

Affleck, G., & Tennen, H. (1996). Construing benefits from adversity: Adaptational significance and dispositional underpinnings. *Journal of Personality, 64*(4), 899-922.

Albaugh, J. A., & Kellogg-Spadt, S. (2002). Sensate focus and its role in treating sexual dysfunction. *Urologic Nursing, 22*(6), 402-403.

Ambady, N., & Rosenthal, R. (1992). Thin slices of expressive behavior as predictors of interpersonal consequences: A meta-analysis. *Psychological Bulletin, 111*, 256-274.

Anderson, E., Siegel, E. H., Bliss-Moreau, E., & Barrett, L. F. (2011). The visual impact of gossip. *Science, 332*(6036), 1446-1448.

Antonovsky, A. (1987). *Unraveling the mystery of health*. San Francisco: Jossey-Bass.

Aron, A., Norman, C. C., Aron, E. N., McKenna, C., & Heyman, R. E. (2000). Couples' shared participation in novel and arousing activities and experienced relationship quality. *Journal of Personality and Social Psychology, 78*, 273–284.

Bandura, A. (2001). Social cognitive theory: An agentic perspective. *Annual Review of Psychology, 52*, 1-26.

Barazzone, N., & Davey, G. C. (2009). Anger potentiates the reporting of threatening interpretations: An experimental study. *Journal of Anxiety Disorders, 23*(4), 489-495.

Bargh, J. A., & Chartrand, T. L. (1999). The unbearable automaticity of being. *American Psychologist, 54*(7), 462-479.

Bateson, G. (1972). *Steps to an ecology of mind*. Chicago: The University of Chicago Press.

Baumeister, R. F., Bratslavsky, E., Finkenauer, C., & Vohs, K. D. (2001). Bad is stronger than good. *Review of General Psychology, 5*(4), 323-370.

Boden, M. T., & Berenbaum, H. (2010). The bidirectional relations between affect and belief. *Review of General Psychology, 14*(3), 227-239.

Bower, J., Low, C., Moskowitz, J., Sepah, S., & Epel, E. (2008). Benefit finding and physical health: Positive psychological changes and enhanced allostasis. *Social and Personality Psychology Compass, 2*(1), 223-244.

Brosschot, J. F., Gerin, W., & Thayer, J. F. (2006). The perseverative cognition hypothesis: A review of worry, prolonged stress-related physiological activation, and health. *Journal of Psychosomatic Research, 60*(2), 113-124.

Brown, K. W., Ryan, R. M., & Creswell, J. D. (2007). Mindfulness: Theoretical foundations and evidence for its salutary effects. *Psychological Inquiry, 18*(4), 211-237.

Bryant, F. B., Chadwick, E. D., & Kluwe, K. (2011). Understanding the processes that regulate positive emotional experience: Unsolved problems and future directions for theory and research on savoring. *International Journal of Wellbeing, 1*(1), 107-126.

Burns, A. B., Brown, J. S., Sachs-Ericsson, N., Plant, E. A., Curtis, J. T., Fredrickson, B. L., et al. (2008). Upward spirals of positive emotion and coping: Replication, extension, and initial exploration of neurochemical substrates. *Personality and Individual Differences, 44*, 360-370.

Cacioppo, J. T., Gardner, W. L., & Berntson, G. G. (1999). The affect system has parallel and integrative processing components: Form follows function. *Journal of Personality and Social Psychology, 76*(5), 839-855.

Cannon, W. B. (1929). Organization of physiological homeostasis. *Physiology Review, 9*, 399-431.

Carrico, A. W., Ironson, G., Antoni, M. H., Lechner, S. C., Duran, R. E., Kumar, M., et al. (2006). A path model of the effects of spirituality on depressive symptoms and 24-h urinary-free cortisol in HIV-positive persons. *Journal of Psychosomatic Research, 61*(1), 51-58.

Castaneda, C. (1968). *The teachings of Don Juan: A Yaqui way of knowledge.* Berkeley: University of California Press.

Centerbar, D. B., Schnall, S., Clore, G. L., & Garvin, E. D. (2008). Affective incoherence: When affective concepts and embodied reactions clash. *Journal of Personality and Social Psychology, 94*(4), 560-578.

Chambers, R., Gullone, E., & Allen, N. B. (2009). Mindful emotion regulation: An integrative review. *Clinical Psychology Review, 29*(6), 560-572.

Ciarrochi, J., & Bailey, A. (2008). *A CBT practitioner's guide to ACT.* Oakland, CA: New Harbinger.

Cicchetti, D., & Blender, J. A. (2006). A multiple-levels-of-analysis perspective on resilience: Implications for the developing brain, neural plasticity, and preventive interventions. *Annals of the New York Academy of Sciences, 1094*, 248-258.

Clore, G. L., & Gasper, K. (2000). Feeling is believing: Some affective influences on belief. In N. H. Frijda, A. S. R. Manstead, & S. Bem (Eds.), *Emotions and belief: How feelings influence thoughts* (pp. 10-44). Cambridge, England: Cambridge University Press.

Cohn, M. A., & Fredrickson, B. L. (2010). In search of durable positive psychology interventions: Predictors and consequences of long-term positive behavior change.

Cohn, M. A., Fredrickson, B. L., Brown, S. L., Mikels, J. A., & Conway, A. M. (2009). Happiness unpacked: Positive emotions increase life satisfaction by building resilience. *Emotion, 9*(3), 361-368.

Corbetta, M., & Shulman, G. L. (2002). Control of goal-directed and stimulus-driven attention in the brain. *Nature Reviews: Neuroscience, 3*(3), 201-215.

Cruess, D. G., Antoni, M. H., McGregor, B. A., Kilbourn, K. M., Boyers, A. E., Alferi, S. M., et al. (2000). Cognitive-behavioral stress management reduces serum cortisol by enhancing benefit finding among women being treated for early stage breast cancer. *Psychosomatic Medicine, 62*(3), 304-308.

Davey, G. C., Bickerstaffe, S., & MacDonald, B. A. (2006). Experienced disgust causes a negative interpretation bias: A causal role for disgust in anxious psychopathology. *Behavior Research and Therapy, 44*(10), 1375-1384.

Desimone, R., & Duncan, J. (1995). Neural mechanisms of selective visual attention. *Annual Review of Neuroscience, 18*, 193-222.

Dunn, J. R., & Schweitzer, M. E. (2005). Feeling and believing: The influence of emotion on trust. *Journal of Personality and Social Psychology, 88*(5), 736-748.

Ekman, P. (1971). Universals and cultural differences in facial expressions of emotions. In J. Cole (Ed.), *Nebraska symposium on motivation* (pp. 207-283). Lincoln: University of Nebraska Press.

Ekman, P. (1977). Biological and cultural contributions to body and facial movement. In J. Blacking (Ed.), *A.S.A. Monograph 15, the anthropology of the body* (pp. 39-84). London: Academic Press.

Ellsworth, P. C., & Scherer, K. R. (2002). Appraisal processes in emotion. In R. J. Davidson (Ed.), *Handbook of affective sciences* (pp. 572-595). New York: Oxford University Press.

Folkman, S. (1984). Personal control and stress and coping processes: A theoretical analysis. *Journal of Personality and Social Psychology, 46*(4), 839-852.

Folkman, S. (1997). Positive psychological states and coping with severe stress. *Social Science & Medicine, 45*(8), 1207-1221.

Folkman, S., & Moskowitz, J. T. (2000). Positive affect and the other side of coping. *American Psychologist, 55*(6), 647-654.

Forgas, J. P. (1994). Sad and guilty? Affective influences on the explanation of conflict in relationships. *Journal of Personality and Social Psychology, 66*, 56-68.

Frankl, V. E. (1959). *Man's search for meaning.* New York: Simon & Schuster.

Fredrickson, B. L. (1998). What good are positive emotions? *Review of General Psychology, 2*(3), 300-319.
Fredrickson, B. L. (2004). The broaden-and-build theory of positive emotions. *Philosophical Transactions of the Royal Society of London B Biological Sciences, 359*(1449), 1367-1378.
Fredrickson, B. L., & Branigan, C. (2005). Positive emotions broaden the scope of attention and thought-action repertoires. *Cognition and Emotion, 19*(3), 313-332.
Fredrickson, B. L., Cohn, M. A., Coffey, K. A., Pek, J., & Finkel, S. M. (2008). Open hearts build lives: Positive emotions, induced through loving-kindness meditation, build consequential personal resources. *Journal of Personality and Social Psychology, 95*(5), 1045-1062.
Fredrickson, B. L., & Joiner, T. (2002). Positive emotions trigger upward spirals toward emotional well-being. *Psychological Science, 13*(2), 172-175.
Fredrickson, B. L., & Levenson, R. W. (1998). Positive emotions speed recovery from the cardiovascular sequelae of negative emotions. *Cognition and Emotion, 12*, 191-220.
Fredrickson, B. L., & Losada, M. F. (2005). Positive affect and the complex dynamics of human flourishing. *American Psychologist, 60*(7), 678-686.
Fredrickson, B. L., Mancuso, R. A., Branigan, C., & Tugade, M. M. (2000). The undoing effect of positive emotions. *Motivation and Emotion, 24*, 237-258.
Fredrickson, B. L., Tugade, M. M., Waugh, C. E., & Larkin, G. R. (2003). What good are positive emotions in crises? A prospective study of resilience and emotions following the terrorist attacks on the United States on September 11th, 2001. *Journal of Personality and Social Psychology, 84*(2), 365-376.
Friedman, B. H. (2011). Feelings and the body: The Jamesian perspective on autonomic specificity of emotion. *Biological Psychology, 84*(3), 383-393.
Friedman, R. S., & Forster, J. (2011). Implicit affective cues and attentional tuning: An integrative review. *Psychological Bulletin, 136*(5), 875-893.
Frijda, N. H. (1986). *The emotions.* Cambridge, England: Cambridge University Press.
Frijda, N. H. (1988). The laws of emotion. *American Psychologist, 43*(5), 349-358.
Frijda, N. H., & Sundararajan, L. (2007). Emotion refinement: A theory inspired by Chinese poetics. *Perspectives on Psychological Science, 2*(3), 227-241.
Gable, S. L., Gonzaga, G. C., & Strachman, A. (2006). Will you be there for me when things go right? Supportive responses to positive event disclosures. *Journal of Personality and Social Psychology, 91*(5), 904-917.

Garland, E. L. (2007). The meaning of mindfulness: A second-order cybernetics of stress, metacognition, and coping. *Complementary Health Practice Review, 12*(1), 15-30.

Garland, E. L. (forthcoming). *Mindfulness-oriented recovery enhancement: Reclaiming a meaningful life from addiction, stress, and pain.* Washington, DC: NASW Press.

Garland, E. L., Fredrickson, B. L., Kring, A. M., Johnson, D. P., Meyer, P. S., & Penn, D. L. (2010). Upward spirals of positive emotions counter downward spirals of negativity: Insights from the broaden-and-build theory and affective neuroscience on the treatment of emotion dysfunctions and deficits in psychopathology. *Clinical Psychology Review, 30,* 849-864.

Garland, E. L., Gaylord, S. A., & Fredrickson, B. L. (2011). Positive reappraisal coping mediates the stress-reductive effect of mindfulness: An upward spiral process. *Mindfulness, 2*(1), 59-67.

Garland, E. L., Gaylord, S. A., & Park, J. (2009). The role of mindfulness in positive reappraisal. *Explore (NY), 5*(1), 37-44.

Geschwind, N., Peeters, F., Drukker, M., van Os, J., & Wichers, M. (2011). Mindfulness training increases momentary positive emotions and reward experience in adults vulnerable to depression: A randomized controlled trial. *Journal of Consulting and Clinical Psychology, 79,* 618-628.

Goldstein, J. (2002). *One Dharma: The emerging western Buddhism.* San Francisco: Harper San Francisco.

Gootjes, L., Franken, I. H., & Van Strien, J. W. (2010). Cognitive emotion regulation in yogic meditative practitioners: Sustained modulation of electrical brain potentials. *Journal of Psychophysiology, 25*(2), 87-94.

Hayes, S. C., Luoma, J. B., Bond, F. W., Masuda, A., & Lillis, J. (2006). Acceptance and Commitment Therapy: Model, processes and outcomes. *Behavior Research and Therapy, 44*(1), 1-25.

Hayes, S. C., Strosahl, K. D., & Wilson, K. G. (1999). *Acceptance and Commitment Therapy: An experiential approach to behavior change.* New York: Guilford Press.

Hayes, S. C., & Wilson, K. G. (1995). The role of cognition in complex human behavior: A contextualistic perspective. *Journal of Behavior Therapy and Experimental Psychiatry, 26*(3), 241-248.

Hayes, S. C., & Wilson, K. G. (2003). Mindfulness: Method and process. *Clinical Psychology: Science and Practice, 10*(2), 161-165.

Heiman J. R., & Meston C. M. (1998). Empirically validated treatments for sexual dysfunction. In K.S. Dobson, K.D. Craig (Eds.), *Empirically Supported Therapies: Best Practice in Professional Psychology*. New York: Sage Publications.

Hejmadi, A., Waugh, C. E., Otake, K., & Fredrickson, B. L. (manuscript in preparation). Cross-cultural evidence that positive emotions broaden views of self to include close others.

Helgeson, V. S., Reynolds, K. A., & Tomich, P. L. (2006). A meta-analytic review of benefit finding and growth. *Journal of Consulting and Clinical Psychology*, 74(5), 797-816.

Higgins, E. T. (2006). Value from hedonic experience and engagement. *Psychological Review*, 113(3), 439-460.

Huston, D., Garland, E. L., & Farb, N. A. (2011). Mechanisms of mindfulness in communications training. *Journal of Applied Communication Research*, 39(4), 406-421.

Isen, A. M. (1987). Positive affect, cognitive processes, and social behavior. *Advances in Experimental Social Psychology*, 20, 203-253.

James, W. (1890). *The principles of psychology*. New York: Henry Holt & Co.

Janig, W. (2002). The autonomic nervous system and its coordination by the brain. In R. J. Davidson (Ed.), *Handbook of affective sciences* (pp. 135-186). New York: Oxford University Press.

Jha, A., Krompinger, J., & Baime, M. (2007). Mindfulness training modifies subsystems of attention. *Cognitive, Affective, and Behavioral Neuroscience*, 7(2), 109-119.

Kalisch, R. (2009). The functional neuroanatomy of reappraisal: Time matters. *Neuroscience & Biobehavioral Reviews*, 33(8), 1215-1226.

Kalupahana, D. J. (1987). *The principles of Buddhist psychology*. Albany: State University of New York Press.

Kashdan, T. B., Barrios, V., Forsyth, J. P., & Steger, M. F. (2006). Experiential avoidance as a generalized psychological vulnerability: Comparisons with coping and emotion regulation strategies. *Behavior Research and Therapy*, 44(9), 1301-1320.

Kashdan, T. B., & Kane, J. Q. (2011). Posttraumatic distress and the presence of posttraumatic growth and meaning in life: Experiential avoidance as a moderator. *Personality and Individual Differences*, 50(1), 84-89.

Kashdan, T. B., & Rottenberg, J. (2010). Psychological flexibility as a fundamental aspect of health. *Clinical Psychology Review*, 30, 865-878.

Keeney, B. P. (1983). *Aesthetics of change*. New York: Guilford Press.

Keyes, C. L. (2002). The mental health continuum: From languishing to flourishing in life. *Journal of Health and Social Behavior, 43*(2), 207-222.

Killingsworth, M. A., & Gilbert, D. T. (2010). A wandering mind is an unhappy mind. *Science, 330*(6006), 932.

Koivisto, M., & Revonsuo, A. (2007). How meaning shapes seeing. *Psychological Science, 18*(10), 845-849.

Koob, G. F., & Le Moal, M. (2001). Drug addiction, dysregulation of reward, and allostasis. *Neuropsychopharmacology, 24*(2), 97-129.

Kringelbach, M. L., & Berridge, K. C. (2009). Towards a functional neuroanatomy of pleasure and happiness. *Trends in Cognitive Science, 13*(11), 479-487.

Lang, P. J., & Bradley, M. M. (2011). Emotion and the motivational brain. *Biological Psychology, 84*(3), 437-450.

Lang, P. J., Bradley, M. M., & Cuthbert, B. N. (1997). *Motivated attention: Affect, activation, and action*. New Jersey: Lawrence Erlbaum Associates, Inc.

Lazarus, R. (1991). *Emotion and adaptation*. New York: Oxford University Press.

Lazarus, R. (1999). *Stress and emotion: A new synthesis*. New York: Springer.

Lazarus, R., & Folkman, S. (1984). *Stress, appraisal, and coping*. New York: Springer.

LeBel, J. L., & Dubé, L. (2001). The impact of sensory knowledge and attentional focus on pleasure and on behavioral responses to hedonic stimuli, 13th Annual American Psychological Society Convention. Toronto, Ontario.

Lerner, J. S., & Keltner, D. (2001). Fear, anger, and risk. *Journal of Personality and Social Psychology, 81*(1), 146-159.

Longmore, R. J., & Worrell, M. (2007). Do we need to challenge thoughts in cognitive behavior therapy? *Clinical Psychological Review, 27*(2), 173-187.

Lutz, A., Slagter, H. A., Dunne, J. D., & Davidson, R. J. (2008). Attention regulation and monitoring in meditation. *Trends in Cognitive Science, 12*(4), 163-169.

Masters, W. H., & Johnson, V. E. (1970). *Human sexual inadequacy*. Boston: Little & Brown.

Mathews, A., & MacLeod, C. (2005). Cognitive vulnerability to emotional disorders. *Annual Review of Clinical Psychology, 1*, 167-195.

McEwen, B. S. (2003). Mood disorders and allostatic load. *Biological Psychiatry, 54*(3), 200-207.

McEwen, B. S. (2007). Physiology and neurobiology of stress and adaptation: central role of the brain. *Physiological Reviews, 87*(3), 873-904.

McEwen, B. S., & Wingfield, J. C. (2003). The concept of allostasis in biology and biomedicine. *Hormones and Behavior, 43*(1), 2-15.

McGregor, B. A., Antoni, M. H., Boyers, A., Alferi, S. M., Blomberg, B. B., & Carver, C. S. (2004). Cognitive-behavioral stress management increases benefit finding and immune function among women with early-stage breast cancer. *Journal of Psychosomatic Research, 56*(1), 1-8.

Monat, A., Averill, J. R., & Lazarus, R. S. (1972). Anticipatory stress and coping reactions under various conditions of uncertainty. *Journal of Personality and Social Psychology, 24*(2), 237-253.

Moore, A., & Malinowski, P. (2009). Meditation, mindfulness and cognitive flexibility. *Consciousness and Cognition, 18*(1), 176-186.

Nelson, T. O., Stuart, R. B., Howard, C., & Crowley, M. (1999). Metacognition and clinical psychology: A preliminary framework for research and practice. *Clinical Psychology and Psychotherapy, 6*, 73-79.

Niemiec, C. P., Brown, K. W., Kashdan, T. B., Cozzolino, P. J., Breen, W., Levesque, C., & Ryan, R. M. (2010). Being present in the face of existential threat: The role of trait mindfulness in reducing defensive responses to mortality salience. *Journal of Personality and Social Psychology, 99*, 344-365.

Ohman, A., Carlsson, K., Lundqvist, D., & Ingvar, M. (2007). On the unconscious subcortical origin of human fear. *Physiology & Behavior, 92*(1-2), 180-185.

Olivares, O. J. (2010). Meaning making, uncertainty reduction, and the functions of autobiographical memory: A relational framework. *Review of General Psychology, 14*(3), 204-211.

Ong, A. D., Bergeman, C. S., Bisconti, T. L., & Wallace, K. A. (2006). Psychological resilience, positive emotions, and successful adaptation to stress in later life. *Journal of Personality and Social Psychology, 91*(4), 730-749.

Padesky, C. (1994). Schema change processes in cognitive therapy. *Clinical Psychology and Psychotherapy, 1*, 267-278.

Plutchik, R. (1962). *The emotions: Facts, theories, and a new model.* New York: Random House.

Plutchik, R. (1980). *Emotion: A psychoevolutionary synthesis.* New York: Harper & Row.

Quoidback, J., Berry, E. V., Hansenne, M., & Mikolajczak, M. (2010). Positive emotion regulation and well-being: Comparing the impact of eight savoring and dampening strategies. *Personality and Individual Differences, 49*(5), 368-373.

Rosmond, R. (2005). Role of stress in the pathogenesis of the metabolic syndrome. *Psychoneuroendocrinology, 30*(1), 1-10.

Rowe, G., Hirsh, J. B., & Anderson, A. K. (2007). Positive affect increases the breadth of attentional selection. *Proceedings of the National Academy of Sciences USA, 104*(1), 383-388.

Schmitz, T. W., De Rosa, E., & Anderson, A. K. (2009). Opposing influences of affective state valence on visual cortical encoding. *The Journal of Neuroscience, 29*(22), 7199-7207.

Schwartz, R. M., Reynolds, C. F., Thase, M. E., Frank, E., Fasiczka, A. L., & Haaga, D. A. (2002). Optimal and normal affect balance in psychotherapy of major depression: Evaluation of the balanced states of mind model. *Behavioural and Cognitive Psychotherapy, 30*(4), 439-450.

Segal, Z., Williams, J. M., & Teasdale, J. D. (2002). *Mindfulness-based cognitive therapy for depression.* New York: Guilford Press.

Shapiro, S. L., Carlson, L. E., Astin, J. A., & Freedman, B. (2006). Mechanisms of mindfulness. *Journal of Clinical Psychology, 62*(3), 373-386.

Singer, J. A. (2004). Narrative identity and meaning making across the adult life-span: An introduction. *Journal of Personality, 72*, 437-459.

Soto, D., Funes, M. J., Guzman-Garcia, A., Warbrick, T., Rothstein, P., & Humphreys, G. W. (2009). Pleasant music overcomes the loss of awareness in patients with visual neglect. *Proceedings of the National Academy of Sciences USA, 106*(14), 6011-6016.

Stein, N., Folkman, S., Trabasso, T., & Richards, T. A. (1997). Appraisal and goal processes as predictors of psychological well-being in bereaved caregivers. *Journal of Personality and Social Psychology, 72*(4), 872-884.

Sterling, P., & Eyer, J. (1988). Allostasis: A new paradigm to explain arousal pathology. In S. Fisher & J. Reason (Eds.), *Handbook of life stress, cognition, and health.* New York: John Wiley & Sons.

Talarico, J. M., LaBar, K. S., & Rubin, D. C. (2004). Emotional intensity predicts autobiographical memory experience. *Memory & Cognition, 32*(7), 1118-1132.

Teasdale, J. D. (1997). The transformation of meaning: The interacting cognitive subsystems approach. In M. Power & C. R. Brewin (Eds.), *The transformation of meaning in psychological therapies* (pp. 141-156). Chichester: Wiley.

Teasdale, J. D., Segal, Z., & Williams, J. M. (1995). How does cognitive therapy prevent depressive relapse and why should attentional control (mindfulness) training help? *Behavior Research and Therapy, 33*(1), 25-39.

Thayer, J. F., & Lane, R. D. (2009). Claude Bernard and the heart-brain connection: Further elaboration of a model of neurovisceral integration. *Neuroscience and Biobehavioral Reviews, 33*(2), 81-88.

Tugade, M. M., & Fredrickson, B. L. (2004). Resilient individuals use positive emotions to bounce back from negative emotional experiences. *Journal of Personality and Social Psychology, 86*(2), 320-333.

Tugade, M. M., Fredrickson, B. L., & Barrett, L. F. (2004). Psychological resilience and positive emotional granularity: Examining the benefits of positive emotions on coping and health. *Journal of Personality, 72*(6), 1161-1190.

Wadlinger, H. A., & Isaacowitz, D. M. (2008). Looking happy: The experimental manipulation of a positive visual attention bias. *Emotion, 8*(1), 121-126.

Wadlinger, H. A., & Isaacowitz, D. M. (2010). Fixing our focus: Training attention to regulate emotion. *Personality and Social Psychological Review, 15*(1), 75-102.

Watts, A. (1957). *The way of Zen.* New York: Pantheon Books.

Watts, A. (1961). *Psychotherapy East & West.* New York: Random House.

Waugh, C. E., & Fredrickson, B. L. (2006). Nice to know you: Positive emotions, self-other overlap, and complex understanding in the formation of a new relationship. *The Journal of Positive Psychology, 1*(2), 93-106.

Waugh, C. E., Wager, T. D., Fredrickson, B. L., Noll, D. C., & Taylor, S. F. (2008). The neural correlates of trait resilience when anticipating and recovering from threat. *Social Cognitive and Affective Neuroscience, 3*(4), 322-332.

Whitson, J. A., & Galinsky, A. D. (2008). Lacking control increases illusory pattern perception. *Science, 322,* 115-117.

Witvliet, C. V., Knoll, R. W., Hinman, N. G., & DeYoung, P. A. (2010). Compassion-focused reappraisal, benefit-focused reappraisal, and rumination after an interpersonal offense: Emotion-regulation implications for subjective emotion, linguistic responses, and physiology. *The Journal of Positive Psychology, 5*(3), 226-242.

第3章

Bryant, F. B., & Veroff, J. (2007). *Savoring: A new model of positive experience.* United Kingdom: Emerald Group Publishing Limited.

Compton, W. C. (2005). *Introduction to positive psychology.* Thomson-Wadsworth: Australia.

Chodron, P. (1991). *The wisdom of no escape and the path of loving-kindness.* Boston: Shambhala.

Hanh, T. N. (1976). *The miracle of mindfulness.* Boston: Beacon Press.

Hayes, S. C., Barnes-Holmes, D., & Roche, B. (Eds.). (2001). *Relational Frame Theory: A Post-Skinnerian account of human language and cognition*. New York: Plenum Press.

Hayes, S. C., Strosahl, K., & Wilson, K. G. (2012). *Acceptance and Commitment Therapy: The process and practice of mindful change*. 2nd ed. New York: Guilford Press.

Kabat-Zinn, J. (1994). *Wherever you go there you are: Mindfulness meditation in everyday life*. New York: Hyperion.

Kasl, C. (2001). *If the Buddha married: Creating enduring relationships on a spiritual path*. New York: Penguin Books.

Merriam-Webster Collegiate Dictionary. (2000). Merriam-Webster.com. Retrieved March 27, http://www.merriam-webster.com/cgi-bin/book.pl?c11.htm&1

Seligman, M. E. P. (2002). *Authentic happiness: Using the new positive psychology to realize your potential for lasting fulfillment*. New York: Free Press.

Seligman, M. E. P., & Csikszentmihalyi, M. (2000). Positive psychology: An introduction. *American Psychologist, 55*, 5-14.

第 4 章

Adams, C. E., & Leary, M. R. (2007). Promoting self-compassionate attitudes toward eating among restrictive and guilty eaters. *Journal of Social and Clinical Psychology, 26*, 1120-1144.

Baer, R. A. (2010). Self-compassion as a mechanism of change in mindfulness- and acceptance-based treatments. In R. A. Baer (Ed.), *Assessing mindfulness and acceptance processes in clients: Illuminating the theory and practice of change* (pp. 135-153). Oakland, CA: New Harbinger Publications.

Barnard, L. K., & Curry, J. F. (2012). The relationship of clergy burnout to self-compassion and other personality dimensions. *Pastoral Psychology, 61*, 149–163.

Barnes-Holmes, D., Hayes, S. C., & Dymond, S. (2001). Self and self-directed rules. In S. C. Hayes, D. Barnes-Holmes, & B. Roche (Eds.), *Relational frame theory: A post-Skinnerian account of human language and cognition* (pp. 119-139). New York: Plenum.

Birnie, K., Speca, M., Carlson, L. E. (2010). Exploring Self-compassion and Empathy in the Context of Mindfulness-based Stress Reduction (MBSR). *Stress and Health, 26*, 359-371.

Bishop, S. R., Lau, M., Shapiro, S., Carlson, L., Anderson, N. D., Carmody, J., … Devins, G. (2004). Mindfulness: A proposed operational definition. *Clinical Psychology: Science and Practice, 11*(3), 230-241.

Bond, F. W., Hayes, S. C., Baer, R. A., Carpenter, K. M., Guenole, N., Orcutt, H. K., Waltz, T., & Zettle, R. D. (in press). Preliminary psychometric properties of the Acceptance and Action Questionnaire—II: A revised measure of psychological flexibility and experiential avoidance. *Behavior Therapy.*

Brown, K. W., & Ryan, R. M. (2003). The benefits of being present: Mindfulness and its role in psychological well-being. *Journal of Personality and Social Psychology, 84,* 822-848.

Crocker, J., & Park, L. E. (2004). The costly pursuit of self-esteem. *Psychological Bulletin, 130,* 392-414.

Dahl, J. C., Plumb, J. C., Stewart, I., & Lundgren, T. (2009). *The art and science of valuing in psychotherapy: Helping clients discover, explore, and commit to valued action using acceptance and commitment therapy.* Oakland, CA: New Harbinger.

Forsyth, J. P., & Eifert, G. H. (2008). *The mindfulness & acceptance workbook for anxiety: A guide to breaking free from anxiety, phobias, and worry using Acceptance and Commitment Therapy.* Oakland, CA: New Harbinger.

Gilbert, P. (2009). The compassionate mind. London: Constable.

Gilbert, P. (2010a). An introduction to compassion focused therapy in cognitive behavior therapy. *International Journal of Cognitive Therapy, 3*(2), 97-112.

Gilbert, P. (2010b). Compassion focused therapy: Distinctive features. New York: Routledge.

Gilbert, P. & Irons, C. (2005). Focused therapies and compassionate mind training for shame and self-attacking. In P. Gilbert, (Ed.), *Compassion: Conceptualisations, research and use in psychotherapy.* London: Routledge.

Gilbert, P., & Procter, S. (2006). Compassionate mind training for people with high shame and self-criticism: Overview and pilot study of a group therapy approach. *Clinical Psychology & Psychotherapy, 13,* 353-379.

Goetz, J. L., Keltner, D., & Simon-Thomas, E. (2010). Compassion: An evolutionary analysis and empirical review. *Psychological Bulletin, 136,* 351-374.

Grossman, P., Niemann, L., Schmidt, S., & Walach, H. (2004). Mindfulness-based stress reduction and health benefits: A meta-analysis. *Journal of Psychosomatic Research, 57*(1), 35-43.

Harter, S. (1999). *The construction of the self: A developmental perspective.* New York: Guilford Press.

Hayes, S.C., Strosahl, K.D., & Wilson, K.G. (1999). *Acceptance and Commitment Therapy: An experiential approach to behavior change.* New York: Guilford Press.

Hayes, S. C., Barnes-Holmes, D., & Roche, B. T. (2001). *Relational frame theory: A post-Skinnerian account of human language and cognition.* New York: Plenum.

Hayes, S. C., Luoma, J., Bond, F., Masuda, A., & Lillis, J. (2006). Acceptance and Commitment Therapy: Model, processes, and outcomes. *Behaviour Research and Therapy, 44*(1), 1-25.

Hayes, S. C. (1984). Making sense of spirituality. *Behaviorism, 12,* 99-110.

Hayes, S. C. (2008a). The roots of compassion. Keynote address presented at the fourth Acceptance and Commitment Therapy Summer Institute, Chicago, IL. http://www.globalpres.com/mediasite/Viewer/?peid=017fe6ef4b1544279d8cf27adbe92a51

Hofmann, S. G., Grossman, P., Hinton, D. E. (2011). Loving-kindness and compassion meditation: Potential for psychological interventions. *Clinical Psychology Review, 31,* 1126-1132.

Holahan, C. J., & Moos, R. H. (1987). Personal and contextual determinants of coping strategies. *Journal of Personality and Social Psychology, 52*(5), 946-955.

Hollis-Walker, L., & Colosimo, K. (2011). Mindfulness, self-compassion, and happiness in non-meditators: A theoretical and empirical examination. *Personality and Individual Differences, 50*(2), 222-227.

Horney, K. (1950). *Neurosis and human growth: The struggle toward self-realization.* New York: Norton.

Kabat-Zinn, J. (1991). *Full catastrophe living: Using the wisdom of your body and mind to face stress, pain, and illness.* New York: Dell.

Kashdan, T. B., & Rottenberg, J. (2010). Psychological flexibility as a fundamental aspect of health. *Clinical Psychology Review, 30,* 865-878.

Kelly, A. C., Zuroff, D. C., Foa, C. L., & Gilbert, P. (2010). Who benefits from training in self-compassionate self-regulation? A study of smoking reduction. *Journal of Social and Clinical Psychology, 29,* 727-755.

Kernis, M. H., Paradise, A. W., Whitaker, D. J., Wheatman, S. R., & Goldman, B. N. (2000). Master of one's psychological domain? Not likely if one's self-esteem is unstable. *Personality and Social Psychology Bulletin, 26,* 1297-1305.

Kuyken, W., Watkins, E., Holden, E., White, K., Taylor, R. S., Byford, S., ... Dalgleish, T. (2010). How does mindfulness-based cognitive therapy work? *Behavior Research and Therapy, 48,* 1105-1112.

Lapsley, D. K., FitzGerald, D. P., Rice, K. G., & Jackson, S. (1989). Separation-individuation and the "New Look" at the imaginary audience and personal fable: A test of an integrative model. *Journal of Adolescent Research, 4,* 483-505.

Leary, M. R., Tate, E. B., Adams, C. E., Allen, A. B., & Hancock, J. (2007). Self-compassion and reactions to unpleasant self-relevant events: The implications of treating oneself kindly. *Journal of Personality and Social Psychology, 92,* 887- 904.

Lee, W. K. & Bang, H. L. (2010) Effects of mindfulness-based group intervention on the mental health of middle-aged Korean women in community. *Stress and Health, 26,* 341–348.

Luoma, J. B., Hayes, S. C., & Walser, R. D. (2007). *Learning ACT: An Acceptance & Commitment Therapy skills-training manual for therapists.* Oakland, CA: New Harbinger.

Luoma, J. B., Kohlenberg, B. S., Hayes, S. C., & Fletcher, L. (2012). Slow and steady wins the race: A randomized clinical trial of acceptance and commitment therapy targeting shame in substance use disorders. *Journal of Consulting and Clinical Psychology, 80,* 43-53.

MacBeth, A., & Gumley, A. (2012). Exploring compassion: A meta-analysis of the association between self-compassion and psychopathology. *Clinical Psychology Review, 32,* 545-552.

Magnus, C. M. R., Kowalski, K. C., & McHugh, T.-L. F. (2010). The role of self-compassion in women's self-determined motives to exercise and exercise-related outcomes. *Self and Identity, 9,* 363-382.

Martin, M. M., Staggers, S. M., & Anderson, C. M. (2011). The relationships between cognitive flexibility with dogmatism, intellectual flexibility, preference for consistency, and self-compassion. *Communication Research Reports, 28,* 275-280.

Neely, M. E., Schallert, D. L., Mohammed, S. S., Roberts, R. M., & Chen, Y. (2009). Self-kindness when facing stress: The role of self-compassion, goal regulation, and support in college students' well-being. *Motivation and Emotion, 33*(1), 88-97.

Neff, K. D. (2003a). Development and validation of a scale to measure self-compassion. *Self and Identity, 2,* 223-250.

Neff, K. D. (2003b). Self-compassion: An alternative conceptualization of a healthy attitude toward oneself. *Self and Identity, 2,* 85-102.

Neff, K. D. (2009). Self-compassion. In M. R. Leary & R. H. Hoyle (Eds.), *Handbook of individual differences in social behavior* (pp. 561-573). New York: Guilford Press.

Neff, K. D., & Beretvas, S. N. (2012). The role of self-compassion in romantic relationships. *Self and Identity*. DOI:10.1080/15298868.2011.639548

Neff, K. D., & Germer, C. K. (2012). A pilot study and randomized controlled trial of the Mindful Self-Compassion Program. *Journal of Clinical Psychology*. DOI: 10.1002/jclp.21923

Neff, K. D., Hsieh, Y., & Dejitterat, K. (2005). Self-compassion, achievement goals, and coping with academic failure. *Self and Identity, 4*, 263-287.

Neff, K. D., Kirkpatrick, K., & Rude, S. S. (2007). Self-compassion and its link to adaptive psychological functioning. *Journal of Research in Personality, 41*, 139-154.

Neff, K. D. & McGehee, P. (2010). Self-compassion and psychological resilience among adolescents and young adults. *Self and Identity, 9*, 225-240.

Neff, K. D., & Pommier, E. (2012). The relationship between self-compassion and other-focused concern among college undergraduates, community adults, and practicing meditators. *Self and Identity*. DOI:10.1080/15298868.2011.649546

Neff, K. D., Rude, S. S., & Kirkpatrick, K. (2007). An examination of self-compassion in relation to positive psychological functioning and personality traits. *Journal of Research in Personality, 41*, 908-916.

Neff, K. D., & Vonk, R. (2009). Self-compassion versus global self-esteem: Two different ways of relating to oneself. *Journal of Personality, 77*, 23-50.

Nolen-Hoeksema, S. (1991). Responses to depression and their effects on the duration of depressive episodes. *Journal of Abnormal Psychology, 100*, 569–582.

Porges, S. W. (2007). The polyvagal perspective. *Biological Psychology, 74*, 116-143.

Powers, T., Koestner, R., & Zuroff, D. C. (2007). Self-criticism, goal motivation, and goal progress. *Journal of Social and Clinical Psychology, 25*, 826-840.

Rimes, K. A., & Wingrove, J. (2011). Pilot study of Mindfulness-Based Cognitive Therapy for trainee clinical psychologists. *Behavioural and Cognitive Psychotherapy, 39*, 235-241.

Robins, C. J., Keng, S., Ekblad, A. G., & Brantley, J. G. (2012). Effects of mindfulness-based stress reduction on emotional experience and expression: A randomized controlled trial. *Journal of Clinical Psychology, 68*, 117-131.

Robitschek, C. (1998). Personal growth initiative: The construct and its measure. *Measurement and Evaluation in Counseling and Development, 30*, 183–198.

Rockcliff et al. (2008). A pilot exploration of heart rate variability and salivary cortisol responses to compassion-focused imagery. *Clinical Neuropsychiatry, 5,* 132-139.

Salzberg, S. (1997). *A heart as wide as the world.* Boston: Shambhala.

Sbarra, D. A., Smith, H. L., & Mehl, M. R. (2012). When leaving your ex, love yourself: Observational ratings of self-compassion predict the course of emotional recovery following marital separation. *Psychological Science, 23,* 261-269.

Segal, Z. V., Williams, J. M. G., & Teasdale, J. D. (2001). *Mindfulness-based Cognitive Therapy for Depression: A New Approach to Preventing Relapse.* New York: Guilford Press.

Shapira, L. B., & Mongrain, M. (2010). The benefits of self-compassion and optimism exercises for individuals vulnerable to depression. *The Journal of Positive Psychology, 5*(5), 377-389.

Shapiro, S. L., Astin, J. A., Bishop, S. R., & Cordova, M. (2005). Mindfulness-based stress reduction for health care professionals: Results from a randomized trial. *International Journal of Stress Management, 12,* 164-176.

Shapiro, S. L., Brown, K. W., & Biegel, G. M (2007). Teaching self-care to caregivers: Effects of mindfulness-based stress reduction on the mental health of therapists in training. *Training and Education in Professional Psychology, 1,* 105-115.

Shapiro, S. L., Brown, K., Thoresen, C., & Plante, T. G. (2011). The moderation of mindfulness-based stress reduction effects by trait mindfulness: Results from a randomized controlled trial. *Journal of Clinical Psychology, 67,* 267-277.

Swann, W. B. (1996). *Self-traps: The elusive quest for higher self-esteem.* New York: W. H. Freeman.

Tesser, A. (1999). Toward a self-evaluation maintenance model of social behavior. In R. F. Baumeister (Ed.), *The self in social psychology* (pp. 446-460). New York: Psychology Press.

Tirch, D. (2010). Mindfulness as a context for the cultivation for compassion. *International Journal of Cognitive Psychotherapy. 3,* 113-123.

Törneke, N. (2010). *Learning RFT: An introduction to relational frame theory and its clinical applications.* Oakland, CA: New Harbinger.

Van Dam, N., Sheppard, S. C., Forsyth, J. C., & Earleywine, M. (2011). Self-compassion is a better predictor than mindfulness of symptom severity and quality of life in mixed anxiety and depression. *Journal of Anxiety Disorders, 25,* 123–130.

Vettese, L. C., Dyer, C. E., Li, W. L., & Wekerle, C. (2011). Does self-compassion mitigate the association between childhood maltreatment and later emotional regulation difficulties? A preliminary investigation. *International Journal of Mental Health and Addiction, 9*, 480-491.

Vilardaga, R. (2009). A relational frame theory account of empathy. *The International Journal of Behavioral Consultation and Therapy, 5*, 178-184.

Wang, S. (2005). A conceptual framework for integrating research related to the physiology of compassion and the wisdom of Buddhist teachings. In P. Gilbert (Ed.), *Compassion: Conceptualizations, research and use in psychotherapy*. New York: Routledge.

Wenzlaff, R. M., & Wegner, D. M. (2000). Thought suppression. In S. T. Fiske (Ed.), *Annual review of psychology* (Vol. 51, pp. 59-91). Palo Alto, CA: Annual Reviews.

Wilson, D. S., Hayes, S. C., Biglan, A., & Embry, D. (in press). Evolving the future: toward a science of intentional change. *Behavioral and Brain Sciences.*

Wilson, D. S., Van Vugt, M., & O'Gorman, R. (2008). Multilevel selection theory and major evolutionary transitions: Implications for psychological science. *Current Directions in Psychological Science.*

Worthington, E. L., O'Connor, L. E., Berry, J. W., Sharp, C., Murray, R., & Yi, E. (2005). Compassion and forgiveness: Implications for psychotherapy. In P. Gilbert (Ed.), *Compassion: Conceptualizations, research and use in psychotherapy* (pp. 168-192). New York: Routledge.

Wren, A. A., Somers, T. J., Wright, M. A., Goetz, M. C., Leary, M. R., Fras, A. M., Huh, B. K., & Rogers, L. L. (2012). Self-compassion in patients with persistent musculoskeletal pain: Relationship of self-compassion to adjustment to persistent pain. *Journal of Pain and Symptom Management, 43*, 759-770.

Yarnell, L. M., Neff, K. D. (2012). Self-compassion, interpersonal conflict resolutions, and wellbeing. *Self and Identity*. DOI:10.1080/15298868.2011.649545.

第5章

Barnes-Holmes, D., Hayes, S. C., & Dymond, S. (2001). Self and self-directed rules. In S. C. Hayes, D. Barnes-Holmes, & B. Roche (Eds.), *Relational frame theory: A post-Skinnerian account of human language and cognition* (pp. 119-139). New York: Plenum.

Baron-Cohen, S. (1994). How to build a baby that can read minds: Cognitive mechanisms in mind reading. *Cahiers de Psychologie Cognitive, 13*, 513–552.

Baron-Cohen, S., Leslie, A. M., & Frith, U. (1985). Does the autistic child have a "theory of mind"? *Cognition, 21*, 37-46.
Dymond, S., Roche, B., & De Houwer, J. In press. *Advances in Relational Frame Theory: Research and Application.* Oakland, CA: New Harbinger.
Eisenberg, N. (2000). Empathy and sympathy. In M. Lewis & J. M. Haviland-Jones (Eds.), *Handbook of emotions* (677-691). New York: Guilford Press.
Hayes, S., Barnes-Holmes, D., & Roche, B. (2001). *Relational frame theory: A post-skinnerian account of human language and cognition.* New York: Plenum.
Hayes, S. C. (1995). Knowing selves. *The Behavior Therapist, 18*, 94-96.
Hayes, S. C., Strosahl, K., & Wilson, K. G. (2011). *Acceptance and Commitment Therapy: The process and practice of mindful change* (2nd ed.). New York: Guilford Press.
Heagle, A. I., & Rehfeldt, R. A. (2006). Teaching perspective-taking skills to typically developing children through derived relational responding. *Journal of Early and Intensive Behavior Intervention, 3*(1), 1–34.
Hoffman, M. L. (2000). *Empathy and moral development: Implications for caring and justice.* New York: Cambridge University Press.
Howlin, P., Baron-Cohen, S., & Hadwin, J. (1999). *Teaching children with autism to mind-read: A practical guide.* Chichester: Wiley.
Langdon, R., Coltheart, M., Ward, P., & Catts, S. (2001). Visual and cognitive perspective-taking impairments in schizophrenia: A failure of allocentric simulation? *Cognitive Neuropsychiatry, 6*(4), 241-269.
Lattal, K. A. (1975). Reinforcement contingencies as discriminative stimuli. *Journal of the Experimental Analysis of Behavior, 23*, 241-246.
McHugh, L., Barnes-Holmes, D., Barnes-Holmes, Y., Stewart, I., & Dymond, S. (2007). Deictic relational complexity and the development of deception. *The Psychological Record, 57*, 517-531.
McHugh, L., Barnes-Holmes, Y., & Barnes-Holmes, D. (2004) Perspective-taking as relational responding: A developmental profile. *The Psychological Record, 54*, 115-144.
McHugh, L., Barnes-Holmes, Y., Barnes-Holmes, D., & Stewart, I. (2006). False belief as generalised operant behavior. *The Psychological Record, 56*, 341-364.
Perner, J., Leekam, S., & Wimmer, H. (1987) Three year olds' difficulty with false belief. The case for a conceptual deficit. *British Journal of Developmental Psychology, 5*, 125-137.
Perner J., & Wimmer, H. (1985). "John thinks that Mary thinks that…" Attribution of second-order beliefs by 5- to 10-year-old children. *Journal of Experimental Child Psychology, 39*, 437–471.

Peterson, C., & Seligman, M. E. P. (2004). *Character strengths and virtues: A handbook and classification.* Washington, D.C.: APA Press and Oxford University Press.

Rehfeldt, R., Dillen, J. E., Ziomek, M. M., & Kowalchuck, R. (2007). Assessing relational learning deficits in perspective-taking in children with high-functioning Autism Spectrum Disorder. *The Psychological Record, 57,* 23-47.

Seligman, M. E. P., & Csikszentmihalyi, M. (2000). Positive psychology: An introduction. *American Psychologist, 55,* 5-14.

Skinner, B. F. (1974). *About behaviorism.* New York: Vintage.

Sutton, J., Smith, P. K., Swettenham, J. (1999). Social cognition and bullying: Social inadequacy or skilled manipulation? *British Journal of Developmental Psychology, 17*(3), 435-450.

Valdivia-Salas, S., Luciano, C., Gutierrez-Martinez, O., & Visdomine, C. (2009). Establishing empathy. In R, A. Rehfeldt & Y. Barnes-Holmes. (Eds.), *Derived relational responding applications for learners with autism and other developmental disabilities.* Oakland, CA: New Harbinger.

Vilardaga, R., Estévez, A., Levin, M. E., & Hayes, S. C. (2012). Deictic relational responding, empathy and experiential avoidance as predictors of social anhedonia: Further contributions from relational frame theory. *The Psychological Record, 62,* 409-432.

Vilardaga, R., & Hayes, S. C. (2009). Experiential avoidance and superstition: Considering concepts in context. *Philosophy, Psychiatry, and Psychology, 15* (3), 269-271.

Villatte, M., Monestès, J. L., McHugh, L., Freixa i Baqué, E., & Loas, G. (2008). Assessing perspective taking in schizophrenia using Relational Frame Theory. *The Psychological Record, 60,* 413-424.

Villatte, M., Monestès, J. L., McHugh, L., Freixa i Baqué, E., & Loas, G. (2010). Adopting the perspective of another in belief attribution: Contribution of Relational Frame Theory to the understanding of impairments in schizophrenia. *Journal of Behavior Therapy and Experimental Psychiatry, 41,* 125-134.

Weil, T. M., Hayes, S. C., & Capurro, P. (2011). Establishing a deictic relational repertoire in young children. *The Psychological Record, 61,* 371-390.

第 6 章

Duckworth, A.L., Steen, T.A., & Seligman, M.E.P. (2005). Positive psychology in clinical practice. *Annual Review of Clinical Psychology, 1,* 629-651.

Gill, J. R., & Brown, C. A. (2009). A structured review of the evidence for pacing as a chronic pain intervention. *European Journal of Pain, 13*, 214-216.

Hayes, S. C., Strosahl, K. D., & Wilson, K. G. (2012). *Acceptance and Commitment Therapy: The process and practice of mindful change.* New York: Guilford Press.

Karsdorp, P. A., & Vlaeyen, J. W. S. (2009). Active avoidance but not activity pacing is associated with disability in fibromyalgia. *Pain, 147,* 29-35.

Linton, S. J., McCracken, L. M., & Vlaeyen J. W. S. (2008). Reassurance: Help or hinder in the treatment of pain. *Pain, 134,* 5-8.

Luoma, J. B., Hayes, S. C., Walser, R. D. (2007). *Learning ACT: An acceptance & commitment skills training manual for therapists.* Oakland, CA: New Harbinger.

McCracken, L. M. (1998). Learning to live with the pain: Acceptance of pain predicts adjustment in persons with chronic pain. *Pain, 74,* 21-27.

McCracken, L. M., Gutiérrez-Martínez, O., & Smyth, C. (2012). "Decentering" reflects psychological flexibility in people with chronic pain and correlates with their quality of functioning. *Health Psychology.* Advance online publication. doi:10.1037/a0028093

McCracken, L. M., & Samuel, V. M. (2007). The role of avoidance, pacing, and other activity patterns in chronic pain. *Pain, 130,* 119-125.

McCracken, L. M., & Yang, S-Y. (2006). The role of values in a contextual cognitive-behavioral approach to chronic pain. *Pain, 123,* 137-145.

McNulty, J. K., & Fincham, F. D. (2011). Beyond positive psychology? Toward a contextual view of psychological processes and well-being. *American Psychologist.* doi: 10.1037/a0024572

White, P. D., Goldsmith, K. A., Johnson, A. L., Potts, L., Walwyn, R., J. C. DeCesare, … Sharpe M. (2011). Comparison of adaptive pacing therapy, cognitive behaviour therapy, graded exercise therapy, and specialist medical care for chronic fatigue syndrome (PACE): A randomised trial. *Lancet, 377,* 823-836.

第7章

Aknin, L., Barrington-Leigh, C., Dunn, E., Helliwell, J., Biswas-Diener, R., Kemeza, I., Nyende, P., Ashton-James, C., Norton, M. (in press). Prosocial spending and well-being: Cross-cultural evidence for a psychological universal. *Journal of Personality and Social Psychology.*

Baskin, T., & Enright, R. D. (2004). Intervention studies on forgiveness: A meta-analysis. *Journal of Counseling and Development, 82,* 79-90.

Batson, C. D., Chang, J., Orr, R., & Rowland, J. (2002). Empathy, attitudes, and action: Can feeling for a member of a stigmatized group motivate one to help the group? *Personality and Social Psychology Bulletin, 28,* 1656-1666.

Baumeister, R. F., Bratslavsky, E., Finkenauer, C., & Vohs, K. D. (2001). Bad is stronger than good. *Review of General Psychology, 5,* 323-370.

Biswas-Diener, R., Kashdan, T. B., & Minhas, G. (2011). A dynamic approach to psychological strength development and intervention. *Journal of Positive Psychology, 6,* 106-118.

Bryant, F. B. (2003). Savoring Beliefs Inventory (SBI): A scale for measuring beliefs about savoring. *Journal of Mental Health, 12,* 175-196.

Bryant, F. B., Smart, C. M., & King, S. P. (2005). Using the past to enhance the present: Boosting happiness through positive reminiscence. *Journal of Happiness Studies, 6,* 227-260.

Bryant, F. B., & Veroff, J. (2007). *Savoring: A new model of positive experience.* Mahwah, NJ: Lawrence Erlbaum Associates.

Davis, M. H., Conklin, L., Smith, A., & Luce, C. (1996). Effect of perspective taking on the cognitive representation of persons: A merging of self and other. *Journal of Personality and Social Psychology, 70,* 713-726.

Diener, E., & Diener, C. (2011). Monitoring psychosocial prosperity for social change. In R. Biswas-Diener (Ed.), *Positive psychology as social change* (pp. 53-72). Dordrecht, Netherlands: Springer Press.

Driver, J. L., & Gottman, J. M. (2004). Daily marital interactions and positive affect during marital conflict among newlywed couples. *Family Processes, 43,* 301-314.

Dunn, E. W., Aknin, L. B., & Norton, M. I. (2008). Spending money on others promotes happiness. *Science, 319,* 1687-1688.

Emmons, R. A., & McCullough, M. E. (2003). Counting blessings versus burdens: An experimental investigation of gratitude and subjective well-being in daily life. *Journal of Personality and Social Psychology, 84,* 377-389.

Fordyce, M. W. (1977). Development of a program to increase personal happiness. *Journal of Counseling Psychology, 24,* 511-521.

Fordyce, M. W. (1983). A program to increase happiness: Further studies. *Journal of Counseling Psychology, 30,* 483-498.

Fredrickson, B. L., & Losada, M. F. (2005). Positive affect and the complex dynamics of human flourishing. *American Psychologist, 60,* 678-686.

Gable, S. L., Reis, H. T., Impett, E. A., & Asher, E. R. (2004). What do you do when things go right? The intrapersonal and interpersonal benefits of sharing positive events. *Journal of Personality and Social Psychology, 87,* 228-245.

The Gallup Organization. (1999). *Clifton StrengthsFinder.* Washington, DC: Author.

Grant, H., & Dweck, C. S. (2003). Clarifying achievement goals and their impact. *Journal of Personality and Social Psychology, 85,* 541–553.

Haidt, J. (2002). It's more fun to work on strengths than weaknesses (but it may not be better for you). Manuscript retrieved from http://people.virginia.edu/~jdh6n/strengths_analysis.doc

Hodges, S. D., Clark, B., & Myers, M. W. (2011). Better living through perspective taking. In R. Biswas-Diener (Ed.), *Positive psychology as a mechanism for social change* (pp. 193-218). Dordrecht, Netherlands: Springer Press.

Hodges, T. D., & Clifton, D. O. (2004). Strengths-based development in practice. In A. Linley & S. Joseph (Eds.), *Handbook of positive psychology in practice.* Hoboken, New Jersey: John Wiley and Sons, Inc.

Hook, J. N., Worthington, E. L., Jr., & Utsey, S. O. (2009). Collectivism, forgiveness, and social harmony. *The Counseling Psychologist, 37,* 786-820.

Kabat-Zinn, J. (2003). Mindfulness-based stress reduction (MBSR). *Constructivism in the Human Sciences, 8,* 73-107.

Kahler, C. W., Spillane, N. S., Clerkin, E., Brown, R. A., & Parks, A. (2011, July). *Development of positive psychotherapy for smoking cessation.* Paper presented at the Second World Congress on Positive Psychology, Philadelphia, PA.

King, L. A. (2001). The health benefits of writing about life goals. *Personality and Social Psychology Bulletin, 27,* 798-807.

Kurtz, J. L., & Lyubomirsky, S. (in press). Using mindful photography to increase positive emotion and appreciation. In J. J. Froh & A. C. Parks (Eds.), *Activities for teaching positive psychology: A guide for instructors.* Washington, DC: American Psychological Association Press.

Louis, M. (2011). Strengths interventions in higher education: Effects on implicit self-theory. *Journal of Positive Psychology, 6,* 204-215.

Lundahl, B. W., Taylor, M. J., Stevenson, R., & Roberts, K. D. (2008). Process-based forgiveness interventions: A meta-analysis. *Research on Social Work Practice, 18,* 465-478.

Lyubomirsky, S., Dickerhoof, R., Boehm, J. K., & Sheldon, K. M. (2011). Becoming happier takes both a will and a proper way: An experimental longitudinal intervention to boost well-being. *Emotion, 11,* 391-402.

Lyubomirsky, S., Sheldon, K. M., & Schkade, D. (2005). Pursuing happiness: The architecture of sustainable change. *Review of General Psychology, 9,* 111-131.

Lyubomirsky, S., Sousa, L., & Dickerhoof, R. (2006). The costs and benefits of writing, talking, and thinking about life's triumphs and defeats. *Journal of Personality and Social Psychology, 90,* 692-708.

Mauss, I. B., Tamir, M., Anderson, C. L., & Savino, N. (2011). Can seeking happiness make people unhappy? Paradoxical effects of valuing happiness. *Emotion, 11,* 767.

McCullough, M. E., Root, L. M., & Cohen, A. D. (2006). Writing about the benefits of an interpersonal transgression facilitates forgiveness. *Journal of Consulting and Clinical Psychology, 74,* 887-897.

McNulty, J. K. (2011). The dark side of forgiveness: The tendency to forgive predicts continued psychological and physical aggression in marriage. *Personality and Social Psychology Bulletin, 37,* 770-783.

Meyer, P., Johnson, D., Parks, A. C., Iwanski, C., & Penn, D. L. (in press). Positive living: A pilot study of group positive psychotherapy for people with severe mental illness. *Journal of Positive Psychology.*

Myers, M. M., & Hodges, S. D. (in press). Perspective taking and pro-social behavior: Caring for others like we care for the self. In J. J. Froh & A. C. Parks (Eds.), *Activities for teaching positive psychology: A practical guide for instructors.* Washington, DC: American Psychological Association Press.

Otake, K., Shimai, S., Tanaka-Matsumi, J., Otsui, K., & Fredrickson, B. L. (2006). Happy people become happier through kindness: A counting kindnesses intervention. *Journal of Happiness Studies, 7,* 361-375.

Parks, A. C., Della Porta, M. D., Pierce, R. S., Zilca, R., & Lyubomirsky, S. (in press). Pursuing happiness in everyday life: A naturalistic investigation of online happiness seekers. *Emotion.*

Pennebaker, J. W., & Seagal, J. D. (1999). Forming a story: The health benefits of narrative. *Journal of Clinical Psychology, 55,* 1243-1254.

Peterson, C., & Seligman, M. E. P. (2004). *Character strengths and virtues: A handbook and classification.* New York: Oxford University Press.

Ryan, R. M., & Deci, E. L. (2001). On happiness and human potentials: A review of research on hedonic and eudaimonic well-being. *Annual Review Psychology, 52,* 141-166.

Schueller, S. M. (2010). Preferences for positive psychology exercises. *The Journal of Positive Psychology, 5,* 192-203.

Schueller, S. M., & Parks, A. C. (2012). Disseminating self-help: Positive psychology exercises in an online trial. To appear in the *Journal of Medical Internet Research*.

Schwartz, B., & Hill, K. E. (2006). Practical wisdom: Aristotle meets positive psychology. *Journal of Happiness Studies, 7*, 377–395.

Seligman, M. E. P. (2000, July). Personal communication during the 2000 annual positive psychology steering committee meeting in Oahu, HI. In attendance, Robert Biswas-Diener, Mihalyi Csikszentimihaly, Ed Diener, Martin Seligman, and George Vaillant.

Seligman, M. E. P., & Csikszentmihalyi, M. (2000). Positive psychology: An introduction. *American Psychologist, 55*, 5-14.

Seligman, M. E. P., Parks, A. C., & Steen, T. (2005). A balanced psychology and a full life. In F. Huppert, N. Baylis, & B. Keverne (Eds.), *The science of well-being* (pp. 275-283). New York: Oxford University Press.

Seligman, M. E. P., Rashid, T., & Parks, A. C. (2006). Positive psychotherapy, *American Psychologist, 61*, 774-788.

Seligman, M. E. P., Steen, T. A., Park, N., & Peterson, C. (2005). Positive psychology progress: Empirical validation of interventions. *American Psychologist, 60*, 410-421.

Sheldon, K. M., & Lyubomirsky, S. (2006). How to increase and sustain positive emotion: The effects of expressing gratitude and visualizing best possible selves. *Journal of Positive Psychology, 1*, 73-82.

Sergeant, S., and Mongrain, M. (2011). Are positive psychology exercises helpful for people with depressive personality styles? *The Journal of Positive Psychology, 6*(4), 260-272.

Sin, N. L., Della Porta, M. D., & Lyubomirsky, S. (2011). Tailoring positive psychology interventions to treat depressed individuals. In S. I. Donaldson, M. Csikszentmihalyi, & J. Nakamura (Eds.), *Applied positive psychology: Improving everyday life, health, schools, work, and society* (pp. 79-96). New York: Routledge.

Sin, N. L., & Lyubomirsky, S. (2009). Enhancing well-being and alleviating depressive symptoms with positive psychology interventions: A practice-friendly meta-analysis. *Journal of Clinical Psychology: In Session, 65*, 467-487.

Wood, A. M., Froh, J. J, & Geraghty, A. W. A. (2010). Gratitude and well-being: A review and theoretical integration. *Clinical Psychology Review, 30*, 890-905.

Worthington, E. L., Jr. (2006). *The path to forgiveness: Six practical sessions for becoming a more forgiving person*. Unpublished manual. Available online at http://www.people.vcu.edu/~eworth/

Worthington, E. L. Jr., Witvliet, C. V. O., Pietrini, P., & Miller, A. J. (2007). Forgiveness, health, and well-being: A review of evidence for emotional versus decisional forgiveness, dispositional forgivingness, and reduced unforgiveness. *Journal of Behavioral Medicine, 30*, 291-302.

第 8 章

Algoe, S. B., & Haidt, J. (2009). Witnessing excellence in actions: The "other-praising" emotions of elevation, gratitude, and admiration. *The Journal of Positive Psychology, 4*(2), 105-127.

Bandura, A. (1999). Self-efficacy: Toward a unifying theory of behavior change. In R. F. Baumeister (Ed.), *The self in social psychology* (pp. 240-279). New York: Psychology Press.

Baumeister, R. F., Smart, L., & Boden, J. (1999). Relation of threatened egotism to violence and aggression: The dark side of high self-esteem. In R. F. Baumeister (Ed.), *The self in social psychology*, (pp. 240-279). New York: Psychology Press.

Bono, G., Emmons, R. A., & McCullough, M. E. (2004). Gratitude in practice and the practice of gratitude. In P. A. Linley & S. Joseph (Eds.), *Positive psychology in practice* (pp. 464-481). Hoboken, NJ: John Wiley & Sons, Inc.

Bono, G., & McCullough, M. E. (2006). Positive responses to benefit and harm: Bringing forgiveness and gratitude into cognitive psychotherapy. *Journal of Cognitive Psychotherapy, 20*, 147-158.

Burton, C. M., & King, L. A. (2004). The health benefits of writing about intensely positive experiences. *Journal of Research in Personality, 38*(2), 150-163.

Ciarrochi, J., Heaven, P. C., & Davies, F. (2007). The impact of hope, self-esteem, and attributional style on adolescents' school grades and emotional well-being: A longitudinal study. *Journal of Research in Personality, 41*, 1161-1178.

Cohn, M. A., & Fredrickson, B. L. (2010). In search of durable positive psychology interventions: Predictors and consequences of long-term positive behavior change. *The Journal of Positive Psychology, 5*(5), 355-366.

Crocker, J., & Park, L. (2004). The costly pursuit of self-esteem. *Psychological Bulletin, 130*(3), 392-414.

DeWall, C. N., Lambert, N. M., Pond, R. S., Kashdan, T. B., & Fincham, F. D. (2012). A grateful heart is a nonviolent heart: Cross-sectional, experience sampling, longitudinal, and experimental evidence. *Social Psychological and Personality Science, 3*(2), 232-240.

Duckworth, A. L., Steen, A., & Seligman, M. E. P. (2005). Positive psychology in clinical practice. *Annual Review of Clinical Psychology, 1,* 629-651.

Emmons, R. A. (2004). Gratitude. In C. Peterson & M. E. P. Seligman (Eds.), *Character strengths and virtues: A handbook and classification* (pp. 553-568). New York: Oxford University Press.

Emmons, R. A., & McCullough, M. E. (2003). Counting blessings versus burdens: An experimental investigation of gratitude and subjective well-being in daily life. *Journal of Personality and Social Psychology, 84,* 377-389.

Fletcher, L., & Hayes, S. C. (2005). Relational frame theory, Acceptance and Commitment Therapy, and a functional analytic definition of mindfulness. *Journal of Rational-Emotive & Cognitive-Behavior Therapy, 23*(4), 315-336.

Foody, M., Barnes-Holmes, Y., & Barnes-Holmes, D. (2012). The role of self in Acceptance and Commitment Therapy (ACT). In L. McHugh and I. Stewart (Eds.), *The self and perspective taking: Research and applications.* Oakland, CA: New Harbinger.

Frattaroli, J., Thomas, M., & Lyubomirsky, S. (2011). Opening up in the classroom: Effects of expressive writing on graduate school entrance exam performance. *Emotion, 11*(3), 691-696.

Fredrickson, B. L., & Joiner, T. (2002). Positive emotions trigger upward spirals toward emotional well-being. *Psychological Science, 13*(2), 172-175.

Froh, J. J., Emmons, R. A., Card, N. A., Bono, G., & Wilson, J. (2011). Gratitude and the reduced costs of materialism in adolescents. *Journal of Happiness Studies, 12,* 289-302.

Froh, J. J., Miller, D. N., & Snyder, S. (2007). Gratitude in children and adolescents: Development, assessment, and school-based intervention. *School Psychology Forum, 2,* 1-13.

Froh, J. J., Sefick, W. J., & Emmons, R. A. (2008). Counting blessings in early adolescents: An experimental study of gratitude and subjective well-being. *Journal of School Psychology, 48,* 213-233.

Gable, S. L., & Haidt, J. (2005). What (and why) is positive psychology? *Review of General Psychology, 9*(2), 103-110.

Hayes, S. C. (1995). Knowing selves. *The Behaviour Therapist, 18,* 94-96.

Hayes, S. C. (2004). Acceptance and Commitment Therapy, relational frame theory, and the third wave of behavioral and cognitive therapies. *Behavior Therapy, 35,* 639-665.

Hayes, S. C., Barnes-Holmes, D., & Roche, B. (2001). *Relational frame theory: A post-Skinnerian account of human language and cognition*. New York: Kluwer Academic/Plenum.

Hayes, S. C., Luoma, J. B., Bond, F. W., Masuda, A., & Lillis, J. (2006). Acceptance and Commitment Therapy: Model, processes and outcomes. *Behaviour Research and Therapy, 44*, 1-25.

Hayes, S. C., Pankey, J., & Palm, K. (2005). The pull of avoidance. In S. C. Hayes & S. Smith (Eds.), *Get out of your mind and into your life: The new Acceptance and Commitment Therapy*. Oakland, CA: New Harbinger.

Hayes, S. C., Strosahl, K. D., & Wilson, K. G. (1999). *Acceptance and Commitment Therapy: An experiential approach to behavior change*. New York: Guilford Press.

Higgins, E. T. (1999). Self-discrepancy: A theory relating self and affect. In R. F. Baumeister (Ed.), *The self in social psychology* (pp. 240-279). New York: Psychology Press.

Ingram, R. E. (1990). Self-focused attention in clinical disorders: Review and a conceptual model. *Psychological Bulletin, 107*(2), 156-176.

Kashdan, T. B., Mishra, M., Breen, W. E., & Froh, J. J. (2009). Gender differences in gratitude: Examining appraisals, narratives, the willingness to express emotions, and changes in psychological needs. *Journal of Personality, 77*(3), 691-730.

Kashdan, T. B., Uswatte, G., & Julian, T. (2006). Gratitude and hedonic and eudaimonic well-being in Vietnam war veterans. *Behaviour Research and Therapy, 44*, 177-199.

King, L. (2001). The health benefits of writing about life goals. *Personality and Social Psychology Bulletin, 27*(7), 798-807.

King, L. A., & Miner, K. N. (2000). Writing about the perceived benefits of traumatic events: Implications for physical health. *Personality and Social Psychology Bulletin, 26*, 220-230.

Leary, M. R., Adams, C. E., & Tate, E. B. (2006). Hypo-egoic self-regulation: Exercising self-control by diminishing the influence of the self. *Journal of Personality, 74*(6), 1803-1832.

Luciano, C., Ruiz, F. J., Vizcaíno Torres, R. M., Sánchez Martín, V., Gutiérrez Martínez, O., & López López, J. C. (2011). A relational frame analysis of defusion in Acceptance and Commitment Therapy: A preliminary and quasi-experimental study with at-risk adolescents. *International Journal of Psychology and Psychological Therapy, 11*(2), 165-182.

Lyubomirsky, S., Dickerhoof, R., Boehm, J. K., & Sheldon, K. M. (2011). Becoming happier takes both a will and a proper way: An experimental longitudinal intervention to boost well-being. *Emotion, 11*, 391-402.

Lyubomirsky, S., Sousa, L., & Dickerhoof, R. (2006). The costs and benefits of writing, talking, and thinking about life's triumphs and defeats. *Journal of Personality and Social Psychology, 90*(4), 692-708.

McCullough, M. E., Emmons, R. A., & Tsang, J-A. (2002). The grateful disposition: A conceptual and empirical topography. *Journal of Personality and Social Psychology, 82*(1), 112-127.

McCullough, M. E., Kimeldorf, M. B., & Cohen, A. D. (2008). An adaptation of altruism? The social causes, social effects and social evolution of gratitude. *Current Directions in Psychological Science, 17*, 281-284.

Neff, K. (2003). Self-compassion: An alternative conceptualization of a healthy attitude toward oneself. *Self and Identity, 2*(2), 85-101.

Pennebaker, J. W. (1989). Cognition, inhibition, and disease. In L. Berkowitz (Ed.), *Advances in experimental social psychology* (Vol. 22, pp. 211-244). New York: Academic Press.

Pennebaker, J. W., & Beall, S. K. (1986). Confronting a traumatic event: Toward an understanding of inhibition and disease. *Journal of Abnormal Psychology, 95*, 274-281.

Pennebaker, J. W., Colder, M., & Sharp, L. K. (1990). Accelerating the coping process. *Journal of Personality and Social Psychology, 58*, 528-537.

Pennebaker, J. W., & Seagal, J. D. (1999). Forming a story: The health benefits of narrative. *Journal of Clinical Psychology, 55*, 1243-1254.

Seligman, M. E. P., Steen, T. A., Park, N., & Peterson, C. (2005). Positive psychology progress: Empirical validation of interventions. *American Psychologist, 60*(5), 410-421.

Sin, N. L., & Lyubomirsky, S. (2009). Enhancing well-being and alleviating depressive symptoms with positive psychology interventions: A practice-friendly meta-analysis. *Journal of Clinical Psychology, 65*(5), 467-487.

Sloan, D. M., & Marx, B. P. (2004a). A closer examination of the written disclosure paradigm. *Journal of Consulting and Clinical Psychology, 72*, 165-175.

Sloan, D. M., & Marx, B. P. (2004b). Taking pen to hand: Evaluating theories underlying the written disclosure paradigm. *Clinical Psychology: Science and Practice, 11*, 121-137.

Smyth, J. M., Stone, A. A., Hurewitz, A., & Kaell, A. (1999). Effects of writing about stressful experiences on symptom reduction in patients with asthma or rheumatoid arthritis: A randomized trial. *Journal of the American Medical Association, 281*, 1304-1309.

Spera, S. P., Buhrfeind, E. D., & Pennebaker, J. W. (1994). Expressive writing and coping with job loss. *Academy of Management Journal, 37*, 722-733.

Stanton, A. L., Danoff-Burg, S., Sworowski, L. A., Collins, C. A., Branstetter, A. D., Rodriguez-Hanley, A., Kirk, S. B., & Austenfeld, L. (2002). Randomized, controlled trial of written emotional expression and benefit finding in breast cancer patients. *Journal of Clinical Oncology, 20*(20), 4160-4168.

Tsang, J-A. (2006). Gratitude and prosocial behaviour: An experimental test of gratitude. *Cognition and Emotion, 20*(1), 138-148.

Wing, J. F., Schutte, N. S., & Byrne, B. (2006). The effect of positive writing on emotional intelligence and life satisfaction. *Journal of Clinical Psychology, 62*(10), 1291-1302.

Wood, A. M., Froh, J. J., & Geraghty, A. W. A. (2010). Gratitude and well-being: A review and theoretical integration. *Clinical Psychology Review, 30*, 890, 905.

Wood, A. M., Joseph, S., & Maltby, J. (2008). Gratitude uniquely predicts satisfaction with life: Incremental validity above the domains and facets of the five factor model. *Personality and Individual Differences, 45*, 49-54.

Wood, A. M., Maltby, J., Gillett, R., Linley, P. A., & Joseph, S. (2008). The role of gratitude in the development of social support, stress, and depression: Two longitudinal studies. *Journal of Research in Personality, 42*, 854-871.

第9章

Akella, D. (2010). Learning together: Kolb's experiential theory and its application. *Journal of Management and Organization, 16*(1), 100-112.

Aron, A., Aron E. N., & Smollan, D. (1992). Inclusion of other in the self scale and the structure of interpersonal closeness. *Journal of Personality and Social Psychology, 63*, 596-612.

Asch, S. (1956). Studies of independence and conformity: I. A minority of one against a unanimous majority. *Psychological Monographs, 70*, 70.

Beitman, B. D., & Viamontes G. L. (2007). Unconscious role induction: Implications for psychotherapy. *Psychiatric Annals, 37*, 259-268.

Biglan, A. (1995). *Changing cultural practices: A contextual framework for intervention research*. Reno: Context Press.

Biswas-Diener, R. (2011). Editor's foreword. In R. Biswas-Diener (Ed.), *Positive psychology as social change* (pp. v-xi). New York: Springer Science + Business Media.
Biswas-Diener, R., & Dean, B. (2007). *Positive psychology coaching*. Hoboken, NJ: John Wiley & Sons.
Biswas-Diener, R., Kashdan, T., & Minhas, G. (2011). A dynamic approach to psychological strengths development and intervention. *Journal of Positive Psychology, 6*, 106-118.
Biswas-Diener, R., & Patterson, L. (2011). Positive psychology and poverty. In R. Biswas-Diener (Ed.), *Positive psychology as social change* (pp. 125-140). Dordrecht: Springer.
Boehm, J., Lyubomirsky, S., & Sheldon, K. (2011). A longitudinal experimental study comparing the effectiveness of happiness-enhancing strategies in Anglo American and Asian Americans. *Cognition & Emotion, 25*(7), 1263-1272.
Bono, G., Emmons, R. A., & McCullough, M. E. (2004). Gratitude in practice and the practice of gratitude. In P. A. Linley & S. Joseph (Eds.), *Positive psychology in practice* (pp. 464-481). New York: Wiley.
Candau, J. (2010). Shared memory, odours and sociotransmitters or: "Save the interaction!" *Outlines: Critical Practice Studies, 12*(2), 29-42.
Chagnon, N. A. (1996). Chronic problems in understanding tribal violence and warfare. In Bock, G. R, Goode, J. A. (Eds.), *Genetics of criminal and antisocial behaviour* (pp. 202-236.) New York: John Wiley & Sons.
Childress, R., & Gillis, J. S. (1977). A study of pretherapy role induction as an influence process. *Journal of Clinical Psychology, 33*, 540-544.
Costantino, G., Magady, R. G., & Rogler, L. H. (1986). Cuento therapy: A culturally sensitive modality for Puerto Rican children. *Journal of Consulting and Clinical Psychology, 54*, 639-645.
Delle Fave, A., Massimini, F., & Bassi, M. (2011). *Psychological selection and optimal experience across cultures: Social empowerment through personal growth*. New York: Springer Science + Business Media.
Diener, E. (1980). Deindividuation: The absence of self-awareness and self-regulation in group members. In P. B. Paulus (Ed.), *Psychology of group influence* (pp. 209-242). Hillsdale, NJ: Lawrence Edbaum.
Driver, M. (2011). *Coaching positively*. Berkshire: Open University Press/McGraw-Hill.
Fox, J. (1987). *The essential Moreno*. New York: Springer Publishing Company.

Frisch, M. (2006). *Quality of life therapy: Applying a satisfaction approach to positive psychology and cognitive therapy.* Hoboken, NJ: John Wiley and Sons, Inc.

Froh, J. J., Kashdan, T. B., Ozimkowski, K. M., & Miller, N. (2009). Who benefits the most from a gratitude intervention in children and adolescents? Examining positive affect as a moderator. *Journal of Positive Psychology, 4,* 408-422.

Hannah, A., & McGrew, W. C. (1987). Chimpanzees using stones to crack open oil palm nuts in Liberia. *Primates, 28,* 31-46.

Harper, N. J. (2009). The relationship of therapeutic alliance to outcome in wilderness treatment. *Journal of Adventure Education and Outdoor Learning, 9,* 45-59.

Ho, S. M. Y. (2010). Universal happiness. In Leo Bormans (Ed.), *The world book of happiness* (pp. 253-255). Belgium: Lannoo.

Hofstede, G., & Hofstede, G. J. (2005). Cultures and organizations: Software of the mind (2nd ed.). New York: McGraw-Hill.

Jackson, P. Z., & Waldman, J. (2010). *Positively speaking.* St. Alban's: The Solutions Focus.

Jerome, L. W., DeLeon, P. H., James, L. C., Folen, R., Earles, J., & Gedney, J. J. (2000). The coming of age of telecommunications in psychological research and practice. *American Psychologist, 55,* 407-421.

Jones, I. F., Young, S. G., & Claypool, H. M. (2011). Approaching the familiar: On the ability of mere exposure to direct approach and avoidance behavior. *Motivation and Emotion, 35*(4), 383-392.

Kagan, J. (2009). *The three cultures: Natural sciences, social sciences and the humanities in the 21st century.* New York: Cambridge University Press.

Kossak, M. S. (2008). Therapeutic attunement: A transpersonal view of expressive arts therapy. *The Arts in Psychotherapy, 36,* 13-18.

Lazarus, R. S. (2003). Does positive psychology movement have legs? *Psychological Inquiry, 14*(2), 93-109.

LeGoff, D. B. (2004). Use of LEGO© as a therapeutic medium for improving social competence. *Journal of Autism and Developmental Disorders, 34*(5), 557-571.

Linehan, M. (2006). *Dialectical behavior therapy with suicidal adolescents.* New York: Guilford.

Luoma, J. B, Hayes, S. C., & Walser, R. D. (2007). *Learning ACT: An Acceptance and Commitment Therapy skills-training manual for therapists.* Oakland, CA: New Harbinger Publications.

Lyubomirsky, S., Dickerhoof, R., Boehm, J. K., & Sheldon, K. M. (2011). Becoming happier takes both a will and a proper way: An experimental longitudinal intervention to boost well-being. *Emotion, 11,* 391-402.

Masterpasqua, F., & Healey, K. N. (2003). Neurofeedback in psychological practice. *Professional Psychology: Research and Practice, 34*(6), 652-656.

McCrone, S. (2005). The development of mathematical discussions: An investigation of a fifth-grade classroom. *Mathematical Thinking and Learning, 7*(2), 111-133.

Milgram, S. (1963). Behavioral study of obedience. *The Journal of Abnormal and Social Psychology, 67*(4), 371-378.

Neulip, J. (2009). *Intercultural communication: A contextual approach.* Thousand Oaks, CA: Sage Publications.

Parks, A., & Biswas-Diener, R. (In press). Positive Interventions: Past, Present, and Future. In T. Kashdan & J. Ciarrochi, Eds., *Mindfulness, acceptance, and positive psychology: The seven foundations of well-being.* Oakland, CA: New Harbinger.

Ramarajan, L., & Thomas, D. (2011). A positive approach to studying diversity in organizations. In K.S. Cameron & G.M. Spreitzer (Eds.), *The Oxford handbook of Positive Organizational Scholarship,* (pp. 552-565). Oxford, UK: Oxford Unviersity Press.

Reissman, C., Aron, A., & Bergen, M. R. (1993). Shared activities and marital satisfaction: Causal direction and self-expansion versus boredom. *Journal of Social and Personal Relationships, 10,* 243-254.

Rosmarin, D. H., Pirutinsky, S., Cohen, A., Galler, Y., & Krumrei, E. J. (2011). Grateful to God or just plain grateful? A study of religious and non-religious gratitude. *Journal of Positive Psychology, 6,* 389-396.

Schueller, S. (2011). To each his own well-being boosting intervention: Using preferences to guide selection. *Journal of Positive Psychology, 6,* 300-313.

Scollon, C. N., & King, L. A. (2010). What people really want in life and why it matters: Contributions from research on folk theories of the good life. In R. Biswas-Diener (Ed.), *Positive Psychology as Social Change* (pp. 1-14). Springer Press.

Searle, R. H., & Skinner, D. (2011). *Trust and human resource management.* Cheltenham: Edward Elgar Publishing, Inc.

Seligman, M. E. P. (2011). *Flourish: A visionary new understanding of happiness and well-being.* New York: Simon and Schuster.

Seligman, M. E. P., Steen, T. A., Park, N., & Peterson, C. (2005). Positive psychology progress: Empirical validation of interventions. *American Psychologist, 60,* 410–421.

Sergeant, S., & Mongrain, M. (2011). Are positive psychology exercises helpful for people with depressive personality styles? *Journal of Positive Psychology, 6*, 260-272.

Sin, N., Della Porta, M., & Lyubomirsky, S. (2011). Tailoring positive psychology interventions to treat depressed individuals. In Donaldson, S., Csikszentmihalyi, M. & Nakamura, J. (Eds.), *Applied positive psychology* (pp. 79-96). New York: Routledge.

Sue, D. W., & Sue, D. (2007). *Counseling the culturally diverse: Theory and practice.* (5th ed.) Hoboken, NJ: John Wiley and Sons, Inc.

Vacharkulksemsuk, T., & Fredrickson, B. L. (2012). Strangers in sync: Achieving embodied rapport through shared movements. *Journal of Experimental Social Psychology, 48*(1), 399-402.

Veenhoven, R. (2011). Greater happiness for a greater number: Is that possible? If so, how? In K. M. Sheldon, T. B. Kashdan, & M. F. Steger (Eds.), *Designing positive psychology: Taking stock and moving forward* (pp. 396-409). New York: Oxford University Press.

Vujanovic, A. A., Niles, B., Pietrefesa, A., Schmertz, S. K., & Potter, C. M. (2011). Mindfulness in the treatment of posttraumatic stress disorder among military veterans. *Professional Psychology: Research and Practice, 42*(1), 24-31.

Waterman, A. S., Schwartz, S. J., & Conti, R. (2008). The implications of two conceptions of happiness (hedonic enjoyment and eudaimonia) for the understanding of intrinsic motivation. *Journal of Happiness Studies, 9*, 41-79.

Wierzbicka, A. (2008). What makes a good life? A cross-linguistic and cross-cultural perspective. *Journal of Positive Psychology, 4*(4), 260-272.

Whiten, A., & Flynn, E. (2010). The transmission and evolution of experimental microcultures in groups of young children. *Developmental Psychology, 46*(6), 1694-1709.

Whitworth, L., Kimsey-House, H., & Sandhal, P. (1998). *Co-active coaching.* Palo Alto: Davies-Black.

第10章

Bornovalova, M.A. (2008). Distress tolerance treatment for inner-city drug users: A preliminary trial. (Doctoral dissertation). Retrieved from Digital Repository at the University of Maryland. (http://hdl.handle.net/1903/8446)

Bowen, S., Chawla, N., & Marlatt, G. A. (2011). *Mindfulness-based relapse prevention for addictive behaviors: A clinician's guide.* New York: Guilford Press.

Burke, B. L., Arkowitz, H., & Menchola, M. (2003). The efficacy of motivational interviewing: A meta-analysis of controlled clinical trials. *Journal of Consulting and Clinical Psychology, 71,* 843-861.

Conn, C., Warden, R., Stuewig, J., Kim, E. H., Harty, L., Hastings, M., & Tangney, J. P. (2010). Borderline personality disorder among jail inmates: How common, and how distinct? *Corrections Compendium, 4,* 6-13.

Drapalski, A., Youman, K., Stuewig, J., & Tangney, J. P. (2009). Gender differences in jail inmates' symptoms of mental illness, treatment history and treatment seeking. *Criminal Behaviour and Mental Health, 19,* 193-206.

Easton, C., Swan, S., & Sinha, R. (2000). Motivation to change substance use among offenders of domestic violence. *Journal of Substance Abuse Treatment, 19,* 1-5.

Ginsburg, J. L. D., Mann, R. E., Rotgers, F., & Weekes, J. R. (2002). Motivational interviewing with criminal justice populations. In W. R. Miller & S. Rollnick (eds.), *Motivational interviewing: Preparing people for change* (2nd ed.) (pp. 333-346). New York: Guilford Press.

Hayes, S. C. (2004). Acceptance and Commitment Therapy, relational frame theory, and the third wave of behavioral and cognitive therapies. *Behavior Therapy, 35,* 639-665.

Hayes, S. C., & Smith, S. (2005). *Get out of your mind and into your life: The new Acceptance and Commitment Therapy.* Oakland, CA: New Harbinger.

Hayes, S. C., Wilson, K. G., Gifford, E. V., Follette, V. M., & Strosahl, K. (1996). Experiential avoidance and behavioral disorders: A functional dimensional approach to diagnosis and treatment. *Journal of Consulting and Clinical Psychology, 64,* 1152-1168.

Hettema, J., Steele, J., & Miller, W. R. (2005). Motivational interviewing. *Annual Review of Clinical Psychology, 1,* 91-111.

Leith, K. P., & Baumeister, R. F. (1998). Empathy, shame, guilt, and narratives of interpersonal conflicts: Guilt-prone people are better at perspective taking. *Journal of Personality, 66,* 1-37.

Linehan, M. M. (1993). *Cognitive behavioral treatment of borderline personality disorder.* New York: Guilford Press.

Meyer, C. R., Tangney, J. P., & Stuewig, J. (under review). Why do some jail inmates not engage in treatment and services?

Miller, W. R., & Rollnick, S. (2002). *Motivational interviewing: Preparing people for change* (2nd ed.). New York: Guilford Press.

O'Leary Tevyaw, T., & Monti, P. M. (2004). Motivational enhancement and other brief interventions for adolescent substance abuse: Foundations, applications and evaluations. *Addiction, 99,* 63-75.

Rubak, S., Sandbæk, A., Laurizen, T., Christensen, B. (2005). Motivational interviewing: A systematic review and meta-analysis. *British Journal of General Practice, 55,* 305-312.

Stein, L. A. R., Colby, S. M., Barnett, N. P., Monti, P. M., Golembeske, C., & Lebeau-Craven, R. (2006). Effects of motivational interviewing for incarcerated adolescents on driving under the influence after release. *The American Journal on Addictions, 15,* 50-57.

Tangney, J. P., Malouf, E. T., Stuewig, J., & Mashek, D. (2012). Emotions and morality: You don't have to feel really bad to be good. In M. W. Eysenck, M. Fajkowska, & T. Maruszewski (Eds.), *Warsaw lectures on personality and social psychology. Personality, cognition and emotion* (Vol. 2). New York: Eliot Werner.

Tangney, J. P., Mashek, D., & Stuewig, J. (2007). Working at the social-clinical-community-criminology interface: The George Mason University Inmate Study. *Journal of Social and Clinical Psychology, 26,* 1-21.

Tangney, J. P., Stuewig, J., & Hafez, L. (2011). Shame, guilt and remorse: Implications for offender populations. *Journal of Forensic Psychiatry & Psychology, 22*(5), 706-723.

Tangney, J. P., Stuewig, J., & Mashek, D. J. (2007). Moral emotions and moral behavior. *Annual Review of Psychology, 58,* 345-372.

Tangney, J. P., Youman, K., & Stuewig, J. (2009). Proneness to shame and proneness to guilt. In M.R. Leary & R.H. Hoyle (Eds.), *Handbook of individual differences in social behavior* (pp. 192-209). New York: Guilford Press.

VA Maryland Health Care System Acceptance and Commitment Therapy Team. (2007). *Acceptance and Commitment Therapy Group Therapy Protocol: Addictions Intensive Outpatient Program PTSD/Substance Use Dual Diagnosis Program.* Unpublished therapy manual.

Walters, S.T., Clark, M.D., Gingerich, R., & Meltzer, M.L. (2007). *A guide for probation and parole: Motivating offenders to change.* Washington, DC: U.S. Department of Justice, Office of Justice Programs, National Institute of Corrections.

Youman, K., Drapalski, A., Stuewig, J., Bagley, K., & Tangney, J. P. (2010). Race differences in psychopathology and disparities in treatment seeking: Community and jail-based treatment seeking patterns. *Psychological Services, 7,* 11-26.

第11章

Baer, R. A. (2003). Mindfulness training as a clinical intervention: A conceptual and empirical review. *Clinical Psychology: Science and Practice, 10,* 125–143.

Baumeister, R. F. (1991). *Meanings of life.* New York: Guilford Press.

Baumeister, R. F., & Leary, M. R. (1995). The need to belong: Desire for interpersonal attachments as a fundamental human motivation. *Psychological Bulletin, 117,* 497-529.

Beck, A. T., Rush, A. J., Shaw, B. F., & Emery, G. (1979). *Cognitive therapy of depression.* New York: Guilford Press.

Biswas-Diener, R., Kashdan, T. B, & Minhas, G. (2011). A dynamic approach to psychological strength development and intervention. *Journal of Positive Psychology, 6,* 106-118.

Bohlmeijer, E. T., Fledderus, M., Rokx, T. A. J. J., & Pieterse, M. E. (2011). Efficacy of an early intervention based on Acceptance and Commitment Therapy for adults with depressive symptomatology: Evaluation in a randomized controlled trial. *Behaviour Research and Therapy, 49,* 62-67.

Brown, K. W., & Ryan, R. M. (2003). The benefits of being present: Mindfulness and its role in psychological well-being. *Journal of Personality and Social Psychology, 84,* 822-848.

Brown, K. W., Ryan, R. M., & Creswell, J. D. (2007). Mindfulness: Theoretical foundations and evidence for its salutary effects. *Psychological Inquiry, 18,* 211-237.

Cohen, S. R., Mount, B. M., Tomas, J. J. N., & Mount, L. F. (1996). Existential well-being is an important determinant of quality of life. *Cancer, 77,* 576-586.

Davis, C. G., Nolen-Hoeksema, S., & Larson, J. (1998). Making sense of loss and growing from the experience: Two construals of meaning. *Journal of Personality and Social Psychology, 75,* 561-574.

DeNeve, K. M., & Cooper, H. (1998). The happy personality: A meta-analysis of 137 personality traits and subjective well-being. *Psychological Bulletin, 124,* 197-229.

Durkheim, E. (1897, 1953). *Suicide.* New York: Free Press.

Edwards, M. J., & Holden, R. R. (2001). Coping, meaning in life, and suicidal manifestations. *Examining Gender Differences, 57,* 1517-1534.

Elliot, A. J., & Thrash, T. M. (2002). Approach-avoidance motivation in personality: Approach and avoidance temperaments and goals. *Journal of Personality and Social Psychology, 82,* 804-818.

Frankl, V. E. (1963). *Man's search for meaning: An introduction to logotherapy*. New York: Washington Square Press.

Harlow, L., & Newcomb, M. (1990). Towards a general hierarchical model of meaning and satisfaction in life. *Multivariate Behavioral Research, 25*, 387-405.

Joiner, T. E. (2005). *Why people die by suicide*. Cambridge, MA: Harvard University Press.

Kashdan, T. B., & McKnight, P. E. (2009). Origins of purpose in life: Refining our understanding of a life well lived. *Psychological Topics, 18*, 303-316.

Kashdan, T. B., & Rottenberg, J. (2010). Psychological flexibility as a fundamental aspect of health. *Clinical Psychology Review, 30*, 865-878.

King, L. A., & Hicks, J. A. (2007). Whatever happened to "what might have been"? Regret, happiness, and maturity. *American Psychologist, 62*, 625-636.

King, L. A., & Hicks, J. A. (2009). Detecting and constructing meaning in life events. *Journal of Positive Psychology, 4*(5), 317-330.

King, L. A., & Napa, C. K. (1998). What makes a life good? *Journal of Personality and Social Psychology, 75*, 156–165.

Lapierre, S., Dubé, M., Bouffard, L., & Alain, M. (2007). Addressing suicidal ideations through the realization of meaningful personal goals. *Crisis, 28*, 16-25.

Lazarus, R. S. (2003). Does the positive psychology movement have legs? *Psychological Inquiry, 14*, 93-109.

Luoma, J. B., Hayes, S. C., & Walser, R. (2007). *Learning ACT: An Acceptance and Commitment Therapy skills-training manual for therapists*. Oakland, CA: New Harbinger Publications.

McKnight, P. E., & Kashdan, T. B. (2009). Purpose in life as a system that creates and sustains health and well-being: An integrative, testable theory. *Review of General Psychology, 13*, 242-251.

Park, N., Park, M., & Peterson, C. (2010). When is the search for meaning related to life satisfaction? *Applied Psychology: Health and Well-Being, 2*, 1-13.

Read, S., Westerhof, G. J., & Dittmann-Kohli, F. (2005). Challenges to meaning in life: A comparison in four different age groups in Germany. *International Journal of Aging and Human Development, 61*, 85-104.

Reker, G. T. (2000). Theoretical perspective, dimensions, and measurement of existential meaning. In G. T. Reker & K. Chamberlain (Eds.), *Exploring existential meaning: Optimizing human development across the life span* (pp. 39-58). Thousand Oaks, CA: Sage Publications.

Rothermund, K., & Brandtstädter, J. (2003). Depression in later life: Cross-sequential patterns and possible determinants. *Psychology and Aging, 18*, 80-90.

Ryan, R. M., & Deci, E. L. (2001). On happiness and human potentials: A review of research on hedonic and eudaimonic well-being. *Annual Review Psychology, 52*, 141-166.

Ryff, C. D. (1989). Happiness is everything, or is it? Explorations on the meaning of psychological well-being. *Journal of Personality and Social Psychology, 57*, 1069-1081.

Schwartz, S. J., Kurtines, W. M., & Montgomery, M. J. (2005). A comparison of two approaches for facilitating identity exploration processes in emerging adults: An exploratory study. *Journal of Adolescent Research, 20*, 309-345.

Ryff, C. D., & Singer, B. (1998). The contours of positive human health. *Psychological Inquiry, 9*, 1-28.

Shin, J. Y., & Steger, M. F. (in press). Promoting meaning and purpose in life. In A. Parks (Ed.), *Positive psychology interventions*. Chicago, IL: Wiley.

Steger, M. F. (2009). Meaning in life. In S. J. Lopez (Ed.)., *Oxford handbook of positive psychology* (2nd ed.). (pp. 679-687). Oxford, UK: Oxford University Press.

Steger, M. F. (2012). Experiencing meaning in life: Optimal functioning at the nexus of spirituality, psychopathology, and well-being. In P. T. P. Wong & P. S. Fry (Eds.), *The human quest for meaning* (2nd ed). New York: Routledge.

Steger, M. F., Frazier, P., Oishi, S., & Kaler, M. (2006). The Meaning in Life questionnaire: Assessing the presence of and search for meaning in life. *Journal of Counseling Psychology, 53*, 80-93.

Steger, M. F.; Kashdan, T.B.; & Oishi, S. (2008). Being good by doing good: Daily eudaimonic activity and well-being. *Journal of Research in Personality, 42*, 22-42.

Steger, M. F., Kashdan, T. B., Sullivan, B. A., & Lorentz, D. (2008). Understanding the search for meaning in life: Personality, cognitive style, and the dynamic between seeking and experiencing meaning. *Journal of Personality, 76*, 199-228.

Steger, M. F., Oishi, S., & Kesibir, S. (2011). Is a life without meaning satisfying? The moderating role of the search for meaning in satisfaction with life judgments. *Journal of Positive Psychology, 6*, 173-180.

Steger, M. F., & Park, C. L. (2012). The creation of meaning following trauma: Meaning making and trajectories of distress and recovery. In T. Keane, E. Newman, & K. Fogler (Eds.), *Toward an integrated approach to trauma focused therapy: Placing evidence-based interventions in an expanded psychological context*. Washington, DC: APA.

Steger, M. F., & Shin, J. Y. (2010). The relevance of the Meaning in Life questionnaire to therapeutic practice: A look at the initial evidence. *International Forum on Logotherapy, 33*, 95-104.

Sullivan, D., Landau, M. J., & Rothschild, Z. (2010). An existential function of enemyship: Evidence that people attribute influence to personal and political enemies to compensate for threats to control. *Journal of Personality and Social Psychology, 98*, 434-449.

Wong, P. T. P. (2011). Positive psychology 2.0: Towards a balanced interactive model of the good life. *Canadian Psychology/Psychologie canadienne, 52*, 69-81.

Wong, P. T. P., & Fry, P. S. (1998). *The human quest for meaning: A handbook of psychological research and clinical applications.* Mahwah, NJ: Erlbaum.

第12章

Ball, K., Berch, D. B., Helmers, K. F., Jobe, J. B., Leveck, M. D., Marsiske, M., Morris, J. N., Rebok, G. W., Smith, D. M., Tennstedt, S. L., Unverzagt, F. W., & Willis, S. L. (2002). Effects of cognitive training interventions with older adults: A randomized controlled trial. *Journal of the American Medical Association, 288*, 2271-2281.

Barnes, D., McCullagh, P., & Keenan, M. (1990). Equivalence class formation in non-hearing impaired children and hearing impaired children. *Analysis of Verbal Behavior, 8*, 1-11.

Barnes-Holmes, D., Hayden, E., Barnes-Holmes, Y., & Stewart, I. (2008). The Implicit Relational Assessment Procedure (IRAP) as a response-time and event-related-potentials methodology for testing natural verbal relations. *The Psychological Record, 58*, 497-516.

Barnes-Holmes, Y., Barnes-Holmes, D., & Roche, B. (2001). Exemplar training and a derived transformation of function in accordance with symmetry. *The Psychological Record, 51*, 287-308.

Barnes-Holmes, Y., Barnes-Holmes, D., Roche, B., Healy, O., Lyddy, F., Cullinan, V., & Hayes, S. C. (2001). Psychological development. In S. C. Hayes, D. Barnes-Holmes, & B. Roche (Eds.), *Relational frame theory: A post-Skinnerian account of human language and cognition* (p. 161). New York: Plenum.

Barnes-Holmes, Y., Barnes-Holmes, D., Roche, B., & Smeets, P. (2001). Exemplar training and a derived transformation of function in accordance with symmetry II. *The Psychological Record, 51*, 589-603.

Barnes-Holmes, Y., Barnes-Holmes, D., & Smeets, P. (2004). Establishing relational responding in accordance with opposite as generalized operant behavior in young children. *International Journal of Psychology and Psychological Therapy, 4*, 559-586.

Barnes-Holmes, Y., Barnes-Holmes, D., Smeets, P., Strand, P., & Friman, P. (2004). Establishing relational responding in accordance with more-than and less-than as generalized operant behavior in young children. *International Journal of Psychology and Psychological Therapy, 4,* 531-558.

Basso, M. R., Schefft, B. K., Ris, M. D., & Dember, W. N. (1996). Mood and global-local visual processing. *Journal of the International Neuropsychological Society, 2,* 249-255.

Belleville, S., Gilbert, B., Fontaine, F., Gagnon, L., Menard, E., & Gauthier, S. (2006). Improvement of episodic memory in persons with mild cognitive impairment and healthy older adults: Evidence from a cognitive intervention program. *Dementia and Geriatric Cognitive Disorders, 22,* 486-99.

Berens, N. M., & Hayes, S. C. (2007). Arbitrarily applicable comparative relations: Experimental evidence for a relational operant. *Journal of Applied Behavior Analysis, 40,* 45-71.

Cassidy, S., Roche, B., & Hayes, S. C. (2011). A relational frame training intervention to raise intelligence quotients: A pilot study. *The Psychological Record, 61,* 173-198.

Cassidy, S., Roche, B., & O'Hora, D. (2010). Relational frame theory and human intelligence. *European Journal of Behavior Analysis, 11,* 37-51.

Cattell, R. B. (1963). Theory of fluid and crystallized intelligence: A critical experiment. *Journal of Educational Psychology, 54,* 1-22.

Ceci, S. J. (1991). How much does schooling influence general intelligence and its cognitive components? A reassessment of the evidence. *Developmental Psychology, 27,* 703-722.

Chabris, C. F. (1999). Prelude or requiem for the "Mozart effect"? *Nature, 400,* 827-828.

Connor, M. (1998). A review of behavioural early intervention programmes for children with autism. *Educational Psychology in Practice, 14,* 109-117.

de la Fuente-Fernandez, R. (2006). Impact of neuroprotection on incidence of Alzheimer's disease. *PLoS ONE, 1,* e52.

Deary, I. J., Strand, S., Smith, P., & Fernandes, C. (2007). Intelligence and educational achievement. *Intelligence, 35,* 13-21.

Devany, J. M., Hayes, S. C., & Nelson, R. O. (1986). Equivalence class formation in language-able and language-disabled children. *Journal of the Experimental Analysis of Behavior, 46,* 243-257.

Dickins, D., Singh, K., Roberts, N., Burns, P., Downes, J., Jimmieson, P., & Bentall, R. (2000). An fMRI study of stimulus equivalence. *NeuroReport, 12,* 1-7.

Duckworth, A. L., & Seligman, M. E. P. (2005). Self-discipline outdoes IQ in predicting academic performance of adolescents. *Psychological Science, 16*, 939-944.

Duckworth, A. L., Steen, T. A., & Seligman, M. E. P. (2005). Positive psychology in clinical practice. *Annual Review of Clinical Psychology, 1*, 629-651.

Estrada, C. A., Isen, A. M., & Young, M. J. (1994). Positive affect improves creative problem solving and influences reported source of practice satisfaction in physicians. *Motivation and Emotion, 18*, 285-299.

Flynn, J. R. (1987). Massive IQ gains in 14 nations: What IQ tests really measure. *Psychological Bulletin, 101*, 171-191.

Fredrickson, B. L. (1998). What good are positive emotions? *Review of General Psychiatry, 2*, 300-319.

Frey, M. C., & Detterman, D. K. (2004). Scholastic Assessment or g? The relationship between the Scholastic Assessment Test and general cognitive ability. *Psychological Science 15*, 373-378.

Gomez, S., Lopez, F., Martin, C. B., Barnes-Holmes, Y., & Barnes-Holmes, D. (2007). Exemplar training and a derived transformation of function in accordance with symmetry and equivalence. *The Psychological Record, 57*, 273-294.

Gore, N. J., Barnes-Holmes, Y., & Murphy, G. (2010). The relationship between intellectual functioning and relational perspective-taking. *International Journal of Psychology and Psychological Therapy, 10*, 1-17.

Gresham, F. M., & MacMillan, D. L. (1997). Autistic recovery? An analysis and critique of the empirical evidence on the Early Intervention Project. *Behavioral Disorders, 22*, 185-201.

Hayes, S. C. (1994). Relational frame theory: A functional approach to verbal events. In S. C. Hayes, L. J. Hayes, M. Sato, & K. Ono (Eds.), *Behavior analysis of language and cognition* (pp. 9-30). Reno, NV: Context Press.

Hayes, S. C., Barnes-Holmes, D., & Roche, B. (Eds.). (2001). *Relational frame theory: A post-Skinnerian account of human language and cognition.* New York: Plenum Press.

Hayes, S. C., Fox, E., Gifford, E. V., Wilson, K. G., Barnes-Holmes, D., & Healy, O. (2001). Derived relational responding as learned behavior. In S. C. Hayes, D. Barnes-Holmes, & B. Roche (Eds.), *Relational frame theory: A post-Skinnerian account of human language and cognition* (pp. 26-27). New York: Plenum.

Hayes, S. C., Gifford, E. V., Townsend, R. C., & Barnes-Holmes, D. (2001). Thinking, problem-solving and pragmatic verbal analysis. In S. C. Hayes, D. Barnes-Holmes, & B. Roche (Eds.), *Relational frame theory: A post-Skinnerian account of human language and cognition* (pp. 87-101). New York: Plenum.

Heim, A. W., Watts, K. P., & Simmonds, V. (1968/1975). AH4 Question Book. UK: NFER-Nelson Publishing Company Ltd.

Isen, A. M., Daubman, K. A., & Nowiki, G. P. (1987). Positive affect facilitates creative problem solving. *Journal of Personality and Social Psychology, 52,* 1122-1131.

Jäeggi, S. M., Buschkuehl, M., Jonides, J., & Perrig, W. J. (2008). Improving fluid intelligence with training on working memory. *Proceedings of the National Academy of Sciences (USA), 10,* 14931-14936.

Jäeggi, S. M., Buschkuehl, M., Jonides, J., & Shah, P. (2011). Short- and long-term benefits of cognitive training. *Proceedings of the National Academy of Science, 108,* 10081-10086.

Jäeggi, S. M., Studer-Luethi, B., Buschkuehl, M., Su, Y., Jonides, J., & Perrig, W. J. (2010). The relationship between n-back performance and matrix reasoning: Implications for training and transfer. *Intelligence, 38,* 625-635.

Kaufman, A. S. (1990). *Assessing adolescent and adult intelligence* (1st ed.). Boston: Allyn and Bacon.

Lohman, D. F. (1989). Human intelligence: An introduction to advances in theory and research. *Review of Educational Research, 59,* 333-373.

Lorant-Royer, S., Spiess, V., Goncalvez, J., & Lieury, A. (2008). Programmes d'entraînement cérébral et performances cognitives: Efficacité, motivation... ou marketing? De la Gym-Cerveau au programme du Dr Kawashima. *Bulletin de Psychologie, 61,* 531-549.

Lovaas, O. (1987). Behavioral treatment and normal educational and intellectual functioning in young autistic children. *Journal of Consulting Clinical Psychology, 55,* 3-9.

Luciano, C., Becerra, I. G., & Valverde, M. R. (2007). The role of multiple-exemplar training and naming in establishing derived equivalence in an infant. *Journal of the Experimental Analysis of Behavior, 87,* 349-365.

Magiati, I., & Howlin, P. A. (2001). Monitoring the progress of preschool children with autism enrolled in early intervention programmes: Problems in cognitive assessment. *Autism, 5,* 399-406.

McKelvie, P., & Low, J. (2002). Listening to Mozart does not improve children's spatial ability: Final curtains for the Mozart effect. *British Journal of Developmental Psychology, 20,* 241-258.

Newman, J., Rosenbach, J. H., Burns, K. L., Latimer, B. C., Matocha, H. R., & Vogt, E. R. (1995). An experimental test of "The Mozart Effect": Does listening to his music improve spatial ability? *Perceptual and Motor Skills, 81,* 1379-1387.

O'Hora, D., Pelaez, M., & Barnes-Holmes, D. (2005). Derived relational responding and performance on verbal sub-tests of the WAIS-III. *The Psychological Record, 55,* 155-175.

O'Hora, D., Pelaez, M., Barnes-Holmes, D., Rae, G., Robinson, K., & Chaudary, T. (2008). Temporal relations and intelligence: Correlating relational performance with performance on the WAIS-III. *The Psychological Record, 58,* 569-584.

O'Hora, D., Roche, B., Barnes-Holmes, D., & Smeets, P. M. (2002). Response latencies to multiple derived stimulus relations: Testing two predictions of relational frame theory. *The Psychological Record, 52,* 51-76.

O'Toole, C., & Barnes-Holmes, D. (2009). Three chronometric indices of relational responding as predictors of performance on a brief intelligence test: The importance of relational flexibility. *The Psychological Record, 59,* 119-132.

Pickering, S. (Ed.). (2006). *Working memory and education.* Oxford: Elsevier.

Ramsden, S., Richardson, F. M., Josse, G., Thomas, M. S. C., Ellis, C., Shakeshaft, C., Seghier M. L., & Price, C. J. (2011). Verbal and non-verbal intelligence changes in the teenage brain. *Nature, 479,* 113-116.

Rauscher, F. H., Shaw, G. L., & Ky, K. N. (1993). Music and spatial task performance. *Nature, 365,* 611.

Raven, J., Raven, J. C., & Court, J. H. (2003). *Manual for Raven's Progressive Matrices and Vocabulary Scales.* San Antonio, TX: Harcourt Assessment.

Reed, P., Osborne, L., & Corness, M. (2005). The effectiveness of early intervention programmes for autistic spectrum disorders. *A Report for the South East Regional Special Educational Needs Partnership.* Research Partners: Bexley, Brighton & Hove, East Sussex, Kent, Midway, Surrey, West Sussex.

Rohde, T. E., & Thompson, L. A. (2007). Predicting academic achievement with cognitive ability. *Intelligence 35,* 83-92.

Sallows, G. O., & Graupner, T. D. (2005). *Replicating Lovaas' treatment and findings: Preliminary results.* PEACH. Putting Research into Practice Conference, London.

Schmidt, F. L., & Hunter, J. E. (1998). The validity and utility of selection methods in personnel psychology: Practical and theoretical implications of 85 years of research findings. *Psychological Bulletin, 124*, 262-274.
Seligman, M. E. P., & Csikszentmihalyi, M. (2000). Positive psychology: An introduction. *American Psychologist, 55*, 5-14.
Seligman, M. E. P., Ernst, R. M., Gilham, J., Reivich, K., & Linkins, M. (2009). Positive education: Positive psychology and classroom interventions. *Oxford Review of Education, 35*, 293-311.
Sidman, M. (1971). Reading and auditory-visual equivalences. *Journal of Speech and Hearing Research, 14*, 5-13.
Sidman, M., & Tailby, W. (1982). Conditional discrimination versus matching to sample: An expansion of the testing paradigm. *Journal of the Experimental Analysis of Behavior, 37*, 5-22.
Smith, G. E., Housen, P., Yaffe, K., Ruff, R., Kennison, R. F., Mahncke, H. W., & Zelinski, E. M. (2009). A cognitive training program based on principles of brain plasticity: Results from the Improvement in Memory with Plasticity-based Adaptive Cognitive Training (IMPACT) study. *Journal of the American Geriatrics Society, 57*, 594-603.
Smith, T., Eikeseth, S., Klevstrand, M., & Lovaas, O. (1997). Intensive behavioral treatment for preschoolers with severe mental retardation and pervasive developmental disorder. *American Journal on Mental Retardation, 102*, 238-249.
Spector, A., Thorgrimsen, L., Woods, B., Royan, L., Davies, S., Butterworth, M., & Orrell, M. (2003). Efficacy of an evidence-based cognitive stimulation therapy programme for people with dementia: Randomised controlled trial. *British Journal of Psychiatry, 183*, 248-254.
Steele, D. L., & Hayes, S. C. (1991). Stimulus equivalence and arbitrarily applicable relational responding. *Journal of the Experimental Analysis of Behavior, 56*, 519-555.
Steele, K. M., Bass, K. E., & Crook, M. D. (1999). The mystery of the Mozart effect: Failure to replicate. *Psychological Science, 10*, 366-369.
Sternberg, R. J. (2003). Driven to despair: Why we need to redefine the concept and measurement of intelligence. In L. G. Aspinwall & U. M. Staudinger (Eds.), *A psychology of human strengths: Fundamental questions and future directions for a positive psychology* (pp. 319-329). Washington, DC: American Psychological Association.

Vitale, A., Barnes-Holmes, Y., Barnes-Holmes, D., & Campbell, C. (2008). Facilitating responding in accordance with the relational frame of comparison: Systematic empirical analyses. *The Psychological Record, 58,* 365-390.

Wechsler, D. (1944). *The measurement of adult intelligence.* (3rd ed.). Baltimore, MD: Williams & Wilkins.

Wechsler, D. (1999). *The Wechsler Abbreviated Scale of Intelligence.* San Antonio: The Psychological Corporation.

Willis, S. L., Tennstedt, S. L., Marsiske, M., Ball, K., Elias, J., Koepke, K. M., Morris, J. N., Rebok, G. W., Unverzagt, F. W., Stoddard, A. M., & Wright, E. (2006). Long-term effects of cognitive training on everyday functional outcomes in older adults. *Journal of the American Medical Association, 296,* 2805-2814.

Wilson, R. S., Mendes de Leon, C. F., Barnes, L. L., Schneider, J. A., Bienias, J. L., Evans, D. A., & Bennett, D. A. (2002). Participation in cognitively stimulating activities and risk of incident Alzheimer disease. *Journal of the American Medical Association, 287,* 742-748.

第13章

Biglan, A., & Hayes, S. C. (1996). Should the behavioral sciences become more pragmatic? The case for functional contextualism in research on human behavior. *Applied and Preventive Psychology: Current Scientific Perspectives, 5,* 47-57. doi: 10.1016/S0962-1849(96)80026-6

Biswas-Diener, R., Kashdan, T. B., & Minhas, G. (2011). A dynamic approach to psychological strength development and intervention. *Journal of Positive Psychology, 6,* 106-118.

Bond, F. W., Hayes, S. C., Baer, R. A., Carpenter, K. M., Guenole, N., Orcutt, H. K., Waltz, T., & Zettle, R. D. (2011). Preliminary psychometric properties of the Acceptance and Action Questionnaire—II: A revised measure of psychological inflexibility and experiential avoidance. *Behavior Therapy, 42,* 676–688.

Duckworth, A. L., Steen, T. A., & Seligman, M. E. P. (2005). Positive psychology in clinical practice. *Annual Review of Clinical Psychology, 1,* 629-651. doi: 10.1146/annurev.clinpsy.1.102803.144154

Fredrickson, B. L. (2004). The broaden-and-build theory of positive emotions. *Philosophical Transactions of the Royal Society B, 359,* 1367-1378.

Gibson, B., & Sanbonmatsu, D. M. (2004). Optimism, pessimism and gambling: The downside of optimism. *Personality and Social Psychology Bulletin, 30*, 149-160. doi: 10.1177/0146167203259929

Hayes, S. C., Hayes, L. J., Reese, H. W., & Sarbin, T. R. (Eds.). (1993). *Varieties of scientific contextualism.* Oakland, CA: Context Press/New Harbinger.

Hayes, S. C., Strosahl, K., & Wilson, K. G. (1999). *Acceptance and Commitment Therapy: An experiential approach to behavior change.* New York: Guilford Press.

Hayes, S. C., Strosahl, K., & Wilson, K. G. (2011). *Acceptance and Commitment Therapy: The process and practice of mindful change* (2nd ed.). New York: Guilford Press.

Hayes, S. C., Strosahl, K. D., Wilson, K. G., Bissett, R. T., Pistorello, J., Toarmino, D., Polusny, M. A., Dykstra, T. A., Batten, S. V., Bergan, J., Stewart, S. H., Zvolensky, M. J., Eifert, G. H., Bond, F. W., Forsyth, J. P., Karekla, M., & McCurry, S. M. (2004). Measuring experiential avoidance: A preliminary test of a working model. *The Psychological Record, 54*, 553-578.

Karney, B. R., & Bradbury, T. N. (1997). Neuroticism, marital interaction, and the trajectory of marital satisfaction. *Journal of Personality and Social Psychology, 72*, 1075-1092. doi: 10.1037/0022-3514.72.5.1075

Kashdan, T. B., & Breen, W. E. (2008). Social anxiety and positive emotions: A prospective examination of a self-regulatory model with tendencies to suppress or express emotions as a moderating variable. *Behavior Therapy, 39*, 1-12.

Kashdan, T. B., & Steger, M. F. (2006). Expanding the topography of social anxiety: An experience sampling assessment of positive emotions and events, and emotion suppression. *Psychological Science, 17*, 120-128.

Kornfield, J. (2001). *After the ecstasy, the laundry: How the heart grows wise on the spiritual path.* New York: Bantam.

Levin, M. E., Hildebrandt, M. J., Lillis, J., & Hayes, S. C. (in press). The impact of treatment components suggested by the psychological flexibility model: A meta-analysis of laboratory-based component studies. *Behavior Therapy.*

Luoma, J. B., Kohlenberg, B. S., Hayes, S. C., & Fletcher, L. (2012). Slow and steady wins the race: A randomized clinical trial of Acceptance and Commitment Therapy targeting shame in substance use disorders. *Journal of Consulting and Clinical Psychology, 80*, 43-53. doi:10.1037/a0026070

McNulty, J. K. (2010). Forgiveness increases the likelihood of subsequent partner transgressions in marriage. *Journal of Family Psychology, 24*, 787-790.

McNulty, J. K., & Fincham, F. D. (2012). Beyond positive psychology? Toward a contextual view of psychological processes and well-being. *American Psychologist, 67,* 101-110. doi:10.1037/a0024572

McNulty, J. K., O'Mara, E. M., & Karney, B. R. (2008). Benevolent cognitions as a strategy of relationship maintenance: "Don't sweat the small stuff" but it's not all small stuff. *Journal of Personality and Social Psychology, 94,* 631-646. doi: 10.1037/0022-3514.94.4.631

Mitmansgruber, H., Beck, T. N., & Schüßler, G. (2008). "Mindful helpers": Experiential avoidance, meta-emotions, and emotion regulation in paramedics. *Journal of Research in Personality, 42,* 1358-1363.

Neff, K. D. (2003a). The development and validation of a scale to measure self-compassion. *Self and Identity, 2,* 223-250.

Neff, K. D. (2003b). Self-compassion: An alternative conceptualization of a healthy attitude toward oneself. *Self and Identity, 2,* 85-101.

Oakley, B., Knafo, A., Madhavan, G., & Wilson, D. S. (Eds.). (2011). *Pathological altruism.* New York: Oxford University Press.

Park, C. L., & Helgeson, V. S. (2006). Introduction to the special section: Growth following highly stressful life events—Current status and future directions. *Journal of Consulting and Clinical Psychology, 74,* 791-796.

Phipps, S. (2007). Adaptive style in children with cancer: Implications for a positive psychology approach. *Journal of Pediatric Psychology, 32,* 1055-1066. doi:10.1093/jpepsy/jsm060

Seligman, M. E., & Csikszentmihalyi, M. (2000). Positive psychology: An introduction. *American Psychologist, 55,* 5-14.

Sheldon, K., Kashdan, T. B., & Steger, M. F. (2011). *Designing positive psychology: Taking stock and moving forward.* New York: Oxford University Press.

Toussaint, L. L., Williams, D. R., Musick, M. A., & Everson, S. A. (2001). Forgiveness and health: Age differences in a U.S. probability sample. *Journal of Adult Development, 8,* 249-257. doi:10.1023/A:1011394629736

Vilardaga, R., & Hayes, S.C. (2011). A contextual behavioral approach to pathological altruism. In B. Oakley, A. Knafo, G. Madhavan, & D. S. Wilson (Eds.), *Pathological altruism* (pp. 31-48). New York: Oxford University Press.

Wong, P. T. P. (2011). Positive psychology 2.0: Towards a balanced interactive model of the good life. *Canadian Psychology/Psychologie Canadienne, 52,* 69-81.

Yadavaia, J. (2012). Using Acceptance and Commitment Therapy to decrease high-prevalence psychopathology by targeting self-compassion: A randomized controlled trial. Unpublished doctoral dissertation, University of Nevada, Reno.

索引

数字，A〜Z

2つの椅子の対話　98
3つのいいこと日記　167
3つの自己　191, 197
3つの良いことのエクササイズ　221
AAQ　357
AAQ-Ⅱ　116
ACT　2, 74, 87, 107, 183, 192, 271, 298, 302, 342, 349
DBT　232
IOC　242, 243
IQ　305, 308, 328, 329, 331
MBCT　103
MBSR　103
nバック課題　310
REACHモデル　171
REVAMP　249
RFT　46, 107, 119, 121, 123, 188, 192, 203, 305, 312, 325
WISC　311, 322, 323, 328

あ行

愛　76, 85
愛し愛される能力　19
アクセプタンス　3
アクセプタンス＆コミットメント・セラピー　→ACT
アクセプタンスに基づくアプローチ　183

欺き　125
新しい方法で強みを活かすこと　203
アロスタティック負荷　51
暗黙的関係評価手続き　317
いいこと探し　53, 171
意識的な気づき　83
いじめ　134
「今，この瞬間」との接触　4
意味　44, 174
意味を見つけること　276
ウィリングネス　16, 74
ウェクスラー児童用知能検査　→WISC
ウェクスラー知能検査短縮版　318
ウェルビーイング　9, 74, 92, 272
裏返しの関係　125
エクササイズ　154, 203, 260, 281, 332
エクスポージャー　351
応報（retributive justice）の原理　243
応用行動分析　23, 311
思いやり　76

か行

解決志向（solutions focus）アプローチ　235
階層の関係フレーム　323
外的な障壁　254, 255
概念としての自己　109, 136, 193, 197
概念としての自己への執着　277
快楽　44
会話　339

会話療法　231
カウフマン簡易知能テスト　317
学習　232, 315
拡張−形成理論　34, 37
下降スパイラル　36, 49
価値　14, 30, 251, 252, 291, 292
価値の明確化　209, 214, 251
価値のメタファー　252
価値のワーク　283
価値を探すエクササイズ　281
関係的トレーニングエクササイズ　332, 334
関係フレームづけ　46, 325
関係フレーム理論　→RFT
観察者　196, 197
観察する自己　109
感謝　167, 210
感謝気質　211
感謝のエクササイズ　217
感謝の介入　221
感謝の日記　167
感謝の訪問　168, 203, 210
感謝のリスト　210
感情　35
観念　78
記憶形成　177
機械的（rote）な会話　339
機械論　21
儀式　230
気質　55
気づき　78, 83
気づきを伴わない行為　258
キネシクス　234
機能　345, 347
機能的信念　11

機能的文脈主義　22
機能の変換　313
希望介入　187
強化随伴性　121
共感　120
共感としての視点取得　129
共感トレーニング　133
共感の失敗　139
共通の人間性　88
恐怖　76
空間的関係　191
クエントセラピー　230
苦痛　17, 255, 257
苦しみ　17, 256, 257
継続的な気づき　197
ケーススタディ　237
行為　143
行為者　197
向社会的な価値　251
公然のコミットメント　155
構築　44
行動形成　143
行動のコントロール　17
幸福　9, 228
荒野セラピー　230
高齢者向け先進的認知トレーニング　309
ゴール　251, 252
国際ポジティブ心理学学会　238
心の理論　120
固執的な認知　51
誤信念理解　125
コミットされた行為　3, 143, 150
コミットメント　3, 18
コンパッショネイト・マインド・トレー

ニング　105
コンパッション・フォーカスト・セラピー　104

さ　行

罪悪感　242, 245
最高のありうる自分のエクササイズ　207
再知覚化　56
再評価　52, 59
作文　203
慈愛の瞑想　40
恣意的な文脈のコントロール　121
恣意的に適用可能な関係反応　313
視覚化に基づくセンタリングのエクササイズ　260
時間的な関係　191
時間の関係フレーム　323
刺激機能の変換　122
刺激等価性　313
自己決定理論　184
自己コントロール　131
自己制御　19
自己超越　300
自殺　302
持続的幸福　2, 187
自尊心　98, 228
実用的言語分析　322
視点訓練のための3段階のガイド　129
視点取得　13, 119, 129, 177, 189, 197
自動操縦モード　258
自動的な行動　258
自分に対するやさしさ　88
四梵住　70
四無量心　70

自明のこと　282
社会的アンヘドニア　127
社会的知性　119
社会的知能　130
社会的なつながり　172
社会復帰のための価値とマインドフルネスのプログラム　→REVAMP
視野狭窄　89
集団的ポジティブ心理療法　174
修復的司法　243
受刑者　243, 252, 256, 264
首尾一貫感覚　53
種を保存するシステム　113
上昇スパイラル　36, 59
障壁　253, 254
知る自己　136
人生における3つの良いことのエクササイズ　203
人生における目標　296
人生の意味　9, 272, 276, 278, 298, 302
親切な行動　172
心的外傷後成長　72
心的内容　277
真の幸福　74
心理的柔軟性　4, 111
数字　321, 322
スケーリング　235
ストレス・コーピング理論　50
スピリチュアリティ　20
成長のナラティブ　289
セイバリング　35, 59, 81, 176
セッションの構造　260
セットシフティング　56
セルフ・コンパッション　19, 87, 355
セルフ・コンパッション・スケール

92, 355
相互的内包　122, 313
ソクラテス式質問　64

た 行

第3世代（third wave）の認知行動療法　273
体験的知識　80
体験のアクセプタンス　16
体験の回避　16, 28, 277
体験の共有　236
体験のコントロール　28
体験へのウィリングネス　74
対比　235
多重プローブ法　126
脱-逐語解釈化　71
脱中心化　56
脱フュージョン（defusion）　3
短期的な苦悩耐性　258
単純な関係　125
チェス盤のメタファー　208, 260
遅延満足　131
知能指数　→ IQ
チャイニーズ・フィンガー・トラップ　257
注意　45, 59
注意-感情の相互作用　44
超越性　120
超越的自己　136, 138
直示的関係　109
直示的関係反応　129
直示的関係フレーム　112
直示的訓練　130
直示的な（deictic）関係フレームづけ　123

直示的フレーム　123
追想　177
強み　6, 163
適応的な対処行動　259
徹底的受容　117
伝統　230
天分を育てる　305
等位の関係　190
等位のフレーム　318
動機づけ　95
動機づけ面接　243, 264
闘争-逃走反応　51
道徳感情　20, 242
特性　55
徳性の強み　8, 19
共に在る　79
共にとどまる　76, 85

な 行

内的な障壁　254, 255
二重nバック課題　310
二重に裏返しの関係　125
ニューロン新生　309
人間関係の行き詰まり　227
人間としての条件　75
人間のありよう　75
認知再評価　35
認知的スキル　18
認知的フュージョン　136
認知トレーニング　309
認知の再構成　28
認知の柔軟性　352
ネガティビティバイアス　42
ネガティブ感情　30, 37
脳　309

望みうる最高の自分　175

は 行

パーソナリティ特性　272
媒介分析　115
恥　245
派生刺激関係　189
派生的関係反応　112, 313, 326
パッケージ化されたポジティブな介入　179
ハプティクス　234
パラコミュニケーション　234
犯罪者　242
犯罪の影響（Impact of Crime: IOC）ワークショップ　242, 243
反対のフレーム　319
比較のフレーム　320
美徳　6, 80
評価　44, 59, 64
表現的アートセラピー　230
表出的開示的作文　204
表出的作文エクササイズ　210
開かれた心　147
フォトジャーナリスト　288
複合的内包　122, 313
複数の範例　123
複数の範例による訓練　133, 321, 325
複数範例　314
プロセスとしての自己　136, 197
文化　220, 224, 229
文化的帝国主義　226
文化的な行き詰まり　225
文章を書くこと　203
分断　77
文脈　22

文脈的行動科学　114, 345, 353
文脈的コントロール　316
文脈的な介入　221
文脈としての自己　14, 109, 137, 197, 200
文脈における行為　22
分類の操作　324
ペーシング　144, 155
ヘキサフレックス　110
弁証法的行動療法　→ DBT
ポジティビティオフセット　41
ポジティビティ比　41
ポジティブ感情　30, 37
ポジティブ帰属介入　187
ポジティブ幻想　27
ポジティブ心理学　4, 74, 186, 221, 271, 342, 349
ポジティブ心理学 1.0　273
ポジティブ心理学 2.0　345
ポジティブ心理学の「第 2 世代」　273
ポジティブ心理療法　160
ポジティブな介入　158
ポジティブな再評価　53, 59
没頭する人生　156
ボディースキャン　259
墓碑銘　252
本物（genuine）の会話　339

ま 行

マイクロカルチャー　219, 229
マインドフル・コーピングモデル　56, 59, 67, 69
マインドフル・セルフ・コンパッション　105
マインドフルな再評価　64, 67
マインドフルネス　12, 55, 91, 114, 298

マインドフルネスストレス低減法
　　→ MBSR
マインドフルネスに基づく嗜癖行動の再発予防　250
マインドフルネスに基づくストレス・疼痛マネジメントプログラム　58
マインドフルネス認知療法
　　→ MBCT
マインドフルネスの実践　55
マインドフルネスの状態　55
マルチベースラインデザイン　329
慢性疼痛　143
メタ認知的に見晴らしのきく場所　56
メタファー　257, 260, 297
目的　9, 15, 277, 291, 295
目標設定　152

や　行

役割誘導　233
山の瞑想　260
ユーダイモニックな幸福　227
赦し　119, 170
要素的実在主義　21
よく生きられた人生　272

ら　行

ライフサマリー　175
楽観主義介入　187
リーダーシップ　19
流砂　257
流動性知能　309
了解　277
レーヴンマトリックス検査　310
レゴセラピー　229
レジリエンス　34

■著者一覧

ダーモット・バーンズ=ホームズ（Dermot Barnes-Holmes）アイルランド国立大学メイヌース校

イボンヌ・バーンズ=ホームズ（Yvonne Barnes-Holmes）アイルランド国立大学メイヌース校

ロバート・ビスワス=ディーナー（Robert Biswas-Diener）ポートランド州立大学，ポジティブ・エイコーン有限責任会社

サラ・キャシディ（Sarah Cassidy）アイルランド・ミース州 スミスフィールドクリニック

ジョセフ・チャロッキ（Joseph Ciarrochi）オーストラリア，ウーロンゴン大学

マレード・フーディ（Mairead Foody）アイルランド国立大学メイヌース校

バーバラ・L・フレドリクソン（Barbara L. Fredrickson）ノースカロライナ大学チャペルヒル校

エリック・L・ガーランド（Eric L. Garland）フロリダ州立大学

ラス・ハリス（Russ Harris）オーストラリア，メルボルン，個人開業

ローラ・ハーティ（Laura Harty）ジョージ・メイソン大学

スティーブン・C・ヘイズ（Steven C. Hayes）ネバダ大学

トッド・B・カシュダン（Todd B. Kashdan）ジョージ・メイソン大学

ナジェジダ・リュブチック（Nadezhda Lyubchik）ポートランド州立大学

エリザベス・マロフ（Elizabeth Malouf）ジョージ・メイソン大学

ランス・M・マクラッケン（Lance M. McCracken）ロンドン大学キングス・カレッジ 精神医学研究所 心理学部門 ヘルス・サイコロジー・セクション

ルイーズ・マクヒュー（Louise McHugh）ユニバーシティ・カレッジ・ダブリン

レスリー・メリマン（Leslie Merriman）コロラド州立大学

クリスティーン・ネフ（Kristin Neff）テキサス大学オースティン校

アカシア・C・パークス（Acacia C. Parks）ハイラム大学

ブライアン・ローチ（Bryan Roche）アイルランド国立大学メイヌース校

カレン・シェーファー（Karen Schaefer）ジョージ・メイソン大学

ケリー・シーライン（Kelly Sheline）コロラド州立大学

マイケル・F・スティーガー（Michael F. Steger）コロラド州立大学，南アフリカ ノースウエスト大学

イアン・スチュワート（Ian Stewart）アイルランド国立大学ゴールウェイ校

ジューン・P・タングニー（June P. Tangney）ジョージ・メイソン大学

デニス・ターチ（Dennis Tirch）ワイル・コーネル医科大学

ロビン・D・ウォルサー（Robyn D. Walser）カリフォルニア州 国立PTSDセンター，TLコンサルテーションサービス

ケルスティン・ヨーマン（Kerstin Youman）ジョージ・メイソン大学

■編者

トッド・B・カシュダン（Todd B. Kashdan, PhD）

ジョージ・メイソン大学の意識と変容センターにおける心理学の准教授兼上級研究員。人生における意味と目的，幸福，マインドフルネス，ストレスや不安への対処法，社会的関係について，100本以上のピアレビュー論文を出版している。『頭のいい人が「脳のため」に毎日していること』（三笠書房）を含むいくつかの書籍の著者であり，TEDxのスピーカーでもある。彼の著書はニューヨークタイムズ，ワシントンポスト，CNN，ナショナル・パブリック・ラジオ，その他のメディアで特集されている。また，2013年アメリカ心理学会（APA）の「キャリア早期における心理学への貢献に対する傑出した科学賞」（APA Distinguished Scientific Award for Early Career Contribution to Psychology）を受賞している。

ジョセフ・チャロッキ（Joseph Ciarrochi, PhD）

ウエスタン・シドニー大学教授。ウェルビーイングの分野で80以上の科学論文を出版しており，『セラピストが10代のあなたにすすめるACTワークブック—悩める人がイキイキ生きるための自分のトリセツ』（星和書店）や，『エモーショナル・インテリジェンス—日常生活における情動知能の科学的研究』（ナカニシヤ出版）のような数々の書籍を出版している。感情的知性（EQ）に関する彼の研究は，その分野で最も多く引用されているもののひとつである。彼は現在，マインドフルネス，アクセプタンス，価値などの，ウェルビーイングと有効性に寄与するコアプロセスの研究をしている。

■訳者

小原圭司（監訳者参照）（担当章：第1章，第2章，第13章）

川口彰子（かわぐち　あきこ）（担当章：第9章）
所属：名古屋市立大学大学院医学研究科　精神・認知・行動医学分野。
精神保健指定医，精神科専門医，医学博士。

伊井俊貴（いい　としたか）（担当章：第11章）
所属：メンタルコンパス株式会社。
精神科専門医。日本若手精神科医の会　理事，日本精神神経学会　国際委員，Acceptance & Commitment Therapy の日本支部 ACT Japan 理事。

中神由香子（なかがみ　ゆかこ）（担当章：第5章，第8章）
所属：京都大学大学院医学研究科　脳病態生理学講座（精神医学）。
精神保健指定医，精神科専門医。日本若手精神科医の会　副理事長，日本精神神経学会 ICD-11 委員，精神医学研究推進委員。

岩谷　潤（いわたに　じゅん）（担当章：第4章，第6章）
所属：メンタルヘルス診療所しっぽふぁーれ，和歌山大学保健センター。
精神保健指定医，精神科専門医，精神科専門医制度指導医，医学博士。

木山信明（きやま　のぶあき）（担当章：第7章，第10章）
所属：浅草ファミリークリニック。
医師，公益社団法人浅草医師会　理事。

須賀楓介（すが　ようすけ）（担当章：第3章，第12章）
所属：高知大学医学部神経精神科学教室。
精神科専門医。米国不安治療研究センター（CTSA）認定 PE セラピスト。

■監訳者

小原圭司（こばら　けいじ）

島根県立心と体の相談センター（精神保健福祉センター）所長。精神保健指定医，精神科専門医。1993年東京大学医学部卒業。東京大学医学部附属病院，虎の門病院，松沢病院，関東医療少年院などを経て，2012年より現職。2008年より日本精神神経学会の学会英文誌である *Psychiatry and Clinical Neurosciences* のManaging Editorも務めている。著訳書に『本当の依存症の話をしよう―ラットパークと薬物戦争』（共著，共監訳，星和書店，2019），『10代のための人見知りと社交不安のワークブック』（訳，星和書店，2013）がある。

ポジティブ心理学，ACT，マインドフルネス
しあわせな人生のための7つの基本

2019年4月19日　初版第1刷発行

編　　者　トッド・B・カシュダン，ジョセフ・チャロッキ
監訳者　小原圭司
発行者　石澤雄司
発行所　株式会社 **星和書店**
　　　　〒168-0074　東京都杉並区上高井戸1-2-5
　　　　電話　03（3329）0031（営業部）／03（3329）0033（編集部）
　　　　FAX　03（5374）7186（営業部）／03（5374）7185（編集部）
　　　　http://www.seiwa-pb.co.jp
印刷・製本　中央精版印刷株式会社

Printed in Japan　　　　　　　　　　　　　　ISBN978-4-7911-1009-4

・本書に掲載する著作物の複製権・翻訳権・上映権・譲渡権・公衆送信権（送信可能化権を含む）は（株）星和書店が保有します。
・JCOPY〈(社)出版者著作権管理機構　委託出版物〉
　本書の無断複製は著作権法上での例外を除き禁じられています。複製される場合は，そのつど事前に(社)出版者著作権管理機構（電話 03-3513-6969，FAX 03-3513-6979, e-mail：info@jcopy.or.jp）の許諾を得てください。

ウェルビーイング療法
治療マニュアルと事例に合わせた使い方

ジョバンニ・A・ファヴァ 著
堀越勝 監修　杉浦義典，竹林由武 監訳
駒沢あさみ，竹林唯，土井理美，羽鳥健司 訳

A5判　212p　定価：本体2,300円＋税

幸せをよぶ法則
楽観性のポジティブ心理学

スーザン・C・セガストローム 著
島井哲志 監訳　荒井まゆみ 訳

四六判　416p　定価：本体2,600円＋税

ポジティブ心理学入門
幸せを呼ぶ生き方

島井哲志 著

四六判　208p　定価：本体1,800円＋税

セルフ・コンパッションの やさしい実践ワークブック
2週間で、つらい気持ちを
穏やかで喜びに満ちたものに変化させる心のトレーニング

ティム・デズモンド 著　中島美鈴 訳

A5判　176p　定価：本体1,700円＋税

発行：星和書店　http://www.seiwa-pb.co.jp

10代のための
人見知りと社交不安のワークブック

人付き合いの自信をつけるための
認知行動療法とACT（アクセプタンス＆コミットメント・セラピー）の技法

ジェニファー・シャノン 著　ダグ・シャノン イラスト
クリスティーン・A・パデスキー 序文　小原圭司 訳

B5判　136p　定価：本体1,200円＋税

ACT（アクセプタンス＆コミットメント・セラピー）をはじめる

セルフヘルプのためのワークブック

スティーブン・C・ヘイズ，スペンサー・スミス 著
武藤崇，原井宏明，吉岡昌子，岡嶋美代 訳

B5判　344p　定価：本体2,400円＋税

セラピストが10代のあなたにすすめる
ACTワークブック

悩める人がイキイキ生きるための自分のトリセツ

ジョセフ・V・チャロッキ，ルイーズ・ヘイズ，アン・ベイリー 著
スティーブン・C・ヘイズ 序文　武藤崇 監修　大月友，石津憲一郎，下田芳幸 監訳

A5判　216p　定価：本体1,700円＋税

よくわかるACT（アクセプタンス＆コミットメント・セラピー）

明日からつかえるACT入門

ラス・ハリス 著　武藤崇 監訳
武藤崇，岩渕デボラ，本多篤，寺田久美子，川島寛子 訳

A5判　464p　定価：本体2,900円＋税

発行：星和書店　http://www.seiwa-pb.co.jp

マインドフルネスを始めたいあなたへ
毎日の生活でできる瞑想

ジョン・カバットジン 著
田中麻里 監訳　松丸さとみ 訳

四六判　320p　定価：本体2,300円＋税

マインドフルネスそしてACT（アクセプタンス＆コミットメント・セラピー）へ
二十一世紀の自分探しプロジェクト

熊野宏昭 著

四六判　164p　定価：本体1,600円＋税

マインドフルネスであなたらしく
「マインドフルネスで不安と向き合う」ワークブック

スーザン・M・オルシロ，リザベス・ローマー 著
仲田昭弘 訳

A5判　468p　定価：本体2,700円＋税

うつのためのマインドフルネス実践
慢性的な不幸感からの解放

マーク・ウィリアムズ，ジョン・ティーズデール，
ジンデル・シーガル，ジョン・カバットジン 著
越川房子，黒澤麻美 訳

A5判　384p（CD付き）　定価：本体3,700円＋税

発行：星和書店　http://www.seiwa-pb.co.jp